Movimento Universitário Espírita

Religião e política no Espiritismo brasileiro (1967-1974)

Movimento Universitário Espírita

Religião e política no Espiritismo brasileiro (1967-1974)

Sinuê Neckel Miguel

Copyright © 2014 Sinuê Neckel Miguel

Grafia atualizada segundo o Acordo Ortográfico da Língua Portuguesa de 1990, que entrou em vigor no Brasil em 2009.

Publishers: Joana Monteleone/Haroldo Ceravolo Sereza/Roberto Cosso
Edição: Joana Monteleone
Editor assistente: Vitor Rodrigo Donofrio Arruda
Assistente acadêmica: Danuza Vallim
Projeto gráfico, capa e diagramação: Ana Lígia Martins
Revisor: Rafael Acácio de Freitas
Assistente de produção: Camila Hama

CIP-BRASIL. CATALOGAÇÃO NA PUBLICAÇÃO
SINDICATO NACIONAL DOS EDITORES DE LIVROS, RJ

M577m

Miguel, Sinuê Neckel
MOVIMENTO UNIVERSITÁRIO ESPÍRITA : RELIGIÃO E
POLÍTICA NO ESPIRITISMO BRASILEIRO (1967-1974)
Sinuê Neckel Miguel. - 1. ed.
São Paulo : Alameda, 2014
354 p. ; 23 cm

Inclui bibliografia
ISBN 978-85-7939-252-8

1. Espiritismo - Brasil - História. I. Movimento
Universitário Espírita (MUE). II. Título.

14-09170   CDD: 133.9
                          CDU: 133.9

ALAMEDA CASA EDITORIAL
Rua Conselheiro Ramalho, 694 – Bela Vista
CEP: 01325-000 – São Paulo, SP
Tel.: (11) 3012-2400
www.alamedaeditorial.com.br

Sumário

Apresentação	7
Introdução	11
Capítulo 1 – Surgimento do Movimento Universitário Espírita	21
Espiritismo encarnado: uma breve e necessária história política do movimento espírita brasileiro até 1960	21
Política e questões sociais no movimento espírita brasileiro	34
Espiritismo de esquerda: a tradição intelectual espírita de viés socialista	59
Os anos 1960 e 1970: contexto político-cultural nacional e internacional	83
Capítulo 2 – Ação do Movimento Universitário Espírita: revolucionar o movimento espírita através da crítica em favor do socialismo cristão	93
Progressismo: crítica e diálogo contra dogmatismo e autoritarismo	111
Política: revolução socialista, cristianismo e movimento espírita	140
Capítulo 3 – A reação ao Movimento Universitário Espírita: apoios recebidos e repressões sofridas	195
Do apoio à repressão	195
O fim do movimento e sua herança	286
Conclusão	297
Bibliografia	303
Anexo	323
Agradecimentos	351

Apresentação

Profª Drª Eliane Moura da Silva

Unicamp-IFCH –Departamento de História

O livro intitulado *Movimento Universitário Espírita (MUE): religião e política no Espiritismo brasileiro (1967-1974)* de autoria do jovem historiador Sinuê Neckel Miguel é o resultado de uma dissertação de mestrado defendida em 2012 junto ao programa de pós-graduação em História da Unicamp. O trabalho final foi o produto de uma longa e detalhada pesquisa sobre um tema criativo e importante: a relação ainda pouco conhecida de um grupo de espíritas da década de 1960 – início de 1970 com as grandes inquietações políticas desse momento histórico. Criativo e inovador, as páginas do livro vão apresentando uma problemática atualizada: as relações entre política e religião na sociedade brasileira da segunda metade do século XX, focalizando sobretudo os estudantes universitários que procuraram se articular diante da ditadura no Brasil canalizando seus anseios político-religiosos para o interior do movimento espírita.

Para a produção do texto final foi realizada uma pesquisa alentada em fontes, incluindo entrevistas com os militantes do MUE, para reforço da reconstrução da memória. Foi coletado um expressivo material para análise da problemática indicada no título: relações entre religião e política no discurso do MUE. Também foram analisadas as obras que fundam o ideário espírita bem como as obras de divulgadores, os trabalhos clássicos que constituem uma tradição socialista espírita bem como os periódicos da *Federação Espírita Brasileira (FEB) – O Reformador* – e o material do MUE, especialmente o periódico *A Fagulha*, além de entrevistas muito substantivas com membros daquele movimento.

Também aborda questões instigantes tais como a historicidade do discurso religioso e seu diálogo com as experiências políticas e proposições mais importantes do país; as matrizes, proposições e reconfigurações do discurso espírita a propósito da política; as questões sociais, do socialismo. Especifica esse debate, a um só tempo, doutrinário e político interno ao movimento espírita que se detém especialmente nas seguintes questões: a atuação no mundo e a questão política; o espiritismo e a revolução; o espiritismo e a ciência; a relação com os pais fundadores; o lugar do MUE neste movimento; as singularidades do movimento estudantil espírita no estado de S. Paulo; as suas relações com movimentos espíritas em outros estados e países, especialmente na Argentina, na Venezuela e em Portugal.

Até o momento, o MUE, em especial a atuação de alguns de seus expoentes, foi uma experiência contestadora decorrente desta tradição socialista. Contudo, as proposições dessa tradição socialista, inclusive a que se manifestou no MUE, foi um debate interno ao movimento espírita; então, essa experiência radical foi primeiramente incentivada e depois reprimida tanto por expoentes dessa tradição questionadora (a exemplo de Herculano Pires, Humberto Mariotti e Jorge Rizzini) quanto pela organização espírita centralizada na FEB.

Temos a história de como temas tais como a política, as questões sociais, o marxismo e os socialismos foram tratados pelo movimento espírita brasileiro, através, sobretudo, da análise do periódico *o Reformador* e da exploração de obras importantes de expoentes do espiritismo. O intuito é compreender como, nos anos 1960-1970, se constituiu um movimento de jovens universitários espíritas, o embasamento de sua argumentação na tradição socialista espírita e seu diálogo com outros movimentos contemporâneos.

Verticaliza a análise das proposições e atuação do MUE no sentido de revolucionar o movimento espírita através da crítica em favor da ciência (contraposta à religião) e do socialismo cristão e analisa o processo de organização do movimento e suas estratégias a partir especialmente da argumentação divulgada no jornal *A Fagulha*. O objetivo é deslindar a argumentação e o diálogo que estabeleceu com a tradição espírita simpatizante do socialismo cristão, por um lado, e com outros movimentos, sobretudo de grupos católicos, emergentes na universidade nessa mesma época.

Aborda o debate interno que coibiu qualquer expansão do MUE no âmbito das instituições espíritas, tanto a oposição dos simpatizantes do socialismo cristão quanto dos setores mais conservadores os quais tinham sólidos vínculos com órgãos do estado brasileiro durante a vigência da ditadura militar, em especial o DOPS. Os argumentos que justificaram o banimento do MUE e de seus membros eram o de que o movimento comprometeria as instituições espíritas perante o governo. Além do que, e principalmente, desvirtuaria a mocidade espírita que, contaminada pelo marxismo, transformaria a evangelização espírita em propaganda política disfarçada.

Podemos também perceber a abrangência do movimento espírita de jovens em S. Paulo, no Brasil e fora dele. A ampla dimensão desse movimento emerge com clareza na reconstituição das referências e dos contatos do MUE com órgãos e escritores da Argentina, Venezuela e Lisboa. Esse registro é importante para avaliar a sintonia do MUE no estado, no país e no mundo.

Um aspecto a ser destacado são as relações do MUE com a Igreja Católica que deixou de ser referenciada como um bloco. Ao contrário, vão sendo destacados os diferentes grupos e suas fissuras, valorizando alguns dos principais interlocutores do MUE, em especial a JUC (Juventude Universitária Católica). É possível perceber, de forma muito clara, com quais setores da Igreja Católica o MUE dialogou, sinalizando os teóricos, os argumentos e os posicionamentos partilhados com os católicos no que dizia respeito à relação dos fiéis em relação a política, dentre os quais se destacam: "dai a César o que é de Cesar e a Deus o que é de Deus"; "ser no mundo sem ser do mundo"; fazer política como cidadão, separadamente do exercício da fé; não criar um partido "espírita" ou fazer política partidária valendo-se da religião e valorizar a não violência.

O que esse livro demonstra ao longo de seus capítulos é que existiu, potencialmente, um espiritismo de esquerda, de cunho socialista cristão e revolucionário. Podemos destacar a relação com uma tradição intelectual espírita de viés socialista que vem desde o século XIX, e essencialmente preocupada com a renovação do movimento espírita e com as questões sociais. Nesse sentido, há uma preocupação constante dessa tradição em renovar/atualizar a doutrina espírita, particularmente no que diz respeito à atuação dos espíritas no mundo, ou seja, na política contemporânea.

Trata-se de contextualizar a importância das sociedades de ideias que teriam servido como espaços para a elaboração de alternativas sociais e políticas, de novas visões de sociedade onde a igualdade e a autonomia do indivíduo como autor democrático eram o centro das proposições. Como cultura política envolveu uma combinatória de forças, de táticas em espaços organizados, simultaneamente, por coerções e por contratos. Estrategicamente conferiu maior unidade organizacional, uma rede mais ampla de apoio e de sociabilidade. Revela também representações de mundo em que a ideia de reforma da sociedade foi apresentada como alternativa aos modelos existentes.

A leitura desse livro com certeza despertará muita curiosidade, trará novas questões dentro e fora do objeto e, sobretudo, indicará novas e importantes possibilidades para os estudos das relações históricas e culturais entre religião e política.

Introdução

Este livro trata da experiência histórica de um grupo de espíritas universitários que, aproximadamente entre 1967 e 1974, atuou de forma política e intelectual buscando elaborar uma agenda crítica e socialista no movimento espírita. Serão analisadas as causas do surgimento do movimento e o seu impacto no meio espírita, levando em conta os momentos de tensão e ebulição social das décadas de 1960 e 1970, sem descurar da própria trajetória do movimento espírita em geral. O objetivo principal é compreender a emergência e o ocaso de uma tendência dentro do movimento religioso espírita que propunha uma forma de socialismo cristão, de revisão de aspectos doutrinários e de críticas às formas hierarquizadas de organização então vigentes. Com isso, temos no MUE um momento particularmente importante para interpretar cultura política, lócus de confrontos de ideias e lutas por poder.

Consideraremos política em sentido lato, abrangendo não apenas o universo da disputa partidária pelo poder na esfera governamental, não apenas o domínio social da relação entre Estado e sociedade civil. Tomaremos *o político* como um campo e um trabalho,[1] isto é: um lugar (estruturante e estruturado) de formação dos indivíduos

---

[1] Inspiramo-nos na proposição de Pierre Rosanvallon: "O político tal como eu o entendo corresponde ao mesmo tempo a *um campo* e a *um trabalho*. Como campo, ele designa o lugar onde se formam os múltiplos filhos da vida dos homens e das mulheres, aquilo que dá seu

para os tornar componentes de uma dada comunidade ou sociedade, e um processo de embates e consensos para a definição das suas regras constituintes. Para deixar mais claro nosso ponto de partida, aproveitamos a orientação de Pierre Rosanvallon:

> Falando substantivamente *do* político, eu qualifico assim tanto uma modalidade de existência da vida comum quanto uma forma de ação coletiva que se distingue implicitamente do exercício *da* política. Se referir ao político e não à política, é falar do poder e da lei, do Estado e da nação, da igualdade e da justiça, da identidade e da diferença, da cidadania e da civilidade, enfim de tudo aquilo que constitui uma cidade para além do campo imediato da competição partidária pelo exercício do poder, da ação governamental cotidiana e da vida ordinária das instituições. (ROSANVALLON, 2003, p. 14; livre tradução nossa).

Nesse sentido, o Espiritismo sempre esteve ligado ao *político* (e à política), tanto por sua vinculação com o campo de representação e articulação dos poderes públicos, quanto por sua incursão em discussões relativas às grandes ideias concernentes à organização da sociedade. A parte terceira d'*O Livro dos Espíritos* está recheada de candentes questões sociais, como o problema das desigualdades sociais e das riquezas, a função do trabalho e o direito de propriedade. No Brasil, ainda na República Velha, o deputado e médico Bezerra de Menezes (1831-1900) foi fundamental para a consolidação do Espiritismo frente às oposições da lei. Já na Era Vargas a atuação dos militares espíritas, bem como juízes e médicos, contribuiu bastante para salvaguardar as práticas espíritas das investidas de psiquiatras e clérigos que apelavam para a repressão do Estado.[2] Em segundo lugar, o socialismo não é posição inédita entre os espíritas.[3] A começar pelo filósofo Léon Denis (1846-1927), de militância no

---

quadro de conjunto a seus discursos e a suas ações. Ele se refere ao fato da existência de uma 'sociedade' que aparece aos olhos de seus membros como formando um todo que faz sentido. Como trabalho, o político qualifica o processo pelo qual um grupo humano, que não compõe em si mesmo senão uma simples 'população', toma progressivamente a face de uma verdadeira comunidade. É, portanto, constituído pelo processo sempre litigioso de elaboração de regras explícitas ou implícitas do participável e do partilhável que dão forma à vida da cidade" (ROSANVALLON, 2003, p. 12; livre tradução nossa).

[2] Em estudos anteriores (MIGUEL, 2009b, 2010 e 2011b), tratei do problema político no movimento espírita e das suas relações com o Estado, verificando, por exemplo, a importância dos militares espíritas na defesa do Espiritismo na Era Vargas.

[3] Por socialismo, entenda-se um leque bastante amplo de teorias que tem em comum alguma forma de apelo igualitário (o que implica, em geral, em fortes restrições ao direito de propriedade privada em prol do bem comum, normalmente postulando-se a necessidade de

movimento operário francês e escritor da obra *Socialismo e Espiritismo*.[4] No Brasil, esta obra foi prefaciada pelo político e jornalista socialista José de Freitas Nobre (1921-1990). Lembremos que já em finais do século XIX e começo do XX abre-se, no Brasil, uma crescente vaga religiosa não-católica que permitiu uma circulação de ideários entre maçons, livre-pensadores, positivistas, espíritas, anarquistas e socialistas, aproximando de algum modo estes grupos.[5] Outro importante exemplo: filiado ao PCB, tendo sido prefeito de Ilhéus – BA, Eusínio Lavigne (1883-1973) expõe a possível conciliação entre Comunismo e Espiritismo num artigo chamado "Os espíritas e o Comunismo", publicado na *Tribuna Popular* e transcrito n'*O Estado de Goiáz* em 26 de dezembro de 1945 (SÁ, 1998, p. 6), além de escrever, junto com Sousa do Prado, outro espírita comunista, o livro *Os espíritas e as questões sociais (interpretação progressista de "O Livro dos Espíritos")*.

No MUE temos a organização de um grupo que procurava articular um discurso programaticamente dirigido a transformar, por dentro, o movimento espírita institucionalizado sob a estrutura federativa ligada à Federação Espírita Brasileira (FEB), claramente hegemônica desde o chamado "Pacto Áureo" de 1949 – polêmico acordo de unificação federativa nacional que confere grande poder à FEB. Derrubar o autoritarismo, promover o diálogo com a cultura contemporânea, defender o espírito crítico e encampar a disseminação de um socialismo cristão eram os principais tópicos do projeto de transformação do MUE dirigido para o conjunto do movimento espírita.[6]

---

extinguir a propriedade privada dos meios de produção e distribuição da riqueza). Na terceira parte do primeiro capítulo abordamos alguns dos diferentes tipos de posturas socialistas adotas por pensadores espíritas.

4   Originalmente publicado como uma série de artigos na *Revue Spirite* em 1924, sob o título "Socialisme et Spiritisme". No Brasil é publicado pela editora *O Clarim* em 1982.

5   Ver, por exemplo, a figura do pioneiro espírita e maçom, Carlos Pareta, apresentado em outro estudo de minha autoria "Espiritismo *fin de siècle*: a inserção do Espiritismo no Rio Grande do Sul" (MIGUEL, 2009). No texto "Maçonaria, anticlericalismo e livre pensamento no Brasil (1901-1909)" apresentado por Eliane Moura Silva no XIX Simpósio Nacional de História da ANPUH, conhecemos a figura de Everardo Dias, gráfico, jornalista, maçom, espiritualista, anarquista e depois comunista. Antônio Guedes Coutinho é outro socialista espírita, militante no movimento operário, tomado como tema do livro de Benito Schmidt "Um socialista no Rio Grande do Sul: Antônio Guedes Coutinho (1968-1945)" (SCHMIDT, 2000).

6   Houve a tentativa, em escala muito reduzida, de divulgar um "Espiritismo crítico" no âmbito universitário, o que se concretizou com a revista *Presença*, publicada pelo MUE de Campinas de 1969 a 1973, circulando na Universidade Católica de Campinas e na Universidade Estadual de Campinas.

Um balanço bibliográfico

Os estudos acadêmicos em Ciências Humanas sobre o Espiritismo existem com alguma variedade de enfoques. Contudo, poucos trabalhos aprofundaram as análises sobre as relações entre o movimento espírita e a discussão política.

Vejamos então quais são, em geral, os tipos de estudos realizados acerca do Espiritismo para nos situarmos com nosso projeto. Num primeiro grupo podemos encontrar os trabalhos que explicam as modelações do Espiritismo através da influência de "elementos externos", seja de modo funcionalista, seja de um modo culturalista, com referência a uma identidade cultural brasileira. Outro grupo de estudos foca a interação mais ou menos imprevisível de diversos agentes e instituições sociais na definição dos rumos do movimento espírita, visualizando também a marca que este imprime na sociedade em geral e em outros grupos em particular.

No primeiro grupo podemos relacionar a análise funcionalista de Cândido Procópio Camargo em *Kardecismo e umbanda* (1961) e *Católicos, espíritas e protestantes* (1973), os trabalhos culturalistas de Marion Aubrée e François Laplantine, com a ideia de um espiritismo "à brasileira", conformado por uma cultura da mediação (AUBRÉE e LAPLANTINE, 1990, p. 185), de Donald Warren Jr., "que remete para uma 'configuração mental brasileira' tanto o sucesso da penetração do Espiritismo no Brasil, quanto sua inflexão em um sentido religioso" (GIUMBELLI, 1997, p. 27) e Sylvia F. Damazio afirmando que "o principal fator da expansão do Espiritismo, em suas várias vertentes, foi a prática da medicina mágica arraigada na cultura brasileira" (DAMAZIO, 1994, p. 153).

Um trabalho importante por servir como um contraponto às análises que explicam o perfil do Espiritismo por influências externas é o de Maria Laura Viveiros de Castro Cavalcanti. Em *O mundo invisível: cosmologia, sistema ritual e noção de pessoa no Espiritismo*, Cavalcanti enfatiza "o fato de que religião não apenas 'expressa' ou 'traduz' outras realidades, como é também uma matriz de produção de valores, de maneiras de pensar e se relacionar com a realidade social mais abrangente" (CAVALCANTI, 1983, p. 10). Podemos destacar também o antropólogo David Hess, que, no entanto, mesmo articulando diversos domínios – política, religião, ciência etc. – no que chama de arena ideológica (HESS, 1991, p. 1-9), explica a atuação dos espíritas pela marca, em última instância, da cultura da mediação, entendida como um traço da cultura brasileira. Com metodologia diversa, inspirando-se em Marshall Sahlins e Clifford Geertz, e centrando sua "análise em personagens paradigmáticos e definidores de determinadas conjunturas do movimento espírita" (STOLL, 2003, p. 12), Sandra Jacqueline Stoll pinta as cores de um "Espiritismo à Brasileira" (STOLL, 2003).

Já Eliane Moura Silva aborda o Espiritismo em sua análise comparada de diversas religiões no que respeita às suas formulações do fenômeno da morte e do pós-morte, procurando permanências universalizadas e especificidades (SILVA, 1993).

Nos estudos mais recentes sobre o Espiritismo podemos enfim perceber uma preocupação geral em explicá-lo de modo relacional, isto é, na interação entre agentes sociais diversos – com suas práticas e representações – no interior do movimento espírita e desse com outros grupos e instituições (psiquiatras, clérigos católicos, juízes, Medicina, Ciência, Igreja etc.). Vejamos alguns desses estudos.

Marcelo Camurça em *Fora da Caridade não há Religião! Breve História da Competição Religiosa entre Catolicismo e Espiritismo Kardecista e de suas Obras Sociais na Cidade de Juiz de Fora: 1900-1960* (CAMURÇA, 2001), Flamarion Laba da Costa, em *Demônios e anjos: o embate entre espíritas e católicos na República Brasileira até a década de 60 do século XX* (COSTA, 2001) e Artur Cesar Isaia em *Catolicismo e religiões mediúnicas no Rio Grande do Sul* (ISAIA, 2002) mostraram as lutas práticas e simbólicas entre espíritas e católicos no campo religioso, constitutivas de suas respectivas identidades. Isaia vem trabalhando frequentemente com a temática do Espiritismo, mostrando sua proximidade com a modernidade e a república (ISAIA, 2005) e os embates no campo da medicina (ISAIA, 2006, 2007, 2008a, 2008b e 2008c).

O relacionamento entre espíritas e médicos psiquiatras é o tema da dissertação de Angélica Boff *Espiritismo, alienismo e medicina: ciência ou fé? Os saberes publicados na imprensa gaúcha da década de 1920* (BOFF, 2001), da monografia de Graziele Schweig *Espiritismo e Medicina Psiquiátrica: estudo de caso no Hospital Espírita de Porto Alegre* (SCHWEIG, 2006), dos artigos de Roberta Scoton *Idéias psiquiátricas sobre as religiões mediúnicas em Juiz de Fora-MG (1890-1940)* (SCOTON, 2005) e *A 'loucura espírita' em Juiz de Fora-MG* (SCOTON, 2004) e o de Giumbelli *Heresia, doença, crime ou religião: o Espiritismo no discurso de médicos e cientistas sociais* (GIUMBELLI, 1997b). Exemplo mais recente desse tipo de abordagem é a tese de doutorado *Uma fábrica de loucos: Psiquiatria X Espiritismo no Brasil (1900-1950)* (ALMEIDA, 2007) de Angélica Aparecida Silva de Almeida que analisa os embates entre a Psiquiatria e o Espiritismo entre 1900 e 1950 em torno da mediunidade e da loucura, através de suas representações e instituições no campo científico, delineando assim suas respectivas posições.

Com atenção específica à relação entre Espiritismo e Ciência, temos *Homeless spirits: modern spiritualism, psychical research and the anthropology of religion in late*

19th and early 20th centuries de João Vasconcelos (VASCONCELOS, 2003), *Aspetti della ricerca scientifica sullo spiritismo in Italia (1870-1915)* de Fabrizio Pesoli (PESOLI, 1999), *The other world: spiritualism and psychical reserach in England, 1850-1914* de Janet Oppenheim (OPPENHEIM, 1985), *O espiritismo e as ciências* e *Spirits and scientists: ideology, spiritism and brazilian culture* de David Hess (HESS, 1987 e 1991) e, tangencialmente, *Estudando o invisível: William Crookes e a nova força* de Juliana Mesquita Ferreira (FERREIRA, 2004).

Cabe destaque ainda aos estudos antropológicos de Bernardo Lewgoy, que abrangem desde a cultura escrita e oral dos espíritas (LEWGOY, 2000), até interpretações sobre o relacionamento do Espiritismo com a Igreja (LEWGOY, 2006a), a Ciência (LEWGOY, 2006b), a Medicina e o Estado (LEWGOY, 2004), ora numa política de legitimação demarcacionista, distinguindo, por exemplo, a terapêutica espírita da terapêutica médica oficial, ora em operações sincréticas com os valores do Estado nacionalista e autoritário (Era Vargas) ou com a caridade católica.

Além do estudo de Artur Isaia que trabalha a relação do Espiritismo com a modernidade e a república (ISAIA, 2005) e da pesquisa de Bernardo Lewgoy que levanta questões importantes sobre a relação dos espíritas com o Estado (LEWGOY, 2004), temos apenas mais alguns poucos trabalhos sobre Espiritismo que abordam a política. Na abordagem de Emerson Giumbelli em *O cuidado dos mortos: uma história da condenação e legitimação do espiritismo* (GIUMBELLI, 1997a), as relações dos espíritas com a justiça são a via de interação com o Estado, mas não se chega a discutir projetos políticos e sociais dos espíritas para a sociedade. Uma exceção relevante com relação ao enfoque político é o livro de Fábio Luiz da Silva, *Espiritismo: história e poder (1938-1949)* (SILVA, 2005). Trabalhando com a noção de "economia das trocas simbólicas" (Bourdieu) e com o processo de "definição dos estabelecidos e dos *outsiders*" (Elias), analisa "os usos possíveis" do discurso espírita da história "como parte de uma estratégia de legitimação do Espiritismo frente aos campos religioso, científico e estatal", e como um modo da Federação Espírita Brasileira "marcar fronteiras entre 'os de dentro' e 'os de fora', ou seja, aqueles que se submetem à autoridade da FEB e aqueles que a questionam; entre o 'verdadeiro' e o 'falso' Espiritismo" (SILVA, 2005, p. 8). Essa problemática permeará as nossas reflexões ao longo desse livro, levando-se em consideração o fato de que os conflitos internos do movimento espírita entrelaçam-se com os conflitos externos. Um trabalho que parece interessante, do qual tomamos conhecimento apenas muito recentemente intitula-se *Espiritismo Kardecista brasileiro e cultura política: história e novas trajetórias* (FERREIRA, 2008). Também tardiamente, viemos saber de um trabalho de conclusão de curso realizado na PUC-Campinas por Marcius Igor Bigheto tratando justamente do MUE, realizado em 2006 (não consta um título específico no trabalho). Com relação às ideias sociais espíritas, registramos a dissertação de mestrado em história de Cleusa Beraldi Colombo intitulada *História das Idéias Sociais Espíritas – Um século de Espiritismo: França-Brasil, 1857-1957*, publicada em livro com o título *Idéias Sociais Espíritas* (COLOMBO, 1998). Implícita e explicitamente, dialogamos com as reflexões dessa autora. Ainda com atenção às ideias sociais espíritas, destacamos o artigo *Espiritismo, Conservadorismo e Utopia* de Artur Cesar Isaia (ISAIA, 2004).

Finalmente, cabe mencionar nossos trabalhos já citados *Espiritismo e política: o compasso dos espíritas com a conjuntura dos anos 1930-1940* (MIGUEL, 2009b), *O Espiritismo frente à Igreja Católica em disputa por espaço na Era Vargas* (MIGUEL, 2010) e *A questão política no Espiritismo: o sagrado e o profano em tensão* (MIGUEL, 2011b), nos quais tratamos das representações produzidas pelos espíritas sobre os temas da política e da questão social conjugadas aos conflitos e alianças com Estado.

Contudo, parece-nos evidente que a relação do Espiritismo com o Estado e a discussão política tem sido relegada a plano secundário (principalmente no que se refere aos valores políticos dos espíritas), em geral apenas perpassando alguns trabalhos. Assim, esta pesquisa sobre o MUE se propõe a examinar um problema pouco estudado na bibliografia sobre Espiritismo, encarando como relevantes os posicionamentos políticos, a defesa, oposição ou indiferença às doutrinas sociais que marcam as diferentes colorações ideológicas da cultura espírita.

No caso do nosso estudo, procuramos identificar o impacto gerado pela cultura universitária dos anos 1960 e pelo contexto político, social e cultural mais amplo (no Brasil e no mundo) nos jovens universitários espíritas que construíram o MUE. Este impacto foi (como não poderia deixar de ser) mediado pelo campo social[7] específico do movimento espírita brasileiro. Ao analisarmos as culturas políticas díspares que passam a ser tensionadas no interior do movimento espírita a partir da atuação do MUE, perceberemos que o próprio campo social "é objeto de luta tanto em sua representação quanto em sua realidade" (BOURDIEU, 2004, p. 29). Isto é, partindo-se de representações sociais distintas que diagnosticavam diversamente a situação presente do Espiritismo no Brasil, o que estava em jogo era a própria definição do que deve ser

---

[7] Tomamos de Pierre Bourdieu a definição de campo social, como um "espaço relativamente autônomo, [...] microcosmo dotado de [...] leis próprias", um "campo de forças e um campo de lutas para conservar ou transformar esse campo de forças" (BOURDIEU, 2004, p. 20, 22 e 23).

o movimento espírita e o Espiritismo. O singular na nossa pesquisa está justamente em prestar especial atenção às representações sociais sobre política que concorreram no interior do campo religioso do movimento espírita brasileiro, com implicações práticas explosivas.

Objetivos

- Explicar, articulando questões externas e internas ao movimento espírita, as causas do surgimento e do término do MUE;

- Caracterizar o MUE levando em conta as possíveis diferenças existentes entre seus participantes;

- Mapear a diversidade de posições e ações no interior do movimento espírita brasileiro acerca do MUE;

- Comparar o MUE com outros movimentos que envolveram religiosos com a questão política no mesmo período (a Juventude Universitária Católica, por exemplo) e

- Resgatar o impacto social, cultural e político do MUE no movimento espírita.

Material e métodos

Para apreendermos tanto as intenções do MUE e as influências que sofreu, quanto a recepção de suas ideias pelos espíritas, precisamos examinar as representações em jogo na documentação escrita de parte a parte e nas falas dos agentes históricos a serem entrevistados. Portanto, se faz necessário o uso de diversas fontes para cobrirmos todos os lados mais significativos da história que pretendemos contar. Analogamente à reconstituição verossímil da cena do crime, poderemos com isso, à moda de detetives, reconstruir de um modo aproximado a dinâmica relacional múltipla do processo histórico, entendido como em parte determinado pelos sujeitos e em parte limitador de suas ações e pensamentos.[8]

Tratando com diversas fontes escritas – revistas, livros, correspondências – é necessário estar atento às especificidades de cada produção, já que suas variadas

---

[8] Christopher Lloyd, em "As estruturas da história", procura formular uma combinação realista entre o poder dos sujeitos e o das estruturas, a qual eu adoto: "as pessoas é que são teorizadas como agentes da história, mas sempre dentro de determinadas situações sociais e culturais capacitadoras e incapacitadoras" (LLOYD, 1995, p. 222).

formas condicionam seus conteúdos (LUCA, 2005, p. 132-141). Por exemplo, enquanto *A Fagulha*, revista produzida pelo MUE, dirigia-se ao público espírita em sua totalidade, uma correspondência escrita por um membro do MUE estaria voltada especificamente a um determinado opositor do grupo. Assim, no primeiro caso a linguagem e os argumentos devem revestir-se de um caráter mais impessoal, persuadindo um "leitor sem face" a concordar com as teses do movimento. Já no segundo o leitor tem rosto e voz bem definidos, marcando mais fortemente o caráter dialógico da produção escrita, com toda a carga emotiva que isso implica para os missivistas envolvidos. Por fim, um livro constitui de forma completa o estatuto de *obra*, com a "marca do autor" elevada a primeiro plano e uma estruturação mais rigorosa das ideias, visando um sucesso de longa durabilidade e munido de um poder de penetração mais contundente pela respeitabilidade que uma obra "bem acabada" suporta.

Já ao trabalhar com fontes orais, devemos levar em consideração uma série de aprendizados acumulados na tradição da "história oral". No que se refere à pertinência específica da história oral, destaca-se a vantagem de podermos perscrutar a experiência pessoal de cada agente social a partir da sua própria subjetividade, o que incide diretamente nas nossas interpretações acerca das causas de tal ou qual atitude dos sujeitos históricos. Contando com a versão do entrevistado sobre o que ele vivenciou, arrecadamos precioso material para análise do fenômeno investigado, o que contribui para diminuir os riscos de interpretarmos mal as motivações dos atores históricos.

Porém, alguns cuidados especiais ao se tratar com fontes orais precisam ser estabelecidos, em razão de basicamente duas peculiaridades enquanto fonte: a fonte oral é *construída a dois* (pesquisador/entrevistador e entrevistado) e *feita do presente para o passado*.

As entrevistas nessa pesquisa serão *temáticas*, procurando saber o que o entrevistado tem a dizer com respeito ao seu envolvimento com o MUE – nosso objeto de estudo. De todo modo, o eixo das entrevistas não deixa de ser *biográfico*, no sentido de que sempre partem da vida narrada do entrevistado sob a sua própria perspectiva, versando sobre a sua experiência e a sua visão acerca dos temas desenvolvidos na pesquisa.

O roteiro geral das entrevistas foi definido com base no levantamento prévio dos nomes dos possíveis entrevistados elencados pela relevância diagnosticada a partir da leitura das outras fontes e indicações fornecidas por contatos preliminares com aqueles que participaram do MUE. É claro que ao longo da pesquisa várias questões novas foram surgindo bem como novos entrevistados.

Resumo dos capítulos

Este livro está dividido fundamentalmente em três capítulos, dando conta do surgimento, da ação e da reação ao Movimento Universitário Espírita. O primeiro capítulo explora o contexto de emergência do MUE, tanto interno ao movimento espírita quanto externo. Veremos como os espíritas têm pensado (e se posicionado) a respeito da política e das questões sociais, identificando também uma tradição (minoritária) intelectual espírita de viés socialista. Por outro lado, examinaremos o contexto político, social e cultural mais amplo no qual emerge o MUE, fazendo um paralelo com a Juventude Universitária Católica (JUC). Assim, esperamos situar o leitor quanto às condições de possibilidade de existência do MUE.

Já no segundo capítulo cuidamos em analisar exaustivamente o pensamento do MUE, utilizando-nos principalmente do seu mais importante veículo de manifestação: a revista *A Fagulha*. Em torno de dois grandes eixos articuladores – progressismo e política – pretendemos dar conta do conjunto de elementos estruturantes das propostas dos universitários espíritas, dentre as quais destacamos a do criticismo (ou "espírito universitário") e a do socialismo cristão. Sublinhamos que a ação do MUE resumiu-se basicamente à disseminação de ideias, o que justifica a especial atenção dada ao seu pensamento.

Finalmente, no terceiro capítulo voltamo-nos ao estudo da reação ao MUE. Esta reação foi fortemente negativa por parte da imensa maioria dos dirigentes espíritas e consideravelmente simpática por parte da juventude espírita. A dinâmica dos confrontos, encontros e desencontros que agitaram o movimento espírita brasileiro atingido pelo MUE será explicada com base numa reflexão em torno de três elementos: o contexto político mais amplo, as ideias correntes de religião e política e a seletividade ideológica.

Na conclusão, além de fazermos o balanço do conjunto da obra, pretendemos aproveitar o nosso estudo sobre o MUE para pensar a respeito do problema da política no universo religioso do Espiritismo.

Capítulo 1

Surgimento do Movimento Universitário Espírita

> Recordemos, a propósito, a tentativa farisaica no sentido de envolver Jesus politicamente nos acontecimentos da sua época. Quiseram mesmo fazê-lo líder do movimento de libertação material dos judeus. O Mestre não apenas se furtou à manobra, mas situou clara e explicitamente a sua presença entre nós, alheando-se à política de César e tão-somente preparando os homens para a redenção espiritual. A alusão ao seu Reino, que não era nem é deste mundo, desestimularia qualquer jogada política, de quem quer que fosse. (*Reformador*, jul. 1970, p. 163)

> A condenação da propriedade privada, que gera os conflitos do egoísmo, é em Cristo mais veemente e profunda do que em Marx. (PIRES, 1946, p. 29)

Espiritismo encarnado: uma breve e necessária história política do movimento espírita brasileiro até 1960

Para entendermos o que era o movimento espírita à época do surgimento do Movimento Universitário Espírita (MUE) devemos desenhar um panorama histórico que ressalte os seus traços mais marcantes produzidos ao longo de processos, rupturas, influências, confluências, embates internos e externos, que se deram desde os seus primórdios no século XIX até a década de 1960. O enfoque deve ser mantido sobre as questões *política* e *religião*, porém sem perder de vista a totalidade de fatores significativos nos diversos campos de relações em que esteve inserido o Espiritismo ao longo de sua história no Brasil.

No século XIX, notadamente a partir de 1848, com o caso das irmãs Fox, um amplo movimento emerge como produto e reação ao cientificismo da época – trata-se do moderno espiritualismo (SILVA, 1993). O espetáculo das mesas girantes toma conta dos salões de Paris.[1] Aparecem diversos médiuns que alegavam ter a capacidade de intermediar a manifestação de Espíritos desencarnados. Inúmeras revistas especializadas proliferam a par de um crescente interesse pelos proclamados fenômenos espirituais. Comissões de investigação científica são formadas para avaliar a sua suposta genuinidade. Os resultados são divergentes e envoltos em cerradas polêmicas: alguns apontavam fraudes, outros entendiam tratar-se de fenômenos explicáveis por poderes mentais desconhecidos, outros corroboravam a tese espiritualista e outros ainda permaneceram em dúvida.

É em meio a esse contexto que a doutrina espírita surge na França em 1857 com o trabalho de organização e teorização efetuado pelo pedagogo Hippolyte Léon Denizard Rival – o Allan Kardec – sobre as mensagens atribuídas aos Espíritos desencarnados que se comunicariam com o mundo dos encarnados através de diversos médiuns, residentes em diferentes localidades. Desse trabalho nasce *Le Livre des Esprits*. A obra de imediato faz um grande sucesso, sendo reeditada quinze vezes em apenas doze anos de existência (AUBRÉE e LAPLANTINE, 1990, p. 30).

Através de imigrantes franceses – jornalistas, comerciantes, professores – o Espiritismo chega ao Brasil.[2] Rapidamente formam-se pequenos círculos de estudos espíritas entre as elites no Rio de Janeiro e em Salvador.

---

[1] A propósito, Karl Marx, em tom irônico, deixa entrever a popularidade deste espetáculo ao dissertar sobre o fetichismo da mercadoria, exemplificando com a descrição do aparecimento da mesa como mercadoria, forma sob a qual "se transforma numa coisa fisicamente metafísica. Além de se pôr com os pés no chão, ela se põe sobre a cabeça perante todas as outras mercadorias e desenvolve de sua cabeça de madeira cismas muito mais estranhas do que se ela começasse a dançar por sua própria iniciativa" (MARX, 1988, p. 70).

[2] Conforme Sylvia Damazio, "dentre os introdutores do Espiritismo no Brasil destacaram-se Casimir Lieutaud, Adolphe Hubert e Madame Collard. Casimir Lieutaud, era diretor do Colégio Francês, estabelecimento de ensino dos mais conceituados na Corte [...] publicou o primeiro livro de divulgação da nova doutrina, impresso no Rio de Janeiro, em 1960: Les Temps sont Arrivés. Adolphe Hubert era editor do Courrier du Brésil, jornal de oposição ao governo de Napoleão III e de tendência anticlerical, cuja redação era um local de encontro da colônia francesa e de discussões sobre os mais variados temas. Madame Perret Collard revelou-se uma médium psicógrafa, figura indispensável às sessões espíritas" (DAMAZIO, 1994, p. 65).

Apesar do ímpeto inicial de estudo da Doutrina Espírita ter se dado no Rio de Janeiro, foi na Bahia que o Espiritismo ganhou destaque e desenvolveu-se com mais solidez na década de 1860, despertando a Igreja Católica para o combate ante a novidade que começava a conquistar adeptos de relevo social. Foi com o professor e jornalista Luís Olímpio Teles de Menezes que se formou o Grupo Familiar do Espiritismo em 1865 na Bahia (DAMAZIO, 1994, p. 66). Este destacado divulgador do Espiritismo travou um aceso debate com os representantes do catolicismo, permanecendo, entretanto, numa postura de submissão à Igreja – religião oficial do Estado Monárquico.

No Rio de Janeiro, o crescimento vertiginoso dos adeptos do Espiritismo, facilitado pela tolerância religiosa dos liberais,[3] levou à criação da Federação Espírita Brasileira (FEB) (GIUMBELLI, 1997, p. 63-64), que viria a ser, poucos anos após a sua fundação, com a marcante liderança de Bezerra de Menezes,[4] um órgão centralizador voltado para atividade unificacionista do movimento espírita em todo o território brasileiro, autorreferenciado como instituição modelar (GIUMBELLI, 1997, p. 119-129).

No século XIX, o Espiritismo no Brasil foi marcado politicamente pela presença do abolicionismo e do liberalismo, batendo-se principalmente pela liberdade de religião (DAMAZIO, 1994, p. 112). Muitos espíritas também eram republicanos engajados, como Antônio da Silva Neto, Francisco de Bittencourt Sampaio e Otaviano Hudson, sendo que outros, livre-pensadores que deram espaço ao Espiritismo defendendo a separação entre a Igreja e o Estado e a liberdade de consciência, também assinaram o

---

3 "A tolerância religiosa dos liberais foi fundamental para a divulgação do Espiritismo, principalmente por parte dos líderes republicanos Saldanha Marinho e Quintino Bocaiúva, pois, através deles, as colunas dos jornais *Diário do Rio de Janeiro*, *A República* e *O Paiz* ficaram abertas para rebater os ataques do Catolicismo ultramontano, quando da grande querela que se estabeleceu entre a ortodoxia católica e os defensores da nova doutrina" (DAMAZIO, 1994, p. 72).

4 "Até hoje, ele é lembrado, entre os espíritas, como o 'Allan Kardec brasileiro' e como uma das figuras a quem o 'espiritismo' mais deve o que atualmente possui. Personagem histórico na lembrança de todos, Bezerra de Menezes é também presença, visto que continua, enquanto 'espiritismo' e 'guia', a dar conselhos e orientações através dos 'médiuns' de hoje. Um dado interessante é que essa imagem começou a ser construída no momento imediatamente posterior a sua morte. Bezerra de Menezes foi saudado pelo *Reformador* como 'o mais eminente dos chefes' e 'o mais perfeito dos discípulos' do espiritismo. Além disso, sua passagem para o 'plano espiritual' foi narrada como uma verdadeira ascensão, presenciada por toda a 'elite celeste' (o que incluía os apóstolos, Maria Madalena e vários anjos). De lá, Bezerra de Menezes preocupou-se logo em animar seus colegas da FEB: 'Não quebrem essa cadeia sagrada'. Glorificado pelos vivos e acolhido pelos mortos mais ilustres, Bezerra de Menezes torna-se, desde então, um 'guia' para a Federação, sendo constantemente invocado para referendar os caminhos a tomar" (GIUMBELLI, 1997, p. 121).

Manifesto Republicano, a exemplo de Saldanha Marinho e Quintino Bocaiúva, futuramente também espírita (DAMAZIO, 1994, p. 69-72).

Era comum, na época, o trânsito de alguns indivíduos por diversas filosofias e movimentos sociais, comumente tendo como centro aglutinador as lojas maçônicas, que permitiam em seu interior "a difusão de tendências laicistas européias, de positivismo, de formas alternativas de expressão religiosa tais como o espiritualismo em geral e do espiritismo em particular, bem como do protestantismo. Era o direito à voz e onde se abrigavam minorias e grupos intelectuais" (SILVA, 1997, p. 7). Em razão desse ecletismo, podia-se ser, sem dificuldades, ao mesmo tempo, maçom e espírita, como Carlos Pareta (MIGUEL, 2009a, p. 161), ou socialista, espírita e positivista, como Antônio Guedes Coutinho (SCHMIDT, 2000).

Importa enfatizar, no entanto, que quando a monarquia caiu, os espíritas já estavam claramente organizados como um corpo em oposição à Igreja Católica, em franca disputa num campo religioso de valores muitas vezes compartilhados. É a época da Igreja romanizada, do chamado ultramontanismo.[5] Assim, os valores da religiosidade interior (em oposição a manifestações exteriores ou à idolatria) e da caridade podiam ser comuns a espíritas e a lideranças católicas (MIGUEL, 2009a, p. 166 e 172-175), levando inclusive a uma prática concorrencial no campo da ação social, em campanhas de beneficência, que se estendeu com força por toda a primeira metade do século XX (CAMURÇA, 2001). Não obstante, havia é claro diferenças. Dentre elas, talvez a mais importante, era a relação com a modernidade, em seus vários aspectos. Note-se a força de convencimento que a modernidade presente na Doutrina Espírita exerce sobre determinados grupos sociais que tinham o desejo de ser "moderno" (DAMAZIO, 1994, p. 58). De acordo com Lewgoy,

> historicamente, o espiritismo é uma das primeiras alternativas religiosas especificamente modernas a canalizar a insatisfação de setores emergentes e organizados da sociedade brasileira – militares, livre-pensadores, funcionários públicos – que libertam-se da tutela eclesiástica, sem querer engrossar os quadros do ateísmo,

---

[5] A reforma romanizadora, também conhecida como ultramontanismo, "apareceu como uma reação ao mundo moderno, capaz de condená-lo, ao mesmo tempo que reforçava a idéia da supremacia das verdades ensinadas pela Igreja sobre os contingentes resultados do conhecimento e da experiência humana. O ultramontanismo correspondia a uma centralização sob a égide de Roma, culminando com a proclamação do dogma da infalibilidade papal. [...] Com a perda do poder temporal do passado, procura-se firmar a total ascendência espiritual e moral da Igreja frente ao mundo. O ultramontanismo procurava, portanto, 'a dominação da autoridade espiritual sobre a temporal'" (ISAIA, 1998, p. 21).

adotando a linguagem da ciência, da razão e do progresso; bandeiras identificadas com a modernidade. (LEWGOY, 2005, p. 2).

E, conforme já pudemos notar,

na modernidade de finais do século XIX vivia-se uma cultura fortemente cientificista, na qual várias correntes teóricas convergiam na valoração da ciência e da técnica como os melhores instrumentos para a resolução de todas as principais dificuldades da humanidade (SCHMIDT, 2001, p. 114), valendo-se da noção central do progresso enquanto força real da natureza, tornando a evolução um caminho natural rumo a um determinado fim, em geral tido como o da realização da perfectibilidade. É nesse contexto intelectual que devemos situar a forte ênfase na *racionalidade* e na *consciência* por parte dos espíritas, munidos de um ideal "progressista" que bebia nas fontes culturais do cientificismo, do liberalismo e do jacobinismo, para derrubar preconceitos e dogmas retrógrados da tradição católica. (MIGUEL, 2009a, p. 169).

A ideia de progresso, elemento estruturante da modernidade, é de fato o eixo da filosofia evolucionista e reencarnacionista espírita, formando uma cosmologia bastante díspar da sua concorrente católica, centrada na ressurreição e no juízo final.

Entretanto, há que se relativizar o posicionamento teológico da Igreja Católica frente à modernidade observando a sua prática no interior do Estado laico (ou presumidamente laico) brasileiro. De acordo com Emanuela Ribeiro

[...] embora a doutrina teológica católica tenha se mantido hostil à Modernidade, podemos identificar situações em que algumas das razões, doutrinas e técnicas da Modernidade serviram à Igreja, tendo sido por ela incorporadas, e, até mesmo usadas para sua própria legitimação. Neste sentido, acreditamos que a principal convergência entre ambas encontra-se no disciplinamento da sociedade civil. (RIBEIRO, 2003, p. 9-10).

Portanto, a força da modernidade dá-se de modo transversal na sociedade brasileira, incluindo diversos segmentos, inclusive, no campo religioso, os espíritas e os católicos. É sob esse influxo também que, no final do século XIX, o Espiritismo será criminalizado pelo Código Penal de 1890, que condenava as práticas de cura consideradas como exploração da credulidade pública. Tal condenação fazia parte de uma pauta de luta da Medicina, que buscava assim obter o monopólio de cura da população, e um esforço de higienização e disciplinarização da população por parte do Estado. O principal instrumento de defesa dos espíritas, nesse contexto, será a prática da caridade.[6] Se os espíritas curavam somente por caridade, então a sua prática não poderia ser caracterizada como exploração já que os curadores não obtinham com isso qualquer recompensa pecuniária. Apesar de muitos juristas não concordarem com esse argumento, todos os juízes que julgaram processos que enquadravam os espíritas no artigo 157 do Código Penal os inocentaram.

É importante ressaltarmos o fato de que os espíritas defenderam-se através das vias políticas. Espíritas proeminentes formaram uma Comissão Permanente para fazer frente ao Código, defendendo o direito à liberdade religiosa (DAMAZIO, 1994, p. 116 e 121). Apesar de tentar, através de representações, a "revisão dos artigos que restringiam a liberdade religiosa, por inconstitucionalidade", não obtiveram êxito.

Nesse momento de luta com a Lei, com a Medicina e com a Igreja, emergiu, portanto, no meio espírita a ênfase na caridade, na diferenciação dos cultos afro-brasileiros e na cientificidade e superioridade da sua Doutrina (esposada por pessoas de alta cultura na Europa). É aí que a FEB, fazendo frente ao Código Penal, muda o seu caráter inicial e assume a liderança do ainda incipiente movimento espírita, dando apoio e atuando como representante dos grupos espíritas (GIUMBELLI, 1997, p. 179-180) além de enfatizar o seu caráter religioso (GIUMBELLI, 1997, p. 116)

Com relação à imprensa, se no século XIX ela estava muito mais inclinada a condenar o Espiritismo do que a aplaudi-lo, já entre os anos 1910 e 1920 verifica-se uma grande onda de aproximação entre ambos (GIUMBELLI, 1997, p. 237). Em um estudo de caso realizado com um jornal popular do Rio Grande do Sul, *A Gazetinha*, entre os anos de 1896 e 1898, pôde-se constatar a rapidez com que se deu essa virada, provavelmente pelas seguintes razões: o razoável prestígio social dos defensores do Espiritismo, membros das elites médias urbanas; a cobertura dada pela Maçonaria e a intensa produção de periódicos espíritas (MIGUEL, 2009a, p. 160-164). No caso do Rio de Janeiro, vale apontar que a FEB, mesmo em meio a suspeitas de setores da polícia e dos inspetores de saúde, é considerada consensualmente como "verdadeiro" Espiritismo a partir da segunda metade da década de 1910 (GIUMBELLI, 1997, p. 240).

Ao longo da República Velha, o caráter laico e anticlerical do Espiritismo vai se metamorfoseando numa "espécie de anticatolicismo 'romanizado'", isto é, os espíritas do Brasil se apropriam e resignificam valores promovidos pela reforma de cúpula do

---

6   A caridade é a chave da defesa legal dos espíritas. Se, por um lado, o médium que pratica a caridade não explora clientes, e sim assiste aos necessitados, por outro a caridade funciona como um símbolo ou marca de uma prática genuinamente religiosa, e como tal, como um "culto", estaria assegurada pela Constituição que garante a liberdade de culto (GIUMBELLI, 1997, p. 180).

catolicismo, configurando-se num movimento de recuperação do cristianismo primitivo que lança acusações generalizantes para o conjunto da Igreja Católica (LEWGOY, 2004, p. 109). O caráter predominante do Espiritismo entre os brasileiros, desde o início do século XX, foi, portanto, o de um movimento tipicamente religioso, ainda que pautado por um ímpeto reformista, defendendo um modelo de religiosidade interior (sem os formalismos e ritualismos das missas e liturgias católicas) e de prática da caridade como único meio de "salvação" (em oposição ao dogma particularista que afirma que "fora da Igreja não há salvação"). Como, entretanto, na prática, uma série de características das instituições religiosas se farão presentes no movimento espírita, não é fora de propósito enfatizar o caráter religioso do Espiritismo que se realizou no Brasil. A constatação desse fato é muito importante para compreendermos o contexto no qual o Movimento Universitário Espírita surgirá com um viés crítico ao "igrejismo", ou excesso de dogmatismo religioso.

Também é importante observarmos a caracterização sócio-profissional dos espíritas para melhor entendermos as posturas adotadas e o *ethos* que conduziram o movimento espírita a determinadas práticas e representações perante o conjunto da sociedade e em seus conflitos internos. Na República Velha, os condutores do Espiritismo eram majoritariamente militares, funcionários públicos, médicos e advogados (LEWGOY, 2004, p. 110). Com esse perfil social, talvez se possa explicar a conformação que levou o movimento espírita a estabelecer uma "relação assistencial com os pobres, cívica com a Nação, afrancesada com a cultura ocidental e competitiva com a Igreja Católica" (LEWGOY, 2004, p. 109-110).

Na chamada Era Vargas, com o fim da República Velha, os espíritas flertaram com o nacionalismo,[7] o autoritarismo, o militarismo e a ideologia do Estado organicista corporativista (LEWGOY, 2004, p. 68-69). Conforme já examinamos em

---

7 Fábio Luiz da Silva, em *Espiritismo: história e poder (1938-1949)*, investiga em profundidade a obra psicografada por Chico Xavier, *Brasil Coração do Mundo, Pátria do Evangelho*, central para a construção do nacionalismo espírita brasileiro. Silva observa que a "história do Brasil narrada nessa obra é uma criação divina, é uma história sagrada, trabalho de seres sobrenaturais" (SILVA, 2005, p. 38). Tal observação é de grande importância para entendermos o relacionamento dos espíritas com a política. O autor, referindo-se à obra psicografada por Chico Xavier, explica que o "Brasil, sendo solo santificado, local do Paraíso terrestre, não poderia ficar sujeito às imposições de ordem política, pois o seu destino já estaria traçado e garantido por Jesus e pelo próprio Deus – descrito como Supremo Senhor, bem ao gosto medieval de relações de vassalagem" (SILVA, 2005, p. 52-53). Para Fábio Luiz da Silva, há "um certo desprezo pela política na obra de Chico Xavier, o que corresponde ao discurso da neutralidade política que veremos adiante" (SILVA, 2005, p. 53).

estudo anterior, amparando-nos nos estudos de Fábio Luiz da Silva (SILVA, 2005) e de Bernardo Lewgoy (LEWGOY, 2004),

> Duas obras de grande relevo na literatura espírita conjugam-se para formar os códigos que dão forma ao nacionalismo e ao autoritarismo elitista que impregnaram boa parte do imaginário espírita da época: *Brasil Coração do Mundo, Pátria do Evangelho* e *A Grande Síntese*. Na primeira obra, psicografada por Chico Xavier e atribuída ao espírito Humberto de Campos, fixa-se o sentimento nacional no movimento espírita, de tal forma que este passa a ver o Brasil como o grande arauto da nova era pela qual a humanidade encontraria o reflorescimento do evangelho. [...] Já em *A Grande Síntese*, fica evidente a afinidade eletiva entre as concepções organicistas do Estado corporativista, que sustentavam ideologicamente o Estado Novo varguista e a defesa de um Estado orgânico, explicitamente um "Estado corporativista colaboracionista", defendido por Pietro Ubaldi (UBALDI, 1937, apud MIGUEL; MIGUEL, 2009b, p. 40-41).

Foi, portanto, uma época de profundas transformações no modo de ser espírita. Importa destacarmos a questão política no movimento espírita desta época, já que se contraditava um discurso de isenção política com diversos posicionamentos políticos por parte dos espíritas expostos nas páginas do periódico oficial da FEB, o *Reformador*. Para não nos alongarmos, em síntese pode-se dizer que uma grande parte do movimento espírita brasileiro "encaixou-se", em boa medida, à ordem vigente no Brasil,[8]

---

8   Mais uma vez concordamos com as conclusões de Fábio Luiz da Silva: "No campo do Estado, os espíritas, aqui representados pela FEB, escolheram isentar-se da participação político-partidária por entender que os destinos do país já estariam traçados pelos espíritos superiores, e a tarefa que competia aos espíritas era colaborar na obra de construção do Coração do Mundo, conforme anunciado. O discurso de neutralidade político-partidária foi estratégia eficaz naquele momento da história do país, permitindo menor número de atritos com a máquina do Estado. Tal opção, porém, não isentou FEB de ter e defender uma posição política, conforme podemos inferir do que expusemos até aqui e fica evidente neste trecho do livro *Brasil, Coração do Mundo e Pátria do Evangelho*:
Nesta época de confusão e amargura, quando, com as mais justas razões, se tem, por toda parte, a triste organização do homem econômico da filosofia marxista, que vem destruir todo o patrimônio de tradições dos que lutaram e sofreram no pretérito da humanidade, as medidas de repressão e de segurança devem ser tomadas a bem das coletividades e das instituições, a fim de que uma onda inconsciente de destruição e morticínio não elimine o altar das esperanças da pátria. Que o capitalismo, visando à própria tranquilidade coletiva, seja chamado pelas administrações ao debate, a incentivar com os seus largos recursos a

pendulando a ênfase em determinadas interpretações doutrinárias de acordo com o peso da conjuntura (colocada principalmente pelo Estado, pela disputa com a Igreja Católica e pelo contexto internacional): ora desvalorizando, ora valorizando a democracia e adaptando um discurso patriótico ao universalismo da Doutrina Espírita. A questão do sistema sócio-econômico colocada pelo embate entre capitalismo e socialismo é resolvida geralmente por uma moderação moralizadora do regime capitalista, com raras exceções de um pendor para o socialismo cristão, de caráter mais reformista e certamente não-violento. A ordem é um valor bastante permanente, permeando diversos discursos, ligando-se comumente à idéia de harmonia que, em termos de proposta política, se dá na defesa da harmonia entre capital e trabalho. Todo esse *posicionamento* contraria obviamente a pronunciada neutralidade política das instituições espíritas, já que vimos que essas posições eram defendidas através dos seus órgãos de imprensa, muitas vezes por representantes das federativas, no caso examinado, a FERGS e a FEB. Dizer-se isento de posições políticas, entretanto, permitia um reforço oficializante dos discursos dos espíritas capaz de estabilizar opiniões de forma sacralizada sem abertura para o debate. E ainda, por outro lado, construía-se uma cobertura a qualquer eventual instabilidade política que pudesse causar disputas internas ao movimento espírita e intervenções externas do Estado, já que, sendo politicamente neutro, os espíritas poderiam, mais facilmente, se acomodar estrategicamente a diversos regimes. (MIGUEL, 2009b, p. 68-69).

Só para darmos um exemplo de posicionamento no contexto em exame, é curioso que, na mesma edição do *Reformador* (set. 1937, p. 355-356) em que se publicou um texto fortemente restritivo à política (aconselhando os espíritas a não se envolverem de modo algum na política, à exceção do uso do direito de votar), foi publicado também um artigo de Vinicius de explícito conteúdo político, intitulado "Política internacional". O articulista ataca o modelo protecionista e expansionista vigente nas relações internacionais, considerando-o fruto do egoísmo. Defende o livre-câmbio como prevenção para as guerras. A solução para os problemas econômicos, políticos e sociais nasce assim da aplicação de um princípio moral – o do amor. Este princípio, aplicado à vida econômica chama-se solidariedade, e, à ordem social, chama-se fraternidade (*Reformador*, set. 1937, p. 358).

No período varguista, devemos destacar ainda que a luta pelo estado laico, contra o domínio católico, foi uma constante no movimento espírita. Vale citar, por exemplo,

campanha do livro, do saneamento e do trabalho, em favor da concórdia universal. (XAVIER, 1998 *apud* SILVA; SILVA, 2005, p. 112).

a luta pelo ensino laico opondo-se à investida católica de promoção do ensino religioso, pelo qual a Igreja exerceria amplamente seu poder de doutrinar dentro de todas as escolas do país. Essa batalha política foi coordenada pela Coligação Nacional Pró-Estado Leigo, criada em 17 de maio de 1931, que "congregava pessoas das mais diferentes orientações intelectuais, na defesa da separação entre Igreja e Estado e na luta pela igualdade de credos na futura constituição" (ISAIA, 1998, p. 103). O temor que uniu espíritas, maçons, metodistas, luteranos, episcopais, entre outros religiosos, era de que a oficialização do ensino facultativo e a assistência espiritual não obrigatória às Forças Armadas pudessem transformar-se "em instrumentos de reafirmação do catolicismo, rumo a uma possível união Igreja-Estado, ou assinatura de uma concordata, capaz de privilegiar a religião católica" (ISAIA, 1998, p. 103). Chegou a ser presidente da Coligação um dos espíritas mais destacados do movimento espírita: Lins de Vasconcelos,[9] que lutara constantemente pela laicidade do Estado (WANTUIL, 1981, p. 493). Uma pista interessante para a investigação futura do sentido dessa luta pela laicidade do Estado encontra-se no jornal dirigido por Vasconcelos, o *Mundo Espírita*, no qual se encontra em destaque a seguinte frase, no topo do jornal: "As Sociedades Espíritas do Brasil são cristãs e apolíticas e sustentam o princípio da laicidade do Estado" (Mundo Espírita, 27 de ago. 1949, p. 1). Com isso, a dedução que podemos fazer em princípio é que, na reflexão de muitos espíritas, o discurso de não intervenção das instituições espíritas na política significava não misturar religião com Estado, garantindo sua laicidade, obviamente se tal princípio fosse estendido para as outras religiões. Evidente, entretanto, que a luta pela laicidade constitui um ato político.

Observemos que o fato de a Igreja Católica ter ganhado bastante espaço político na Era Vargas reforçou "a necessidade dos espíritas atentarem para o Estado

---

[9] Lins de Vasconcelos foi uma grande liderança do movimento espírita. Além de ser engenheiro agrônomo, tornou-se muito rico como empresário e assim financiou diversas obras de caridade e instituições espíritas, atuando como presidente da Federação Espírita do Paraná (FEP) já aos 25 anos, frequentando a presidência dessa instituição por seis mandatos e atuando como Secretário Geral por cinco vezes, num período de dezoito anos, integrando-a a Liga Brasileira de Analfabetismo e realizando o II Congresso Espírita Paranaense. Foi diretor da *Revista do Espiritualismo* e do jornal *Mundo Espírita*, empenhou-se junto com Leopoldo Machado pela realização do I Congresso de Mocidades Espíritas do Brasil e fundou a Ação Social Espírita, no intuito de desenvolver o trabalho sócio-assistencial do Espiritismo. Foi também membro efetivo da Assembleia Deliberativa da FEB, vice-presidente da Liga Espírita do Estado da Guanabara (sucedânea da Liga Espírita do Brasil) e 1º secretário da Sociedade de Medicina e Espiritismo do Rio de Janeiro, figurando ainda como seu presidente de honra (WANTUL, 1981, p. 488-497).

no seu esforço de legitimação social". O resultado, conforme nosso estudo, foi que os espíritas

> Organizaram-se para isso, reivindicando direitos legais que lhes permitissem manter suas atividades sem coibições, como os passes e os receituários mediúnicos. Lutaram por um Estado laico, pelo reconhecimento censitário, pela liberdade religiosa, utilizando-se da Coligação Pró-Estado Leigo, de recursos judiciais, de propaganda via rádio e imprensa escrita, com intensa produção editorial. A busca por espaço no Estado foi facilitada para os espíritas pela proeminência social das suas lideranças, atingindo o funcionalismo público, a imprensa e o meio militar até altos escalões. Valores convergentes também contribuíram para aproximar o movimento espírita e o governo Vargas, como a ênfase na educação e no trabalho e as ideologias do nacionalismo e do corporativismo, com aproximação nesse caso também com o catolicismo. (MIGUEL, 2010, p. 219-220).

É importante falarmos também sobre o problema da unificação no movimento espírita, já que esta questão remete diretamente aos seus conflitos internos, levantando questões sobre poder, organização hierárquica, diretrizes doutrinárias, movimentos paralelos, entre outras. Questões caras ao quadro conflituoso no qual se movem os universitários espíritas que se sentiram descontentes com o panorama do movimento espírita brasileiro em que estavam situados nos anos 1960-70.

Na década de 1940 o movimento espírita brasileiro passou por um processo turbulento em torno da definição de sua organização institucional nacional. A culminância desse processo foi o chamado "Pacto Áureo", um acordo estabelecido entre a Federação Espírita Brasileira (FEB) e federativas estaduais que conferiu à primeira um poder sem precedentes no Espiritismo brasileiro, através de um Conselho Federativo Nacional (CFN) subordinado à chamada "Casa Máter" (epíteto consagrado à FEB).

> Em suma, do ponto de vista da engenharia institucional-administrativa, o CFN recém nascido era mais filho da "Casa Máter" do que das outras federativas. Era de fato um órgão subordinado à FEB, pois esta detinha a presidência do Conselho e a função de escolher seus membros em caso de impasse nas federativas através da lista tríplice; além disso, possuía o poder de veto no orçamento e a supremacia relativa no seu financiamento. (MIGUEL, no prelo).

Para resumir, mais uma vez remetemos o leitor ao resultado final de um estudo de nossa autoria:

> Em resumo, pode-se dizer que o movimento espírita brasileiro foi bastante conturbado internamente ao longo do seu processo de unificação institucional, com projetos de organização federativa diferenciados e conflitantes que acabaram por opor entidades umas às outras bem como enfeixar alianças em torno de uma causa comum. A hegemonia da FEB foi construída em torno de muita polêmica acerca da sua atividade federativa, detonando rixas que não foram facilmente resolvidas. Uma tensão permanente entre aqueles que reivindicavam maior representação no comando do Espiritismo a nível nacional, geralmente através da defesa da democratização da organização federativa, e a FEB que permanecia entrincheirada na defesa da supremacia do seu poder, provocou por um lado o fortalecimento de federativas estaduais que passavam a promover e dirigir eventos visando à unificação, caso claro da FERGS e da USE [União das Sociedades Espíritas do estado de São Paulo], e por outro uma seqüência de reações da FEB que foram do extremo do desligamento das federativas "dissidentes" do seu quadro de filiadas a uma concessão meticulosamente calculada aos insistentes reivindicadores da unificação com inclusão representativa, visando permanecer com um poder decisório superior. O resultado final é um Pacto Áureo que divide radicalmente opiniões quanto a sua legitimidade, que serve como um marco na história da unificação do movimento espírita e como um ponto de articulação da FEB às federativas estaduais gerando uma estabilidade institucional e uma manutenção do poderio da "Casa Máter" sobre uma nova estrutura federativa que não possibilitava a permanência de um processo decisório absolutamente unilateral. Pode-se considerar, desse ponto de vista, que houve um avanço democratizante na organização do movimento espírita brasileiro que, no entanto, permitiu a fixação da legitimidade da FEB num posto de mando superior, como uma entidade independente e acima das outras distribuídas pelo Brasil. (MIGUEL, no prelo).

Na década de 1950, então, a FEB já está consolidada com a vitória obtida no Pacto Áureo. No imaginário popular, Chico Xavier já começa a figurar como um santo. A ênfase evangélica na prática espírita ganha reforço com a disseminação do Culto do Evangelho no Lar (LEWGOY, 2004, p. 113). O resultado, conforme Lewgoy, é a "abertura do espiritismo a uma vivência mais evangélica, mais emotiva, menos intelectual e mais familiar da religião" (LEWGOY, 2004, p. 114).

De passagem, notemos que é justamente na contramão dessas características que surgirá o MUE. A cultura que floresceu com os universitários da década de 1960 se fez presente em alguma medida nos universitários espíritas. Em razão disso, estes sentiram o choque cultural da sua geração com a geração anterior das lideranças espíritas.

Destaquemos, por fim, mais alguns elementos que caracterizam a militância política espírita até os dias de hoje, a qual contrastaremos logo adiante com o discurso de isenção política.

Em 1961 foi promulgada a Lei das Diretrizes e Bases da Educação contra a qual muitos espíritas se mobilizaram,[10] em razão da questão da "liberdade de ensino", que, na proposição legal do deputado Carlos Lacerda, significava apenas "o direito de particulares de comunicarem a outros os seus conhecimentos" (ROMANELLI, 2005, p. 174-175). Era a investida do ensino privado sobre o ensino público, procurando o primeiro obter prioridade absoluta de ação e proteção do Estado em detrimento do segundo. Era também mais uma tentativa da Igreja Católica de controlar a educação no Brasil. Apesar de ampla oposição dos educadores, intelectuais, estudantes e líderes sindicais, unidos na Campanha em Defesa da Escola Pública, à Lei das Diretrizes e Bases da Educação, na sua nova forma pró-ensino privado, sua implantação efetivou-se (ROMANELLI, 2005, p. 182-183). Nesse episódio, o Clube de Jornalistas Espíritas, presidido por Herculano Pires, redigiu o "Manifesto em Defesa da Democratização Escolar", enviado ao Senado em protesto à aprovação da Lei pela Câmara dos Deputados (*Revista Internacional de Espiritismo*, mar. 1961, p. 53-54).[11]

Já na época da Ditadura Militar podemos citar dois exemplos de posicionamento quanto a discussões acerca de políticas públicas. É importante deixar claro, porém, que estes posicionamentos, até onde pudemos verificar, não foram levados aos poderes públicos ou à imprensa laica, ficando restritos ao público espírita, como uma orientação doutrinária. Vejamos quais foram eles. Um foi a defesa da legalização do divórcio, como direito àqueles que malograram na tarefa de harmonização do casamento (no entanto, por entender-se que o casamento é um compromisso mútuo do casal antes de reencarnar, aos espíritas é recomendado seguir em frente com o casamento, mesmo sob o peso de agruras, "carregando a sua cruz") (*Reformador*, maio 1975, p. 98). Outro foi a postura de alguns contra o controle de natalidade através do advento das pílulas anticoncepcionais (*Revista Internacional de Espiritismo*, ago. 1966, p. 155-157 e *A Reencarnação*, 1970).

---

10 Ver notícia "Espíritas tomam posição pró Escola Pública" no *Jornal Cruzeiro do Sul*, 05 jul. 1960, p. 8.

11 Sobre o assunto, conferir o artigo de Dora Incontri: "A contribuição espírita no debate da escola pública" disponível em: http://pedagogiaespirita.org.br/tiki-read_article.php?articleId=28. Acessado em: 20/09/2014.

Por outro lado, parece-nos evidente a omissão com relação à ditadura. A interpretação mais plausível é que as lideranças espíritas estrategicamente preferiram ignorar a ilegitimidade de um governo autoritário e violentamente repressor, a fim de evitar qualquer tipo de problema para as instituições espíritas diante de um Estado ameaçador.[12] O único contraponto que encontramos a este posicionamento dos espíritas é, de fato, o MUE, por se caracterizar como um setor dentre os espíritas que se organizou para reclamar das injustiças sociais e propor abertamente, como solução para estas injustiças, um socialismo cristão calcado, doutrinariamente, no Espiritismo.

Passado o tão combatido MUE, temos na atualidade, como exemplo de prática política dos espíritas, a Campanha Em Defesa Da Vida, promovida pela FEB. Nessa Campanha, além de outras bandeiras, milita-se contra o aborto e a eutanásia, constituindo-se também como uma forma de pressão política contra a legalização dessas práticas por parte do governo. Ilustrativo do seu caráter político foi a participação dos espíritas na Marcha da Cidadania pela Vida, ocorrida em São Paulo, dia 20 de março de 2010, no intuito de barrar a aprovação do Projeto de Lei 1135/91 que pretendia legalizar o aborto até setembro do mesmo ano.

Política e questões sociais no movimento espírita brasileiro

Na terceira parte deste capítulo demonstraremos a existência de uma tradição intelectual espírita de viés socialista. Porém, é importante analisar a presença do ideário socialista em meio a um vasto campo de concepções acerca dos problemas sociais expressas no meio espírita. Ou seja, não basta identificar o ideário socialista na figura de alguns intelectuais espíritas; é necessário colocá-lo em relação a outras posturas para melhor dimensioná-lo no conjunto do movimento espírita.

Para realizar essa tarefa, examinaremos agora artigos publicados na revista *Reformador*, da FEB, que tratem de questões relacionadas ao tema dos problemas sociais, com posicionamentos frente à questão política e à proposta socialista, enfatizando o papel reservado aos espíritas na sociedade. Como o *Reformador* é uma revista de ampla circulação no movimento espírita brasileiro, tendo consigo a "força de verdade"

---

12 Também se pode considerar a omissão ou o silêncio como estratégia de resistência. Se pensarmos o movimento espírita como uma minoria sem forças para resistir ao poder do Estado, esta interpretação faz bastante sentido. Por outro lado, se pensarmos o movimento espírita do ponto de vista das suas relações de poder internas, a omissão conjuga-se a uma imposição frente a uma minoria – neste caso o MUE – diante da hegemonia – as instituições federativas e os representantes de centros espíritas.

advinda das representações coletivas em torno da "Casa Máter", poderemos generalizar os posicionamentos frequentes nessa revista para uma ampla população de adeptos do Espiritismo, especialmente aqueles mais ligados às instituições federadas. Isto é fundamental para situarmos o ideário socialista no meio espírita, circunscrevendo-o a suas devidas dimensões e visualizando o imaginário espírita acerca do *social*, em sua complexidade de representações, dando-nos com isso o quadro de referências com o qual o MUE terá de lidar na sua empreitada reformadora. Com isso, também almejamos definir melhor a especificidade do MUE com relação ao conjunto histórico de representações circulantes no meio espírita acerca da política e das questões sociais.

Uma observação crucial merece ser feita de imediato. Já no artigo primeiro do Regulamento da Sociedade Parisiense de Estudos Espíritas, fundada em 1858 por Allan Kardec, encontramos uma taxativa interdição às "questões políticas" e de "economia social": "Art. 1º – A Sociedade tem por objetivo o estudo de todos os fenômenos relativos às manifestações espíritas e suas aplicações às ciências morais, físicas, históricas e psicológicas. São defesas nela as questões políticas, de controvérsia religiosa e de economia social" (KARDEC, 1996 [1861], p. 445). O fato é muito significativo, pois tal interdição pode servir de fundamento doutrinário para o movimento espírita. Embora não tenhamos encontrado qualquer referência direta ao artigo primeiro do Regulamento por parte dos articulistas do *Reformador*, certamente o texto é de grande valia para explicar as subsequentes posturas do movimento espírita brasileiro. Afinal, trata-se do artigo primeiro do regulamento do primeiro "centro espírita" do mundo, fundado pelo "codificador"[13] do Espiritismo. Não pretendemos discutir aqui as razões pelas quais Kardec obstou a discussão de "questões políticas, de controvérsia religiosa e de economia social" na Sociedade Parisiense de Estudos Espíritas,[14]

---

13   Notemos, de passagem, que os termos codificador e codificação (que, por sinal, não são encontrados nas obras de Kardec), utilizados para indicar o papel de Kardec com relação ao Espiritismo e a própria Doutrina Espírita, são altamente significativos na demarcação do Espiritismo como religião. Um código legal é um conjunto sistematizado de disposições legais relativamente a um determinado campo do direito e um código religioso é um conjunto sistematizado de dogmas, de artigos de fé. A rigidez, o caráter de sistema fechado, é característica de ambos. Assim, a "codificação kardequiana" é algo altamente sistematizado e fechado, com o adicional de que a ideia de revelação dos Espíritos superiores tende a reforçar ainda o sentido de perfeição do "código", por ter origem divina. Ainda que os espíritas não queiram chamar de dogmas os elementos constituintes da sua doutrina, o modo como eles são assumidos possui portanto uma enorme força dogmática.

14   Deixamos indicado ao leitor interessado em aprofundar a questão passagens muito significativas da *Revista Espírita* (na qual Kardec anotava vários temas que estavam em um estágio

mas não podemos deixar de notar que ele, na prática, tratou desses campos do saber em suas obras. Allan Kardec opinou, de acordo com o seu arcabouço cultural, em temas como a desigualdade das riquezas (temática da economia), a igualdade de direitos e a liberdade de consciência (temas da política), e ainda diversos temas de controvérsia religiosa, como as doutrinas do céu e do inferno.

Tendo em mente este "marco zero" da interdição à política e à "economia social" na história do Espiritismo, voltemo-nos para o movimento espírita brasileiro.

Primeiramente, tratemos dos textos publicados no *Reformador* que discutem diretamente a respeito da política.[15] Em 1937, durante a era Vargas, a FEB, através da sua revista oficial e de um opúsculo de larga divulgação (*Reformador*, ago. 1937, p. 311), definiu-se frente à questão da política. Ao que parece, é deste opúsculo que se retirou um excerto

---

inconclusivo com relação à Doutrina Espírita): (*Revista Espírita*, maio 1861, p. 204; fev. 1862, p. 62; mar. 1863, p. 125; jan. 1864, p. 15; jun. 1865, p. 248; set. 1866, p. 355; dez. 1868, p. 540; nov. 1869, p. 449-450). Para dar um exemplo da maior importância, vejamos uma orientação de Kardec aos espíritas de Lyon: "Devo ainda vos chamar a atenção para outra tática de nossos adversários: a de procurar comprometer os espíritas, induzindo-os a se afastarem do verdadeiro objetivo da doutrina, que é o da moral, para abordarem questões que não são de sua competência e que poderiam, com toda razão, despertar susceptibilidades e desconfianças. Também não vos deixeis cair nessa armadilha; afastai cuidadosamente de vossas reuniões tudo quanto disser respeito à política e às questões irritantes; nesse caso, as discussões não levarão a nada e apenas suscitarão embaraços, enquanto ninguém questionará a moral, quando ela for boa. Procurai, no Espiritismo, aquilo que vos pode melhorar; eis o essencial. Quando os homens forem melhores, as reformas sociais verdadeiramente úteis serão uma conseqüência natural. Trabalhando pelo progresso moral, assentareis os verdadeiros e mais sólidos fundamentos de todas as melhoras, deixando a Deus o cuidado de fazer que as coisas cheguem no devido tempo. No próprio interesse do Espiritismo, que ainda é jovem, mas que amadurece depressa, deveis opor uma firmeza inabalável aos que buscarem vos arrastar por um caminho perigoso" (*Revista Espírita*, fev. 1862, p. 62).

15   Utilizamos para pesquisa a base de dados do *Reformador* que a FEB disponibiliza em seu site. A busca se dá a partir de termos constantes nos títulos das matérias publicadas no periódico. Para pesquisar o tema política, optamos simplesmente por buscar artigos que tivessem o termo 'política' em seu título, acrescidos de alguns outros do qual já tínhamos conhecimento. No total, trabalhamos com vinte artigos, selecionando os quatorze mais relevantes para a nossa análise. É claro que o ideal para uma apreciação mais rigorosa sobre o tema da política no *Reformador* seria a pesquisa extensiva por toda a revista em busca de discursos relacionados ao tema que certamente estão espalhados por diferentes textos (e não somente aqueles em que o termo 'política' consta no título). Entretanto, devido ao limite de tempo disponível para essa pesquisa, tivemos de nos contentar com uma reduzida base documental. Cremos, porém, que tal base é um importante marco inicial para delinear um caminho de pesquisa sobre o tema da política no pensamento espírita brasileiro.

publicado na revista *A Reencarnação* (dez. 1937, p. 3-4), pertencente à Federação Espírita do Rio Grande do Sul (FERGS), em que se resume a postura da FEB em oito itens:

> basicamente se defende a liberdade cívica do voto político, a respeitabilidade geral das ideologias, ainda que todas efêmeras, quando não se apóiam em métodos violentos, devendo prevalecer sempre a fraternidade e por isso não sendo admitidas as atividades coletivas com caráter de partidarismo político, já que essas levam ao fracionamento e à desarmonia. Fiando-se no caráter cristão do Espiritismo, este deve estar acima das lutas e competições partidárias, [...] [não recomendando "candidaturas políticas quaisquer"], "limitando-se a deprecar a Deus luzes, paz e forças do Alto para aqueles que houverem de arcar com as responsabilidades de governo" e considerando desligadas do seu quadro federativo as sociedades adesas que prefiram atuar politicamente. (MIGUEL, 2009b, p. 50-51).

Cabe destacar a ideia de neutralidade na postura da FEB, não apoiando esta ou aquela agremiação política. Não chega a ser discutida a questão da participação do espírita, enquanto cidadão (sem "falar em nome do Espiritismo"), na vida político-partidária.

Em artigo publicado no *Reformador* (ago. 1937, p. 311-313) sem identificação de autoria, comenta-se uma mensagem de Emmanuel sobre Espiritismo e política, dizendo que a mensagem corrobora os pontos de vista usualmente apresentados na revista oficial da FEB e no opúsculo já referido tratando do tema.

Na mensagem, Emmanuel alerta para os perigos da política, mas não veta a participação do espírita. A "missão evangelizadora" e a atividade política, aliás, não são colocadas como mutuamente excludentes (apesar do alerta para que não seja abandonada a função evangelizadora em razão da função política), como quer fazer parecer o comentário do mês seguinte no *Reformador*.

Emmanuel ainda dá palpites quanto às ideologias nacionalistas e quanto a tomar partido de classes ou de bancos. Ou seja, opina politicamente. Aqui cabe um parêntesis a respeito de Emmanuel. O respeitado Espírito guia de Chico Xavier dissertara sobre temáticas políticas, econômicas e sociais de alto relevo desde a sua primeira obra publicada, que leva o seu próprio nome. Nela discute-se a experiência soviética, o nazismo e o fascismo, o imperialismo e chega-se inclusive a defesa de um "socialismo de Jesus" (XAVIER, 1938).[16] Já em outra ocasião, conta-se o seguinte episódio:

---

16 Falando da relação do catolicismo com o fascismo e o nazismo, Emmanuel afirma que "os países democráticos, que se encaminham, com os seus estatutos de governo, para o socialismo cristão do porvir, sentiriam dificuldade em suportar tutelas dessa natureza.

Durante as reuniões públicas da Comunhão Espírita Cristã, de Uberaba, Chico recebe uma mensagem de Emmanuel destinada à Freitas Nobre. Nela, Emmanuel falava de sua longa tarefa de pacificação do Brasil. E Chico acrescentou – "Dr. Nobre, Emmanuel está dizendo que o senhor será chamado a atuar em época muito difícil para o nosso país, quando haverá, inclusive perigo de derramamento de sangue. Primeiramente o Brasil cairá muito à esquerda, depois à direita e finalmente caminhará pelo centro, até encontrar seu verdadeiro destino. Haverá turbulência nesses períodos de mudança e o senhor atuará como pacificador, evitando confrontos e radicalizações".

Era maio de 1962. O país ainda se refazia da renúncia de Jânio Quadros, Jango Goulart é deposto e os militares tomam o poder. Instala-se a Ditadura. As previsões de Emmanuel começam a se concretizar. (Transcrito em parte do Correio Fraterno do ABC, São Bernardo do Campo, SP; texto de Altamirando Carneiro; disponível na biografia de Freitas Nobre na página da Federação Espírita do Paraná: http://www.feparana.com.br/biografia.php?cod_biog=162. Acessado em: 20/09/2014).

Retornemos ao *Reformador*. Em outro texto sem identificação de autoria (*Reformador*, set. 1937, p. 355-356), interpretando a referida mensagem de Emmanuel sobre os perigos da política, afirma-se que os espíritas não devem atuar na política pela inevitável queda do idealismo nesta arena de lutas.[17] Só o voto não oferece risco.

Trabalhadores por doutrinas libertárias, eles vêm pagando com sangue os sues progressos penosamente obtidos. Longe de nós aplaudirmos a política nefasta de Stalin ou as suas atividades nos gabinetes de Léon Blum ou de Azaña; apenas salientamos a tendência das massas para a liberdade, sacudindo o jugo milenar do Catolicismo, que, a pretexto de prosseguir na obra cristã, apossou-se do Estado para dominar e escravizar as consciências" (XAVIER, 1938, p. 57). Em outra passagem, diz que dentro "das vibrações antagônicas do fascismo e do bolchevismo, fórmulas transitórias de atividades políticas do Velho Mundo, todos os que falam em decadência do liberalismo estão errados. Os governos fortes da atualidade, tenham eles os rótulos de nacionalismo ou internacionalismo, hão de voltar-se, do círculo de suas experiências, para as conquistas liberais do espírito humano, caminhando com essas conquistas na sua estrada evolutiva, progredindo e avançando para o socialismo cristão do porvir" (XAVIER, 1938, p. 108). Destacamos que Emmanuel joga pesadamente a responsabilidade por diversos males nos desvios da Igreja Católica: "A estabilidade da Civilização Ocidental, sua evolução para o socialismo de Jesus, dependiam da fidelidade da Igreja Católica aos princípios cristãos. Mas, a Igreja negou-se ao cumprimento de sua grandiosa missão espiritual e o resultado temo-lo na desesperação das almas humanas, em face dos problemas transcendentes da vida" (XAVIER, 1938, p. 110).

17 O articulista interpretou a frase "Os espíritas podem colaborar na política, entendendo sempre que a sua missão evangelizadora é muito mais delicada e muito mais nobre" e o texto de

E, se até mesmo é desaconselhada a atuação individual de um espírita, enquanto cidadão, na vida política, com mais força ainda é vetada a atuação coletiva dos espíritas no meio político, como no caso da formação de um partido político espírita.

O problema do envolvimento político-partidário dos espíritas chegou inclusive a um importante congresso espírita. No I Congresso Espírita da Alta Paulista, ocorrido em Marília em 1946, em cuja coordenação atuou Herculano Pires, uma delegação de São Paulo, integrada por Pedro de Camargo (Vinícius), Antônio Rodrigues Montemor e Anita Brisa, trouxe para discussão uma polêmica proposta de membros da FEESP. Segundo Luís Monteiro de Barros (ex-presidente da USE e da FEESP), em entrevista ao jornal *Correio Fraterno do ABC* (março de 1982), "Vinicius foi até lá interessado na questão política e pensava obter apoio do interior", "a idéia inicial era facilitar ao espírita os meios de entrar na política". Conforme Jorge Rizzini, no entanto, Vinícius era apenas o "portador da mensagem que representava o pensamento de alguns elementos da FEESP". Rizzini, reproduzindo o escrito de Herculano Pires no jornal *Mensagem* (fevereiro de 1975), indica que a proposta "provocou a rejeição do plenário, com numerosas críticas e protestos", tendo sido Vinicius nomeado "delegado do Congresso, pelo plenário, para tentar demover a FEESP dos objetivos políticos, o que, felizmente, conseguiu" (RIZZINI, 2001, p. 54-55).

Já em 1958, o articulista Boanerges da Rocha descreve um cenário social em crise e remete parte da responsabilidade para a religião amancebada com a política. A partir daí alerta para a tentativa de alguns espíritas de imitar as "práticas de religiões desespiritualizadas, que se aboletaram em prateleiras políticas e com isso renunciaram à própria independência moral". Alerta para o malefício que isso traria ao Espiritismo por trazer-lhe políticos interesseiros – "Constantinos" – que usariam da Doutrina Espírita para os seus fins particulares. Daí conclui, defendendo a postura da FEB, que o Espiritismo é absolutamente apolítico e deseja permanecer longe das competições partidárias (*Reformador*, jul. 1958, p. 145-146).

É comum nos conflitos internos do meio espírita deslegitimar-se determinada prática ou postura acusando-a de ser típica do catolicismo, seu tradicional adversário na arena religiosa. No caso da questão política não é diferente. A proximidade histórica da Igreja Católica com o Estado, inclusive constituindo por vezes Estados

---

Emmanuel como um todo, como querendo dizer que os espíritas *podem* colaborar na política no sentido de utilizarem o livre-arbítrio, porém enfatizando que isso não lhes convém: "não se diz que devam, como o pretendem os que se sentem atraídos os meios políticos" (*Reformador*, set. 1937, p. 355-356).

teocráticos, a torna paradigmática dos perigos e malefícios de uma "promíscua mistura" do sagrado com o profano.[18] Podemos observar esta compreensão da atuação da Igreja Católica no artigo *Igreja e política*, de Oswaldo Valpassos. O autor denuncia que, apesar de altas autoridades católicas afirmarem que a Igreja não se imiscui em política, que o clero está à margem das competições eleitorais, há muitos padres, principalmente no interior do país, que usam do seu espaço na Igreja para se promover politicamente, "fazem do púlpito tribuna política". Para ilustrar, cita um caso concreto ocorrido no interior do Brasil. Além disso, aponta a tentativa do Cardeal Câmara e do Episcopado Brasileiro de interferir nas relações comerciais internacionais do Brasil, pressionando Jucelino Kubichek a não reatar relações comerciais com a Rússia. Pergunta o articulista, a partir desse fato: "que tem a ver comércio com religião? Que direito assiste ao Cardeal Câmara para interferir em seara que lhe não diz respeito? E a Constituição separando a Igreja do Estado? Nada vale para o Cardeal?" (*Reformador*, jan. 1959, p. 19).

No ano seguinte, mais um texto de propósito semelhante aparece no *Reformador*. Trata-se da transcrição de um trecho de uma crônica publicada no jornal *O Estado de São Paulo* em que se condena a orientação ultramontana da Igreja, interferindo diretamente em assuntos que não seriam de sua alçada. Ao extrapolar os limites dos templos religiosos para a sua doutrinação, a Igreja estaria entrando em um domínio em que não lhe compete atuar. No comentário à crônica, é dito que "a Igreja quer viver o presente e aproveitá-lo ao máximo" (*Reformador*, mai. 1960, p. 109), remetendo à ideia de interesses imediatistas, mundanos.

Na mesma linha, outra notícia é comentada, agora em 1967, no auge da Ditadura Militar (*Reformador*, set. 1967, p. 216). Transcreveu-se uma notícia do jornal *O Globo* que traz um comentário do arcebispo de Porto Alegre, D. Vicente Scherer, a respeito da prisão de padres dominicanos em São Paulo, por terem dado apoio ao congresso proibido da extinta União Nacional dos Estudantes (UNE). O arcebispo faz a condenação da participação de sacerdotes na política partidária, por provocar divergências e desunião, além de apontar como um erro o uso do prestígio do cargo de sacerdote, conferido pela Igreja para a tarefa de evangelização, com o intuito de promover ideias pessoais.

---

18 Esse tipo de alerta perante os descaminhos da Igreja Católica não é exclusividade dos espíritas. Os metodistas, por exemplo, procurariam se diferenciar do catolicismo que, "desde a Colônia, aliava religião com poder político" (ALMEIDA, 2009, p. 59).

O comentário em nota do *Reformador* limita-se a sugerir a parcialidade do Estado com relação às religiões, pois afirma que, na hipotética situação de que algo semelhante se desse com espíritas, a reação do governo seria muito mais agressiva, fechando as sociedades espíritas de São Paulo e realizando sindicâncias policiais na USE e até na FEB. Provavelmente, porém, a insinuação também serviu de alerta aos espíritas para que não adotassem postura semelhante a dos dominicanos.

Já é possível notar, com o material analisado até aqui, o sentido marcadamente pejorativo associado à política, de um modo mais ou menos explícito. A política vai sendo entendida como atividade atrelada a interesses pessoais, imediatistas, egoístas.[19] Se não é intrinsecamente assim, ao menos é considerada um campo de atuação tão perigoso, que seria melhor se os espíritas a evitassem, permanecendo nas "atividades evangelizadoras". O objetivo da política, ou dos que nela se envolvem, parece ser exclusivamente o do uso do poder para fins egoísticos. A amplitude da ideia de atividade política é bastante restrita. Ou é o voto – parte que cabe ao cidadão – ou é a disputa partidária. De fato, nenhuma discussão conceitual é utilizada para tratar desse assunto com maior profundidade.

Não obstante, sigamos na análise dos artigos para verificar a evolução do tema na reflexão dos espíritas.

Luciano dos Anjos, conselheiro do presidente da FEB Armando de Oliveira Assis, autor da série *O Atalho* (publicada no *Reformador*), na qual faz um balanço crítico do movimento espírita, tratou também do tema da política. Em artigo extraído do *Diário de Notícias* de 20 de maio de 1970 afirma que Espiritismo e Política são incompatíveis. De um modo contraditório, diz: "Ou a criatura faz Política ou faz Espiritismo, o que não invalida, é lógico, a hipótese de o político ser espírita." Cita o exemplo de Jesus como tendo se alheado à "política de César e tão-somente preparado os homens para a redenção espiritual". Apesar de dizer que a Política, como

---

[19] É de se notar, com Hannah Arendt, que: "[...] os preconceitos contra a política, a concepção de a política ser, em seu âmago interior, uma teia feita de velhacaria de interesses mesquinhos e de ideologia mais mesquinha ainda, ao passo que a política exterior oscila entre a propaganda vazia e a pura violência, têm data muito mais remota do que a invenção de instrumentos com os quais se pode destruir toda a vida orgânica da face da Terra. No que diz respeito à política interna, são pelo menos tão antigos quanto a democracia de partidos – quer dizer, pouco mais de 100 anos –, a qual alega, pela primeira vez, representar o povo na história mais recente, se bem que o povo jamais acreditou nisso. A política externa surgiu, de fato, na primeira década da expansão imperialista, por volta da virada do século, quando o Estado nacional – não por incumbência da nação, mas sim por causa de interesses econômicos nacionais – começou a levar o domínio europeu para todo o planeta" (ARENDT, 1999, p. 27-28).

arte de governar, não é um mal, destaca que, por engendrar compromissos que, em razão do sistema partidário, podem exigir votos em bloco, partidariamente, relegando a consciência individual, a Política acaba sendo colocada em oposição à Religião (como o Espiritismo), pois esta não pode "subjugar-se a compromissos de qualquer outra natureza que não seja o da aproximação da criatura com o seu Criador". E arremata: "qualquer sistema que vise mais ao Homem do que ao Espírito extrapola da Doutrina de Allan Kardec." Estranhamente, em aparente contradição com a afirmativa inicial da hipótese de o político ser espírita, quando diz que "é até bom que seja", afirma que "o Espiritismo não é contra a Política, mas prefere que ela seja feita pelos políticos. Aos espíritas, pois, cabe fazer Espiritismo e nada mais". Talvez a contradição seja resolvida entendendo que aos espíritas, enquanto espíritas, seja vetada a atuação política, isto é, não se deve "interferir na Política nem praticá-la em nome do Espiritismo". Conclui enfim que os espíritas confiam que os políticos brasileiros, cedo ou tarde, levarão o Brasil ao seu destino de "Coração do Mundo" e "Pátria do Evangelho" (*Reformador*, jul. 1970, p. 163-164). É interessante observar que Luciano dos Anjos, conforme ele mesmo afirma no seu texto *Pactos, sínteses e utopias...*, escrevera trabalhos para a Escola Superior de Guerra:

> Sou autor de alguns escorços feitos para a Escola Superior de Guerra sobre "O Poder Nacional", "Desenvolvimento e Segurança Nacional", "Planejamento da Segurança Nacional", "Planejamento da Segurança Nacional (Informação e Contra-Informação)", "Conceito de Mobilização Nacional", "Análise de Assistência Social no Espírito Santo", "Nossa Política de Exportação e a Balança de Pagamento", "Manganês do Amapá: um Acontecimento Sócio-Econômico" e "Os Objetivos Nacionais Permanentes". (*Reformador*, out. 1974, p. 311).

Querendo traçar paralelos entre seu conhecimento em política internacional e os problemas da FEB e do Pacto Áureo, procura evitar aparecer como um político influente ou alguém ligado aos militares:

> Não sou militar, nenhum problema da nossa segurança nacional depende da minha humilde e insignificante pessoa, não tenho atuação direta em política, nada tenho a dizer aqui sobre questões que, afinal, devem ser analisadas por quem tem a autoridade que eu não tenho e que absolutamente não dizem respeito ao Espiritismo. Sou um simples e apagado jornalista que tem, naturalmente, a sua opinião própria sobre os problemas nacionais e internacionais, opinião porém que nada pesa no conceito das nossas autoridades. Não tenho influência nenhuma. A

rigor, acho que tais assuntos estão em mãos de quem os deve conhecer, por dever de ofício. (*Reformador*, out. 1974, p. 311).

Segue-se então uma demonstração inequívoca de fatalismo, de conformismo, de subordinação ao *status quo*:

> Confio em nossos dirigentes. Confio nos governos. Um presidente só chega a ser presidente se assim é do programa do Alto. Ninguém é Chefe de Estado por acaso. Se falha na sua missão, é afastado, variando a forma do afastamento conforme seus compromissos cármicos. Assim, no meu entender, todo Governo deve ser respeitado, acatado, compreendido. (*Reformador*, out. 1974, p. 311).

E arremata, como que dando mais uma razão aos espíritas para não se envolverem em qualquer contestação política ao governo militar: "No mais, Espiritismo e Política são incompatíveis" (*Reformador*, out. 1974, p. 311).

Já na publicação do *Brasil Espírita* – órgão de difusão doutrinária dos assuntos da Coordenadoria de Infância e Juventude da FEB, por algum tempo publicado como suplemento do *Reformador* – aparece, sob o título *Espiritismo e política*, a transcrição da resposta de Chico Xavier a respeito da "posição dos espíritas em face da problemática social que agita o mundo moderno", questão feita por um jornalista que o entrevistara para a TV Tupi Canal 4 no programa *Pinga Fogo* de 28 de julho de 1971. Reali Jr. perguntara:

> A Igreja Católica cada dia tem aumentado mais sua atuação no sentido de que haja mais justiça social no mundo, melhor distribuição de renda. Aqui mesmo no Brasil, a participação da Igreja, na área social, tem sido muito grande, o que aliás, lhe tem causado até alguns problemas. O que o Espiritismo no Brasil tem feito nesse sentido; ou por acaso prega o conformismo na vida material? (*Pinga Fogo*, jul. 1971).

Para a redação do *Brasil Espírita* esta "outra religião" vinha "se empenhando em campanhas *inusitadas*, visando à justiça social" (*Reformador* – Brasil Espírita, set. 1971; grifo nosso). Já a resposta de Chico Xavier, colocada em perspectiva com o seu contexto, é uma sentença de inação para os espíritas no campo político, afirmando que o Espiritismo "nos pede paciência para esperar os processos de evolução e as ações dos homens dignos que presidem os governos, cooperando de nossa parte, tanto quanto possível, para que as leis desses mesmos governos sejam executadas" (*Reformador* – Brasil Espírita, set. 1971 e *Pinga Fogo*, jul. 1971). Quer dizer, ao espírita cabe apenas cumprir a lei, seja ela qual for, pois que fora instituída por "homens dignos". Considerando a necessidade de subordinação ao

> critério de Nosso Senhor Jesus Cristo que estabelece aquele princípio "dê a Deus o que é de Deus e a César o que é de César", isto é, aquilo que pertence ao mundo superior da nossa mente, as realizações com Deus, que constituem o progresso e o aprimoramento de nossa alma e aquilo que nós devemos aos poderes constituídos do mundo que nos orientam e que administram os nossos interesses. (*Pinga Fogo*, jul. 1971).

Conclui excluindo o "Espiritismo evangélico" de "qualquer participação no partidarismo de ordem política, para solucionar os problemas da vida material, conquanto reconheça que todos devemos trabalhar" (*Reformador* – Brasil Espírita, set. 1971, p. 4 e *Pinga Fogo*, jul. 1971).[20] Já na segunda participação de Chico Xavier no programa *Pinga Fogo*, em 21 de dezembro de 1971, o seu apoio – nada "apolítico" – ao governo militar fica ainda mais patente.[21] O jornalista Saulo Gomes lhe perguntara: "Que pensam os chamados bem-feitores espirituais quanto à posição do Brasil atual, seja no terreno político ou social?" (*Pinga Fogo*, dez. 1971). A resposta de Chico impressiona pelo grau de adesão ao regime militar, sempre com uma submissão total aos "nossos governantes" e à lei e deixando implícita sua ojeriza ao comunismo (palavra jamais pronunciada mas sempre sutilmente subentendida).

Primeiramente, explica que a oração é também "discursar, expor os nossos pontos de vista", sendo uma "das expressões mais vivas do espírito democrático do cristianismo" (*Pinga Fogo*, dez. 1971). Com isto, Chico Xavier procura firmar sua posição em favor da democracia, já que logo em seguida declara que "a posição atual do Brasil é das mais dignas e das mais encorajadoras para nós, porque a nossa democracia está guardada por forças que nos defendem contra a intromissão de quaisquer ideologias vinculadas à desagregação" (*Pinga Fogo*, dez. 1971). Ou seja, adota o discurso legitimador da ditadura militar como salvaguarda da democracia contra a

---

20   Na prática, Chico Xavier chega a declarar apoio a um candidato do Arena 1 a Prefeitura de Uberaba, Fúlvio Márcio Fontoura, em 1972 (SILVA, 2002, p. 168-171). E, ao que parece, apoia também, na prática, inclusive com a permissão do uso de sua imagem, a Fernando Collor de Mello na eleição presidencial de 1989, apesar de desmenti-lo dias após as eleições (SILVA, 2002, p. 190-195 e MAIOR, 2003, p. 252-254).

21   Seria interessante pesquisar a entidade Cruzada dos Militares Espíritas, estabelecida em âmbito nacional desde 1944, procurando saber se ela se posicionara ou não com relação ao regime militar instaurado em 1964.

ameaça comunista. Assim, é claro, "precisamos honorificar a posição atual daqueles que atualmente nos governam, que vigiam sobre os nossos destinos" (*Pinga Fogo*, dez. 1971). Estabelece ainda uma identidade entre o cristianismo e o regime militar, pois que este defenderia o povo brasileiro da ameaça à sua liberdade de crença posta pelo comunismo ateu:

> A oração e a vigilância, preconizadas pelo Nosso Senhor Jesus Cristo, se estampam com muita clareza em nosso governo atual. E nós todos vamos dizer, com os nossos bem-feitores espirituais: devemos orar muito, pedir muito a Deus que ilumine nossos pensamentos, para que a união seja preservada dentro das nossas forças armadas, para que nós tenhamos o direito de orar, isto é, discursar, permutar livremente os nossos pontos de vista, dar os nossos pareceres, emitir as nossas opiniões em matéria de vivência particular e coletiva. (*Pinga Fogo*, dez. 1971).

Daí conclui, a partir de suas

> pequeninas confabulações com os Espíritos amigos e profundamente amigos do Brasil cristão em Nosso Senhor Jesus Cristo [...] que nós devemos pedir para que tenhamos a custódia das forças armadas até que nós possamos encontrar um caminho em que elas continuem nos auxiliando como sempre para que nós não venhamos a descambar para qualquer desfiladeiro da desordem. (*Pinga Fogo*, dez. 1971).

Segue legitimando a intervenção das forças armadas em razão de estarmos "em grande conflito com ideias que trazidas ao nosso meio pelas comunicações de massa, pelas imposições de nosso tempo, em que o problema de massas tem de ser considerado" (*Pinga Fogo*, dez. 1971). Trata-se, podemos supor, da defesa ante a ameaça do comunismo, vindo da URSS[22] e de Cuba – para Chico, uma ameaça à "liberdade em Jesus Cristo": "nós precisamos resguardar o nosso coração para que essas ideias não se infiltrem em nossa vida pública, em nossa vida coletiva, para que não venhamos a

---

22   Chico Xavier não esconde sua grande simpatia e admiração por John Kennedy e Winston Churchill, não tendo nada a dizer sobre Stalin, por exemplo (*Pinga Fogo*, dez. 1971). Sousa do Prado, espírita comunista, polemista com diversas personalidades do movimento espírita brasileiro (como Júlio Abreu Filho), ironiza os seus adversários que "não têm uma noção bem exata do que é *cristianismo*, do que é *comunismo*, do que é *marxismo*", apontando que esses "nobres 'espíritas-cristãos' que como tais não podem deixar de ser também 'democratas-cristãos-ocidentais'", são admiradores e incondicionais partidários de "*mister* Truman, de *mister* Churchill e de outros *cristianíssimos* assassinos e exploradores de povos, como os coreanos, os hindus, os indochineses, e também, sul-americanos e europeus!" (LAVIGNE E PRADO, 1955, p. 9-10).

perder o dom da liberdade em Jesus Cristo" (*Pinga Fogo*, dez. 1971). O restante de seu discurso bate na tecla da necessidade de ordem, de obediência à lei, chegando mesmo a igualar as leis físicas às leis humanas:

> Se o homem está agora deslanchando para outros mundos através de nossos satélites não foi desordenadamente que os nossos grandes astronautas conseguiram semelhante realização. Eles atenderam a leis, obedecem a leis. Os foguetes da astronáutica obedecem a leis. Nós estamos sob o império da lei. (*Pinga Fogo*, dez. 1971).

É por isso que devemos "agradecer a situação atual do Brasil, porque o Brasil desfruta de ordem, o Brasil está sob o império da lei" (*Pinga Fogo*, dez. 1971). Com a ordem, submetidos à lei imposta pelos nossos governantes, sem procedermos "em moldes de insensatez", devemos reverenciar

> aqueles que estão guardando o sentido da ordem em nosso país, e fazendo com que cada um de nós possa desfrutar este benefício da ordem em nossa vida particular, em nossos lares, em nossos grupos sociais, em nossas empresas de trabalho, dentro da liberdade que estamos desfrutando. (*Pinga Fogo*, dez. 1971).

Finalmente, para Chico Xavier, "só não estamos desfrutando uma espécie de liberdade, aquela liberdade de prejudicar a comunidade" (*Pinga Fogo*, dez. 1971).

Outro comentário acerca de posturas da Igreja Católica vem ilustrar o entendimento da FEB quanto à questão política. Trata-se de uma reflexão da redação do *Reformador* sobre a atuação da Igreja na Itália em sua campanha anti-divórcio. Naquele país, a Lei do Divórcio havia sido recém aprovada à revelia da ação católica. A partir desse episódio, o articulista procura demonstrar a diminuição do prestígio da Igreja, com a consequente exploração do partido de esquerda local que exaltou a perda de terreno do poder religioso. Toma-se o acontecido como uma lição para os espíritas, alertando-os a não se envolverem com política. Isto é: vale a opinião, o aconselhamento, mas não o envolvimento político direto em questões que cabe à política encaminhar, sob pena de enredar-se em jogos partidários do mundo, dando ensejo ainda ao robustecimento de teses menos "religiosas e morais" do que "políticas e sociais" (*Reformador*, jun. 1974, p. 162).

Em 1978, mais uma vez a FEB vem ratificar sua postura. Interpreta a máxima "Dai a César o que é de César, e a Deus o que é de Deus" como significando a apologia do não enfrentamento às "coisas do mundo", por conseguinte aconselhando ao não envolvimento com a política. Afirma jamais ter se posicionado politicamente, entendendo que isso seria uma limitação a sua pregação moral genérica em favor do bem, do amor, do perdão, da caridade e da justiça a todos os homens. Insinua que o posicionamento político levaria a reações indesejáveis, já que "a violência gera violência" e "que os protestos provocam reações e que os ódios multiplicam males". Sugere-se também que o posicionamento político implica em imediatismo, contrário ao princípio da evolução e perigoso por poder levar a precipitações. Quanto à autoridade da postura da FEB diante de tão grave questão, fica escudada na direção superior de Ismael (*Reformador*, ago. 1978, p. 242).

Aqui, o raciocínio subjacente parece o seguinte: a FEB atua como instituição religiosa representante do Espiritismo que, por sua vez, sendo um elo com Deus, tem a missão de revelar a verdade, não podendo cair em erro. Assim, se o mundo é fonte potencial de erros, já que é a realidade do transitório, do imperfeito, então a política, como campo de atuação próprio do mundo, é a arena na qual os espíritas não devem se envolver, se não quiserem pôr em risco a perenidade das verdades reveladas.

Logo após o fim da Ditadura Militar, em 1985, publica-se mais uma mensagem de Emmanuel, intitulada "Política Divina". O seu sentido geral é o de conclamar os cristãos a fazer o bem sem a necessidade da "política administrativa do mundo", bastando seguir a "política divina" exemplificada por Jesus. Assevera ainda que a maioria dos administradores do mundo são "veneráveis prepostos da Sabedoria Imortal, amparando os potenciais econômicos, passageiros e perecíveis do mundo", como que a dizer que o mundo já está sob a responsabilidade de bons administradores, o que escusa "os demais" a se envolver em política (*Reformador*, jun. 1985, p. 165).

Significativamente, somente em 1986 é que surge no *Reformador* o primeiro texto tratando do tema política com uma clara análise conceitual. Aécio Pereira Chagas apresenta dois sentidos de Política: a arte de bem governar (conceito que remonta a Aristóteles) e as relações de poder numa dada estrutura social. Contribuir com o bem governar é dever de toda a humanidade (incluindo, é claro, os espíritas). E as relações de poder são inevitáveis, naturais, portanto os espíritas devem estar conscientes delas para poder atuar da melhor maneira possível (indica-se a diferença entre democracia e tirania; recomenda-se fazer aos outros o que quer para si). Distingue política de corrupção, e sugere aos espíritas transformar o mando em liderança nas relações hierárquicas (*Reformador*, mar. 1986, p. 83-84).

Ao fim, há uma nota da direção do *Reformador* que afirma o não envolvimento do Espiritismo com a política partidária. Faz uma separação do Espiritismo com relação à Política. Afirma que o Espiritismo difere da Política em seus fins, meios e método, pois esta gira em torno de "princípios materialistas e imediatistas, ou, quando muito, de postulados espiritualistas restritivos da verdadeira natureza do ser humano" (*Reformador*, mar. 1986, p. 83-84).

Está claro aí que, para a direção do *Reformador*, a política é uma zona interditada à ação espírita. Não se cogita do Espiritismo atuar como agente transformador dos princípios norteadores da política, tal como muitos espíritas já se propuseram a fazer com relação à pedagogia, por exemplo. A nota após o estudo de Aécio P. Chagas, sob o espírito de interdição entre o sagrado e o profano, ignora fundamentalmente a noção de "bem governar", que poderia evidentemente ser correlacionada à noção de "bem" no Espiritismo.

É importante contrastarmos este interdito conceitual do Espiritismo no que se refere à política com outros domínios tidos como pertinentes à reflexão intelectual espírita, com suas potenciais consequências práticas. Pensemos em toda a reflexão já produzida pelos espíritas acerca da educação (com a proposta de uma pedagogia espírita), da psicologia e também da medicina (com o funcionamento das Associações Médico-Espíritas).[23] A articulação da Doutrina Espírita com estes conhecimentos só pôde desenvolver-se tal como efetivamente ocorreu dada a premissa de uma ampla aceitação dos espíritas (tanto por parte de grandes e pequenas lideranças quanto por parte dos adeptos da doutrina em geral) de tais amalgamas. Talvez, este contraste (de receptividades e desenvolvimentos) encontre parcialmente uma explicação no caráter individual-reformista com que habitualmente se fez e se faz a leitura da Doutrina Espírita no que diz respeito à sua função social, isto é, na parte que lhe cabe na promoção do progresso da humanidade. É a ideia, que examinaremos logo adiante, de que basta a soma de indivíduos reformados (educados) para constituir a sociedade

---

[23] Mais recentemente formaram-se também Associações Jurídico-Espíritas. Seria importante uma avaliação pormenorizada do relacionamento da intelectualidade espírita com o âmbito do direito, bem como da percepção dos espíritas de um modo geral no que se refere ao raio de ação do direito. Os principais temas tratados pelas Associações Jurídico-Espíritas (e a Associação Brasileira de Magistrados Espíritas) circunscrevem-se a questões de bioética (aborto, eutanásia, pesquisas com células-tronco), além de discussões sobre sistema penal e o controvertido uso de mensagens psicografadas como meio de prova em processos judiciais. É relevante, por outro lado, observar que problemas como o direito à propriedade, temática de destaque n'*O Livro dos Espíritos*, começam a figurar – ainda minoritariamente – na pauta espírita (veja-se, por exemplo, o seminário sobre *Direito de propriedade e a perspectiva cristã*, ministrado pelo jurista e filósofo do direito Alysson Mascaro, sob o auspício da Associação Jurídico-Espírita do Estado de São Paulo.

reformada e de que ao Espiritismo cabe o papel de *agente educativo dos indivíduos*. Apesar de que tanto a pedagogia, quanto a psicologia e a medicina possuam importantíssimas articulações com o social, elas são percebidas comumente numa perspectiva do indivíduo.[24] Já a política é imediatamente associada a problemas da coletividade, numa esfera de ação coletiva que se resolve institucionalmente no Estado. Daí a recusa a articulá-la com a Doutrina Espírita.

A acepção negativa da política retorna em artigo de 1996, intitulado "Política no Centro Espírita". O autor, Geraldo Goulart, condena a luta de dirigentes de Casa Espírita para perpetuarem-se no poder, adotando práticas "eleitoreiras" que são consideradas como sendo política. Ao fim, retoma a expressão "a César o que é de César" para afirmar a dicotômica separação entre o Reino de Deus e o mundo, situando a política nessa última esfera e alertando assim para mantê-la afastada dos Centros Espíritas, que devem ser "do Cristo" (*Reformador*, abr. 1996, p. 106-107).

No último artigo publicado no *Reformador* levando no título a palavra "política" – "Política e religiosidade" – o cuidado conceitual se faz novamente presente. O articulista Inaldo Lacerda Lima apresenta o conceito de política segundo Aristóteles e o distingue das más práticas dos políticos. Centra ainda numa crítica à "política de desunião" presente no movimento espírita (*Reformador*, set. 1999, p. 278).

Da leitura de todos estes artigos, parece destacar-se uma dicotomia subjacente à execração da política: a separação entre sagrado e profano. O Espiritismo, entendido como religião, situa-se no âmbito do sagrado, devendo compromisso com as "coisas de Deus". Já a política, tida como expressão da vida profana, faz parte das "coisas do mundo". Misturar Espiritismo com política equivaleria, portanto, a misturar o sagrado com o profano. Esta concepção, muito viva na tradição cristã, a exemplo da leitura

---

24 Ainda que intelectuais espíritas produzam conceitualmente uma pedagogia, uma psicologia e uma medicina espíritas, com a consideração das bases sociais de seus objetos de estudo e dos usos coletivos de cada ciência/técnica, a receptividade *a priori* do público espírita às suas formulações pode ser explicada pela percepção generalizada de um sentido individual. Assim, por exemplo, enquanto Dora Incontri escreve uma tese propondo uma pedagogia espírita, refletindo sobre os propósitos de realização do amor e da justiça universais através da educação e sem alienação político-social, o público espírita pode aderir facilmente à ideia genérica de uma educação espírita por assimilá-la à noção corrente de reforma íntima e/ou às práticas de evangelização infanto-juvenil disseminadas nos centros espíritas. Ainda, é notável o uso terapêutico do Espiritismo por parte de seus adeptos, assumindo o papel de pacientes em busca de cura no "hospital das almas" (o centro espírita). Instrumentalizadas no contexto espírita, a psicologia e a medicina, mais claramente do que a pedagogia, cumprem bem a função de reforço a essa característica da vivência religiosa espírita.

agostiniana da máxima "Dai a César o que é de César e a Deus o que é de Deus",[25] é absorvida pela historiografia das religiões de cunho fenomenológico, fortemente metafísica, cujo expoente máximo é Mircea Eliade. Aliás, a oposição sagrado/profano fundamenta uma definição mínima de religião desde pelo menos Émile Durkheim, para quem a heterogeneidade entre os dois domínios da realidade "impõe o respeito de precisas regras culturais capazes de disciplinar o contato" (MASSENZIO, 2005, p. 107). Se a religião, em Durkheim, é "um sistema autônomo que abraça um certo número homogêneo de coisas sagradas" (MASSENZIO, 2005, p. 108) a política, conforme a filosofia política pós-clássica (fundada com Maquiavel e Hobbes), é também uma esfera autônoma, caracterizada pela "delimitação do que é político (o reino de César) do que não é político (quer seja o reino de Deus, quer seja o de *Mammona*)", onde a esfera do não-político pode ser,

> conforme as circunstâncias, ora a sociedade religiosa (a *ecclesia* contraposta à *civitas*), ora a sociedade natural (o mercado como lugar em que os indivíduos se encontram independentemente de qualquer imposição, contraposto ao ordenamento coativo do Estado). (BOBBIO, 2007, p. 960).

Descartando-se, pelo seu caráter controverso, a busca por ideais que não sejam exclusivamente o da ordem, como felicidade, liberdade ou igualdade, ou ainda reduzindo-se objetivos como o bem comum (Aristóteles) ou a justiça (Platão) ao princípio da ordem (BOBBIO, 2007, p. 958), o reino da política fica apartado de toda a moral absoluta – característica do sagrado. Para a política, a regra seria a da ética da responsabilidade, enquanto para a religião funcionaria a ética da convicção, conforme a divisão estabelecida por Max Weber (WEBER, 2004, p. 110-124).

Escapando a uma forma essencialista de pesquisar a história das religiões, devemos, conforme nos orienta Nicola Gasbarro (pertencente à escola italiana da história das religiões) e a história cultural, questionar-nos "a respeito da formação e do desenvolvimento das noções fundamentais da disciplina" (GASBARRO, 2006, p. 67). Por isso questionamos nesse livro a própria noção de religião como campo inextricavelmente

---

25 Vasni de Almeida, recuperando o argumento de Duncan Reily acerca das razões para o distanciamento da Igreja Metodista do Brasil para com a política partidária, cita "a opção espiritualista das igrejas protestantes do sul dos Estados Unidos, da qual a Igreja Metodista do Brasil é herdeira, que acreditavam o envolvimento político/partidário como algo 'deste mundo'. Nessa compreensão, a igreja não era uma instituição que devesse se ocupar de questões 'terrenas', mas com coisas 'dos céus'. Fazia-se a leitura literal do mandamento bíblico do 'dai a César o que é de César'" (ALMEIDA, 2009, p. 59).

ligado a noção de sagrado. Os conceitos "religião" e "sagrado" são construções históricas fundamentalmente ligadas à civilização cristã. Tomando esse alerta a sério, pretendemos dar especial atenção aos embates conceituais, num contexto relacional entre "ortodoxias" e "ortopráticas", que definem e redefinem o que é legítimo e ilegítimo na prática religiosa. A religião, portanto, não é um ente descolado da sociedade, ela se faz na história. Por isso a questão política, para os espíritas, não se circunscreve a um entendimento fixo no tempo e no espaço. Sigamos, então, historicizando.

Popularizou-se o entendimento de que a política é um campo de atuação imoral (ou amoral), com a circulação da obra *O Príncipe* de Maquiavel. Em paralelo, difundiu-se também a distinção fundamental entre sagrado e profano com a fenomenologia religiosa de Mircea Eliade, que "teve boa parte de sua obra traduzia para o português" (SILVA, no prelo). Conforme Eliane Silva, "todas as operações hermenêutico-fenomenológicas procuram recuperar o pensamento religioso para a sociedade moderna e, principalmente, operando o par sagrado/profano" (SILVA, no prelo). De fato, para Eliade, "a primeira definição que pode dar-se ao sagrado é que ele se opõe ao profano" (ELIADE, s.d., p. 25).

Parece factível que os espíritas tenham sido, de algum modo, influenciados, direta ou indiretamente, por essas tradições conceituais, fixando uma grade conceitual que não lhes permitiu um olhar mais abrangente sobre a política e sobre os termos de definição da ação religiosa.

Terminada a análise dos textos sobre política, que nos mostra a *contradição entre um discurso generalizado de isenção política e as diversas práticas e discursos ativamente políticos que marcaram a história do Espiritismo no Brasil*,[26] voltemos a nossa atenção aos artigos que tratam dos problemas sociais. Se acima pudemos notar uma inclinação para a acomodação com o *status quo* devido ao discurso de evasão do campo político por parte dos espíritas, no que tange a questão social a postura se afigura diferentemente, com maior grau de heterogeneidade. O diagnóstico da existência de injustiças sociais é bastante frequente nos artigos examinados, o que se deve em parte ao nosso procedimento metodológico,[27] já que os problemas sociais

---

26   Um interessante exemplo correlato de contradição entre um discurso de isenção política e uma prática ativamente política é o caso dos protestantes no Brasil no século XIX e ao longo da República Velha. Já a partir de 1930 até os dias atuais os protestantes passaram por diferentes formas de atuação política. Vale destacar o apoio *declarado* de diversas denominações protestantes ao Golpe de 1964 e ao Regime Militar subsequente e a atuação político-partidária da "bancada evangélica" no parlamento nacional (CAMPOS, 2010, p. 149-183).

27   Cronologicamente, os artigos analisados abrangem um período que vai de 1913 a 2002. Não foram examinados artigos anteriores a 1913 por não se encontrarem os volumes anteriores

são o *leitmotiv* da publicação dos textos em questão. De 38 artigos, dezesseis tem uma tendência que poderíamos chamar "de esquerda".[28] Nesse grupo, cinco são explicitamente favoráveis ao socialismo com uma crítica à propriedade privada, chegando até a defesa do comunismo. Os outros onze incluem aqueles que fazem um elogio ao socialismo, colocado em termos genéricos de busca por justiça e fraternidade; elogio a formas de socialização do mundo e ainda um elogio ao socialismo ou ao comunismo, negando-lhes contudo a possibilidade de efetivarem-se na atualidade devido a imaturidade da coletividade humana. Dezessete artigos poderiam ser classificados como tendentes ao "centro". Na verdade, incluímos neste grupo vários modelos discursivos, que tem em comum apenas a característica de não assumir qualquer tipo de socialismo e que ao mesmo tempo não chegam a execrar a "esquerda". Incluímos a posição social-democrata, que defende um estado de bem-estar social. Por vezes assume uma forma discursiva indefinida, genérica, vaga. Nesse grupo incluem-se artigos que fazem um diagnóstico de determinados problemas sociais apontando soluções concretas ou dando exemplos que passam ao largo do socialismo; é dada ênfase à impossibilidade da igualdade; também ocorre o diagnóstico de problemas sociais clamando-se pela solução das injustiças, sem apontar qualquer caminho ou com soluções concretas pouco desenvolvidas. Por outro lado, é comum a justificação das chamadas "aparentes injustiças" como decorrentes da necessidade de expiação dos Espíritos que requerem uma diversidade de experiências, em variadas classes sociais. Nesse grupo "de centro", talvez o que apareça com maior recorrência entre

---

do *Reformador* no acervo a que tivemos acesso. A pesquisa se baseou na base de dados do *Reformador* que a FEB disponibiliza em seu site. O sistema de busca limita-se aos termos presentes nos títulos das matérias publicadas no periódico. Assim, usando os termos "socialismo", "comunismo", "sociais" e "social" na busca por material, conseguimos uma boa amostra do pensamento social espírita presente em artigos publicados no *Reformador*. Excluídos alguns poucos textos que, apesar de contar com o termo 'social' no título, fugiam ao escopo da nossa investigação, obtivemos um total de 38 artigos para análise.

28 Um critério de distinção pertinaz, eloquente e lógico entre esquerda e direita, demonstrando sua validade analítica (além de axiológica), é o da prevalência da igualdade como horizonte da esquerda enquanto a direita tende para o pensamento inigualitário. Norberto Bobbio reflete a respeito e chega a esse critério, entendendo que o igualitarismo como elemento definidor da esquerda não deve ser tomado "como a utopia de uma sociedade em que todos são iguais em tudo, mas como tendência, de um lado, a exaltar mais o que faz os homens iguais do que o que os faz desiguais, e de outro, em termos práticos, a favorecer as políticas que objetivam tornar mais iguais os desiguais" (BOBBIO, 1995, p. 110). Com isso, por se tratar de uma doutrina igualitária, o socialismo em tela na nossa análise serve evidentemente de critério para a classificação dos 38 artigos examinados em esquerda, centro ou direita.

os espíritas – constituindo uma espécie de "clichê" – é a ênfase na necessidade da reforma íntima, com a extinção do orgulho e do egoísmo para que os problemas sociais sejam resolvidos; são marcados pela exortação à prática da caridade como uma questão de atitude individual com o próximo, sem qualquer indicação a reformas estruturais. A isso se liga diretamente a recusa ao envolvimento com a política, já que ao Espiritismo caberia apenas o papel da educação, proporcionada pela sua filosofia. Por fim, encontramos cinco artigos que podem ser considerados "de direita". Três deles limitam-se a fazer anátema ao comunismo em razão do seu materialismo ateísta e apenas um é francamente reacionário, de tendência ditatorial.

Uma das conclusões que podemos tirar desta análise é que, apesar de ser mais comum o posicionamento vago, que não enfrenta a discussão técnica – econômica, política – ou moral acerca da opção entre capitalismo e socialismo (os dois macro-modelos disponíveis de organização social), a postura pró-socialismo aparece com considerável frequência ao longo da história do *Reformador* e, por conseguinte, ao longo da história do Espiritismo no Brasil. Esta postura, evidentemente, não é uma tendência hegemônica entre os espíritas. O que seria bastante difícil, já que no Brasil o socialismo jamais chegou a disseminar-se, enquanto posicionamento político, para a maioria da população.

Considerando, porém, que o Espiritismo foi sempre constituído, na maioria de seus adeptos, por estratos médios da sociedade, atraindo especialmente funcionários públicos de médio escalão, profissionais liberais e militares, além de membros da elite urbana; e, considerando ainda, que estes grupos sócio-profissionais em geral permaneceram alheios ou refratários aos momentos de maior força da ação das "esquerdas" no país (como o do período pré-golpe militar de 1964), é de se ressaltar a relativa frequência com que aparece em artigos o pronunciamento favorável a algum tipo de socialismo, por mais vago que seja.

Para aprofundar mais o nosso estudo acerca da presença da questão social nos textos publicados no *Reformador*, passemos agora a analisar alguns artigos que ilustram os posicionamentos acima classificados. Esperamos, com isso, dar maior densidade ao quadro de representações acerca do social que pretendemos fazer notar.

Num extremo, encontramos em um artigo de M. Silva Carvalho (*Reformador*, maio 1923, p. 169-170) a concordância com os fins do comunismo, negando legitimidade apenas aos meios violentos para atingi-lo, por acreditar na necessidade de evolução gradual de toda a humanidade para reformarem-se as instituições. Do contrário, após impostos, os sistemas políticos e econômicos "por demais adiantados para o nosso grau de aperfeiçoamento" logo degenerarão e serão esquecidos. As transformações sociais, sob a pressão do movimento comunista mundial, são dadas como certas. O papel dos espíritas não é ficar indiferente, e sim ajudar a suavizar a transição, já que sabem da incapacidade evolutiva atual da humanidade para conformar-se a um regime comunista.

"Suavizar a transição" pode significar evitar a luta de classes em seu sentido violento. C. Wagner, outro articulista, desenvolve um raciocínio que dá força ao argumento pacifista: afirma que todos são responsáveis pelos males sociais, devido aos erros do presente e do passado. Assim, "somos antes companheiros de infortúnio e de erro do que malfeitores obrando com premeditação" (*Reformador*, jun. 1922, p. 247-249). Portanto, a injustiça deve ser combatida, defendendo, "ao mesmo tempo, da opressão o fraco e do crime o poderoso" (*Reformador*, jul. 1922, p. 267). No seu artigo intitulado *Indivíduo-Sociedade: Justiça social*, Wagner acusa a injustiça do modelo de exploração do trabalho:

> Muitas vezes, o mais desgraçado e o menos respeitado é o que mais se afadiga. Produzir o pão para os outros e velo faltar para si mesmo, construir casas e não saber onde pousar a cabeça, fabricar roupas e sofrer o frio, é monstruoso. Entretanto, é o que com freqüência ocorre. Há mais: milhares de seres se embrutecem num trabalho exclusivamente material, quase sempre malsão, raro interrompido pelo repouso e, no fim de contas, mal retribuído. Dizeis que é inevitável. Então o sistema claudica em sua base. Impossível admitir-se que uma sociedade seja uma máquina de esmagar os que são as suas colunas. (*Reformador*, jul. 1922, p. 268).

Clama-se sobretudo por ação; o cristão deve sentir a miséria do próximo para agir sem esmorecer. O articulista defende que o cristianismo tem como cerne a promoção da fraternidade e que o Cristo é um revolucionário no sentido pleno do termo, acentuando que a revolução deve atingir aos indivíduos e à sociedade, já que as instituições sociais velhas não podem abrigar o homem novo (*Reformador*, jun. 1922, p. 247-248). Argumentos pela acomodação e pela condenação de experiências fracassadas são criticados. Para Wagner, é preciso ter paciência e entregar-se a trabalhos de "longo fôlego, em que o impossível de hoje se torna o possível de amanhã". Êxito e fracasso não são parâmetros para avaliar a correção de doutrinas e movimentos, já que o próprio Sermão da Montanha estaria já prescrito por tantos fracassos na sua efetivação. A marcha evolutiva da humanidade é lenta e laboriosa, por isso requer muitos recomeços (*Reformador*, jul. 1922, p. 268). Em "Socialismo" fica claro que Wagner o defende, não obstante uma severa crítica aos líderes socialistas, com suas ambições políticas mesquinhas, tidos como exploradores do povo ao invés de seus autênticos defensores (*Reformador*, jan. 1933, p. 43-45).

Sobre o comunismo, vale destacar um texto extraído da revista lisboeta *Estudos Psíquicos* de maio de 1952, no qual se afirma que o comunismo é o tipo de organização social vigente no mundo espiritual, porém sem elementos de repressão, tal como acontece na Terra, já que todos buscam comunidades com as quais sejam afins. Assim, o mundo espiritual pode ser considerado como o "paraíso comunista" com que muitos sonharam (*Reformador*, fev. 1954, p. 46-47).

Ismael Gomes Braga[29] sinaliza a concordância com os princípios socialistas em 1963 e 1966. Elogia o livro *Parapsicologia y Materialismo Histórico* de Humberto Mariotti, que preconiza o advento do socialismo guiado pelo Espiritismo, concordando com a ideia de que o socialismo avança como "conseqüência inelutável do progresso espiritual e material dos homens" e "que surgirá esse Socialismo superior, teísta, numa época não muito distante" (*Reformador*, jul. 1963, p. 154). O articulista, no texto *A Justiça Social ensinada nas Três Revelações*, insiste na necessidade de reformarmo-nos a nós mesmos, em nosso interior, de modo a realizarmos com facilidade os trabalhos "fora de nós", já que é a imperfeição humana que impossibilita a consecução de uma sociedade perfeita, na qual reinaria a justiça social. Não obstante essa ênfase na reforma íntima, reconhece positividade, enquanto sinal de uma consciência social que "vai surgindo em todos", às "revoluções cruentas" e às "legislações avançadas" que "vão tentando socializar o mundo e vão produzindo alguns frutos apreciáveis" (*Reformador*, mar. 1966, p. 65). É significativo ainda que ele cite como exemplo de países que solucionaram os "problemas urgentes do pão, da habitação e da instrução", a Suécia, a Dinamarca e a Suíça (*Reformador*, nov. 1962, p. 244).

Na categoria dos textos pró-socialismo, o padrão é a condenação às lutas e à violência, pregando um socialismo cristão que seria instituído através do amor. Citemos alguns: *Evolução social do Espiritismo*, de Lino Teles, no qual se formula

---

29 Ismael Gomes Braga tinha proximidade tanto com a FEB quanto com o espírita comunista Sousa do Prado. Em *Os Espíritas e as Questões Sociais*, de Eusínio Lavigne e Sousa do Prado, é transcrita uma carta, escrita em 1932, de Ismael à Guillon Ribeiro expondo sua concordância com o socialismo, considerando a exploração que a burguesia (incluindo-se como burguês) exerce sobre o proletariado e a necessidade de uma apropriação e distribuição mais humana da riqueza (LAVIGNE e PRADO, 1955, p. 249-255). Sua postura política é sintomática do padrão de socialismo adotado pelos espíritas: tem horror à política, apesar de julgá-la necessária (e estando filiado ao Partido Democrático Socialista) e execra o marxismo (pela sua violência, pelo materialismo e pelo ateísmo) apesar de acreditar na necessidade do socialismo.

que o Espiritismo é "uma conjugação de um socialismo maior com um individualismo melhor entendido" (*Reformador*, out. 1946, p. 233-234); *Desequilíbrio Social*, de Antonio Lima, no qual se explica a miséria pela concentração do supérfluo e a consequente falta do necessário para muitos, defendendo o socialismo como solução, mas um socialismo "sem lutas, sem violências, sem paixões", o "único socialismo possível", o pregado por Jesus, constituído apenas do "amor de Deus e o amor do próximo" (*Reformador*, maio 1932, p. 277-278) e *Ação Social*, texto não assinado, no qual se assinala que deveríamos optar pelo "bem entendido comunismo", porém reconhecendo que estamos longe de atingir as condições morais para uma mudança de sistema político, assim, a reforma íntima dos Espíritos deve vir antes da reforma das leis, do contrário estas não encontrarão efetividade (*Reformador*, ago. 1918, p. 257-260).

Na categoria dos textos "de centro", exemplificamos com um artigo mais recente, de 2001, escrito por Juvanir Borges de Souza, *A Renovação Social*. Nele, o articulista descreve a evolução da humanidade ao longo da história, chegando à necessidade da disseminação do Espiritismo para dotar as massas de um entendimento conducente a prática cristã ensinada por Jesus. O marxismo e os movimentos sociais nele inspirados são criticados por descurarem da parte espiritual do homem, insuflando a luta de classes que promove o ódio. A influência do Espiritismo na "transformação do mundo e na regeneração da Humanidade" deve se dar de forma indireta, pela aceitação dos seus princípios e não "pela substituição dos dirigentes, nem pela imposição de leis, nem pela conquista dos poderes transitórios do mundo" (*Reformador*, dez, 2001, p. 355-357).

São muitos os textos que colocam ênfase na missão educativa do Espiritismo ao revés da ação política, conjugando a uma crítica das "reformas exteriores" por desconsiderarem a única reforma efetiva, a reforma íntima. Citemos alguns exemplos. Em *Desordens Sociais*, Washington Borges de Souza identifica os problemas sociais ao materialismo e às imperfeições morais que tem como cerne o egoísmo; assim, a solução encontra-se na reforma íntima de cada um (*Reformador*, dez, 2001, p. 362-363). Em *Questões Sociais*, Juvanir Borges de Souza explica os problemas sociais pelas imperfeições dos indivíduos, apontando que as doutrinas materialistas e espiritualistas, socialistas e capitalistas, falham por não levar em consideração a real natureza do ser humano, ser em evolução através de sucessivas reencarnações. As desigualdades sociais são justificadas como necessárias a variedade de experiências pela qual os Espíritos devem passar em favor de seu progresso. Critica-se ainda a Igreja por sua opção parcial "pelos pobres" e alerta para o fato de haver entre os espíritas aqueles que também falham ao tomar os defeitos das organizações sociais como causas dos males sociais e não como efeitos da verdadeira causa, que está no homem. A questão política de delimitação da ação legítima dos espíritas, do papel que cabe ao Espiritismo no mundo, é posta em evidência nos moldes tradicionais: não é lícito reivindicar para si "os poderes temporais transitórios", "o espírita, como cidadão, pode filiar-se a partidos, engajar-se em reivindicações que lhe pareçam justas e exercer os direitos que lhe competem", já "o Espiritismo tem outro papel, muito mais profundo e importante".

> Não lhe compete interferir diretamente nas instituições, nos partidos, nos governos. Cumpre-lhe nortear as idéias, tornando-as generosas e altruístas, carregadas de justiça, de fraternidade, de solidariedade. Assim estará afastando do relacionamento humano o egoísmo arraigado e o orgulho pernicioso e estulto. Essa a forma de exorcizar a tentação do poder temporal, sem descuidar das necessidades de atender ao que pertence a César. (*Reformador*, set. 1985, p. 259-261).

Recuando no tempo, citemos ainda dois textos que colocam mais claramente o interdito aos espíritas à participação ou ao apoio às lutas coletivas. Em *No Campo Social*, Emmanuel fala do dever de todos de trabalhar com os talentos que Deus distribui e da atitude evangélica diante do povo aflito. A recomendação é a seguinte: "Se te encontras, diante do povo, com anseio de ajudá-lo, se te propões contribuir na regeneração do campo social, não te percas em pregações de rebelião e desespero. Guarda a serenidade e alimenta o próximo com o teu bom exemplo e com a tua boa palavra" (*Reformador*, dez. 1953, p. 273). O significado da mensagem é tendente a provocar no leitor a exortação à resignação e o réprobo às lutas sociais. Já em *As lutas sociais de caráter coletivo*, de Bittencourt Sampaio (Espírito), recomenda-se aos espíritas que se afastem das lutas sociais de caráter coletivo. Explica que as lutas são permitidas por Deus para fazer avançar as coisas já que pelo caminho brando os seus filhos estagnaram-se na estrada do progresso. Porém, nestas lutas os espíritas não devem tomar parte, cabendo-lhes apenas "difundir o Evangelho de Nosso Senhor Jesus Cristo, afim de que daí ele se espalhe, para felicidade de todos os seres" (*Reformador*, dez. 1929, p. 673-674).

Finalmente, citemos agora os textos enquadrados como "de direita". Os textos foram assim classificados simplesmente pelo seu caráter anticomunista. E aqui cabe um esclarecimento: a classificação dos textos em exame não se prende ao pensamento total de seus autores; assim, é possível que um determinado autor produza um artigo classificável como "de direita", outro "de centro" e outro ainda "de esquerda", já que os critérios adotados são heterogêneos. Um autor pode pronunciar-se contra o comunismo num texto, a favor da justiça social de um modo bem genérico em outro e ainda defender que, no futuro, com a evolução da humanidade, um socialismo cristão poderia estabelecer-se naturalmente.

Vejamos então os textos anticomunistas. *Primeira vítima do comunismo* é uma transcrição de notícia de *O Jornal*, cujo título é *Espiritismo seria a primeira vítima do ateísmo dos russos*. O presidente da FEB pronuncia-se dizendo não ser uma novidade este tipo de postura, pois um dos maiores líderes do PCB já teria revelado, "falando a um dos nossos irmãos", que o primeiro ato de governo quando o comunismo vencesse no Brasil seria acabar com o Espiritismo, "pois considerava-o como o maior obstáculo religioso para a vitória do materialismo ateu" (*Reformador*, ago. 1959, p. 180). *Milagres e comunismo*, assinado por J. P., é um comentário de notícias que relatam milagres entre os católicos e o gasto do governo com o Cristo Redentor no Rio de Janeiro, concluindo que "o Estado e a Igreja são os responsáveis pela proliferação da irreligiosidade e do ateísmo entre o povo. São eles que facilitam a propaganda do comunismo ateu que todos deveríamos evitar" (*Reformador*, jul. 1960, p. 156). *Comunismo e Espiritismo*, assinado por J. S., é um comentário a um telegrama publicado no jornal *O Estado de São Paulo*, em que se noticia o ataque de um bispo da Igreja Ortodoxa Ucraniana aos centros espíritas em Lima, acusando-os de células comunistas. O articulista afirma que estes métodos do clero para combater o Espiritismo já foram utilizados no Brasil, não tendo qualquer efeito, e o mesmo sucederá em Lima, pois todos sabem que "os espiritistas não aceitam em seus meios pessoas de sociedades ateias, quer sejam ou não pertencentes a qualquer comunismo, vermelho ou negro". Revida ainda afirmando que foi a Igreja Ortodoxa, corrupta e tirânica ao tempo dos czares, unida à riqueza destes e afastada da pobreza do povo, uma das causas que facilitaram a implantação do comunismo na Rússia (*Reformador*, maio 1961, p. 113). Por fim, o texto mais "à direita" é *Comunismo e Espiritismo*, constituído por citações de Emmanuel e uma de Nilo Peçanha. Em conjunto, as citações dão a ideia de que o comunismo, na sua feição extremista, leva à anarquia, objetivando a extinção da família. Condena-se a reforma exterior e as revoluções, afirmando ser papel do Espiritismo cuidar da evolução através da educação. Aos brasileiros, a questão das liberdades públicas é problema secundário, pois suas primeiras necessidades são o livro, o trabalho e a escola. A Deus pede-se cautela para os governantes do Brasil ante a "infiltração de idéias contrárias ao bem estar social e em desacordo com a sua vida de nacionalidade nova e apta a desempenhar um papel muito preponderante no seio da Humanidade" (*Reformador*, jan. 1953, p. 14). Importa o fato de que as citações são oriundas da década de 1930, constando uma espécie de entrevista de Emmanuel para o jornal *O Globo*, com um caráter claramente conjuntural. Assim a transposição dos artigos para o ano de 1953 padece da perda das suas referências contextuais iniciais. O efeito porém é de uma transcendentalização dos pronunciamentos, tomando-os como válidos para toda e qualquer conjuntura.

Sumariamente, podemos dizer que posições ideológicas diversas figuraram no *Reformador* no que diz respeito à política e às questões sociais, o que nos leva a crer que os espíritas possuíam (e possuem) divergências consideráveis entre si acerca de temas cruciais para a sociedade. Enquanto a maioria nega a conexão entre política e Espiritismo, uma significativa parcela dos espíritas reconhece um valor superior no socialismo, normalmente adjetivando-o como *cristão*. Por outro lado, se sobrepusermos as duas características – a aversão à política da maioria e a simpatia de uma parcela ao socialismo cristão – é lícito concluir que a crença no socialismo diluída à descrença na política gera uma mentalidade e um comportamento pouco ativo no que diz respeito à implementação prática do socialismo. Com isso, os espíritas socialistas pouco afetam a percepção negativa ou indiferente da maioria dos espíritas com relação ao socialismo. Resultado: os espíritas, na sua generalidade, continuam avessos à política e ao socialismo. E é nesse quadro que o MUE atuará.

Espiritismo de esquerda: a tradição intelectual espírita de viés socialista

Iniciamos agora a apresentação de uma visão pouco comum acerca da coloração ideológica do Espiritismo. Embora, a primeira vista, o movimento espírita brasileiro nos dê a impressão de que a Doutrina Espírita é, em si, refratária a intervenções nas instituições sociais, às revoluções e, de um modo geral, aos movimentos sociais de esquerda, podemos verificar que esta presunção é apenas aparente. É bem verdade que mesmo dentre os pensadores espíritas que defenderam algum tipo de socialismo, muitos (senão a maioria) foram consideravelmente conservadores com relação a vários pontos cruciais da agenda de lutas da esquerda – como a necessidade de greves, para citar apenas um exemplo. Todavia, veremos (no segundo capítulo) que a leitura da Doutrina Espírita realizada pelo MUE demonstra a existência potencial de um "Espiritismo de esquerda", isto é, um Espiritismo socialista e revolucionário.

Por outro lado, vale a pena ressaltar o fato de que desde os primórdios do movimento espírita até a atualidade houve autores (poucos, é verdade) que se posicionaram, de modo mais ou menos definido, a favor de algumas bandeiras caras aos grupos de esquerda. Em especial, o socialismo figura persistentemente como um ideário incorporado, no todo ou em parte, à reflexão filosófica de diversos intelectuais espíritas. Disso resulta que se pode afirmar a existência, de fato, de uma tradição intelectual espírita de viés socialista.

Notemos, com Artur Isaia, que o

> Espiritismo surge [...] interagindo com uma rede bastante complexa de interesses, significados, transformações históricas e guardando um parentesco espiritual com uma constelação desigual de idéias que vão do liberalismo às utopias socialistas, passando pelo positivismo comtista. Tanto para os deserdados da sorte como para os detentores do capital, a doutrina espírita passa a fornecer significados inteiramente articulados a suas vivências, carências, anseios. (ISAIA, 2004, p. 104).[30]

Para além de afirmarmos que o Espiritismo, como qualquer doutrina, corrente de pensamento, filosofia etc., se presta a múltiplas interpretações, queremos destacar que o seu *corpus* teórico possui laços de maior ou menor grau de afinidade eletiva identificáveis com específicas criações da cultura intelectual de seu contexto de nascimento. Não temos a pretensão de discutir qual seria a leitura mais correta da Doutrina Espírita, estabelecendo a sua ortodoxia, mas sim verificar as suas potencialidades discursivas tal como se manifestaram na história.

Assim, importa agora elencar os autores que encarnam a referida tradição de viés socialista. Porém, inicialmente, vale dizer que inclinamo-nos a classificar Allan Kardec como um "pensador burguês", ainda que possam ser identificados alguns elementos progressistas e utópicos[31] figurando ao lado de outros elementos conservado-

---

[30] Aubrée e Laplantine parecem ter uma compreensão semelhante: "Se, portanto, de um lado a construção doutrinal de Kardec pertence à família das ideologias do século XIX que pretendem por fim aos privilégios e fazer aceder os miseráveis da terra à dignidade humana, por outro lado ela desvia-os da revolta, e os burgueses, por sua vez, têm belos dias em perspectiva. Ora, esse tipo de tentativa de conciliação perpassa o conjunto do pensamento e do movimento espírita – um dos interesses residindo precisamente na sua lógica da contradição (AUBRÉE e LAPLANTINE, 1990, p. 80; livre tradução nossa).

[31] O lema da Revolução Francesa – *liberté, igualité, fraternité* – ecoa no pensamento de Kardec. Em *Obras póstumas* afirma: "Liberdade, igualdade, fraternidade. Estas três palavras constituem, por si sós, o programa de toda uma ordem social que realizaria o mais absoluto progresso da Humanidade, se os princípios que elas exprimem pudessem receber

res e conformistas, num contexto em que já havia sido estabilizado o conteúdo burguês da revolução francesa. Como ponto de partida da nossa reflexão, julgamos útil trazer por extenso uma passagem de Immanuel Wallerstein em que disserta acerca do conservadorismo:

> O ponto central do conservadorismo como ideologia moderna é a convicção de que os riscos de uma intromissão coletiva e consciente nas estruturas sociais existentes, que evoluíram lenta e historicamente, são muito elevados. No melhor dos casos, argumentam eles, a realização de mudanças é possível, desde que estas sejam primeiramente avaliadas com muita cautela e que sejam consideradas absolutamente necessárias. E mesmo assim, é preciso que sejam introduzidas com enorme cuidado e muito gradativamente. Nessa doutrina conservadora, misturam-se as dúvidas teológicas sobre a correção da intervenção humana no mundo de Deus com um ceticismo sobre a capacidade que o ser humano tem de ser sábio ou, melhor ainda, a capacidade humana de tomar decisões coletivas que sejam bem pensadas e sábias.
>
> Não há dúvida de que existem boas razões históricas para esse tipo de ceticismo. E é possível entender como pessoas inteligentes e bem-intencionadas podem chegar à conclusão de que, de um modo geral, é melhor ir devagar com as mudanças políticas, para evitar que as coisas possam ficar ainda piores do que estão no momento. O problema com esse tipo de conservadorismo honesto é que ele representa a posição (e os interesses) daqueles que, nesse momento, estão em uma boa situação tanto em termos de sua posição socioeconômica como em todas as outras questões relacionadas com qualidade de vida. No entanto, para todos aqueles em situações piores, e especialmente para aqueles cuja situação é realmente terrível, a única coisa que essa posição conservadora deixa é uma mera recomendação de que sejam pacientes, pois sua situação pode vir a ser amenizada por algum tipo de caridade imediata. No entanto, como, segundo a própria doutrina conservadora, essa paciência exigida não tem, em um certo sentido, quaisquer limites de tempo especificados (e conservadores geralmente têm o costume de falar sobre a inevitabilidade da hierarquia social e, portanto, também de aceitar uma permanente

---

integral aplicação" (KARDEC, 1984 [1890], p. 233; grifos no original). Segue refletindo sobre a articulação entre os três princípios e os obstáculos que a eles se opõe: "Considerada do ponto de vista da sua importância para a realização da felicidade social, a fraternidade está na primeira linha: é a base. Sem ela, não poderiam existir a igualdade, nem a liberdade séria. A igualdade decorre da fraternidade e a liberdade é consequência das duas outras" (KARDEC, 1984 [1890], p. 233-234).

desigualdade social), ela oferece, para a maioria da população mundial, apenas a esperança de que uma melhoria ínfima possa vir a se concretizar em suas vidas, e de que, até mesmo nas vidas de seus filhos, muito pouco poderá ser concretizado. (WALLERSTEIN, 2003, p. 13-14).

Podemos completar o argumento de Wallerstein com o corolário do pensamento conservador na sua forma tipicamente religiosa – a promessa de felicidade na vida futura, após os sofrimentos vividos na Terra, como um *substituto* para a inquietação pela felicidade terrena. Tenhamos isso em mente ao examinarmos as ideias de Allan Kardec.

Ainda que consideremos Kardec, em linhas gerais, um burguês liberal (AUBRÉE e LAPLANTINE, 1990, p. 72), para melhor conhecer o seu perfil vale anotarmos o que dizem Dora Incontri e Alessandro Bigheto a respeito do educador lionês:

> Kardec era um educador preocupado com as questões sociais, que militava pela educação popular. Já aos 24 anos de idade, escreveu brilhante ensaio Proposta para a melhoria da Instrução Pública (ver RIVAIL, 2000) e durante décadas deu cursos gratuitos, em sua própria casa, de química, matemática, astronomia, fisiologia, gramática[…] numa tentativa de democratizar o conhecimento.
>
> Ao que parece, manteve relações com os socialistas (depois chamados de utópicos por Marx e Engels), pois em sua fase espírita, os cita constantemente, entre eles, Fourier, e Saint-Simon. (Robert Owen, por sua vez, recebeu influência de Pestalozzi, pois o visitou em Iverdon e mais tarde tornou-se adepto do espiritismo). O pesquisador francês François Gaudin descobriu recentemente documentos ainda inéditos, revelando a parceria de Kardec com o amigo Maurice Lachâtre, conhecido socialista de tendência anarquista e editor das obras de Marx, em fascículos populares. Ambos tiveram um projeto economicamente fracassado de fundação de um banco popular, possivelmente nos moldes do que queriam os socialistas pré-marxistas e os anarquistas como Proudhon. (INCONTRI e BIGHETO, 2004, p. 2).

Ressaltamos, contudo, que é visível a oposição de Kardec às ideias revolucionárias de seu tempo e ao ativismo operário mais radical (ISAIA, 2004, p. 106). Na *Revue Spirite*, em um longo discurso de defesa à honra dos operários lioneses (e do Espiritismo) que frequentavam as reuniões espíritas, Allan Kardec transparece seu conservadorismo:

> Esqueceis que são esses mesmos operários […] que fazem a prosperidade de vossa cidade, através de sua indústria? Teriam sido criaturas sem valor moral os

operários que produziram Jacquard? De onde saíram em bom número os vossos fabricantes, que adquiriram sua fortuna com o suor do rosto e graças à ordem e à economia? Não é insultar o trabalho comparar seus teares a *forcas* [*potences*, em francês] ignóbeis? Ridicularizai-lhes a linguagem e vos esqueceis de que o seu ofício não lhes permite fazer discursos acadêmicos. [...] fazei votos para que todos [os operários] o sejam [espíritas], uma vez que é no Espiritismo que eles haurem os princípios de ordem social, de respeito à propriedade e de sentimentos religiosos.

Sabeis o que fazem os operários espíritas lioneses, que tratais com tanto desprezo? Em vez de se desequilibrarem num cabaré, ou de se alimentarem em doutrinas subversivas e quiméricas, nessa oficina que por irrisão comparais ao antro de Trophonius, em meio a esses teares de quatro forcas, *eles pensam em Deus*. Eu os vi durante minha estada aí; conversei com eles e me convenci do seguinte: Entre eles muitos maldizem seu trabalho penoso; hoje o aceitam com a resignação do cristão, como uma prova; muitos viam com ciúme e inveja a sorte dos ricos; hoje sabem que a riqueza é uma prova ainda mais perigosa que a da miséria, e que o infeliz que sofre e não cede à tentação é o verdadeiro eleito de Deus; sabem que a verdadeira felicidade não está no supérfluo e que aqueles que são chamados os felizes deste mundo também padecem cruéis angústias, que o ouro não acalma. Muitos se riam da prece; hoje oram e reencontram o caminho da igreja, que tinham esquecido, porque outrora não acreditavam em nada e agora crêem; vários teriam sucumbido no desespero; hoje, que conhecem a sorte dos que voluntariamente abreviam a vida, resignam-se à vontade de Deus, pois sabem que têm uma alma, do que antes não estavam certos. Enfim, por saberem que estão apenas de passagem na Terra, e que a justiça de Deus não falha para ninguém.

[...] reclamais contra elas [o operariado constituído por pessoas honestas e laboriosas] os rigores da autoridade civil e religiosa, quando são pacíficas e compreendem o vazio das utopias com que foram embaladas e que vos metem medo. (*Revista Espírita*, out. 1860, p. 436-437; grifos no original).

Parece evidente, portanto, que Artur Isaia tem razão ao afirmar que

A aproximação com a ascese laica weberiana aparece claramente no modelo de trabalhador proposto por Kardec, cumpridor de suas obrigações profissionais, familiares e civis, conformado ao seu destino, não invejoso da riqueza dos patrões, comprometido com o aperfeiçoamento contínuo de seu trabalho e refratário ao espírito de rebelião. Tanto o progresso material como o espiritual deveriam ser frutos do comprometimento individual do homem. (ISAIA, 2004, p. 106).

O problema da impossibilidade da injustiça é um dos elementos que mais chamam a atenção quando nos propomos a examinar o pensamento de Kardec. É lugar comum entre os espíritas creditar as "aparentes injustiças" ao resultado da "lei de causa e efeito". Se hoje sofremos, é porque ontem (nesta ou em reencarnações passadas) fizemos sofrer, afirma-se costumeiramente. Já em Kardec pode-se perceber uma oscilação em seu entendimento do problema da justiça, do sofrimento, da provação e da expiação, isto é, do modo como se realiza a justiça divina. Se n'*O Livro dos Espíritos* há diversas passagens que afirmam que os sofrimentos não são necessariamente formas de expiação, apesar de servirem sempre como provações (ex.: questão 984), chama a atenção em especial a abordagem dada à questão por Allan Kardec no capítulo v – "Bem-aventurados os aflitos" – d'*O Evangelho segundo o Espiritismo*, no qual considera que "a fé no futuro pode consolar e levar à paciência, mas não explica essas anomalias que parecem desmentir a justiça de Deus" (KARDEC, 2000 [1864], p. 71). Neste capítulo, predomina o raciocínio de Kardec a partir do princípio de que "*as vicissitudes da vida têm, pois, uma causa, e, uma vez que Deus é justo, essa causa deve ser justa*" (KARDEC, 2000 [1864], p. 71; itálico no original). No item "Causas anteriores das aflições" Kardec parece negar a possibilidade da fatalidade, utilizando o princípio supracitado, expresso do seguinte modo: "[…] em virtude do axioma de que *todo efeito tem uma causa*, essas misérias são efeitos que devem ter uma causa e, desde que se admita um Deus justo, essa causa deve ser justa" (KARDEC, 2000 [1864], p. 74; itálico no original). No mesmo parágrafo está presente fortemente a ideia de que as supostas fatalidades em realidade são punições por erros cometidos em existências pretéritas. É assim que, em seguida, afirma-se que "aquele que sofre, está expiando seu passado" (KARDEC, 2000 [1864], p. 74). Somente no item 9 é que Kardec traz um contraponto a todo o raciocínio que vinha desenvolvendo:

> Entretanto, não seria preciso crer que todo sofrimento suportado neste mundo seja, necessariamente, o indício de uma falta determinada; são, frequentemente, simples provas escolhidas pelo Espírito para acabar sua depuração e apressar seu adiantamento. Assim, a expiação serve sempre de prova, mas a prova não é sempre uma expiação. (KARDEC, 2000 [1864], p. 75).

Todavia, mesmo nessa passagem, está implícita a negação da possibilidade de injustiça por inferência do princípio de perfeição de justiça divina. O Espírito, ao passar por vicissitudes, ao sofrer, se não está expiando, está passando por uma provação definida *por escolha sua*. O sofrimento ao acaso, por fatalidade, por injustiça decorrente de ações humanas não determinadas pela providência divina, parece então inconcebível. O que dificulta ou mesmo impossibilita o reconhecimento da injustiça social.

Com isso vemos que a dificuldade da maioria dos espíritas em reconhecer ontologicamente a injustiça encontra esteio no pensamento de Kardec.[32] O que, de resto, é um problema de todo pensamento religioso ou filosófico que presuma a perfeição da justiça divina, pois se enfrenta o desafio de não entrar em contradição com esse princípio ao explicar o mal, o sofrimento e a injustiça manifesta no mundo.

Não obstante, para Aubrée e Laplantine, o Espiritismo é uma doutrina progressista e igualitária, que tenta conciliar o liberalismo com o socialismo utópico, preconizando uma revolução moral do indivíduo com consequências sociais (AUBRÉE e LAPLANTINE, 1990, p. 73-78). Esta tensão conciliatória parece manifestar-se com mais clareza n'*O Livro dos Espíritos*. Vejamos algumas passagens ilustrativas:

> 717. Que pensar dos que açambarcam os bens da terra para se proporcionarem o supérfluo, em prejuízo dos que não têm sequer o necessário?
>
> – *Desconhecem a lei de Deus e terão de responder pelas privações que ocasionaram.* (KARDEC, 2006 [1860], p. 247; itálico no original, indicando ser o texto dos Espíritos interlocutores de Kardec).

Aqui um claro problema de justiça na distribuição dos bens disponibilizados pela natureza. Já no capítulo IX – Lei de Igualdade, a tensão entre o pensamento liberal burguês e o socialismo é mais evidente. Comparem-se especialmente as questões 806 e 806a com as questões 811, 811a e 812:

> 806. A desigualdade das condições sociais é uma lei natural?
>
> – *Não; é obra do homem e não de Deus.*[33]

---

[32] É curioso que Kardec, acostumado a raciocinar a partir da metáfora das dívidas e dos pagamentos, não tenha expressado (ao menos na passagem em foco d'*O Evangelho segundo o Espiritismo*) a possibilidade lógica de "equilibrar o déficit" causado pelos sofrimentos injustamente sofridos no presente apenas com a reparação ou compensação possibilitada pelo infinito da existência do Espírito, com múltiplas reencarnações e experiências a serem vividas. Em suma, raciocinando com o horizonte das "vidas futuras" e não com o subterrâneo das "vidas passadas" (sofrimento como expiação ou provação por escolha). A nosso ver, a razão dessa interessante ausência em Kardec mereceria um acurado estudo histórico e filosófico.

[33] Na sua linguagem, Kardec parece alternar entre um pensamento naturalista e um pensamento teísta (em que Deus intervém no mundo através de sua providência). Assim, mesmo que

806-a. Essa desigualdade desaparecerá um dia?

– *Só as leis de Deus são eternas. Não a vês desaparecer pouco a pouco, todos os dias? Essa desigualdade desaparecerá juntamente com a predominância do orgulho e do egoísmo, restando tão-somente a desigualdade do mérito. Chegará um dia em que os membros da grande família dos filhos de Deus não mais se olharão como de sangue mais ou menos puro, pois somente o Espírito é mais puro ou menos puro, e isso não depende de posição social.*

[...]

811. A igualdade absoluta das riquezas é possível e existiu alguma vez?

– *Não, não é possível. A diversidade das faculdades e dos caracteres se opõe a isso.*

811-a. Há homens, entretanto, que crêem estar nisso o remédio para os males sociais; que pensais a respeito?

– *São sistemáticos ou ambiciosos e invejosos. Não compreendem que a igualdade seria logo rompida pela própria força das coisas. Combatei o egoísmo, pois essa é a vossa chaga social, e não correi atrás de quimeras.*

812. Se a igualdade das riquezas não é possível, acontece o mesmo com o bem-estar?

– *Não; mas o bem-estar é relativo e cada um poderia gozá-lo, se todos se entendessem bem[...] Porque o verdadeiro bem-estar consiste no emprego do tempo de acordo com a vontade, e não em trabalhos pelos quais não se tem nenhum gosto. Como cada um tem aptidões diferentes, nenhum trabalho útil ficaria por fazer. O equilíbrio existe em tudo e é o homem quem o perturba.* (KARDEC, 2006 [1860], p. 272-273).

Se tomarmos o jogo de perguntas e respostas d'*O Livro dos Espíritos* como efetivo *diálogo*,[34] então se torna possível até mesmo uma distinção entre o pensamento li-

---

as desigualdades sociais não sejam obra de Deus é possível Kardec perguntar, na questão 814: "Por que *Deus concedeu* a uns a riqueza e o poder e a outros a miséria?" (grifos nossos), obtendo a resposta "Para provar a cada um de uma maneira diferente. Aliás, vós o sabeis, essas provas são escolhidas pelos próprios Espíritos, que muitas vezes sucumbem ao realizá--las" (KARDEC, 2006 [1860], p. 273). Assim, o humano e o divino imbricam-se no raciocínio de Kardec relativo aos problemas sociais, o que dá azo a alguma forma de naturalização das desigualdades sociais.

34   E aqui, evidentemente, não vem ao caso a natureza das partes em diálogo. Se os espíritas chamam de Espíritos os interlocutores de Kardec, os católicos podem chamá-los de demônios e

beral burguês de Kardec e o raciocínio socialista dos supostos Espíritos comunicantes (ou, numa versão cética, simplesmente dos que se diziam médiuns).[35] São exemplares nesse sentido as questões sobre a origem da desigualdade das riquezas[36] e sobre o direito de propriedade. Na questão 808 Kardec pergunta: "A desigualdade das riquezas não tem sua origem na desigualdade das faculdades, que dão a uns mais meios de adquirir do que a outros?" A resposta aponta para um tema clássico do socialismo, tornado célebre pela obra de Proudhon em que indaga *O que é a propriedade?* respondendo que é um roubo. Diz-se na resposta, constituída de uma pergunta retórica: "Sim e não. Que dizes da astúcia e do roubo?" (KARDEC, 2006, p. 272 [1860]). Kardec segue interpelando na questão 808a de um modo afirmativo, dando a entender um efetivo debate: "Mas, a riqueza herdada, essa não é fruto de paixões más" (tradução nossa). E o retrucante insiste:

> Que sabes disso? Remonta à origem e verás se é sempre pura. Sabes se no princípio não foi o fruto de uma espoliação ou de uma injustiça? Mas sem falar em origem, que pode ser má, crês que a cobiça de bens mesmo os melhor adquiridos, e os desejos secretos que se concebem de possuir o mais cedo possível, sejam sentimentos louváveis? Isso é o que Deus julga, e te asseguro que o seu julgamento é mais severo que o dos homens. (KARDEC, 2006 [1860], p. 272).

Já sobre o direito de propriedade pode-se interpretar as questões 880 a 885 como uma tentativa insistente de Kardec em defender a legitimidade do direito de propriedade encontrando nas respostas uma espécie de relativização desse direito, subordinando-o aos critérios de justiça e de solidariedade. Destacamos as questões 881, 884 e 885:

> 881. O direito de viver confere ao homem o direito de ajuntar o que necessita para viver e repousar, quando não mais puder trabalhar?

---

os céticos de inconsciente (ou consciente mesmo) dos supostos médiuns.

35 Também pode-se pensar simplesmente que Kardec estaria oscilante em suas ideias ou ainda que o contraste de opiniões tratava-se de um artifício de exposição do pensamento filosófico kardequiano, tal qual fizera, por exemplo, Platão com seus diálogos conduzidos pelo protagonista Sócrates.

36 Sobre a desigualdade das riquezas o texto mais conservador de Kardec encontra-se n'*O Evangelho Segundo o Espiritismo*, capítulo 16 – Não se pode servir a Deus e Mamon, item "Desigualdade das riquezas", no qual legitima a concentração das riquezas nas mãos de alguns poucos como necessidade para o progresso e naturaliza a diferença entre ricos e pobres, pensando-a mesmo como justa através da reencarnação.

– Sim, mas deve fazê-lo em família, como a abelha, através de um trabalho honesto, e não ajuntar como um egoísta. Alguns animais lhe dão o exemplo dessa previdência.

[...]

884. Qual é o caráter da propriedade legítima?

– Só há uma propriedade legítima, a que foi adquirida sem prejuízo para os outros. (Ver item 808).

[...]

885. O direito de propriedade é sem limites?

– Sem dúvida, tudo o que é legitimamente adquirido é uma propriedade, mas, como já dissemos, a legislação humana é imperfeita e consagra frequentemente direitos convencionais que a justiça natural reprova. É por isso que os homens reformam suas leis à medida que o progresso se realiza e que eles compreendem melhor a justiça. O que num século parece perfeito, no século seguinte se apresenta como bárbaro. (Ver item 795). (KARDEC, 2006 [1860], p. 291-292).

Temos então que os escritos de Kardec são substancialmente conservadores com relação à propriedade privada. Ela é, para Kardec, tanto uma recompensa pelo trabalho quanto uma fonte de progresso material. É, claramente, o discurso burguês. Parece que o ideal de Kardec é que o rico aplique sua riqueza em favor da coletividade e o pobre trabalhe sem invejar a riqueza alheia, cuidando em ser o mais previdente e resignado possível. As desigualdades sociais seriam gradativamente diminuídas através de um crescente altruísmo por parte dos ricos e de uma boa educação moral e intelectual dada aos pobres, que assim desperdiçariam menos e permaneceriam trabalhando sem o envolvimento com doutrinas subversivas. Talvez, só num horizonte distante, a riqueza estivesse mais igualitariamente distribuída, como resultado de um longo processo de evolução dos Espíritos, que estariam assim significativamente melhorados moral e intelectualmente. Não obstante, por outro lado é possível encontrar n'*O Livro dos Espíritos* uma série de elementos passíveis de interpretação socialista, como a desnaturalização das desigualdades sociais, a preocupação com a satisfação no trabalho, o apelo para a garantia do necessário para todos e a necessidade de submeter o direito de propriedade aos critérios da justiça e da solidariedade, questionando-a também diretamente como tendo origem espúria.

Já Léon Denis, filósofo autodidata e operário de Tours, amigo do socialista espiritualista Jean Jaurès, escreveu uma série de artigos publicados na *Revue Spirite* em 1924 sobre *Socialismo e Espiritismo*, indicando a necessidade de "espiritualizar" o socialismo (DENIS, 1982). Léon Denis é, nas suas próprias palavras, um socialista "evolucionista e não revolucionário" (DENIS, 1982, p. 126). Em realidade, seu socialismo é francamente antimarxista: execra o pensamento de Karl Marx e a ação revolucionária dos bolcheviques. Pretende um socialismo gradualista, alcançado pela boa vontade decorrente da evolução moral de toda a humanidade e não pela luta de classes. Aliás, para Denis, desde a Revolução Francesa não havia mais classes; havia sim a mobilidade social:

> Todo trabalhador econômico pode se tornar patrão. A burguesia tem suas raízes no povo e nele se recruta incessantemente: é de seu seio que se elevaram a maioria dos homens que ilustraram a Humanidade; foi daí que se alçaram tantos burgueses, graças ao seu trabalho ou ao seu talento. (DENIS, 1982, p. 41-42).

No final das contas, o seu apelo acaba sendo mais para o melhoramento moral individual de cada um para que no futuro o socialismo fosse factível:

> O estado social não sendo, em seu conjunto senão o resultado dos valores individuais, importa antes de tudo de obstinar-nos nessa luta contra nossos defeitos, nossas paixões, nossos interesses egoístas. Enquanto não tivermos vencido o ódio, a inveja, a ignorância, não se poderá estabelecer a paz, a fraternidade, a justiça entre os homens; e a solução dos problemas sociais permanecerá incerta e precária. (DENIS, 1982, p. 66-67).

Destacamos por fim que o *Reformador* publica um texto de Léon Denis intitulado "Alma ao socialismo", no qual o filósofo pretende demonstrar a necessidade de o socialismo adotar a visão de mundo fornecida pelo moderno espiritualismo, pela demonstração científica da realidade do Espírito. Para ele, adotando

> esta dilatada doutrina espiritualista é que o Socialismo alcançará o seu máximo de irradiação, toda a sua potencialidade regeneradora e lograra implantar na Terra um estado de coisas conforme a suprema lei de progresso e de justiça. Conservar-se-á estéril, enquanto ao programa das reformas materiais não juntar as forças do Espírito.
>
> É preciso dar uma alma ao Socialismo! (*Reformador*, abr. 1925, p. 163-165 e mar. 1964, p. 60-61).

É significativo que, para o MUE – conforme veremos – era também preciso "dar um corpo ao Espiritismo".

Na América Latina, outros autores despontam como pensadores importantes da ligação entre Socialismo e Espiritismo. Citemos os que mais se destacaram: na Venezuela, Manuel Porteiro, autor da obra *Espiritismo Dialéctico*; na Argentina, Cosme Mariño, autor de *Concepto Espiritista del Socialismo* e Humberto Mariotti, que escreveu *Parapsicologia e Materialismo Histórico*, publicado no Brasil como *O Homem e a Sociedade numa Nova Civilização*, pela Edicel e *Dialética e Metapsíquica*, publicado no Brasil pela editora Édipo, com prefácio de J. Herculano Pires; no Brasil, Eusínio Lavigne[37] e Souza Prado escreveram *Os Espíritas e as Questões Sociais*, Vinicius (Pedro de Camargo) destaca-se com diversas passagens de teor socialista em *Nas pegadas do Mestre*, Jacob Holzmann Netto, orador espírita de destaque na década de 1960, produziu *Espiritismo e Marxismo*, publicado pela *Edições A Fagulha* e Herculano Pires, considerado por muitos um dos maiores intelectuais espíritas do Brasil, é o autor de *Espiritismo Dialético* e *O Reino*.

Mas que socialismo é esse defendido pelos espíritas? De um modo geral, há uma aproximação com os chamados socialistas utópicos do século XIX. O socialismo, enquanto um sistema social ideal com fundamento moral, é considerado de um modo semelhante pela maioria dos autores, que apostam na realização sem violência de uma sociedade justa e fraterna. A dificuldade maior na formação de um consenso entre os espíritas socialistas está na questão do papel do Espiritismo na promoção da transformação social. Embora geralmente se fale no papel educacional do Espiritismo na transformação das consciências, para que assim os indivíduos reformados promovam a reforma das estruturas sociais, atuando diretamente nas instituições, a questão da ação social espírita levanta inúmeras dificuldades. Afinal, existe, ao menos no movimento espírita brasileiro, uma forte tendência para a assistência social, normalmente produzindo e reproduzindo um sistema assistencialista no seu relacionamento com a população mais pobre. Por isso, há quem proponha alterações no modelo assistencialista vigente na grande maioria dos centros espíritas brasileiros.

Por outro lado, é típico tratar da questão social e das transformações sociais de um modo dicotômico, apresentando somente duas alternativas para os que identificam a injustiça no mundo. Uma, é fazer a revolução armada para tomar o poder político do Estado e assim transformar as instituições para se impor a justiça social. Com isso,

---

[37] Eusínio Lavigne (1883-1973) foi um advogado, pensador espírita baiano e militante político filiado ao Partido Comunista Brasileiro, tendo sido prefeito de Ilhéus-BA, sua cidade natal.

associa-se diretamente revolução com violência e política com tomada do poder estatal, resultando daí a tríade revolução-violência-política.[38] A outra alternativa seria a educação moral da humanidade, levando à extinção do egoísmo e do orgulho, do que resultaria indivíduos reformados que, naturalmente, de modo pacífico, reformariam gradativamente as instituições. A tríade resultante é reforma-paz-educação.

Raros são os autores espíritas que pensam de um modo diferente sobre essa questão. No MUE é que se formulam claramente outras relações conceituais, pensando numa revolução não-violenta que reserve aos espíritas o papel de coatores na promoção da revolução moral e material, individual e institucional. Trataremos disso no segundo e terceiro capítulos, reservados especificamente ao MUE.

Portanto, apesar do horizonte comum de um socialismo de fundamento moral cristão, a tradição intelectual espírita de viés socialista divide-se quanto aos métodos para se atingir esse fim (apesar de todos recusarem a violência das armas[39]) – se vale a luta política ou somente a educação é o caminho – e, ligado aos métodos, quanto ao papel específico dos espíritas e do movimento espírita na promoção da transformação social da humanidade.

Vejamos como se posicionaram alguns autores espíritas com relação a estas controvérsias. José Herculano Pires apresentara uma tese (que fora aprovada por unanimidade, após intensos debates) no I Congresso Espírita da Alta Paulista, em Marília, 1946, sob o título "O Espiritismo e a Construção de um Novo Mundo – Estabelecimento do Reino de Deus na Terra". Conforme Jorge Rizzini, Herculano pregava a

---

38 Encontramos estas associações, por exemplo, no livro de Cleusa Beraldi Colombo, que trata das ideias sociais espíritas: "pode-se deduzir que o Espiritismo não concorda com um sistema imposto pelo processo político. Querer mudar as coisas através da violência, seria impor condições que o estado da evolução espiritual do homem ainda não atingiu. [...] O Espiritismo [...] reconhece a necessidade histórica das agitações por que passam os povos, para que se realize o progresso. Mas aceita-os como conseqüências naturais de certos contextos históricos e não preconiza que os homens devam se engajar propositadamente em doutrinas revolucionárias". Referindo-se a Rousseau e Pestalozzi, como precursores do pensamento espírita, arremata: "Reconheciam como inevitável o impulso das massas de se rebelarem contra a injustiça. Mas não indicavam a revolução armada como método de luta política, como teoria de transformação social" (COLOMBO, 1998, p. 80-81).

39 Exceção feita à Eusinio Lavigne que aceita a violência como legítima defesa dos explorados frente à violência dos exploradores, mas somente na ausência de possibilidade de chegada pacífica ao socialismo. Para ele então o uso da violência está condicionado a circunstâncias conjunturais.

> organização de um amplo movimento social desprovido de qualquer aspecto sectarista, que integrasse pessoas espíritas ou não, com o objetivo único de implantar no mundo os princípios do Reino de Deus contidos no Evangelho. Esse movimento não teria, no entanto, parentesco ou semelhança com os partidos políticos. E como os partidos vivem de demagogia, buscando o poder a qualquer preço, o movimento do Reino não se envolveria com eles e empenhar-se-ia pelo registro de candidatos livres. (RIZZINI, 2001, p. 55).

De nossa parte, percebemos em Herculano, sob forte influência de Stanley Jones,[40] a concordância com Marx quanto às críticas ao capitalismo[41] – considerando-as presentes também no cristianismo, porém não admitindo a dianteira da classe operária na luta política:

> os princípios mais revolucionários e vitais do Marxismo derivam do Cristianismo. O que encontramos em Marx, de condenável, é justamente aquilo que representa um conflito com as verdades cristãs. Tiremos ao Marxismo o seu materialismo filosófico, revide natural ao materialismo prático da sociedade capitalista, e tiremos-lhe o apego aos princípios da força e da violência, que os ideais cristãos ressaltarão imediatamente do seu corpo doutrinário. (PIRES, 1946, p. 27-28).

Herculano recusa a própria luta político-partidária, entendendo-a como fratricida, violenta, competitiva. Quer sim um movimento cristão universal para a instauração do Reino de Deus, através de uma tomada de consciência dos cristãos que passariam assim a resistir aos partidos políticos e seus candidatos que não correspondessem aos ideais cristãos, insistindo em candidaturas apartidárias.[42] Quanto à propriedade privada, os cristãos deveriam doar seus bens para instaurar a justiça

---

40   Stanley Jones foi uma expressiva liderança protestante, autor de *Cristo e o Comunismo*.

41   Por exemplo: "Como Tiago, não vacilemos em acusar os exploradores do braço alheio, e em condenar a prepotência e o luxo dos chamados senhores do mundo. Não podemos aceitar a defesa do impiedoso e brutal sistema econômico hoje vigente na terra. Ele é incompatível com os ensinamentos básicos do Cristianismo e representa a verdadeira negação do espírito de fraternidade" (PIRES, 1946, p. 39-40).

42   "Uma tarefa que nos competirá, em primeiro lugar, é a de trabalharmos pelo livre registro e apresentação de candidatos e chapas em todos os pleitos eleitorais, sem a obrigatoriedade da legenda partidária. Os candidatos avulsos e as chapas livres representam o melhor caminho para a consecução dos nossos objetivos imediatos. Sem compromissos partidários, poderão esses candidatos colocar-se em posição de trabalhar por objetivos mais puros e desembaraçados dos tremendos interesses de grupos. Quanto, porém, à escolha dos mesmos, pelos eleitores filiados ao nosso movimento, só a estes compete" (PIRES, 1946, p. 38).

social. Por outro lado, para Herculano os cristãos não devem orientar-se por doutrinas de esquerda ou de direita, envolvendo-se em competições políticas. Não devem, entretanto, imobilizarem-se, alheios às convulsões sociais do presente:[43]

> Urge, portanto, que os espíritas procurem compreender o momento presente, colocando-se à altura das tarefas históricas que lhes pesam sobre os ombros [...] sem qualquer espécie de messianismo sectário, prontos a colaborar com todos e aceitar a colaboração de todos. (PIRES, 1946, p. 33).

Afirma a existência de uma unidade no terreno político e social oferecida pela Doutrina Espírita (PIRES, 1946, p. 14). Prossegue reiterando, porém, que "o Reino de Deus não pode ter qualquer espécie de relação com o movimento político-partidário deste mundo a que ele não pertence", exortando que temos "de descobrir e aplicar uma forma de luta diferente da utilizada pelos homens escravizados aos prejuízos da sociedade de classes", no que se refere a Gandhi como aquele que melhor soube descobrir e aplicar "o método cristão, na luta pelos direitos humanos", com "seu sistema de luta passiva, de resistência perseverante, e de absoluta renúncia aos métodos brutais da violência" (PIRES, 1946, p. 34).

A tese foi editada ainda em 1946 por Antônio Batista Lino, o fundador da Editora Lake, com o título de *O Reino*. Vinte e um anos depois, em 1967, Herculano retomou a tese e reescreveu-a. Para Rizzini, é nesta última versão que Herculano "deu-lhe o verdadeiro enfoque doutrinário, ampliando-a". Explica o biógrafo de Herculano que ele "não estava satisfeito com o enfoque. O Reino de Deus não poderia ser estabelecido na Terra somente com a criação de um vasto movimento cristão e, sim,

---

[43] O diagnóstico com relação aos espíritas é que a "maioria dos espíritas, no Brasil e no mundo, encara como uma necessidade vital e inadiável a transformação da ordem-social monstruosa que domina a terra", compreendendo "o papel fundamental que lhes cabe, na construção de um novo mundo, para redenção dos cativos e salvação dos famintos que enchem os quatro cantos da terra". Não obstante, verifica "de parte de um grande número de espíritas dirigentes, um escrúpulo farisaico em face deste assunto. São muitos os que afirmam nada ter o Espiritismo com as questões políticas, embora assegurando, numa flagrante contradição, caber-lhe no mundo uma grande tarefa social". Assim, haveria, para Herculano, uma maioria de adeptos da Doutrina Espírita afeitos ao ativismo social, enquanto uma minoria de dirigentes optava por abster-se. Havia ainda, um terceiro grupo, que ao invés de "furtar-se ao problema político, [...] pensam em aproveitar a força doutrinária para organização de partidos que jamais conseguiriam abranger a crescente massa espírita, e outros ainda engrossam as fileiras de partidos a cujo programa e linha de ação não poderiam dar, jamais, uma adesão completa e leal" (PIRES, 1946, p. 13).

como ensinava a Doutrina Espírita, através do processo natural da evolução" (RIZZI-NI, 2001, p. 55-56). Já na perspectiva do MUE, "*O Reino* do Herculano, na primeira versão, e o Armando chega a escrever sobre isso, a primeira versão pra nós era muito mais satisfatória do que a segunda [...] já mais edulcorada, adocicada" (depoimento oral concedido por Adalberto Paranhos dia 29/8/2010).[44] Finalmente, para o próprio Herculano, tanto na tese de 1946, quanto

> no seu posterior desenvolvimento em forma de ficção literária – forma que me pareceu mais adequada à divulgação popular do assunto – minha posição é uma só: o Espiritismo é uma doutrina dialética por natureza, mas na linha cristã-evangélica e na linha hegeliana espiritualista. Não na linha marxista, que critiquei e critico, por considerá-la até mesmo antidialética. (Mundo Espírita, set. 1971, p. 6).

O que verificamos na nova versão de 1967 é que Herculano Pires, no livreto *O Reino*, faz a crítica à acumulação pessoal da riqueza, entendendo como legítima somente a riqueza impessoal, pertencente a todos os habitantes da Terra (PIRES, 1967, p. 48). Afirma a existência de uma comunidade messiânica fundada por Jesus, na qual não há propriedade privada (PIRES, 1967, p. 72-73). Apoia os fins almejados por Marx: "Queria o Reino, a igualdade dos homens, a sociedade sem classes, sem governos, sem opressões, sem propriedades egoístas, sem riquezas famigeradas. Queria restabelecer o valor do trabalho contra o falso, o mentiroso e ímpio valor da moeda" (PIRES, 1967, p. 103-104). Condenava-lhe, entretanto os métodos, baseados na luta de classes e na violência revolucionária:

> Mas o seu caminho ainda não era um caminho. Era um atalho. Um áspero atalho, cortando violentas rampas na montanha, exigindo sacrifícios enormes, lutas sem tréguas, convulsões sociais espantosas, assassinatos em massa, masmorras e algemas, tiranias e fuzilamentos. (PIRES, 1967, p. 104).

Quanto aos meios para se atingir "o Reino" pode-se dizer, em síntese, que Herculano aposta na reforma íntima que resulta num comportamento diferenciado ante as injustiças do mundo, não compactuando com a exploração econômica, identificada na extração da mais-valia. Entretanto, recusa aos espíritas a participação nas lutas políticas, seja participando de partidos políticos ou de movimentos sociais de esquerda. O papel dos espíritas é o da educação e o do exemplo. Com relação ao *O Reino* de 1946,

---

[44] Ao final desse livro, na Bibliografia, o leitor pode encontrar um pequeno resumo biográfico de todos os depoentes dessa pesquisa.

a ação social espírita/cristã aparenta ser mais restrita, já que antes Herculano sugeria a criação de um movimento cristão universal e na versão de 1967 limitou-se a indicar a ação pela educação e pelo exemplo. Seria esta apenas uma forma prudente de recolocar sua tese em tempos de ditadura?[45] Talvez, mas o certo é que a carga polêmica do seu texto foi muito menor ao aparentar seguir uma orientação mais teórica do que prática, isto é, com menos formulações acerca de como, passo a passo, construir "o Reino".

Na leitura do MUE,

> o que pra nós era patente, o que é passível de constatação, o fato de que o Herculano, sob vários aspectos, retroagiu politicamente, regrediu politicamente, diante da obra anterior. Independentemente das suas motivações, das justificativas pessoais. Se não me engano ele disse que pretendia escrever um livro, a segunda versão, mais de caráter alegórico, o propósito seria outro, daí ele declarar alto e bom som que mantinha a mesma convicção, não teria a rigor nada a alterar em relação à edição inicial; só que alterou muita coisa. (Depoimento oral concedido por Adalberto Paranhos dia 29/8/2010).

Cabe ainda uma reflexão. Parece-nos evidente que Herculano Pires via no Evangelho uma doutrina superior a todas as circunstâncias particulares da política. Este entendimento é bastante expressivo numa reflexão metafórica que Herculano faz acerca do processo evolutivo na Terra:

> O grande ciclo envolvente, que tudo abrange, representa o Cristianismo. Ele está além e acima do Comunismo, do Fascismo e da Democracia, e vai além da sociedade corporativa, além do socialismo, além das utopias de Platão e Tomaz Moore, além de todas as inconsistentes aspirações humanas do mundo de hoje. Ele é a volta ao Éden, ao Paraíso Perdido, à harmonia entre o Criador e a Criatura. (PIRES, 1946, p. 30).

---

45 Adalberto Paranhos reflete sobre essa possibilidade de interpretação, destacando a diferença dos contextos políticos da primeira e da segunda versão d'*O Reino*: "46 estávamos vivendo um momento de, dez aspas de cada lado, de redemocratização. (Digo dez aspas de cada lado porque falar em Governo Dutra como governo democrático – isso é uma das críticas que eu faço a muitos cientistas políticos –, um governo brutalmente repressor em relação à classe trabalhadora e que decretou inúmeras intervenções sindicais etc. e tal, mas enfim, isso vai se revelar mais de 47 em diante). 46 ainda havia muitas esperanças de mudança no ar, um período de transição do Estado Novo para um estado supostamente democrático, e é nesse contexto que emerge o livro do Herculano. Já a releitura que ele faz de 67 nos parece empobrecedora em relação[…] [à primeira]" (depoimento oral concedido dia 29/8/2010).

Assim, esquerda e direita não poderiam jamais representar a verdade. A separação entre religião e política, entre sagrado e profano, parece informar-lhe o pensamento, ainda que não o explicite nestes termos.

Jacob Holzmann Netto, em *Espiritismo e Marxismo*, faz uma crítica total ao capitalismo e defende o socialismo cristão. Aos espíritas cabe a formulação de uma sociologia espírita, discutindo-se os problemas sociais, políticos, econômicos e espirituais da humanidade. O resultado prático do ideário socialista no movimento espírita é a ênfase numa promoção social dos pobres, sem aviltar-lhes com assistencialismo (NETTO, 1970).

Humberto Mariotti também é bastante incisivo em sua crítica ao capitalismo, centrada na ideia de que a propriedade privada não tem guarida na filosofia espírita, já que aquela é fruto do desejo de posse que por sua vez sustenta-se na moral materialista. Defende uma revolução integral, simultaneamente espiritual e social, na qual todos os Espíritos conscientes da injustiça do capitalismo devem se engajar. Rejeita, contudo, a atuação na política, do modo como ela funciona atualmente, por ser

> somente um meio para atingir o poder e dispor dos bens econômicos em favor de um agrupamento ou de uma classe social. Ao contrário, o socialismo, idealista e revolucionário, não encara a realidade social desse modo, nem entra nas lutas sociais com finalidades tão baixas. (MARIOTTI, 1967, p. 144).

A própria política, por outro lado, deve ser transformada para um sentido elevado (MARIOTTI, 1967, p. 144) em que a democracia desponta efetivamente com o socialismo (MARIOTTI, 1967, p. 135).

Cosme Mariño, o primeiro presidente da Confederação Espírita Argentina, considerado o "Allan Kardec argentino", é outra destacada liderança espírita que defendeu o socialismo. Conforme Dom Natálio Ceccarini, Mariño

> Foi estudioso profundo dos problemas da alma e dos problemas humanos, que nele revelaram o sociólogo sagaz, precursor em seu tempo de ideias novas para edificação de uma sociedade melhor, cristão sincero e consequente com os ensinamentos do Evangelho de Cristo à luz do Espiritismo capaz de materializá-los na Terra, campo de experiência e expiação. Via no Socialismo unido ao Cristianismo a nova ideologia que terminaria com todas as injustiças e restabeleceria no planeta a Cidade de Deus, fundada sobre a fraternidade e a compreensão de todos os homens. (*Revista Internacional de Espiritismo*, mar. 1967, p. 43).

Mariño dissera: "El socialismo es como ya hemos dicho, um capítulo del espiritismo. El socialismo arranca para nosotros los occidentales de la doctrina predicada por Jesús; es aquí donde se halla la razón fundamental del socialismo" (MARIÑO, 1960, p. 34).[46] Vislumbra ainda, no horizonte futuro, o comunismo como resultado do desenvolvimento do socialismo:

> [...] el cristianismo va mucho más lejos aún que el socialismo: tiende invariablemente hacia el comunismo que es la sanción de la igualdad entre los hombres, y si por ahora el comunismo permanece aún como una utopia irrealizable, es porque hay que dar tiempo a la evolución moral que se sigue operando en la conciencia humana; hay primero que llegar al socialismo y cuando este sistema social esté definitivamente arraigado en los pueblos, entonces aparecerá el comunismo y se constituirá como el fin último y la consagración de la gran doctrina cristiana, que nos ha servido a los occidentales de punto de partida de esta gran evolución. (MARIÑO, 1960, p. 55).[47]

Manuel S. Porteiro, nascido em 1881, foi outro pensador espírita argentino de grande porte intelectual que refletiu agudamente sobre as questões sociais. Fora, ao que parece, o mais radicalizado na sua análise social, na sua crítica ao capitalismo, aceitando muitas das teses fundamentais de Karl Marx. A teoria da luta de classes, por exemplo, rechaçada pela maioria dos espíritas, é aceita por Porteiro:

> Assim, por exemplo, nossa sociedade está constituída por duas classes antagônicas, que polarizam as classes intermediárias, na medida em que se intensifica a crise do sistema: capitalistas e proletários lutam, os primeiros por conservar seus privilégios a expensas dos segundos; estes por emancipar-se dos primeiros. Como a lei de evolução é a lei de progresso e como o capitalismo, em virtude de seu grande desenvolvimento, – que já chega ao máximo – vai acumulando os elementos

---

[46] "O socialismo é, como já temos dito, um capítulo do espiritismo. O socialismo arranca, para nós ocidentais, da doutrina predicada por Jesus; é aqui onde se encontra a razão fundamental do socialismo" (MARIÑO, 1960, p. 34; livre tradução nossa).

[47] "[...] o cristianismo vai ainda muito mais longe que o socialismo: tende invariavelmente ao comunismo que é a sansão da igualdade entre os homens, e, se por ora o comunismo permanece ainda como uma utopia irrealizável, é porque é preciso dar tempo à evolução moral que se segue operando na consciência humana; é preciso primeiro chegar-se ao socialismo e, quando este sistema social estiver definitivamente arraigado nos povos, então aparecerá o comunismo e se constituirá como o fim último e a consagração da grande doutrina cristã, que nos tem servido aos ocidentais de ponto de partida desta grande evolução" (MARIÑO, 1960, p. 55; livre tradução nossa).

materiais e morais de sua própria destruição, triunfará inevitavelmente o proletariado. (PORTEIRO, 2002, p. 105).

Para ele, tal como para Marx, a vitória efetiva do proletariado significaria o fim das classes:

> Mas este triunfo não consistirá na sobrevivência e predomínio de uma classe sobre a outra, e sim no desaparecimento das classes, porque ao desaparecer o capitalismo, desaparece também o proletariado, e o regime resultante, o socialismo, não é um regime proletário, mas uma sociedade de produtores e de homens política e economicamente iguais. (PORTEIRO, 2002, p. 105).

Manuel S. Porteiro, diferentemente de Léon Denis, não é um socialista evolucionário, mas sim um socialista revolucionário. Assim, indigna-se sobretudo com o conformismo dos que obedecem "mais a uma convenção ideológica, a uma situação acomodatícia e ao grito de reação dos que se afogam no caos da sociedade que fenece, presos aos privilégios e interesses materiais" (PORTEIRO, 2002, p. 109).

Por guardar enorme semelhança com as críticas do MUE aos "espíritas misoneístas", vale a pena apresentar extensivamente as críticas diretas do pensador argentino aos espiritualistas reencarnacionistas "não-dialéticos" que simplesmente ignoram as determinações sociais, econômicas, em suma, históricas:

> Eis por que se desinteressam dos problemas sociais, julgam as situações individuais como puramente derivadas da causalidade espírita (*karma*), sem qualquer dependência com o regime social, e pretendem, arbitrariamente, a elevação moral do espírito, sem ter em conta as condições econômicas e sociais em que este se desenvolve e olham o fator econômico como coisa desprezível, indigna de ser considerada entre as coisas do espírito, como se não guardasse qualquer relação com seu desenvolvimento.
>
> Os que sustentam esse falso conceito da lei de causalidade espírita afirmam, fundando-se em meras hipóteses, que a situação econômica e social dos indivíduos está predeterminada por outras da mesma natureza, mas realizadas inversamente, isto é, que as situações econômicas e sociais vantajosas (bem ou mal adquiridas nesta vida) são a compensação de realidades inferiores vividas em existências anteriores, e que as situações econômicas e sociais inferiores da existência atual são conseqüência de outras situações vantajosas, mal empregadas em existências anteriores. Daí que este mundo seja para uns lugar de expiação e, para outros, lugar de prova, a que Deus os submete, confiando-lhe a riqueza e a posição vantajosa para

que façam bom uso delas junto a seus semelhantes. Eis por que, também, a desigualdade econômica e social, a existência da sociedade à base de crimes e de exploração, de classes exploradas e exploradoras, de déspotas e poderosos, de miseráveis e famintos é, em tal conceito, a condição necessária para o progresso do espírito e, por dedução, todo esforço no sentido de eliminar esse regime é contrário às leis divinas e, em particular, à lei de causalidade espírita.

Tudo isto, à parte do conjetural e do absurdo nas conclusões, cheira mais a igreja do que a Espiritismo; a religião do que a filosofia científica.

Esse deus familiar e confidencial dos ricos, que os fez depositários e administradores da riqueza social, nada tem a ver com o Deus-espírito, inteligência e natureza que o Espiritismo admite e que jamais fez concessões privadas e fora de ordem natural a nenhuma de suas criaturas. Cada um se apropriou da riqueza como pôde e soube, mas sempre às expensas ou em detrimento dos demais. (PORTEIRO, 2002, p. 151-152; itálico no original)

Na Argentina, pudemos encontrar a defesa de um comunismo cristão em um editorial da revista espírita *La Fraternidad*, intitulado *El Evangelio y la Justicia Social*:

Para el pensamiento espírita la revolución de los nevos tiempos sólo se podrá dar si los espíritus se "aman los unos a los otros" poniendo todos los bienes, tanto económicos como intelectuales, al servicio de la comunidad. La ley del Evangelio es la única que podrá gestar la "ley del bien común", pues donde no se ame ni se mire al semejante como hermano jamás podrá darse un sistema de vida donde la justicia resulte realmente tal. (La Fraternidad, abr. 1965, p. 1).[48]

Neste editorial, cita-se uma das grandes personalidades do Espiritismo brasileiro: Cairbair Schutel. Cairbair defende também o comunismo cristão:

Y según el lenguaje de nuestro tiempo y siendo sinceros, los dos grandes Revolucionarios Cristianos (se refiere a Jesús y a Juan el Bautista) eran francamente comunistas. Nadie habrá que leyendo los Evangelios y todo el Nuevo Testamento, nos podrá rebatir en esta afirmación. Naturalmente que no se trata de un comunismo materialista que termina degenerando en anarquismo, pero

---

[48] "Para o pensamento espírita a revolução somente poderá se dar se os espíritos "se amarem uns aos outros" pondo todos os bens, tanto econômicos como intelectuais, ao serviço da comunidade. A lei do Evangelho é a única que poderá gestar a "lei do bem comum", pois onde não se ama nem se olha o semelhante como irmão jamais poderá dar-se um sistema de vida onde a justiça possa realmente ser chamada como tal" (La Fraternidad, abr. 1965, p. 1; livre tradução nossa).

sí podríamos intitularlo Comunismo Cristiano con las insignias de Libertad, Igualdad y Fraternidad. Estas tres palabras, bajo la paternidad de Dios, representan la Divina trilogia. (La Fraternidad, abr. 1965, p. 2).[49]

Pedro de Camargo, conhecido pelo pseudônimo Vinicius, é outra referência importante entre os espíritas que insiste no comunismo e no socialismo cristãos. No seu livro *Nas pegadas do Mestre*, composto por várias reflexões curtas em torno de temáticas diversas, destina três capítulos diretamente ao tema do socialismo e do comunismo: *Democracia cristã*, *Socialismo cristão* e *Comunismo cristão*. Em "Democracia cristã", Vinicius argumenta que esta,

> pugnando pela igualdade social, não quer que os grandes se tornem pequenos, mas sim que os pequenos se tornem grandes; [...] não quer que os sábios se tornem inscientes, mas que os inscientes se tornem sábios; não quer que os poderosos se tornem párias, mas sim que os párias se tornem poderosos; não quer que os riscos se tornem pobres, mas sim que os pobres se tornem ricos. (VINICIUS, 1944, p. 225).

A democracia cristã nivela as classes sem rebaixar "os que estão no alto; eleva os que estão em baixo" (VINICIUS, 1944, p. 225). Já que na "Terra há pão para todas as bocas, fato para cobrir toda a nudez, e riqueza suficiente para enricar todos os homens, ainda que sua população fosse muitas vezes maior do que na realidade é", então é "um erro crasso supor-se que para haver ricos é preciso que haja pobres", "todos podem ser ricos, sábios e grandes" (VINICIUS, 1944, p. 225-226).

Já no texto *Socialismo cristão*, Vinicius defende a equivalência do valor de todos os trabalhos, não vendo por que remunerar mais o trabalho intelectual do que o manual:

> O que de fato representa valor real são as nossas energias quando em plena atividade. É dessas energias que surgem as cidades, as metrópoles com todas as suas expressões de progresso. Ora, energias tanto se desprendem do cérebro como dos músculos. [...] O operário e o jornaleiro que despendam o máximo de seu esforço no

---

[49] "E segundo a linguagem do nosso tempo e sendo sinceros, os dois grandes Revolucionários Cristãos (se refere a Jesus e a João Batista) eram francamente comunistas. Não haverá ninguém que, lendo os Evangelhos e todo o Novo Testamento, nos poderá rebater nesta afirmação. Naturalmente que não se trata de um comunismo materialista que termina degenerado em anarquismo, porém poderíamos sim intitulá-lo de Comunismo Cristão com as insignias de Liberdade, Igualdade e Fraternidade. Estas três palavras, sob a paternidade de Deus, representam a Divina trilogia" (La Fraternidad, abr. 1965, p. 2; livre tradução nossa).

desempenho dos seus modestos labores, devem perceber uma remuneração mais ou menos equivalente àquela que percebem os intelectuais. (VINICIUS, 1944, p. 158-159).

Assim, Vinicius indigna-se ante a má remuneração do operário:

> O operário ganha sempre pouco, e isso mesmo quando se desempenha cabalmente do mister a que se dedica. Onde a justiça? Não são todos necessários – operários e intelectuais? Não empregam ambas as classes o mesmo processo no trabalho – despesas de energia? Que importa que uns exercitem os músculos e outros o cérebro? (VINICIUS, 1944, p. 159).

Vinicius raciocina em termos de harmonização do capital e do trabalho: "Capital e trabalho, cérebro e músculos, que até aqui viveram em constantes atritos, tudo têm a lucrar fazendo as pazes" (VINICIUS, 1944, p. 160).

Finalmente, em *Comunismo cristão*, Vinicius esposa o princípio de que a "terra não é propriedade de ninguém: é patrimônio comum da Humanidade." (VINICIUS, 1944, p. 300) Assim, o "pseudo-direito de posse invocado pelos homens com relação à terra e a todos os bens temporais que dela dimanam, é uma utopia. Somos usufrutuários e não proprietários" (VINICIUS, 1944, p. 300). Todo o acúmulo para além das "necessidades reais de nosso corpo", toda a riqueza na forma de posse pessoal, é portanto ilegítima, é uma apropriação indébita (VINICIUS, 1944, p. 301). É dito ainda que do "monopólio da terra e de seus bens originam-se a fome, a miséria e a anarquia, que flagelam as nações" (VINICIUS, 1944, p. 301). Merece destaque o parágrafo final de seu texto, no qual objetiva se apartar dos socialismos e comunismos não cristãos, que seriam "doutrinas subversivas e perigosas" que alguns têm "procurado implantar pela violência":

> Infelizmente, o termo – comunismo – assusta os espíritos timoratos e conservadores, porque, em geral, o tomam como sinônimo de anarquia ou coisa que se lhe assemelhe. É verdade que certos indivíduos insensatos, senão tarados, têm procurado implantar pela violência doutrinas subversivas e perigosas, às quais indevidamente denominam de comunismo, socialismo etc. Tais doutrinas, porém, nenhuma relação têm com o comunismo cristão. Este jamais se implantará à força; ele só vingará como efeito dum grande surto de progresso intelectual e de aperfeiçoamento moral da Humanidade. Por outra via, é escusado esperá-lo. A felicidade, na Terra como no Céu, há de ser a consequência lógica e positiva duma causa: a educação de nosso espírito, determinando uma razão esclarecida, uma vontade firme e um coração puro. (VINICIUS, 1944, p. 301-302).

Mais uma vez a via educacional, gradualista, para o socialismo e o comunismo é posta em oposição à via da violência, da imposição. Descontado o fato de que o estilo da obra de Vinicius (composta de textos curtos com ensinamentos morais baseados no Evangelho) não comporta um longo e aprofundado desenvolvimento teórico de cada matéria, fica patente também a ausência de proposições mais específicas, mais programáticas e mais técnicas com relação à construção do socialismo ou do comunismo. O que é uma característica predominante nos textos socialistas produzidos por espíritas e para espíritas, justificada em parte pela própria falta de avanço no debate. Quer dizer, se não há sequer um mínimo consenso entre os espíritas, um acordo básico pelo menos no entendimento da injustiça do capitalismo e da justiça relativa do socialismo, então parece mesmo inviável prosseguir aprofundando pontos *no interior* do debate socialista.

Por fim destacamos o advogado e político baiano Eusínio Lavigne que, na obra *Os espíritas e as questões sociais*, escrita com Sousa do Prado, insiste em que o marxismo é científico[50] e, como tal, deve ser aceito pelo Espiritismo. A divergência filosófica do materialismo e do espiritualismo não impede uma convergência prática da moral marxista e da moral espírita (LAVIGNE E PRADO, 1955, p. 39). Eusínio Lavigne, concordando com Sousa do Prado, defende a tese de que o espírita deve ser comunista, até mais do que o marxista:

> o espírita, instruído da finalidade do comunismo, deve ser mais comunista do que o próprio marxista, sob pena de, por si ou seus descendentes, sofrer, como até hoje temos sofrido, as consequências do atraso social, a que permanecerá preso, se não se despertar da apatia e do medo. (LAVIGNE E PRADO, 1955, p. 50).

O problema da política no Espiritismo também é abordado por Eusínio:

> Tão pouco seria inconsequente o argumento do *apoliticismo* do espiritismo, para daí se concluir contra as discussões sobre sociologia política. A "política" condenada pelo ensino doutrinário, é a política partidária, de bandos e grupos, em que não há ideologia, mas a preocupação de interesses egoísticos. (LAVIGNE E PRADO, 1955, p. 101).

Aliás, um dos problemas que impedem o espírita de apreciar adequadamente o marxismo, é a sua ignorância política, mantida através de uma educação *apolítica*: "A educação *apolítica* é um erro do atual ensino espírita no Brasil. Os espíritas apolíticos,

---

[50] Lavigne afirma que "o marxismo é a metodologia científica aplicada à solução dos problemas econômicos, com resultados formidáveis nos outros vários setores da vida de relação" (LAVIGNE E PRADO, 1955, p. 25).

entretanto, escrevem, a torto e a direito, sobre política" (LAVIGNE e PRADO, 1955, p. 101). E, para Eusínio Lavigne, escrevem mal sobre o assunto, com imensa futilidade: "Por que toda essa futilidade? Porque se prega uma educação apolítica, tão contrária à realidade, que eles mesmos, os espíritas apolíticos, se veem obrigados a escrever sobre política, sem conhecimento, entretanto, do assunto" (LAVIGNE e PRADO, 1955, p. 102).

Parece-nos suficiente a apresentação sucinta que fizemos aqui para justificar a existência de uma tradição intelectual espírita de viés socialista. Esta tradição, ainda que muito marcada por uma falta de densidade política (com proposições práticas, estratégicas, para a transformação social) e certo conformismo gradualista, foi, como veremos, significativamente importante para subsidiar o aparecimento do Movimento Universitário Espírita. Por outro lado, teremos ocasião de ver também que essa mesma tradição intelectual espírita de viés socialista foi um obstáculo para o MUE, por não acompanhar-lhe na sua radicalidade.

Os anos 1960 e 1970: contexto político-cultural nacional e internacional

Nos primeiros anos da década de 1960 a sociedade brasileira experimentava generalizadamente uma forte efervescência política, que atingia não somente o Brasil, mas também a América Latina – com características muito semelhantes – e o mundo, com as lutas de descolonização e as tensões da "Guerra Fria", muitas vezes resultando em guerras sangrentas, como a do Vietnã. A discussão em torno de modelos de organização social, notadamente os socialismos marxistas e o capitalismo, atingia cada vez mais indivíduos, instituições e governos.

No caso da juventude universitária brasileira, a candência das questões sociais, da luta política, e a forte penetração de teorias marxistas, explicitou-se com a guinada da União Nacional dos Estudantes (UNE) para uma atuação mais voltada para os problemas gerais da sociedade. Assim, vivendo o mesmo contexto, os jovens religiosos que sofreram mais fortemente a influência desta ebulição social sentiram a necessidade de atuar em seu nicho sócio-cultural em favor da promoção de uma doutrina social interventora vinculada às suas denominações religiosas.

A Juventude Universitária Católica (JUC) foi o mais expressivo movimento religioso de juventudes universitárias no campo de ação política.

> Criada como uma organização da Ação Católica Brasileira, movimento leigo de caráter conservador, a JUC passou no final dos anos 50 por um processo de

radicalização que a aproximou das forças de esquerda presentes na sociedade desse período – entre as quais a mais influente era o PCB. (SOARES, 2000, p. 29).

Foi a juventude católica, inclusive, que deteve a liderança da UNE em franca disputa – e também coalizão – com a juventude comunista (SOUZA, 1984). Alguns jovens universitários espíritas também comungaram deste "espírito de luta" que contagiou a geração de 1960. O nascimento do MUE, em grande parte, explica-se por esse contexto nacional e internacional. Assim, compartilhamos da avaliação de um dos líderes do MUE, Adalberto Paranhos:[51]

> Não é a toa que isso eclode aí pelo final dos 60, início dos 70. Veja, nem de longe eu estou querendo dizer que o que se passa no movimento espírita, é o caso do MUE, o coloca na condição de um simples reflexo de uma história cujo leito principal estaria fora do próprio MUE. Não, nós somos protagonistas, ainda que modestos, menores, mas protagonistas políticos de uma época, se quiser usar essa categoria do Williams, em que havia essa estrutura de sentimentos no interior da esquerda, uma série de valores compartilhados em relação à tentativa de antecipar o futuro. Então eu acho que o momento tem a ver com isso. (Depoimento oral concedido dia 29/8/2010).

Edson Silva Coelho, que participara do MUE de São Paulo, também converge no destaque ao contexto e à importância do movimento jovem no interior do movimento espírita brasileiro, conivente e até mesmo aderente ao regime militar. Assim, caracteriza o MUE:

---

[51] Esta percepção do contexto como tendo importância fundamental na eclosão do MUE é frequente nas entrevistas com os ex-integrantes do MUE. Para citar um exemplo, vejamos o depoimento de Edson Silva Coelho: "Como tudo na vida, o MUE foi produto de seu momento histórico. No início dos 60, foi a expressão, no movimento espírita, da inquietação intelectual que tomou conta de boa parte da juventude brasileira, profundamente impactada pela revolução cubana e pelo sonho da iminência de uma revolução social no Brasil. O mesmo processo que produziu os Centros Populares de Cultura (CPCs) da UNE ou a Juventude Universitária Católica (JUC). Vivia-se então no país uma etapa de forte ebulição social, comparável à que se seguiu ao fim da ditadura de Vargas em 1945 e que, na época, deu origem a uma forte reação ao religiosismo da Federação Espírita Brasileira (FEB), expressada, principalmente, pelo escritor e advogado baiano Eusínio Lavigne, que, além de espírita, era comunista militante e secretário-geral do PCB da Bahia".
"Da mesma forma, a retomada de 1968, com as características que teve, refletiu a contestação da vanguarda da juventude do país ao regime militar instalado em 1964 e, em termos mundiais, à rebelião juvenil contra os cânones da ordem estabelecida, que teve suas máximas expressões no Maio francês, no levante e subsequente massacre de Tlatelolco, no México, em outubro de 1968, ou nas marchas da juventude estadunidense contra a Guerra do Vietnã" (depoimento recebido por e-mail dia 19/10/2011).

Como uma lufada de vento renovador, pleno de oxigênio, em uma atmosfera marcada pela asfixia política do regime militar e pela omissão ou mesmo adesão de grande parte do movimento espírita oficial à ditadura. Os MUES, cujas origens remontam ao início dos anos 60, eram, ao final desta década, a expressão mais acabada, no movimento espírita brasileiro, da inconformidade e insurgência da juventude engajada frente às injustiças sociais, à falta de liberdade, à opressão, à perseguição aos que ousavam discordar e contestar, à violação dos direitos humanos[...] Neste sentido, os MUES foram produtos de sua época e seu grande momento de inflexão não poderia ter sido outro que não 1968. (Depoimento recebido por e-mail dia 19/10/2011).

Além disso, como vimos anteriormente, já havia uma tradição intelectual espírita de viés socialista, o que abriu horizontes para os jovens universitários que buscavam aproximações entre Doutrina Espírita e socialismo. O paralelo com a JUC não pode deixar de ser notado: enquanto os universitários espíritas tiveram a possibilidade de haurir daquilo que fora produzido em termos de "socialismo espírita" (politicamente tímido), os universitários católicos inspiraram-se nas teorias do socialismo humanista da esquerda católica francesa, radicalizando-as com elementos da análise marxista e com a exigência de revolução.

Diferentemente, porém, da atuação da JUC, o MUE, numa escala de atuação muito menor, ficara circunscrito ao âmbito do movimento espírita.[52] Seus principais objetivos programáticos eram a derrubada do autoritarismo e do dogmatismo no interior do movimento espírita e a promoção de um socialismo cristão. Para tanto, buscava-se uma mudança cultural, insistindo na necessidade de disseminação do espírito crítico (associado ao "espírito universitário"), e também política, propondo modelos organizacionais alternativos àqueles vigentes no movimento espírita.

Apesar dessa pauta restrita, facilmente identificada no material escrito produzido pelo MUE, diversas lideranças espíritas se opuseram ao movimento alegando que este tinha pretensões político-partidárias ou então que a sua ação poderia desencadear uma repressão do governo às instituições espíritas. Entretanto, analisando o discurso de oposição ao MUE, verificamos que esta acusação faz parte de um conjunto maior de noções e conceitos que tecem um *imaginário antipolítica*. O grande conflito gerado – e o que mais nos interessa neste trabalho – com o aparecimento do MUE foi o da oposição entre "religião" e "política". Estes dois conceitos, conforme analisaremos, foram tradicionalmente entendidos pelos espíritas como representantes

---

52   Ainda que tenha arriscado, timidamente, uma ação pró-espiritismo na PUC-Campinas, com o pequeno jornal *Presença*.

de "universos paralelos", que não deveriam jamais se misturar. Assim, a oposição ao MUE se deu nos termos de uma *defesa da religião frente à invasão da política*.

Para a devida compreensão da história do MUE, é relevante notarmos as diferenças e semelhanças da dinâmica de transformações ocorridas no Espiritismo institucionalizado no Brasil e na Igreja Católica brasileira. Enquanto a Igreja, na Europa e especialmente na América Latina e no Brasil, acompanhou com grande intensidade as polarizações políticas em torno do capitalismo e do socialismo, o Espiritismo institucionalizado parece ter se esforçado por passar "imune" a onda de radicalizações, revoluções e conflitos políticos que abalavam as estruturas sociais, econômicas e culturais.

No Brasil, em 1961, os setores conservadores da hierarquia católica reagiram à "ênfase na radicalização do papel político do cristão" (SOARES, 2000, p. 30) posta em prática pela JUC, emitindo um documento episcopal proibindo-a

> de fazer pronunciamentos radicais e de assumir compromissos políticos "indesejáveis". Respondendo às declarações da JUC sobre o socialismo, o documento afirmava que "cristãos não podem considerar o socialismo como uma solução para os problemas políticos e sócio-econômicos, muito menos como *a* solução. Ao discutir a revolução brasileira, a JUC não pode considerar como válida e aceitável uma doutrina que defende a violência". (MAINWARING, 1989, p. 85).

Por outro lado, já em 1968 é realizada a segunda Conferência Episcopal latino-americana, em Medelín, na qual se denuncia a "violência institucionalizada" que pesa sobre o povo latino-americano, isto é, a situação vigente de injustiça econômica, cultural e política, e propõe-se a "preferência e solidariedade" com os pobres (SOARES, 2000, p. 36-37). A Igreja brasileira acolheu bem a proposição de aproximação com os pobres, criando o Conselho Indigenista Missionário em 1972, a Comissão Pastoral da Terra em 1975 e ampliando as Comunidades Eclesiais de Base, além de assumir gradativamente, como instituição, uma postura oficial de oposição ao regime militar, através de documentos como *Marginalização de um Povo* (emitido pelos bispos do Centro-Oeste em 1973) e *Eu ouvi os clamores do meu povo* (emitido pelos bispos do Nordeste em 1973).

Já no interior do movimento espírita brasileiro, o MUE surge como uma tentativa de renovação pelo envolvimento político com um discurso em favor do socialismo cristão, sendo rapidamente rejeitado pela hierarquia institucional espírita. No Espiritismo brasileiro, a ordem do dia é distância dos conflitos políticos, silêncio quanto à ditadura militar e preservação da "pureza doutrinária". Assim, todo cuidado era pouco para defender-se de infiltrações do "mundo exterior" nas instituições e na tradição espírita. Era o oposto da atitude católica de "abrir-se ao mundo", sob a orientação do Concilio Vaticano II.[53]

A tendência progressista dos pontificados de João XXIII e de Paulo VI, entretanto, sofre refluxo com a eleição de João Paulo II em 1978. "O novo pontífice, oriundo de um país socialista (Polônia), tornou-se ao longo de seu pontificado um forte aliado dos países capitalistas no combate ao socialismo" (SOARES, 2000, p. 116),[54] opondo-se à Teologia da Libertação desenvolvida formalmente desde 1971 com Gutierrez e no Brasil com os irmãos Leonardo Boff e Clodovis Boff. Esta reação negativa da alta hierarquia católica à Teologia da Libertação é rica em semelhanças com a recepção dos principais dirigentes do movimento espírita brasileiro ao MUE.[55] Senão vejamos:

[53] É muito interessante notar que, se a Igreja Católica brasileira e latino-americana chegou a pender para a esquerda e o Espiritismo brasileiro quis manter-se "neutro", silenciando frente à Ditadura Militar, houve ramos protestantes, como os presbiterianos e os batistas, que foram fortes apoiadores declarados da "Revolução" de 1964 e de todo o regime ditatorial subsequente, em nome da defesa do cristianismo ante a "ameaça diabólica comunista". Paulo Julião da Silva, em seu estudo sobre os protestantes e o anticomunismo em Pernambuco, afirma que "Participando ativamente de movimentos de apoio aos *guardiões da nação* como as *Marchas da Família com Deus e Pela Liberdade*, os presbiterianos viam com louvor e como providência divina as mudanças políticas porque estavam passando o Brasil, realizando inclusive cultos de ações de graças, pelo que tinha acontecido. Com o decorrer do regime (que se estendeu até 1985) passaram a integrar a ARENA (partido que deu sustentação aos governos militares) e foram indicados para cargos na política estadual, como Eraldo Gueiros Leite, evangélico presbiteriano que governou Pernambuco de 1971 a 1975" (SILVA, 2011, p. 115; grifos do autor). Comparar todas estas posturas de diferentes grupos religiosos em relação à Ditadura Militar seria de enorme valor para a história das religiões e para a história social, política e cultural brasileira. Esperamos, com nossa pesquisa, dar alguma contribuição nesse sentido, embora não tenhamos condições de avaliar adequadamente a diversidade de posicionamentos dos religiosos de um modo conjunto.

[54] Veja-se, por exemplo, a encíclica *Centesimus Annus*, assinada por João Paulo II, na qual afirma: "[...] se por 'capitalismo' se indica um sistema econômico que reconhece o papel fundamental e positivo da empresa, do mercado, da propriedade privada e da conseqüente responsabilidade pelos meios de produção, da livre criatividade humana no setor da economia, a resposta é certamente positiva, embora talvez fosse mais apropriado falar de 'economia de empresa', ou de 'economia de mercado', ou simplesmente de 'economia livre'. (CA: 79)" (RAMALHO, 2011, p. 202).

[55] Novamente seria interessante fazer um estudo comparativo levando em consideração também os protestantes, já que houve uma fortíssima repressão aos "crentes subversivos", que incluíam todos aqueles que não se mostrassem satisfeitos com a Ditadura Militar. Para ilustrar, citamos mais uma vez o trabalho de Paulo Julião da Silva: "No dia 1º de abril de 1964, presbiterianos fundamentalistas espalharam panfletos pelas ruas do Recife, divulgando que o

[...] a Sagrada Congregação conferiu à Teologia da Libertação uma radicalidade que ela de fato não tinha, nem no que se refere ao uso da violência revolucionária, pelo menos como uma prática cristã, nem ao uso do marxismo como uma visão totalizante do mundo. [...] A Sagrada Congregação repôs os vários aspectos da concepção tradicional católica do homem e da sociedade que os teólogos [da libertação] pretendiam reformar: o caráter universalizante da fé católica, como uma verdade que paira acima da sociedade terrena e dos condicionamentos históricos; a autoridade da Igreja hierárquica em detrimento de uma Igreja do Povo; o princípio da obediência doutrinária; o individualismo católico, o homem é concebido individualmente em sua relação com o divino; o pobre, entendido como pobre de coração; o maniqueísmo católico, as diferenças na sociedade explicam-se pela oposição entre o bem e o mal. (SOARES, 2000, p. 122).[56]

O MUE também fora acusado de substituir postulados espíritas por postulados marxistas, de assumir a luta de classes e a violência revolucionária. Contudo, no discurso do MUE, notadamente n'*A Fagulha*, a não-violência e a recusa ao materialismo são claramente delineadas, embora incorporando o aspecto material da evolução dialética da história com o fenômeno da luta de classes. O MUE

Seminário Presbiteriano do Norte funcionava como um foco de alunos e professores esquerdistas, sendo um dos professores, João Dias de Araújo, acusado de ensinar *teologia marxista*, e por isso preso pelas autoridades militares".
"Como justificativa desta atitude, os fundamentalistas declaravam que os evangélicos deveriam se livrar das 'ervas daninhas' expurgando possíveis subversivos do meio protestante. O seminário teria se tornado uma escola vigiada pelos fundamentalistas e pelos militares. A partir de então, todo cristão deveria ter a satisfação de denunciar pastores ou membros de igrejas que se opunham ao regime *estabelecido por Deus*. Os verdadeiros *crentes* não deveriam participar de nenhuma teologia que lhes tirassem do foco espiritual, e de forma alguma tolerar aqueles que coadunassem com ideologias que pudessem levar ao *desvirtuamento* cristão, ou seja, ao comunismo" (SILVA, 2011, p. 127; grifos do autor). Não podemos deixar de notar as semelhanças com o caso espírita. Primeiramente, como vimos, Chico Xavier e outros também entendiam, a sua maneira, o regime militar como "estabelecido por Deus" (entendimento no qual podemos rastrear o antigo fundamento paulino de respeito à toda e qualquer autoridade, como sendo fruto da vontade divina). Além disso, a ideia do "foco espiritual" é uma constante em todo o discurso espírita de oposição ao envolvimento político nas questões sociais.

56 Claudete Soares, refletindo sobre o caráter político global do confronto entre o Vaticano e a Teologia da Libertação, observa que este "ocorreu no interior de uma conjuntura política mundial ainda polarizada entre capitalismo e comunismo", assim, a ofensiva do Vaticano contra a Teologia da Libertação refletiu "uma estratégia geopolítica de combate ao comunismo, preocupação que o Vaticano dividiu com os altos escalões do governo norte-americano" (SOARES, 2000, p. 125).

insistentemente apresenta seu objetivo de estudar as questões sociais (e o marxismo) "à luz da Doutrina Espírita" (e não o inverso), embora se apropriando de conceitos como dialética, práxis, alienação etc. e adotando substancialmente a crítica marxista ao capitalismo (apresentada como convergente aos princípios morais espíritas e cristãos).

Além desse paralelo da dinâmica política – a acusação exagerada por parte da ortodoxia aos "heréticos" sob o signo da defesa doutrinária frente à infiltração do marxismo –, é possível notar alguns paralelos doutrinários. A Sagrada Congregação reiterava o caráter universalizante da fé católica, "como uma verdade que paira acima da sociedade terrena e dos condicionamentos históricos" e o princípio da obediência doutrinária; a Doutrina Espírita, sob a orientação do Espírito de Verdade, seria fundamentalmente incorrigível (eis uma das formas de entender-se a sustentação da "pureza doutrinária") e, como religião cristã, estaria acima das transitoriedades da política. O individualismo católico, com a perspectiva unilateral da salvação individual, tem correspondência com o individualismo espírita, no qual se entende que o Espírito deve fazer a sua reforma íntima para evoluir, escusando-se a atuar diretamente pela reforma "dos outros", isto é, pela reforma social (esta seria apenas a manifestação qualitativa de um acúmulo quantitativo de indivíduos reformados). A relativização da pobreza (e da riqueza), diminuindo-se a importância da sua conceituação material é igualmente presente entre espíritas e católicos.[57] E ainda, se para a cúpula católica as diferenças sociais "explicam-se pela oposição entre o bem e o mal", entre os espíritas tornou-se senso comum explicar-se as diferenças sociais como o resultado de processos expiatórios (os maus ricos de ontem sofrendo a pobreza de hoje).

Corroborando a nossa tese de que o MUE encontra paralelo com a Teologia da Libertação, Adalberto Paranhos apresenta-nos a sua percepção:

57 Vejam-se os inúmeros textos sobre pobreza e riqueza publicados no *Reformador* (*Reformador*, jun. 1905, p. 175; jun. 1924, p. 247-249; maio 1926, p. 237-238; set. 1930, p. 461-463; fev. 1950, p. 48; mar. 1950, p. 64; jul. 1952, p. 158; set. 1952, p. 208; mar. 1953, p. 60; abr. 1953, p. 82; dez. 1953, p. 273; jun. 1954, p. 139; abr. 1955, p. 78; jun. 1955, p. 144; jan. 1959, p. 3; jun. 1960, p. 130; mar. 1961, p. 61-62; fev. 1963, p. 32; set. 1964, p. 204; fev. 1966, p. 48; jul. 1966, p. 159; nov. 1996, p. 344-345; ago. 1998, p. 235). Para citar um exemplo, em *A riqueza real*, texto assinado por Emmanuel, afirma-se que a "riqueza real é atributo da alma eterna e permanece incorruptível junto daquele que a conquistou. Por isso mesmo reconhecemos que o ouro, a fama, o poder e a autoridade entre os homens são meras expressões de riqueza efêmera, valendo por perigosos instrumentos de serviço da alma, no estágio das reencarnações" (*Reformador*, abr. 1955, p. 78).

> A comparação mais pertinente me parece ter a ver com a Teologia da Libertação. [ahan] Observadas também as diferenças. Nós, nem de longe, chegamos a ter, junto à sociedade, a mesma ressonância da teologia da libertação. Sem megalomania, né. Numa linguagem mais coloquial, a gente também não estava com essa bola toda, não era tudo isso. Agora no interior do movimento espírita, sob vários aspectos, sim. Veja, a teologia da libertação foi colocada no *index proibitorium* da Igreja e nós também acabamos sofrendo represálias que foram avançando a ponto de culminar com a nossa expulsão oficial do movimento universitário espírita, sacramentada pela USE, com o respaldo das cabeças coroadas da Federação Espírita do Estado de São Paulo. Nós incomodamos tanto o espiritismo oficial como a Teologia da Libertação fez em relação à hierarquia tradicional da Igreja Católica. Então, me parece mais razoável pensarmos nesses termos, dando os devidos descontos. Teologia da Libertação acabou adquirindo uma dimensão internacional. É algo que vai mais fundo. [se vinculou a movimentos sociais] Sim, sim, também, é, exatamente, então as diferenças são consideráveis. Mas no plano interno, reconhecendo-se que a presença político-social do Espiritismo na história do Brasil também não é, nem de longe, a mesma da Igreja Católica, nós fomos um fator de perturbação por agitarmos as águas estagnadas do movimento espírita. (Depoimento oral concedido dia 29/8/2010).

Finalmente, devemos destacar que a dinâmica relacional entre o MUE e o movimento espírita brasileiro explica a forma e os conteúdos específicos da sua gênese, desenvolvimento, crepúsculo e esgotamento. O MUE nasce como reação ao *status quo* do movimento espírita brasileiro, querendo revolucioná-lo para contribuir com a revolução do mundo. O movimento espírita brasileiro, por sua vez, reage ao ataque procurando manter os jovens universitários à margem de um campo de atuação definido como espaço religioso, já legitimado pela construção histórica do Espiritismo no Brasil: nada de política nas nossas atividades religiosas, nada de infiltração marxista na pureza doutrinária kardequiana. O MUE insiste no seu discurso pelo socialismo, pelo criticismo e pela democracia, sem conseguir, no entanto, suficiente eficácia diante de um consenso cultural já fortemente consolidado – o do Espiritismo religioso, e *apolítico*.[58] Resultado: a marginalização e a consequente derrocada do intento político.

---

58 No Brasil, parece-nos que a vitória do constructo sócio-cultural do Espiritismo religioso é anterior ao do Espiritismo apolítico. Enquanto o primeiro teria construído sua hegemonia a partir do final do século XIX consolidando-se em meados dos anos 1930, o segundo parece ter se firmado na década de 1950.

De imediato, o período de atuação do MUE, apesar de ser curto, sugere a possibilidade de alguma correlação entre a sua existência, com todos os seus percalços, e o Regime Militar. Esta hipótese se confirma com a história efetiva do MUE. Um dos argumentos de instituições como a USE para o cessar das atividades do MUE era a ameaça de intervenção do governo militar no movimento espírita brasileiro, proibindo eventualmente a continuidade do funcionamento das instituições espíritas. Apenas para citar um exemplo, esse foi o argumento que diretores da USE lançaram mão para suspender uma grande concentração juvenil dos espíritas paulistas, a CENSUL-Esquema Novo, em 3 de março de 1969, aproximadamente três meses depois do Ato Institucional nº 5, de 13 de dezembro de 1968.

Capítulo 2

Ação do Movimento Universitário Espírita: revolucionar o movimento espírita através da crítica em favor do socialismo cristão

> Qual a relação entre o caráter progressista do Espiritismo e a questão social? [...] A relação é íntima, pois que, em sendo progressista, a Doutrina Espírita *deverá projetar luz sobre os problemas e as necessidades deste século*. (A Fagulha, n° 9, set. 1969, p. 18; grifo no original)

> Disso se pode concluir a importância para o espírita do estudo das doutrinas sociais que preconizam um sistema social mais justo, o qual não se fundamenta na propriedade individual dos bens de produção, mas faz de todos os homens, através de seu trabalho, os construtores da riqueza e os beneficiários desta. (*A Fagulha*, n° 7, maio 1969, p. 9)

> Outro não é o nosso desejo que não o de fomentar a constituição de autênticas *comunidades espíritas*, que guardem por molde inspirador a dos primeiros cristãos. Que nossos centros, nossas casas assistenciais, nossas mocidades, nossas instituições de cunho administrativo, ganhem novas estruturas e haja humanidade no trato dos semelhantes, objetivando a real *promoção social do homem*. (*A Fagulha*, n° 8, jul. 1969, p. 1; grifos no original)

Reunindo-se para discutir textos socialistas, como os de Erich Fromm, e textos espíritas, como os de Herculano Pires e Humberto Mariotti, alguns jovens universitários espíritas foram aos poucos construindo parâmetros intelectuais compartilhados. Algumas ideias-chave proporcionaram-lhes uma pauta comum – bandeiras a serem empunhadas em periódicos e eventos que reuniam a juventude espírita. Estas ideias, em geral, revestem-se de uma função crítica ao movimento espírita. O que explica, em parte, a reação daqueles que estavam em postos de liderança nas principais instituições espíritas.

De início, vale destacarmos como determinados autores foram importantes para o MUE conseguir estabelecer mais facilmente a ponte entre Espiritismo e socialismo, ou entre Kardec e Marx.[1] Primeiramente, em *Conceito marxista do homem*, Erich Fromm procura desfazer a generalizada impressão de que Karl Marx seria um "materialista vulgar", um ferrenho opositor da religião, tida como "ópio do povo", destacando o caráter fundamentalmente humanista do pensamento marxiano e "a conexão entre sua filosofia da história e do socialismo, com a esperança messiânica dos profetas do Antigo Testamento e as raízes espirituais do pensamento grego e romano" (FROMM, 1962, p. 69). Fromm afirma, por exemplo, que Marx, em sua juventude, escrevera como lema de uma dissertação: "Não são ateus os que desprezam os deuses das massas, porém aqueles que atribuem as opiniões das massas aos deuses", e que o "ateísmo de Marx é a forma mais adiantada de misticismo racional, mais próximo de Meister Eckhart ou do budismo Zen do que o estão muitos dos defensores de Deus e da religião que o acusam de 'impiedade'" (FROMM, 1962, p. 69). Com esta apresentação de Erich Fromm, que introduzia aos *Manuscritos econômico-filosóficos* de Karl Marx, ficava mais fácil partir para a aproximação do deísmo espírita com o materialismo histórico marxiano.

Paulo Freire, em *Educação como prática da liberdade*, era outro autor que acrescentava mediações úteis ao entendimento dos participantes do MUE de que o cristianismo teria uma perspectiva revolucionária para a humanidade, fundindo-se ao socialismo. O humanismo cristão, por exemplo, é de grande valia:

> Ademais, é o homem, e somente ele, capaz de transcender. A sua transcendência, acrescente-se, não é um dado apenas de sua qualidade "espiritual" no sentido

---

[1] Aqui, o mais seguro é restringirmo-nos ao MUE de Campinas, já que o MUE de São Paulo não parece ter compartilhado da leitura de obras marxistas. É o que afirma, por exemplo, Djalma Caselato ao definir o MUE de São Paulo, do qual participara ativamente: "Um centro de estudos espíritas, porém com um enfoque social. Acreditávamos que além de nos aperfeiçoarmos individualmente haveria necessidade de aperfeiçoar também as instituições e as organizações sociais. Entretanto, ninguém citava ou falava de autores marxistas ou equivalentes" (depoimento recebido por e-mail dia 15/10/2011).

em que a estuda Erick Kahler. Não é o resultado exclusivo da transitividade de sua consciência, que o permite auto-objetivar-se e, a partir daí, reconhecer órbitas existenciais diferentes, distinguir um "eu" de um "não eu". A sua transcendência está também, para nós, na raiz de sua finitude. Na consciência que tem desta finitude. Do ser inacabado que é e cuja plenitude se acha na ligação com seu Criador. Ligação que, pela própria essência, jamais será de dominação ou de domesticação, mas sempre de libertação. Daí que a Religião – religare – que encarna este sentido transcendental das relações do homem, jamais deva ser um instrumento de sua alienação. Exatamente porque, ser finito e indigente, tem o homem na transcendência, pelo amor, o seu retorno à sua Fonte, que o liberta. (FREIRE, 1969, p. 24).

Vemos também que as ideias de alienação, conscientização, diálogo etc., todas correntes no pensamento do MUE, são centrais na obra de Freire. Só para citar um exemplo: "A opção, por isso, teria de ser também, entre uma 'educação' para a 'domesticação', para a alienação, e uma educação para a liberdade. 'Educação' para o homem-objeto ou educação para o homem-sujeito" (FREIRE, 1969, p. 22).

Finalmente, Herculano Pires e Humberto Mariotti representavam a tradição intelectual espírita de viés socialista que certamente infundiu maior confiança na empreitada intelectual do MUE de resgatar a bandeira do socialismo como uma causa espírita. Ao ler Herculano e Mariotti os universitários espíritas encontravam citações abonadoras de Marx e a crítica explícita ao capitalismo, o que os encorajava a fazer o mesmo. Buscar no marxismo a crítica social que desejavam ardentemente efetuar no interior do movimento espírita se tornava assim quase que uma exigência, já que a possibilidade de justificação bibliográfica ficava claramente delineada.

Já leituras do próprio Marx[2] eram mais raras. Somente uma diminuta parcela dos jovens teve contato direto com a literatura marxiana. É o que nos revela Pedro Francisco de Abreu Filho, do MUE de Campinas:

---

[2] Karl Marx, como suporte teórico, é decisivo para o provocar de um "espírito de rebelião" revolucionário, pois imbrica teoricamente a política, a questão social e a revolução. Podemos depreender isso da reflexão de Hannah Arendt: "Se Marx ajudou a libertação dos pobres, não foi por lhes dizer que eles eram a encarnação viva de alguma necessidade histórica, mas por persuadi-los de que a própria pobreza é um fenômeno político, e não natural, uma consequência mais da violência e da violação do que da escassez. Pois se a condição de miséria – que, por definição, nunca pode produzir 'gente de espírito livre', porque é a condição de sujeição à necessidade – era para gerar revoluções, ao invés de levá-las à ruína, seria necessário traduzir condições econômicas em fatores políticos, e explicá-las em termos políticos" (ARENDT, 1988, p. 50). Quer dizer, a desnaturalização da pobreza (explicada como fruto da exploração e não da escassez) representa um estímulo fortíssimo à revolução como a instauração de uma nova

O próprio Marx também a gente estudava, estudava o Marx. Claro que não concordamos com todas as posições do Marx. Mas principalmente na distribuição das riquezas era o ponto forte. No momento que ele criticava a religião e achava que, a frase famosa dele "a religião é o ópio do povo". A Igreja hoje está desmoronando as suas bases, você ta vendo aí a situação, mas na época dele era pior, haja vista a Revolução Francesa, que baniu a Igreja de todas as posições que ocupava dentro dos órgãos do governo, haja visto o ceticismo do francês hoje.

Então nós, posso dizer pra você que não era a maioria dos jovens, era uma parcela menor, pequena. (Depoimento oral concedido 7/4/2010).

Antes de tratarmos da ação propriamente dita do MUE, cabe uma breve apresentação factual. Importa esclarecermos, inicialmente, que quando falamos em Movimento Universitário Espírita estamos nos referindo a determinados grupos num período histórico específico, excluindo da nossa análise outras experiências de universitários espíritas que também se intitulavam de MUE. Tal é o caso, por exemplo, de um MUE de Porto Alegre da década de 1950.[3] Temos de levar em consideração ainda uma espécie de pré-história do MUE, na cidade de São Paulo, em que surgira em 17 de janeiro de 1961 como um grupo oficialmente reconhecido e apoiado pela USE[4] (LEX, 1996, p. 66). Este grupo, de algum modo, acabou se desintegrando, restando apenas o nome "MUE" registrado. A única informação que temos a respeito do fim desta primeira experiência encontra-se num texto de Herculano Pires em que ele argumenta sobre o porquê de não termos um Movimento Universitário Espírita, já em dezembro de 1973. Teria sido em razão de um curso de filosofia dado

---

ordem, na qual os explorados, os pobres, os oprimidos da terra, devem erguer-se como os novos e fundamentais atores políticos. Para o MUE, olhando criticamente para o conformismo religioso fatalista, de premissas teológicas justificadoras do *status quo*, Marx representava (mesmo que conhecido apenas indiretamente) um clamor por lucidez diante do fato da injustiça e da consequente exigência política da revolução como construção do socialismo.

3 Esta experiência nos foi relatada por Cícero Marcos Teixeira. Teria envolvido cerca de 20 acadêmicos da Universidade Federal do Rio Grande do Sul, por cerca de quatro anos, entre 1953 e 1957. Um dos participantes do grupo foi Zalmino Zimmermann, destacado magistrado espírita. A proposta era levar o Espiritismo ao meio acadêmico (depoimento oral concedido dia 20/4/2010).

4 Izao Carneiro Soares, que participara do MUE de São Paulo, conta que o MUE "surgiu numa reunião solene na Faculdade de Direito do Largo São Francisco, não lembro a data, mas foi quando o Jânio era governador, pois ele mandou mensagem de apoio" (depoimento recebido por e-mail dia 24/10/2011).

por um "Quixote que veio do Norte", inculcando o ceticismo frente ao Espiritismo, afirmando-o destituído de fundamento científico e filosófico, que os jovens espíritas universitários abandonaram a seara espírita:

> O MUE de São Paulo esfacelou-se em pouco tempo, de triste maneira. Havia surgido carregado de esperanças mas não resistiu às primeiras investidas de um Quixote que veio do Norte montando o Roncinante da Filosofia, mas sem a companhia gorducha de Sancho. Quixote sem Sancho é cavaleiro sem pagem. Arremeteu-se El com sua lança contra os moinhos de vento de uma juventude despreparada e logo a esparramou em pedaços, soprando-lhe a poeira aos ventos. Bastou um curso duvidoso para que ele esmigalhasse a turminha do MUE. (*Educação Espírita, Revista de Educação e Pedagogia*, n° 5, jul.-dez. 1973, p. 58).

Izao Carneiro confirma o episódio, relacionando-o à fundação do segundo MUE, do qual fora protagonista: "Foi assim que cheguei à presidência do MUE." Afirma que o "Quixote que veio do Norte" foi Alfredo Fernandes, estudante de filosofia que trouxe o ceticismo. Como consequência, em 1966, "todos se afastaram e fiquei sozinho com o apoio do Jonny Doin. Era novo ainda e comecei a frequentar a casa dele, reformamos o estatuto e percorri as faculdades atrás de interessados para reiniciarmos o MUE" (informações obtidas por e-mail dia 9/11/2011).

Djalma Caselato, que integrara o MUE de São Paulo, também nos explica o que ocorreu após o findar do primeiro MUE paulistano:

> Das reuniões que fazíamos congregando as pessoas que se interessavam por um aprofundamento dos estudos espíritas, me lembro perfeitamente do dia em que o Johnny Doin sugeriu para adotarmos o nome de MUE, uma vez que era um nome muito forte e estava disponível. Nessa ocasião foi somente conversar com os antigos dirigentes e foi aproveitado o registro existente. (Depoimento recebido por e-mail dia 15/10/2011).

Ao que parece, a refundação do MUE dera-se na Mocidade Espírita 3 de Outubro. É o que se depreende do relato de Djalma Caselato:

> meu primeiro contato com o pessoal do MUE se deu nas reuniões da Mocidade Espírita 3 de Outubro, aqui de São Paulo, que acredito eu, foi dessas reuniões que houve a reativação do MUE, pois o antigo já não existia mais. Na realidade houve uma apropriação do nome em concordância com os antigos dirigentes do primeiro MUE. (Depoimento recebido por e-mail dia 15/10/2011).

Quer dizer, havia um MUE desativado que fora retomado por um grupo de jovens espíritas imbuídos de novas propostas e sob a liderança do dinâmico Jonny Doin, o mais velho de todos. Edson Silva Coelho[5] registra ainda a importância da pré-história do MUE em função do pensamento filosófico de Herculano Pires, que, como veremos, foi subsídio importante para a formulação de um progressismo revolucionário no MUE que estamos analisando:

> O Movimento Universitário Espírita foi criado em 1961, na capital paulista com pleno apoio da União das Sociedades Espíritas (USE) e o incentivo de intelectuais espíritas como Herculano Pires e Eurípedes de Castro. Embora o MUE original tivesse um discurso assumidamente apolítico, voltado que estava para a divulgação do Espiritismo nas universidades, a preocupação destes intelectuais em correlacionar a Doutrina Espírita com as grandes vertentes filosóficas mundiais, em particular o marxismo, inspirou profundamente a etapa de desenvolvimento dos MUEs aberta no final da década, já caracterizada por uma forte oposição às injustiças sociais e à ditadura militar instalada no Brasil em 1964. (Depoimento de Edson Silva Coelho recebido por e-mail dia 19/10/2011).

Dito isto, definamos nosso objeto de estudo. Tratamos do MUE do Estado de São Paulo surgido a partir de duas fontes: uma em Campinas, ainda não oficialmente, em torno de 1967, sob a liderança de Armando Oliveira Lima, e oficializado em 1969, tendo encerrado por volta de 1973; e outra em São Paulo, com a apropriação do termo MUE por parte do grupo liderado por Jonny Doin em torno de 1966, 1967, dissolvendo-se também em meados de 1973.

---

5   Edson Coelho define sua relação com o MUE do seguinte modo: "Minha relação com o MUE foi a de um militante de base. Alinhei-me, ainda como dirigente da Mocidade Espírita 3 de Outubro, com as teses defendidas pelos MUEs de Campinas e de Sorocaba ao longo dos encontros preliminares de jovens da região Centro-Sul de São Paulo – que defendiam o envolvimento do movimento espírita nas chamadas questões sociais – e integrei o núcleo inicial do MUE da capital, organizado por Jonny Doin, Angela Belucci, Valter Scarpin, aos quais se somaram, em 1970, Djalma Caselatto e sua esposa, Eleonora Sampaio Caselatto, que já participavam do movimento dos MUEs a partir de Jundiaí e Americana, respectivamente. Nunca me vi como um dos dirigentes ou líderes do MUE de São Paulo. Era muito jovem e ainda pré-universitário em 1968 e 1969, ano em que concluí o Clássico. [...] Assim, posso dizer que minha experiência no MUE marcou meu ingresso na vida adulta pelo melhor dos caminhos, o das ideias e dos ideais. Nesta condição, de militante de base do movimento, participei de suas reuniões, de seus debates e encontros, colaborei com a revista *A Fagulha* e outras publicações, como o periódico *Espírito Universitário*, do MUE paulistano" (depoimento recebido por e-mail dia 19/10/2011).

O Movimento Universitário Espírita era então composto por núcleos: o MUE de São Paulo, o MUE de Campinas e, mais tardiamente, o MUE de Sorocaba. Embora tivesse ocorrido uma tentativa de expansão para outros estados,[6] como Rio de Janeiro e Bahia (muitos fazem referência ao MUE de Salvador), a efetividade materializada em ações (publicações, palestras etc.) só foi confirmada para o caso dos núcleos de São Paulo. Ativemo-nos, portanto, a analisar os mencionados núcleos paulistas. Em especial, o MUE de Campinas, pela abundância de material e pelo impacto causado no movimento espírita brasileiro em função de sua radicalidade política, remetendo-nos ao tema central de nosso estudo que é o encontro (potencial ou efetivamente) conflituoso da religião com a política.

Enquanto o primeiro MUE de São Paulo surgia em 1961, com o apoio de Herculano Pires, com a promessa de lutar pelo Espiritismo no meio universitário, nesse mesmo ano, Armando Oliveira Lima sai de Sorocaba e vai residir em Campinas, desenvolvendo gradativamente suas atividades "subversivas" no interior do movimento espírita campineiro. Será ele o primeiro líder do MUE de Campinas, que em 1967 estava em fase de gestação. A publicação da revista *A Fagulha*, nesse ano, representa o início da "guerra" deflagrada pelos jovens universitários espíritas ao misoneísmo dos espíritas. O grupo, formado por cerca de quinze jovens, reunia-se na Mocidade Espírita Allan Kardec (MEAK) – por sua vez composta por cerca de trinta jovens – no Centro Espírita Allan Kardec (CEAK) de Campinas.[7] Somente no dia 12 de abril de 1969, porém, é que surge oficialmente o MUE de Campinas,[8] com a seguinte composição para a diretoria executiva: Presidente: Shizuo Yoshida; 1º Secretário: Himar de Sousa Bueno; 2º

---

[6] Fato curioso: mesmo sem o conhecimento dos que participaram do MUE, de algum modo sua influência chegara até o Rio Grande do Sul. Sabemos dessa influência porque nossa própria descoberta da existência do MUE dera-se quando encontramos, fortuitamente, documentos confidenciais da Federação Espírita do Rio Grande do Sul tratando de "movimentos paralelos". Estes documentos davam conta da ameaça de uma "infiltração subversiva". Discorremos com mais atenção acerca desse episódio no terceiro capítulo.

[7] Houve um episódio em que o "grupo subversivo" fora destituído da direção da MEAK. Então, conforme relata Pedro Francisco, aproximadamente metade dos jovens que participavam dessa mocidade saíram do CEAK para reunir-se na casa de Armando Oliveira Lima. Com base nessa e em outras informações, pudemos deduzir os números indicados.

[8] Não obstante, trataremos as atividades dos jovens reunidos em torno da liderança de Armando de Oliveira Lima com a publicação d'*A Fagulha*, desde outubro de 1967, como sendo já o Movimento Universitário Espírita, pois o caráter do grupo é o mesmo; abril de 1969 constitui apenas um marco de formalização.

Secretário: Pedro Francisco de Abreu Filho; Tesoureiro: Walter Sanches[9] (Ata de Fundação do MUE de Campinas).

No Artigo 1º dos seus estatutos de fundação constam a seguinte definição e finalidades:

> [...] é uma associação civil, de fins ideais, com personalidade jurídica e caráter cultural, apolítico, que tem por finalidade congregar os universitários espíritas de Campinas, para:
>
> 1º) – Cooperar na formação e desenvolvimento da consciência doutrinária.
>
> 2º) – Promover o estudo e a propagação da doutrina espírita, fundada nas obras de Allan Kardec e subsidiárias.
>
> 3º) Trabalhar pelo desenvolvimento intelecto-moral do Espírita inserindo o Espiritismo no contexto histórico e cultural da humanidade, relacionando-o com todos os ramos do conhecimento.
>
> 4º) – Propugnar pelo desenvolvimento da sociedade humana com base no princípio reencarnacionista, donde nasce a verdadeira compreensão dos direitos e deveres do homem, concorrendo assim, para o aperfeiçoamento das suas condições de vida. (Estatutos do MUE de Campinas).

Chamamos a atenção para três elementos deste Artigo 1º, cuja reflexão a respeito será desenvolvida ao longo desse livro. Primeiro, a definição *apolítica* não faz do MUE um movimento sem claros propósitos políticos, incluindo a busca da politização dos espíritas. Significa apenas a declaração de não envolvimento com o campo político-partidário. Segundo, o item 3º é crucial para a definição do intento do MUE, com a sua aproximação com o marxismo e o hastear da bandeira do socialismo cristão: inserir "o Espiritismo no contexto histórico e cultural da humanidade, relacionando-o com todos os ramos do conhecimento" significa abrir o flanco para a tentativa de inserção do Espiritismo na luta pelo socialismo ("contexto histórico e cultural da humanidade") em diálogo com o marxismo (um dos principais "ramos do conhecimento"). E terceiro, o item 4º fala em aperfeiçoamento das "condições de vida" do homem, e não apenas em

---

9   Estavam presentes na Assembléia Geral de fundação: Jonny Doin, Shizuo Yoshida, Izao Carneiro Soares, Himar de Sousa Bueno, Valter Scarpin, Irene Romeiro Doin, Vitor Lúcio de Rezende, Ivan Faria Ramos, Angela Bellucci, Claro Gomes da Silva, Walter Sanches, Adalberto de Paula Paranhos, Pedro Francisco de Abreu Filho e Armando Oliveira Lima (Ata da Assembléia Geral de fundação do MUE de Campinas).

"progresso" genericamente expresso ou "evolução moral e intelectual", fórmulas mais facilmente subsumíveis à ideia de reforma íntima ou de educação do Espírito. Com isso torna-se possível a ênfase na exigência de atenção aos "problemas materiais", às questões sociais relacionadas às "necessidades físicas" do Espírito.

Adalberto Paranhos, Pedro Francisco de Abreu Filho, Eduardo Simões, Walter Sanches, Shizuo Yoshida,[10] Claro Gomes da Silva, Magali Lemos e Nilma Guimarães eram alguns dos jovens que mais se envolveram,[11] sob a forte influência de Armando Oliveira, o mais velho de todos. Adalberto Paranhos era presidente da MEAK em 1967 – quando ainda não havia se aproximado de Armando Oliveira – enquanto Pedro Francisco assumira a função em 1968. Sendo já lideranças no meio juvenil, com produção de jornais (como *O Meakino*, da MEAK de Campinas) e palestras, já eram conhecidos do movimento espírita local. Assim, a sua penetração enquanto MUE será facilitada.

Além de conviverem na MEAK e nos ambientes espíritas de um modo geral, esses jovens também se encontravam no ambiente acadêmico. Adalberto Paranhos, que já era jornalista, estudava Direito na Universidade Católica de Campinas (UCC);[12] Armando Oliveira Lima estudava Pedagogia também na UCC; Pedro Francisco de Abreu Filho estudava Economia na UCC; Walter Sanches estudava Ciências Sociais na UCC; Shizuo Yoshida estudava Medicina na Universidade Estadual de Campinas (UEC).[13]

Em paralelo, desenvolvia-se o "refundado" MUE de São Paulo, com a forte participação de Izao Carneiro Soares, Valter Scarpin, Djalma Caselato, Eleonora Sampaio Caselato, Angela Bellucci, Edson Silva Coelho e Jonny Doin. A maioria desses jovens viera da Mocidade Espírita 3 de Outubro, desenvolvendo já uma reflexão diferenciada do padrão comum presente nas instituições espíritas. Reuniam-se, ordinariamente, na residência de Djalma Caselato às quartas-feiras e na sua sede oficial na Rua São Bento, 21, sobreloja, aos sábados à noite, além de extraordinariamente na residência de Jonny Doin (depoimento recebido por e-mail dia 15/10/2011 e depoimento oral

---

10 Shizuo e Walter Sanches citam ainda o nome de duas irmãs de Nilma Guimarães – Estefânia e Nilza Guimarães – e outras duas irmãs de Magali Lemos – Marisa e Maristela. Todas participavam das reuniões regulares do MUE de Campinas aos sábados à noite, na residência de Armando Oliveira.

11 Pedro Francisco afirma que no MUE muitos companheiros não tomavam posição, não estudavam. Ou seja, não se envolveram com maior intensidade.

12 Atualmente Pontifícia Universidade Católica de Campinas (PUC-Campinas).

13 Atualmente Unicamp.

concedido dia 28/10/2011 por Djalma Caselato). Também havia outras pessoas que não frequentavam regularmente as reuniões ordinárias do MUE de São Paulo, mas que de um modo ou de outro, por afinidade, aproximavam-se com maior ou menor intensidade. É o caso, conforme Djalma Caselato, de José Luiz Storino, Lindolfo Fernandes Neto, e dos irmãos Jorge Saad e Celso Saad de São Caetano (os dois últimos tinham mais afinidade com o pessoal de Campinas e de Sorocaba) (depoimento oral concedido dia 28/10/2011).

Conforme Djalma Caselato, Jonny Doin, advogado que já exercia há tempos a atividade de orador espírita, já estava no final da década de 1960 sendo excluído pelas instituições espíritas como *persona non grata* da USE (depoimento oral concedido dia 28/10/2011). Os dirigentes de centros espíritas não mais lhe convidavam para palestrar, pois seu tom crítico ("gostava de chocar as pessoas"), seu pendor para a ciência e para a crítica social, afastavam-no do "*mainstream* espírita". Encontrara então seu "habitat natural" entre os jovens críticos que, por sua vez, admiravam-no profundamente.

Já o MUE de Sorocaba parece ter se desenvolvido com o retorno de Armando Oliveira à sua cidade de origem, entre o final de 1969 e o início de 1970, embora possivelmente já tivesse deixado "rastros" da sua atuação incendiária como "agitador cultural" antes mesmo de sair de Sorocaba para Campinas. Nicolau Archilla Messas conta que o núcleo de Sorocaba reunia-se "aos sábados à noite nas dependências da União Espírita Sorocabana na Av. Gal. Carneiro n° 387" (depoimento recebido por e-mail dia 7/11/2011). Os participantes, ao que parece, eram Armando Oliveira Lima, Edson Silva (não confundir com Edson Silva Coelho, do MUE de São Paulo), Alcebíades Alvarenga da Silva, Edson Raszl e o próprio Nicolau Archilla Messas. Nicolau afirma que "na grande maioria das vezes eram acirradas as discussões em torno da Doutrina, embora houvesse um respeito entre os participantes" (depoimento recebido por e-mail dia 6/11/2011). Comparado aos outros núcleos do MUE, o de Sorocaba, conforme Nicolau, "girava o seu enfoque mais no comportamento dos frequentadores na Casa Espírita" (depoimento recebido por e-mail dia 6/11/2011). Destacamos ainda a percepção pessoal de Nicolau Archilla[14] sobre a sua experiência com o MUE sorocabano:

---

14   Um fato sobre Nicolau ilustra a grande integração entre os participantes de diferentes núcleos do MUE: em maio de 1972 ele foi morar em São Paulo com Edson Silva Coelho, do MUE paulistano (depoimento recebido por e-mail dia 7/11/201). Já no MUE de Campinas, registramos que Shizuo Yoshida morou com Armando Oliveira Lima. Ou seja, além de companheiros de MUE, seus integrantes eram sobretudo amigos.

Para mim foi importante o tempo todo que ele existiu. Aprendemos muito na época. Em Sorocaba contávamos com o companheiro Armando de Oliveira Lima. Um conhecedor da Doutrina Espírita, um estudioso. Em resumo, valeu a pena ter existido o MUE. (Depoimento recebido por e-mail dia 6/11/2011).

Uma característica importante que vale ser destacada inicialmente é que o MUE (incluindo-se todos os seus núcleos) não se envolveu politicamente com os grupos militantes de esquerda que atuavam na época.[15] Um dado significativo, apontado por Djalma Caselato, é que jamais um integrante do MUE convidara os demais para participar de uma passeata pela democracia, contra o regime etc. (depoimento oral concedido dia 28/10/2011). Que, afinal, aconteciam com considerável frequência nos tempos do MUE.

O idealismo é apresentado por muitos ex-integrantes do MUE como uma de suas características importantes. Acreditavam mudar pelas ideias, pelo convencimento, o modo de ser do movimento espírita. Por isso mesmo, dentre as suas experiências práticas, as que realmente floresceram e desenvolveram-se a contento foram as publicações de seus periódicos, a participação ativa nos eventos de mocidades e as palestras realizadas. Djalma Caselato destaca esses aspectos:

> O que a gente pensava era que os escritos que a gente fazia de alguma maneira iam influenciar as pessoas e que um belo dia a gente ia ter uma condição melhor pra fazer essas mudanças, né. [...] Não existia assim algo de estratégico, né. Mas o que realmente a gente pensava era informar uma nova mentalidade, né. E daí o esforço que a gente tinha nas reuniões das mocidades, né. Então quando aparecia gente de Avaré, de Rio Claro, de outras cidades, de Limeira, aquilo pra nós era um instante de alegria, porque eram pessoas que não tinham condição de participar com a gente semanalmente, mas que apareciam nessa reuniões e comungavam ideias e ficavam, absorviam aquilo, né. Eles liam os textos e depois conheciam as pessoas que escreviam. Então... e aquela vontade de participar. Então havia assim uma... Era isso que a gente, o nosso objetivo era esse. O primordial do MUE era esse. [...] Tanto é que a gente fazia um esforço danado pra que mais e mais gente, né, pessoas que pensavam parecido com a gente, a gente escrevia muito, o Adalberto escrevia muito pra essas pessoas, eu também escrevia muito, mandava muitas cartas. (Depoimento oral concedido dia 28/10/2011).

Armando Oliveira, que participou dos MUEs de Campinas e Sorocaba, afirma que

---

15 Só posteriormente à desintegração do MUE alguns dos seus integrantes vieram a integrar grupos de esquerda contra a ditadura.

> A gente era teórico também. Era teórico. [...] A gente vivia da nossa teoria. Vivia de escrever a revista e de fazer palestra quando nos convidavam noutros lugares. Quer dizer, eu mesmo fiz mais de trinta palestras, num período relativamente curto. [...] Pra nós nos bastava isso. Nos bastava ser o cutucador das coisas. Sem nos preocupar muito com consequências. Até porque você não tinha muito como você medir isso. [...] Concreto pra nós eram as reuniões nossas e *A Fagulha*, e as publicações e as palestras que você fazia, reais, verdadeiras. (Depoimento oral concedido dia 9/7/2009).

Talvez possamos hipotetizar que se o MUE houvesse existido por mais tempo seu programa de ação poderia ter se expandido, chegando inclusive a vincular-se com grupos de esquerda. Afinal de contas, muitos de seus integrantes, após o término do MUE, passaram a engajar-se politicamente nas fileiras da esquerda organizada. Além disso, o próprio impacto do MUE no interior do movimento espírita poderia ter se revelado mais promissor, se não fosse a repressão tão imediata dos dirigentes espíritas.

Não obstante, temos de analisar o que de fato ocorreu: uma luta imensa para manter-se e expandir-se utilizando-se basicamente da palavra escrita e falada.

Já vimos que foram variados os meios através dos quais o MUE tentou se expandir, fazendo "circular as informações por meio de publicações, palestras, viagens", mesmo que com limitações: "reconheça-se que eram poucas também as pessoas que tinham disposição e disponibilidade pra isso" (depoimento oral concedido por Adalberto Paranhos dia 29/8/2010). Apesar de ser um movimento pequeno do ponto de vista quantitativo, a sua força revelava-se na repercussão das ideias propostas e disseminadas com insistência e audácia inusitadas entre os espíritas:

> Estabelecendo de novo a comparação com a teologia da libertação, ela, ainda que não na mesma dimensão do MUE (foi muito mais expressiva), também não deixa de ser, não deixou de ser um movimento de minorias, no interior da Igreja. Claro, são minorias muito maiores do que as nossas, mas era uma expressão minoritária no interior do catolicismo oficial. Agora, a nossa, muito menor ainda. No entanto, o aspecto significativo é a ressonância que alcançou em certas áreas apesar de ser um movimento que no fundo no fundo, pensando nisso agora, não ia além de cem pessoas, somando todo mundo (assim, aqueles que participavam mais efetivamente do MUE). Só que a gente batia o bumbo e a ressonância era considerável. (Depoimento oral concedido por Adalberto Paranhos dia 29/8/2010).

Lideranças do MUE conseguiram, por algum tempo, disseminar o seu ideário fazendo palestras em centros espíritas. Armando Oliveira Lima e Adalberto Paranhos foram bastante ativos nesta frente de ação, mantendo sempre um estilo provocador, esperando por turbulentas reações do público.

Paulo de Tarso Ubinha, que atuara no movimento espírita campineiro e paranaense, tendo alguma proximidade também com o MUE de Campinas, conta um episódio em que convidara o Armando Oliveira para dar uma conferência na Federação Espírita do Paraná:

> E uma das questões que me deixou meio desencantado lá em Curitiba foi quando nós convidamos o Armando pra fazer uma palestra. E o Armando era bem esquerdista, inflamado. E ele fez uma conferência na Federação Espírita do Paraná e foi muito... desceu foi a lenha mesmo nos militares, tudo. E eu acho que o pessoal da Federação, que era meio conservador, ficou meio assustado. E eu nessa ocasião era presidente da mocidade espírita que se chamava União das Mocidades Espíritas de Curitiba, que se chamava UMEC. E depois que acabou a conferência o presidente da Federação me pediu que a gente dissesse se a gente concordava com os conceitos do orador. Daí eu respondi pra ele que nós não tínhamos a obrigação, que ele era um convidado, e o público tinha o direito de concordar e discordar. Nós não tínhamos a obrigação de assumir nenhuma posição em relação a ele. Daí ele firmou posição, queria que a gente respondesse. Nós fizemos uma reunião, dissemos que não responderíamos e acabamos extinguindo a mocidade. (Depoimento oral concedido dia 4/7/2009).

Importa notarmos como era central para o MUE o desconcertar do pensamento hegemônico espírita, num trabalho de criticização, propagando o chamado "espírito universitário". Questionar, criticar, fugir à leitura dogmática, eram palavras de ordem no MUE. Para ilustrar, citemos os depoimentos dados por Armando Oliveira e Adalberto Paranhos, a respeito de um método utilizado em palestra:

> o Adalberto botou na lousa três frases, cujas frases eu não lembro mais. Uma de André Luiz... não. Uma de Emanuel, uma de Kardec e uma de Marx. E foi discutindo, e foi conversando com o pessoal... no final ele induziu o pessoal a votar como verdadeira a frase de Marx. Aí foi uma bomba né, aí foi um verdadeiro Iraque. (Depoimento oral concedido dia 9/7/2009).

Adalberto Paranhos esclarece o procedimento estratégico, visando despertar os espíritas para o "fideísmo crítico", expressão cunhada por Herculano Pires em equivalência à "fé raciocinada" de Allan Kardec:

> Passei também a tentar trazer para o primeiro plano a participação do público. [...] Eu apresentava uma frase, "olha, não critique ninguém, tatata, a crítica é

negativa... bababa". Pedia às pessoas que analisassem: "não, mas espera aí, há coisas que devem ser criticadas, tal, tal, tal". E aí, depois eu revelava o autor: "André Luiz, psicografia de Chico Xavier". Só que as pessoas já tinham criticado André Luiz, não é, sem saber quem era o autor, até porque eu partia do pressuposto de que ora, pouco importa quem tenha dito isso ou aquilo, trata-se de analisar o conteúdo, né. E mais uma frase, aí apontava outra: "olha, os negros, pela sua conformação craniana tem uma capacidade mental sensivelmente inferior a da raça branca etc. e tal". Pô, choviam críticas a essa formulação. "Pô, racista, ultrapassada etc. e tal". "Allan Kardec, *Revista Espírita*, 1857. Só que é preciso dar os devidos descontos, se não caímos aqui no anacronismo. Na época se acreditava nisso, antropologia física sustentava esse tipo de coisa. Só que Kardec era um homem do seu tempo, falível como outro qualquer. Acontece que nós, espíritas, frequentemente, embora Kardec tenha feito a pregação contra o culto a imagens, o endeusamento de certas figuras etc. e tal, acabamos promovendo a canonização de Allan Kardec. Então... ele também fazia avaliações tremendamente equivocadas". Por último eu apresentava uma frase sobre o amor, uma maravilha, todo mundo aplaudia, lavava a alma diante do que eu anotava na lousa etc. Aí: "Autor (depois de rasgados elogios) Karl Marx, manuscritos econômico-filosóficos". Nossa, isso, como gostava de dizer o Eduardo Simões, tinha o efeito de um TNT no centro espírita. (Depoimento oral concedido dia 29/8/2010).

Até certo ponto, adivinhavam-se as consequências desta atitude provocadora:

> Em Volta Redonda [...] houve uma explosão de descontentamento por parte da direção do centro: "como é que você traz um moleque como esse pra fazer esse tipo de colocação, denegrindo a Doutrina".

> Então nós agíamos aí de forma (nós eu, no caso, né), de forma provocadora, tentando levar à prática aquilo que era uma divisa do Espiritismo, segundo Allan Kardec. Mas o movimento reagia de forma furibunda diante disso. (Depoimento oral concedido dia 29/8/2010).

De passagem, notemos que a técnica utilizada por Adalberto para incitar o público a refletir sobre a necessidade de criticidade (levando-o a criticar seus ídolos, como André Luiz e Allan Kardec, e a aplaudir Karl Marx, o rejeitado e, por muitos, detestado ícone máximo da esquerda) era também uma forma de tentar abrir caminho para o diálogo com o marxismo.

Contudo, a barreira do dogmatismo revelou-se intransponível. Telmo Cardoso Lustosa, que foi representante d'*A Fagulha* no Rio de Janeiro, conta que "houve um grande conflito de idéias entre o tradicionalismo e a renovação. Para nós Kardec estava sujeito a críticas e isto não é admissível no Movimento Espírita até hoje" (depoimento recebido por e-mail dia 2/5/2010).

Adalberto nos relata também uma palestra que causou furor em Sorocaba:

> Casa cheia, transmissão via rádio, e lá pelas tantas eu apontei como um exemplo de desprendimento e dedicação à causa da humanização, da melhoria da sociedade, o Che Guevara. Nossa! Numa época que... estávamos já, eu não me lembro se às vésperas, ou sob o império do AI-5. Foi baixado no dia 13 de dezembro de 68. Aí a quase coincidência. Nossa! Isso provocou um alvoroço muito grande. (Depoimento oral concedido dia 29/8/2010).

Diante de reações tão explosivas, como explicar a continuidade das provocativas palestras de Armando Oliveira e Adalberto Paranhos no movimento espírita? Adalberto explica que eles ainda eram chamados ou por ter determinados contatos com pessoas que os apoiavam e tinham a possibilidade de inseri-los na programação de algum centro espírita, ou simplesmente pelo fato de não serem suficientemente conhecidos pelos dirigentes:

> Chamavam porque a gente tinha algumas inserções. Por exemplo, lá em São Caetano, os irmãos Saad [...] eles ou a família deles estavam à frente de um centro espírita lá. Como eu falei pra você, o Eloy em Taubaté, Volta Redonda. Em alguns casos por nos conhecerem e outros até por não nos conhecerem. Então, algumas pessoas nos convidavam sem saber exatamente o que vinha pela frente. Não, algumas pessoas nos convidavam e os dirigentes do centro não necessariamente sabiam o que viria pela frente. Caso de Volta Redonda. (Depoimento oral concedido dia 29/8/2010).

Cabe destacarmos também os encontros de mocidade como momentos importantes de inserção do MUE no movimento espírita, através da aproximação com grandes contingentes de jovens que acorriam a estes eventos. Djalma Caselato destaca que nas prévias das concentrações de mocidades começaram a ir pessoas

> que se estivessem aqui em São Paulo ou Campinas ou em Sorocaba com certeza estariam frequentando o MUE. Não se formou outros MUEs fora dessas três cidades, mas tinha pessoas em outras cidades que estavam afinadas com esse pensamento e que só tiveram contato por causa dessas prévias. Então elas realmente tiveram participação fundamental, um chamariz, né. (Depoimento oral concedido dia 28/10/2011).

Trabalhou-se intensamente pelo incremento da participação dos jovens no interior do movimento espírita, procurando-se descentralizar o poder institucional. Adalberto Paranhos, por exemplo, como presidente da VI CENSUL-Esquema novo,[16] estimulou a criação de cinco Departamentos de Mocidades (DM) de Conselhos Regionais Espíritas (CRE) da região centro-sul do Estado de São Paulo (*Ultimatum*, n° 1, jul. 1969, p. 6). O MUE de Campinas entrosou-se com o Departamento de Mocidades do CRE da 3ª região, que tinha como presidente Eleonora Alves Sampaio e Silva, como secretária Leonice Aparecida Palma, como secretário Djalma Caselato e como tesoureiro Nelson M. Queiroz. Djalma Caselato e Walter Sanches, do MUE de Campinas, foram diretores do *Ultimatum*, um boletim publicado por este Departamento de Mocidades. Seu discurso equivale ao do MUE em conteúdo crítico e altivez da forma.

Produziram conjuntamente, o MUE de Campinas e o DM do CRE da 3ª região, a proposta para a reorganização do movimento unificacionista do Estado de São Paulo, que teve boa acolhida em reunião do Departamento de Mocidades da USE. "Até o Abel Glaser gostou", afirma-se no *Ultimatum* (*Ultimatum*, n° 2, set. 1969, p. 5).

Djalma Caselato, contando do seu envolvimento em múltiplos espaços, dá testemunho da intensidade do movimento jovem e da articulação do Departamento de Mocidades do CRE da 3ª região com os vários MUES:

> Eu era muito atuante dentro do MUE. Participava de todas as reuniões e das concentrações espíritas de mocidades. Inclusive fui o líder da Mocidade Espírita de Jundiaí para a realização de uma concentração de jovens espíritas do Estado de São Paulo. Participávamos de reuniões em São Paulo, em Sorocaba, em Campinas e em Rio Claro. Essa participação era tão grande que durante a semana tínhamos reunião em São Paulo e todos os fins de semana em algumas dessas cidades citadas.
>
> As reuniões do Departamento de Mocidades do CRE da 3° região coincidiam com as reuniões dos MUES de São Paulo, de Campinas e de Sorocaba. A atividade principal eram os estudos e desses estudos surgiam temas que eram escritos e publicados no periódico ULTIMATUM. (Depoimento recebido por e-mail dia 15/10/2011).

Mas, o veículo de comunicação que mais mobilizou o MUE como um todo foi sem dúvida nenhuma a revista *A Fagulha*. Este periódico, que circulou, com doze

---

16 CENSUL significa Concentração de Mocidades Espíritas da Região Centro-sul do Estado de São Paulo.

números, entre 1967 e 1970,[17] era impresso na cidade de Campinas, recebendo artigos de diversos membros dos MUEs regionais. Importa dizer, desde já, que o MUE de Campinas representou uma inflexão na história do MUE, que se iniciou na cidade de São Paulo no começo da década de 1960, com um viés despolitizado: "com a criação do MUE de Campinas passa a haver uma maior preocupação com questões sociais e políticas, ainda associadas ao Espiritismo" (depoimento oral concedido por Adalberto Paranhos dia 29/8/2010). Temos a impressão de que o MUE de Campinas "contaminou" o MUE de São Paulo com o "vírus" da política, cativando o núcleo paulistano para os candentes problemas sociais, levando-o assim a ampliar a sua pauta mais restrita do progressismo como resgate filosófico e científico do Espiritismo. (Por outro lado, o MUE de São Paulo também parece ter influenciado o de Campinas a aprofundar-se no problema científico do Espiritismo, contribuindo para uma reflexão em torno da ideia de um Espiritismo laico).

Djalma Caselato entende que

> A influência era mútua, né. Nós também éramos influenciados por eles, na parte social. [...] Algumas pessoas do MUE de São Paulo faziam palestras que abordavam o aspecto social, né. Então era uma influência evidentemente que vinha do MUE de Campinas e do MUE de Sorocaba, né. (Depoimento oral concedido dia 28/10/2011).

Outro ponto importante a ser anotado é que, após seis meses, o sétimo número d'*A Fagulha* surge com modificações:[18] um Conselho de Redação formado por Adalberto de Paula Paranhos, José Carlos Dorini Ramos e Valter Scarpin, uma tiragem ampliada e uma capa emblemática da plataforma do MUE. Armando Oliveira Lima considera esta entrada de Adalberto Paranhos na revista e no MUE um marco, um divisor de águas, na história do MUE. Nas suas palavras:

> [...] era *A "Fagulinha"* mais modesta, né, aquela feita em mimeógrafo a álcool, né, [...]. Depois que ela virou *A Fagulha* com aquela capa azul, com aquela montagem de Emmanuel, Kardec, não sei mais quem, papa, papa, é que ela começou

---

17 Importa dizer que, se *A Fagulha* termina em dezembro de 1970, o mesmo não ocorre com o MUE, que segue em atividade até meados de 1973, 1974. Walter Sanches, que atuou no MUE de Campinas, explica que não foi possível continuar com a publicação d'*A Fagulha* porque "a gente tava em situação econômica de dificuldade" (depoimento oral concedido dia 16/11/2011).

18 Possuímos um exemplar d'*A Fagulha* n° 6 que já apresenta o novo Conselho de Redação e a nova capa. Porém também temos exemplares d'*A Fagulha* n° 6 apresentada com o antigo Conselho e a antiga capa. Optamos então por tomar *A Fagulha* n° 7 como a "nova Fagulha".

a ser mais respeitada, no sentido de aparência, entendeu. Já era uma revista. Foi nessa época que eu acho que ele ganhou uma expansão maior. Uma profundidade maior inclusive de conceitos, que estavam na cabeça do baixinho [referindo-se a Adalberto Paranhos]. [...] Eu acreditava nele. Eu acreditava na cabeça, na inteligência dele. Tanto que eu acho que a revista cresceu muito em conteúdo depois que ele assumiu. Houve inclusive uma concretude de objetivos, uma concretização de objetivos. Ele era mais objetivo. Eu era mais romântico. (Depoimento oral concedido dia 9/7/2009).

Adalberto fora conquistado à causa do MUE a partir de uma palestra de Sidnei Nicolau Venturi proferida em Itu:

Eu me lembro de uma palestra, que foi [...] o Sidnei, pronunciou em Itu. Isso ocorreu, quando, acho que em julho, julho de 68, e que realmente mexeu com a minha cabeça, a partir daí eu me aproximei... Bom, como sempre acontece, a primeira tendência diante de certas informações novas que você recebe, até esboçar alguma reação... mas eu pelo menos tive a abertura de discutir isso, aí fui ao encontro do Armando pra trocarmos ideias e digamos que essa travessia se deu mais ou menos entre julho e dezembro de 68. (Depoimento oral concedido por Adalberto Paranhos dia 29/8/2010).

Adalberto Paranhos também tem a percepção de que a sua entrada no MUE e n'*A Fagulha* imprime a ambos um salto qualitativo:

O Armando, até por ser, à época, uma pessoa um pouco mais velha do que nós, com uma maior carga de leitura, era um referencial importante. Só que a ele faltava, digamos assim, a base de apoio de que, em parte, eu dispunha, em função da liderança exercida em certas áreas do movimento de juventude, era sempre uma pessoa – isso se mantém até hoje – mais disponível pra circular por diferentes estados, agitando a questão do MUE etc. e tal. E a partir do momento em que nós passamos a trabalhar juntos, a coisa muda de figura. (Depoimento oral concedido dia 29/8/2010).

Se antes *A Fagulha* contava com um número reduzido de exemplares, tirando "umas 50 cópias em mimeógrafo a álcool", com a entrada de Adalberto Paranhos, aproveitando-se dos "múltiplos contatos que tinha com jovens, por ser uma liderança do movimento, nós conseguimos ampliar significativamente o raio de alcance da revista, aumentou bastante a tiragem. Foi quando ela, num certo sentido, saiu do gueto e passou efetivamente a incomodar" (depoimento oral concedido dia 29/8/2010).

A nova capa da revista constitui-se de recortes de imagens, composta pelas figuras de Emmanuel (o mentor de Chico Xavier), Che Guevara, André Luiz (o autor de *Nosso Lar*), Papa Paulo VI, militares, um jovem assassinado aos pés de militares, Jesus, uma multidão, dois jovens (talvez um casal), um olho, um músico (talvez Edu Lobo ou Sidney Miller), Elis Regina, Allan Kardec e Karl Marx. Sem dúvida, uma composição extremamente representativa da proposta do MUE.

Apresentaremos a seguir o conteúdo d'*A Fagulha* e de outros periódicos produzidos pelos universitários espíritas a partir de dois grandes eixos temáticos que consideramos centrais para o bom entendimento da proposta do MUE: o *progressismo* e a *política*, intimamente interligados entre si.

Um aviso importante se impõe: frequentemente, com fartas citações, descreveremos longamente o conteúdo dos artigos publicados nos periódicos do MUE, o que pode causar algum cansaço ao leitor. Não obstante, pedimos compreensão, pois acreditamos ser importante esta generosa exposição por tratarmos com periódicos ainda praticamente inacessíveis. A nossa intenção é tão somente facilitar tanto quanto possível o entendimento do pensamento do MUE com vistas à produção de conhecimento histórico.

Progressismo: crítica e diálogo contra dogmatismo e autoritarismo

O progressismo do MUE possui um sentido interno e um externo. Refere-se, por um lado, à exigência de crítica interna ao Espiritismo e ao movimento espírita, em favor do diálogo, contra o dogmatismo e o autoritarismo. E, por outro, à busca de um diálogo com a cultura atual – atentando para os grandes problemas postos pelo contexto histórico vivido e, fundamentalmente, absorvendo, à luz do Espiritismo, a doutrina marxista. Neste grande eixo temático – o progressismo – inclui-se também o tópico religião vs. ciência, especialmente relevante no caso do MUE de São Paulo, mas que também teve crescente importância para o MUE de Campinas.

De imediato, no primeiro número d'*A Fagulha*, de outubro de 1967, a revista inicia como veículo de ataque aos "espíritas misoneístas". Trata-se de uma crítica interna aos espíritas que, "por ignorância, querem vê-lo [o Espiritismo] cristalizado, estático, obtuso, assistindo passiva e indiferentemente, o progresso e a evolução da cultura humana" (*A Fagulha*, n° 1, out. 1967, p. 1). Esta acusação justifica-se na leitura dialética do progresso histórico. O conceito de dialética, conforme veremos, tem papel importante na plataforma de renovações reivindicadas pelo MUE para o movimento espírita.

Parece que já se vivia uma situação declaradamente conflituosa, pois se reclama de campanhas difamatórias e da postura de uma oposição que bradava em nome da "pureza doutrinária" para fazer frente a uma "infiltração": "Pelo que parece, os campeões da pureza só entendem 'impura' a 'infiltração', entre os jovens espíritas, do anseio de uma sociedade mais justa e mais honesta" (*A Fagulha*, n° 1, out. 1967, p. 6). O artigo, que leva o título de *Fidelidade doutrinária ou omissão?*, assinado por Sidnei Nicolau Venturi, termina parodiando Marx: "Jovens espíritas do Brasil, uni-vos! Pois a 'pureza' que pregam é omissão!" (*A Fagulha*, n° 1, out. 1967, p. 6).

A oposição "jovens progressistas contra velhos misoneístas" aparece com bastante força em um texto de sabor bastante ácido: a *Parábola Saint-Simoniana Moderna*. Nesta parábola, hipotetiza-se uma súbita perda das jovens lideranças espíritas, de espírito progressista, tendo por consequência uma enorme perda para o movimento espírita brasileiro que assim "transformar-se-ia num corpo sem alma, num presente sem futuro" (*A Fagulha*, n° 5, mai – jul. 1968, p. 23). Contrasta-se a seguir com a outra hipotética situação de uma súbita perda dos atuais presidentes "vitalícios e ultrapassados" de centros espíritas, dos médiuns incultos, "vítimas do animismo que produzem", dos dirigentes de obras assistenciais "sem programa, sem linha, sem filosofia, sem previsão", dos "falsos arautos de uma unificação que outra coisa não é que ajuntamento", dos centros espíritas "igrejificados", de todos os "adeptos misoneístas", dos seus "pregadores superficiais", dos presidentes de algumas Federações estaduais "e, com eles, seus secretários, seus tesoureiros e demais diretores" e do próprio presidente da FEB (*A Fagulha*, n° 5, mai – jul. 1968, p. 23). Com todas estas perdas, o movimento espírita brasileiro nada perderia, "não sofreria com isso o menor abalo ou o menor prejuízo" (*A Fagulha*, n° 5, mai – jul. 1968, p. 23).

É de se imaginar o quanto este texto deve ter incomodado aos leitores não alinhados com o pensamento do MUE. Um suposto episódio merece ser trazido à tona, pois parece vincular-se diretamente a este pequeno e ferino artigo. Therezinha Oliveira, importante liderança do movimento espírita paulista, conta-nos ter havido um ataque por parte dos jovens do Centro Espírita Allan Kardec, o que lhe teria despertado a atenção frente à infiltração socialista:

> [...] quando nós ficamos sabendo alguma coisa foi porque eles começaram a tomar algumas atitudes que não eram fraternas, que não eram de acordo com a conduta de um espírita. Eles por exemplo colocavam no painel da mocidade assim: "se morressem todos os idosos com mais de trinta anos e ficassem só os jovens aí o mundo resolveria seus problemas, aí o mundo andaria bem". Era uma ofensa, era antifraterno. (Depoimento oral concedido dia 6/7/2009).

Entretanto, interrogados a respeito, Armando Oliveira Lima e Adalberto Paranhos negaram veementemente a ocorrência de tal fato. Armando afirmou: "Não tenho conhecimento disso. [...] Mentira, mentira. [...] Não teve nada de mural, eu nem sei disso" (depoimento oral concedido dia 9/7/2009). Assim, o que Armando Oliveira assume é um "escrito meu em que eu dizia que se todos os espíritas reacionários morressem o Espiritismo não ia sentir nada" (depoimento oral concedido dia 9/7/2009). Justamente a *Parábola Saint-Simoniana Moderna* publicada n'*A Fagulha*. Adalberto, por sua vez, também contestou:

> Não, isso é uma tremenda besteira. [...] Não, isso seria uma arrematada tolice. Eu nunca vi, nunca soube disso e certamente no que dependesse de mim, digamos, sob a minha gestão lá como presidente da mocidade, se eu vejo isso eu pego, arranco, jogo fora... é uma besteira total. (Depoimento oral concedido dia 29/8/2010)

De fato, o MUE não temia o confronto – pelo contrário, instigava-o. No primeiro número d'*A Fagulha* já é declarado que se irá tratar especialmente dos problemas sociais e das "questões malditas": "os assuntos abordados nos nossos números, serão aqueles que, a rigor, não são discutidos senão nos bastidores" (*A Fagulha*, n° 1, p. 2). Um plano temático da primeira à quinta publicação é traçado (e quase integralmente cumprido). Os tópicos prometidos são: 1) Problemas sociais; 2) Revolução na Igreja; 3) Pacto Áureo e Unificação; 4) Espiritismo, Espíritas e Política e 5) Movimentos Paralelos. À exceção do último, os quatros primeiros temas são seguidos à risca.

A autoimagem do MUE era a de um movimento de vanguarda[19] destinado a colocar o Espiritismo brasileiro nas vias do progresso, em ressonância ao contexto histórico do século XX. É assim que, por exemplo, ao noticiar a fundação do MUE de Salvador, *A Fagulha* entusiasma-se por adentrarem um período "que se poderia chamar de 'a era dos MUES'" (*A Fagulha*, n° 11, set-out. 1970, p. 45).

---

19 Sendo vanguarda, o MUE estaria "à frente do seu tempo". Esta percepção aparece por ocasião de uma homenagem de Armando Oliveira Lima ao seu pai Antenor de Oliveira Lima, quando do seu falecimento. Trechos de sua autoria são selecionados e publicados n'*A Fagulha*, podendo ser lidos, até certo ponto, como idéias precursoras do MUE. (Um exemplo: "A caridade jamais poderá ser compreendida apenas através a esmola que se dá ao próximo. Tanto que a melhor caridade é, efetivamente, o proporcionarmos aos nossos semelhantes os meios de que necessitam para não precisarem dela" (*A Fagulha*, n° 9, set. 1969, p. 7)). Armando Oliveira, ao apresentá-los, afirma que o pai, apesar de não concordar com os métodos do MUE, concorda com as suas idéias, entendendo que *A Fagulha* nascera cem anos antes do tempo.

Os três MUEs do Estado de São Paulo – Campinas, São Paulo e Sorocaba – pretendiam avançar em questões polêmicas e na reformulação organizacional do movimento espírita. Realizavam concentrações para dinamizar-se e fortalecer-se.[20]

Em *Crise cultural*, artigo não assinado a pedido do autor,[21] é feita uma crítica ampla e incisiva ao estado em que se encontra o Espiritismo:

> A Doutrina Espírita, que na sua codificação foi um amplo diálogo entre a revelação espiritual e a cultura humana, quando se transformou em movimento espírita perdeu seu aspecto dialético.
>
> Virou religião, e assim como todas as religiões de nossos dias sofre a crise cultural da renovação dos valores, idéias e padrões.
>
> Uma renovação, uma revolução se abala no mundo, e o homem sente-se obrigado a uma revisão. […].
>
> A Doutrina Espírita há muito abandonou a posição do diálogo cultural, para ser um monólogo mediúnico. Kardec, pedagogo e erudito, pertence à história. Crookes, Dellane, Geley, ficaram retidos nos meandros do tempo.
>
> Não houve continuação da idéia espírita e nem sucessão no movimento doutrinário. Não se renovaram os espíritas, não trouxeram cultura, não selecionaram revelações espirituais, e ficou a doutrina como uma seita. Hoje, ela é apenas uma doutrina estatística e estática (*A Fagulha*, n° 3, jan–fev. 1968, p. 32-33).

---

20 Para manter-se progressista, o MUE, além de ser dinâmico, deve preocupa-se permanentemente com a criticidade. Por exemplo, ao propagandear o trabalho preparatório para a IV Concentração dos MUEs, sob o lema "renovar ou morrer", afirma-se uma nova fase para as suas concentrações, realizando "tantas prévias quantas se fizerem necessárias", com o fito de que todos os universitários sintam-se "em condições de discutir, com conhecimento de causa, as questões que se propuseram abordar" (*A Fagulha*, n° 11, set-out. 1970, p. 46). Cada tópico em questão deve ser subsidiado por uma apostila – incumbência dos MUEs. Para a sua IV Concentração, decide-se por focalizar o tema "O que é o Espiritismo", consagrando-se para tanto a estudos em teoria do conhecimento (*A Fagulha*, n° 11, set-out. 1970, p. 47).

21 Por não querer expor-se, presumimos que o autor seria alguma personalidade de relativa proeminência no movimento espírita, perante o qual se encontrava em crise. Pelas suas ideias e pela sua efetiva trajetória no movimento espírita, acreditamos que o articulista seja Jacob Holzmann Netto, orador tão aclamado quanto Divaldo P. Franco à sua época e autor do pequeno livro *Espiritismo e Marxismo*, publicado pela *Edições A Fagulha*.

É relevante notar como a ideia de crise ou revolução cultural e social está presente como uma percepção do contexto em que se vivia. Querer mudar os rumos dados ao Espiritismo é, nessa perspectiva, uma resposta às exigências sentidas por aqueles que experienciavam positivamente a ebulição cultural e social em que se encontrava o Brasil e o mundo. Trata-se da ideia de diálogo com a cultura atual, ou com as exigências do momento histórico – o que será uma constante no discurso do MUE.

Por isso, vale a pena destacar as propostas do autor anônimo. Para que o Espiritismo retome o caminho abandonado, é necessário reestudá-lo, encarando "com realidade os 'furos' da codificação e movimento espíritas", e marchando "para as correntes culturais que se aproximam do 'campo' espírita. Esses campos ao nosso ver são: Parapsicologia, Psicanálise, Pedagogia, Sociologia e Serviço Social" (*A Fagulha*, n° 3, jan.-fev. 1968, p. 33).

Nessa perspectiva do diálogo entre o Espiritismo e a cultura contemporânea, o par Kardec-Marx é estruturante do esforço de síntese para superar dicotomias. O primeiro, representando a Doutrina Espírita e o segundo a Ciência Social, dão-nos, respectivamente, respostas para atender às necessidades da alma e as necessidades do corpo. Neste caso, o "Dai a Deus" representa a atenção devida às necessidades da alma e o "Dai a César" os cuidados necessários ao corpo (*A Fagulha*, n° 1, out. 1967, p. 4-5). Corpo e alma, entretanto, não são realidades dissociáveis. Por isso é feita referência à Igreja Católica, por esta já estar assumindo que "as necessidades do corpo interessam bem de perto à salvação da alma" (*A Fagulha*, n° 1, out. 1967, p. 5).

Desta fusão entre leituras marxistas e espíritas, chega-se a várias sínteses, como a noção de "práxis espírita" e de "Espiritismo dialético". Armando Oliveira Lima é uma das lideranças do MUE que mais investe nestas elaborações conceituais. Com a ideia de práxis espírita e de dialética o autor desenvolve seu raciocínio procurando mostrar a indissociabilidade do homem e da sociedade, que se desenvolvem através da educação e da reforma das estruturas. A vida terrestre é considerada um conflito entre as forças do bem e do mal, que impõe o dever de lutar pelos outros, através de um amor consciente, dinâmico e finalista. Esta luta, que se dá "em nós e fora de nós", é que leva ao aprendizado e ao progresso. A luta pode se dar através da educação e da política, no objetivo de implantação do socialismo, por sua vez amparado no amor. Este socialismo é referenciado nos primórdios do cristianismo (Atos dos Apóstolos), destacando-se a prática do cooperativismo, que deveria ser implementado nas atividades espíritas, como forma de exercício e de exemplificação de um ideário (*A Fagulha*, n° 1, out. 1967, p. 7-16).

Há um esforço conceitual de confrontar o materialismo dialético com o Espiritismo no intuito de encontrar uma feição própria da dialética no contexto da Doutrina Espírita, refutando o materialismo (*A Fagulha*, n° 1, out. 1967, p. 17-22). O que, como vimos, não é uma novidade entre os espíritas. O MUE de fato recupera obras como *Espiritismo Dialético* de Manuel Porteiro e *Espiritismo Dialético* de Herculano Pires.

Com o artigo *O consolador comprometido* Adalberto Paranhos critica o predomínio da tendência conservadora entre os espíritas que está emperrando o desenvolvimento do Espiritismo, que é progressista. É necessário trazer o Reino dos Céus à Terra, tornando efetiva a conexão do Espiritismo com os "problemas do mundo". Para isso, o espírito universitário deve assumir a dianteira, promovendo o confronto e o diálogo do Espiritismo com todos os departamentos do saber (*A Fagulha*, n° 9, set. 1969, p. 9-10). A parte terceira d'*O Livro dos Espíritos*, contendo as Leis Morais, fornece as teses sociais que os espíritas devem desenvolver (*A Fagulha*, n° 9, set. 1969, p. 18).

O articulista busca em Kardec a noção de uma destinação histórica para o Espiritismo, em que ele passa a exercer influência sobre a ordem social. A transformação interior é concomitante à transformação exterior. A primeira só se realizando na "medida em que empreendemos esforços com o fito de também melhorarmos o que nos é exterior" – referência à questão 132 d'*O Livro dos Espíritos* (*A Fagulha*, n° 9, set. 1969, p. 10). Cita também Vinicius,[22] Herculano Pires e Humberto Mariotti, para reforçar a interconexão entre problemas espirituais e materiais, a missão do Espiritismo de indicar "ao homem o caminho seguro das transformações substanciais da vida social", sem a qual *"perderá a sua razão de ser"*, e o seu caráter dialético (*A Fagulha*, n° 9, set. 1969, p. 11; grifo no original). O Consolador Prometido pelo "Jovem Jesus" não pode se tornar o "consolador comprometido, acasulado em si mesmo" (*A Fagulha*, n° 9, set. 1969, p. 11).

Acentua a noção de que o Espiritismo é uma doutrina progressista e, como tal, deve dialogar com os conhecimentos disponíveis e com as exigências da época. À Kardec é "dada a palavra": o Espiritismo,

---

22 Encerra-se o último número d'*A Fagulha* com uma análise de Vinicius (Pedro de Camargo) da parábola do mordomo infiel em que depõe contra a propriedade privada: "*Os bens materiais* [título posto pela *A Fagulha*] 'O mordomo infiel – somos nós; é o homem. A nossa infidelidade procede do fato de nos apossarmos dos bens que nos foram confiados para administrar. Somos mordomos dolosos porque praticamos o delito que juridicamente se denomina – apropriação indébita.' (Vinicius, in "Na Seara do Mestre", 2ª ed. FEB, págs. 82 e 83)" (*A Fagulha*, n° 12, nov.-dez. 1970, p. 92; sublinhado da revista).

"entendendo com todos os ramos da ECONOMIA SOCIAL, aos quais dá o apoio de sua próprias descobertas, assimilará sempre todas as doutrinas progressistas, de qualquer ordem que sejam, desde que hajam assumido o estado de verdades práticas e abandonado o domínio da utopia, sem o qual ele se suicidaria" (A Gênese, cap. I, item 55). (*A Fagulha*, n° 9, set. 1969, p. 12)

E a época presente traz, como "a questão do século" (por sua amplitude e profundidade), a chamada "questão social", fundamentalmente constituída pelo problema da desigualdade de distribuição da riqueza e a impossibilidade de autodeterminação, fruto da marginalização em que se encontram as criaturas "na esfera das decisões em quase todos os setores da vida social, visto que o poderio econômico é, no mais das vezes, determinante do direito de decisão" (*A Fagulha*, n° 9, set. 1969, p. 12-17). Assim, impõe-se aos cristãos[23] a militância social, pelo socialismo, através da não-violência (*A Fagulha*, n° 9, set. 1969, p. 20-22). É a busca pela fraternidade social que leva à crítica ao capitalismo, já que neste sistema, alicerçado na propriedade privada e no "espírito de posse", seria impossível viver plenamente os pressupostos do amor (*A Fagulha*, n° 9, set. 1969, p. 22-23). Para o autor, "*concorrência e amor são contrários, solidariedade e lucro são antagônicos*" e, no capitalismo, "o trabalho não é canalizado em função do que é necessário ao homem, mas, sim, àquilo que mais renda possa propiciar a uns poucos interessados" (*A Fagulha*, n° 9, set. 1969, p. 23; grifo no original). Lembra o articulista que sem justiça social não haverá paz, já que a "*desigualdade de riquezas*" gera "as *desigualdades de afetos e sentimentos*" (*A Fagulha*, n° 9, set. 1969, p. 23-24; grifo no original). Assevera, por fim, a responsabilidade de conduzirmos a evolução, tornando-nos causa da História (*A Fagulha*, n° 9, set. 1969, p. 24). O MUE quer servir de exemplo naquilo que prega: Adalberto Paranhos destaca, em nota, o trabalho sobre serviço social produzido pelo Departamento de Serviço Social do MUE de São Paulo e a experiência comunitária almejada pelo MUE de Campinas. (*A Fagulha*, n° 9, set. 1969, p. 25-26).

---

23   É corrente entre os espíritas considerar o Espiritismo o "cristianismo redivivo". É a ideia de que existe um cristianismo autêntico que emana do Cristo e dos seus primeiros discípulos, mas que foi distorcido pela Igreja Católica ao longo da história. Assim, o Espiritismo traria de volta o cristianismo na sua real significação, à luz do ensino dos Espíritos. Nesse sentido, o resgate do cristianismo primitivo é um componente importante do discurso socialista do MUE. Adalberto Paranhos, por exemplo, fala da nossa obrigação, enquanto cristãos redivivos, de manter o legado dos primeiros cristãos ("*o da socialização do amor* materializado na comunidade de bens apostólica de que nos fala o Evangelho") que não calaram "sua prédica social pela igualdade entre os homens, numa sociedade escravocrata" ainda que acossados pela violência (*A Fagulha*, n° 9, set. 1969, p. 21; grifo no original).

De passagem, vale notar no artigo de Paranhos a presença de autores como Erich Fromm e Emmanuel Mounier,[24] constantes na bibliografia do MUE. Mounier, por exemplo, é utilizado para afirmar a conexão entre moral e economia: "*uma revolução moral será econômica ou não será revolução; uma revolução econômica será moral ou não será revolução*" (*A Fagulha*, n° 9, set. 1969, p. 23; grifo no original). Esta interpenetração de esferas usualmente pensadas em separado é uma característica fundante do MUE: religião e política, moral e economia, Espiritismo e marxismo, reforma íntima e transformação das estruturas, são pares que, na sua síntese, operam a construção de sentido renovador pretendida pelos jovens universitários espíritas, conferindo-lhes assim a sua identidade.

Para construir estas sínteses, o MUE procurou renovar as interpretações-padrão de obras espíritas. Assim, deslocou do campo acadêmico as leituras correntes de autores marxistas ou de reformadores sociais para o universo espírita. Por outro lado, jamais se deixou de buscar algum lastro doutrinário em Kardec, estabelecendo em paralelo um diálogo crítico com os Espíritos desencarnados. Adalberto Paranhos critica a leitura enviesada e limitada que muitos espíritas estariam fazendo de Kardec, "não obstante a clareza que lhe ilumina as expressões". Para ele, "parcela ponderável dos que se arvoram em exegetas de Kardec costuma moldá-lo dentro nos limites de suas parcas possibilidades, eclipsando-lhes [as expressões de Kardec] o brilhantismo" (*A Fagulha*, n° 9, set. 1969, p. 18). E dispara:

> Chegam a fazer ouvidos moucos a preciosos ensinamentos do Mestre de Lyon, quais os em que nos conclama, ao nos delegar as funções de co-criadores do Espiritismo, a "prover ao desenvolvimento de suas conseqüências", bem como "o estudo dos novos princípios, suscetíveis de entrar no corpo da Doutrina" (Obras Póstumas, pág. 324). (*A Fagulha*, n° 9, set. 1969, p. 18).

Paranhos indigna-se com aqueles que se esquivam da tarefa de fazer progredir a Doutrina Espírita com o acréscimo de novos conhecimentos, desenvolvendo-lhe os princípios. Afirma haver "uma forte corrente do misoneísmo espírita" que "vai buscar justificativas nas comunicações espirituais, para afirmar que 'cada coisa vem a seu tempo; quando tivermos que encarar tais problemas, os espíritos também o farão'" (*A*

---

24   O filósofo cristão Emmanuel Mounier "impressionou seus leitores com sua crítica veemente do capitalismo como um sistema que tem por base 'o imperialismo do dinheiro', a anonimidade do mercado [...] e a negação da personalidade humana; uma versão ética e religiosa que o levou a propor uma forma alternativa de sociedade, 'o socialismo personalista' que, em suas próprias palavras, tem 'muitíssimo que aprender do marxismo'" (LÖWY, 2000, p. 52-53).

Fagulha, n° 9, set. 1969, p. 19). É em Kardec que o articulista busca o contra-argumento: "'Os espíritos não se manifestam para libertar do estudo e das pesquisas o homem, nem para lhe transmitir, inteiramente pronta, nenhuma ciência. Com relação ao que o homem pode fazer por si mesmo, eles o deixam entregue às suas próprias forças' (A Gênese, cap. I, item 60)" (*A Fagulha*, n° 9, set. 1969, p. 19).

Em seguida, Santiago Bossero, apresentado como "uma das vigas mestras do pensamento espírita na vizinha Argentina" (*A Fagulha*, n° 9, set. 1969, p. 36), disserta sobre a necessidade de estudar as questões sociais, aproximando-se das "doutrinas sociais que tendem a suprimir a exploração do homem pelo homem", encarando os problemas gerados pela miséria – como a ignorância, a violência e o desespero (*A Fagulha*, n° 9, set. 1969, p. 33-34). "*Difundir um Espiritismo que não encare estes problemas contribui para manter a situação caótica em que vive a raça*" (*A Fagulha*, n° 9, set. 1969, p. 34; grifo no original). Os espíritas devem, portanto, colaborar com o advento do Cristo Social, que nos ensina: "não podeis servir a Deus e às riquezas" (*A Fagulha*, n° 9, set. 1969, p. 35). O articulista clama para que os espíritas da América atuem na vanguarda do progresso, tornando "os postulados de fraternidade, liberdade e igualdade [...] em permanente vivência nas relações sociais dos indivíduos e dos povos" (*A Fagulha*, n° 9, set. 1969, p. 35-36).

No MUE de São Paulo também havia a percepção aguda dos dramas sociais candentes e, a partir daí, a imperiosa necessidade de ação transformadora por parte dos espíritas. Edson Coelho[25] escrevera, por exemplo, num artigo intitulado *Sociedade, liberdade e... espíritas*, acerca da injustiça social, descrevendo a situação das

> Multidões violentadas [que] servem inconscientemente aos propósitos de uma poderosa minoria que as manipula qual máquinas, fazendo-as produzir riquezas, as quais irão se concentrar em suas mãos opressoras valendo-se, para esse fim, do condicionamento planificado que visa ao embotamento da consciência crítica. (*Espírito Universitário*, n° 1, jun. 1971, p. 4).

Alerta que

> Dessa forma, surgem os meios de comunicação como agentes alienatórios, descaracterizando, despersonalizando, massificando as coletividades humanas. Com

---

25 Adalberto Paranhos registra que o estudante de sociologia da Escola de Sociologia e Política de São Paulo, Edson Coelho, foi o caso de maior radicalização no MUE de São Paulo, chegando a vincular-se ao MEP (Movimento de Emancipação do Proletariado) (depoimento oral concedido dia 29/8/2010).

efeito, estas se encontram subjugadas pela mais torpe de todas as escravidões: a coação à liberdade de consciência, que lhes dá a ilusão de serem livres quando, em verdade, são relegadas a um servilismo degradante. (*Espírito Universitário*, n° 1, jun. 1971, p. 4).

"Diante de tal estado de coisas", indica o articulista,

> nós, espíritas, somos forçados a rever nossa posição perante a humanidade, visto que, militantes na doutrina que representa a vivificação do humanismo, temos, pelo menos teoricamente, grande parcela de responsabilidade na edificação de um mundo onde o amor e a justiça se sobreponham aos interesses transitórios. (*Espírito Universitário*, n° 1, jun. 1971, p. 4-5).

Mas, na avaliação de Edson Coelho, os espíritas estariam, na prática, muito aquém das exigências sociais que a sua doutrina lhes impunha em teoria:

> Infelizmente, a teoria não é lá muito condizente com a realidade, uma vez que os espíritas, encampando, seja pela ação, seja pela omissão, a defesa do status quo, continuam a fazer vistas grossas às implicações nitidamente sociais do espiritismo, olvidando que o progresso humano se nos apresenta como conseqüência direta do relacionamento social. (*Espírito Universitário*, n° 1, jun. 1971, p. 5).

Para Edson

> [...] a militância espírita, com raras exceções, parece não haver compreendido a extensão do papel histórico do espiritismo face ao verdadeiro fim de ciclo evolutivo pelo qual passa a civilização. Presa de um religiosismo retrógrado, imbuída de uma concepção mística, profundamente misoneísta, acomoda-se a uma estrutura social injusta e desumana, numa posição, conforme os espíritas apregoam aos quatro cantos, apolítica, como se isso fosse possível, visto que em se alienando da problemática social, assumem a pior das posições políticas, a do assentimento pela omissão, a da presença omissa. (*Espírito Universitário*, n° 1, jun. 1971, p. 5).

Ao fim, adverte que

> [...] se os espíritas continuarmos a nos alheiar[sic] à problemática social, levaremos forçosamente a doutrina ao fracasso no desempenho do seu dever perante a humanidade, posto que, em última instância, será pela nossa vivência objetivando a efetiva humanização do orbe, que ele (o espiritismo) se firmará como um dos agentes de um futuro melhor. (*Espírito Universitário*, n° 1, jun. 1971, p. 6).

O chamado Grupo Baiano assina o texto *O jovem espírita e o Espiritismo*, escrito em Salvador, dia 18 de abril de 1967. A limitação dada às mocidades espíritas e as censuras dos mais velhos são apresentadas como tentativas de refrear a ânsia dos jovens por conhecimento e realização. Esta sede de saber é justificada pelo caráter universal do Espiritismo, que "entende com as mais graves questões filosóficas, com *todos os ramos da ordem social*" (*A Fagulha*, n° 10, jul.-ago. 1970, p. 9; grifo no original). O que os jovens querem é estudar história, economia, sociologia, psicologia, à luz do Espiritismo e não, "maldosamente como se insinua, enxertar conhecimentos estranhos no legado do Codificador" (*A Fagulha*, n° 10, jul.-ago. 1970, p. 16). Nas obras básicas da codificação encontram-se os conceitos sintéticos; cabe aos espíritas desdobrá-los, em consonância a mentalidade de cada época, em confronto com as aquisições culturais (*A Fagulha*, n° 10, jul.-ago. 1970, p. 13). Questões de sociologia e história, por exemplo, quando abordadas pelos moços, levam a críticas severas: "chega-se a afirmar que os moços, enfrentando questões de tal teor, mesclam o legado kardequiano e afastam-se das linhas mestras do Espiritismo" (*A Fagulha*, n° 10, jul.--ago. 1970, p. 15). Ao que se responde com a simples exposição da temática presente na parte terceira d'*O Livro dos Espíritos*,

> dedicada quase toda [...] ao enfoque de proposições de conteúdo social, político, econômico, histórico e sociológico. São nove capítulos com perguntas e respostas sobre direito de propriedade, roubo, desigualdades sociais, riqueza, guerras, igualdade econômica, civilização, trabalho etc. (*A Fagulha*, n° 10, jul.-ago. 1970, p. 15).

O artigo critica a limitação dos que entendem e vivenciam o Espiritismo apenas de um modo individualista. Apresentando como um modelo de ser espírita já ultrapassado, por não corresponder "às novas perspectivas humanas do século XX", afirma-se que Espiritismo não é apenas "uma atitude piedosa nos Centros onde oramos, tomamos passes e bebemos água fluídica, preparando a nossa salvação individual, a ser desfrutada numa colônia localizada em algum ponto da Espiritualidade" (*A Fagulha*, n° 10, jul.-ago. 1970, p. 15). O Espiritismo é encarado como "um todo dinâmico e revolucionário a serviço do homem infeliz e injustiçado[26] (como Jesus na sua ação apostolar), fornecendo-lhe meios para superar as

---

26 Para sensibilizar o leitor a participar do Círculo dos Missivistas Amigos, que enviam correspondências alentadoras a presidiários, *A Fagulha* publica um excerto de *O Profeta*, de Gibran Khalil Gibran, no qual se sugere a co-responsabilidade de todos pelas injustiças e maldades existentes (*A Fagulha*, n° 12, nov.-dez. 1970, p. 89-90).

estruturas mesquinhas que o impedem de ser sujeito de sua própria história" (*A Fagulha*, n° 10, jul.-ago. 1970, p. 16).

É significativo o modo como é lido Kardec. Para ilustrar:

> Em "Obras Póstumas", pág. 348, ed. FEB, deparamo-nos com esta frase que é uma antevisão de um futuro que pode ou não estar próximo, e que será realidade quando o capital estiver subordinado ao valor criado pelo trabalho nas relações de produção e beneficiar aquele que o executa, e o lucro, democratizado, reverter em prol das comunidades obreiras, e não se concentrar em poucas mãos ociosas e avaras: "O homem será rico, porque rico é sempre todo aquele que sabe contentar-se com o necessário."
>
> Possivelmente Kardec lembrava Santo Agostinho, figura eminente e respeitável do Cristianismo, ao dizer que "quem detém o supérfluo, detém o alheio." (*A Fagulha*, n° 10, jul.-ago. 1970, p. 15).

A ligação direta estabelecida entre a frase de Kardec sobre a relação necessário--supérfluo[27] e o projetado futuro não-capitalista indica-nos que os autores do artigo liam Kardec à esquerda. Isto é, absorviam as suas palavras como um discurso revolucionário (mesmo) no contexto em que viviam. Parece-nos que esta forma de apropriar--se do discurso kardequiano estava generalizada entre os integrantes do MUE.

Num extenso trabalho do MUE de Campinas, "Estudos sociais na evangelização", avança-se na formalização da proposta de promover o encontro do Espiritismo com a cultura contemporânea. De início, é bastante relevante destacar que esta tese, apresentada no III Congresso Educacional Espírita Paulista (patrocinado pelo Instituto Espírita de Educação e apoiado pela USE, ocorrera entre 23 e 26 de julho de 1970), fora aprovada unanimemente pelo plenário do referido congresso. Ao Adalberto Paranhos coube o papel de defensor da tese, "fruto de estudos dos componentes do MUE de Campinas, a cuja frente esteve Claro Gomes da Silva e Armando Oliveira Lima, seu redator" (*A Fagulha*, n° 11, set-out. 1970, p. 8).

---

[27] Compondo o último artigo d'*A Fagulha* n° 11, um texto de António Cardoso, redator da revista lisboeta *Estudos Psíquicos*, faz a crítica aos "Beneficiários do supérfluo": capitalistas, latifundiários e nações concentradoras de riquezas e promotoras de guerras – com seu discurso de libertação encobrindo a intenção de abrir mercados (*A Fagulha*, n° 11, set-out. 1970, p. 62-65). É importante ressaltar que o problema da distribuição e usufruto dos "bens da terra" encontra tratamento destacado n'*O Livro dos Espíritos* através do par necessário/supérfluo. Veja-se, por exemplo, o capítulo V – "Lei de conservação" – da parte terceira – "As leis morais".

No evento, outros membros do MUE também estiveram presentes: Angela Bellucci, Maria Lucia Batoni e Walter Sanches.

Vejamos qual o conteúdo do trabalho. Dividido em três partes – *Pressupostos filosóficos*, *Evangelização e Estudos Sociais* e *Conclusões e Sugestões* –, o texto parte de alguns pressupostos para depois relacionar a evangelização aos estudos sociais, objetivando inseri-los nos centros espíritas. Em *Pressupostos filosóficos*, são apresentadas a cosmovisão espírita, a ideia de socialização do homem e os objetivos da educação. A cosmovisão inclui as assertivas de um plano divino, da evolução e do homem como cocriador. O homem, para cumprir seu papel no universo, precisa atuar no mundo. Mais uma vez, o MUE aproveita a oportunidade para combater a separação dicotômica entre o espiritual e o mundano, citando o que foi dito nos Encontros Internacionais de Genebra:

> "Viver segundo o espírito ou segundo o mundo: tal é a opção que muitas vezes tem sido proposta. A conversão ao "espiritual" significava a renúncia ao mundo. Permanecer um "mundano" implicava a recusa dos valores mais altos. Podemos nós, hoje, aceitar uma tal alternativa? E, mais do que em termos de contradição e oposição, não deveríamos colocar o problema em termos de reciprocidade? Parece-nos que tão necessário é o mundo ao espírito como o espírito necessário ao mundo. Mais ainda: que o espírito é vão se não for presença no mundo e que o mundo é atroz se recusar ao espírito" ("Os Direitos do Espírito e as Exigências Sociais", ed. Publ. Europa-América, pág. 9). (*A Fagulha*, n° 11, set-out. 1970, p. 28-29).

Esta fórmula que pretende o engajamento dos religiosos nas lutas do mundo, o enfrentamento dos grandes problemas sociais como forma de manifestação plena do Espírito, constitui, sem dúvida, uma bússola que orienta e organiza as pautas do MUE.

Utilizando-se de manuais de sociologia, das obras marxistas de Erich Fromm e d'*O Livro dos Espíritos*, disserta-se sobre a socialização do homem, com um sentido de expansão do eu e de desenvolvimento do senso de solidariedade, sem confundir-se com massificação, descaracterização do eu ou perda da consciência individual (*A Fagulha*, n° 11, set-out. 1970, p. 13-15). Sempre buscando sínteses, o MUE afirma que a visão espírita entende que a "natureza [...] abrange o temporal e o transcendental, o material e o espiritual. Por outras palavras, *tudo é natureza*, exceção feita ao Criador, que com ela não se confunde" (*A Fagulha*, n° 11, set-out. 1970, p. 15; grifo no original). Com isso, a socialização é transcendente, visa à realização do Plano Criador divino, com o alargamento da visão do homem frente à realidade, participando dela "cada vez mais conscientemente, no cumprimento de um dever que, como tal, lhe resultará amplamente benéfico" (*A Fagulha*, n° 11, set-out. 1970, p. 15).

A conscientização é o mote da educação (*A Fagulha*, n° 11, set-out. 1970, p. 15). Do ponto de vista subjetivo, é "*a síntese das experiências do homem no correr de toda a sua existência*", do ponto de vista objetivo é "o conjunto de procedimentos, de meios, de instituições, que objetivam instruir e adaptar", em suma, é uma técnica (*A Fagulha*, n° 11, set-out. 1970, p. 16; grifo no original). Critica-se a desconsideração quanto às finalidades da educação, a violência da sua imposição, a ideia do homem como objeto da educação e do professor como seu agente; se "o homem é o sujeito da própria educação [...] ela não é diretamente transmissível, mas, ao contrário, manipulada e realizada pelo indivíduo", assim, a educação não é ministrável, "mas tão somente ensejável" (*A Fagulha*, n° 11, set-out. 1970, p. 16-17). A educação, enquanto técnica, deve visar tanto ao homem quanto à sociedade. E a filosofia espírita, nesse particular, sendo absolutamente humanista,

> atenta à realidade de que o verdadeiro humanismo é tanto mais humano quanto menos *adora* o homem, colocando-o, ao contrário, como partícipe do plano da Criação, atribuindo-lhe, via de conseqüência, o valor merecido, em razão de suas conquistas, as quais, como vimos, atribuem-lhe sempre maiores responsabilidades. (*A Fagulha*, n° 11, set-out. 1970, p. 17-18; grifo no original).

Já na sua segunda parte, o texto avança a proposta de inserção dos Estudos Sociais na evangelização. Para tanto, é efetuada a definição dos conceitos de evangelização e de Estudos Sociais. Evangelho é práxis, evangelizar é "o ato daquele que objetiva viver segundo os preceitos evangélicos, visando propiciar, também aos demais, idêntica vivência" (*A Fagulha*, n° 11, set-out. 1970, p. 19). Assim, evangelizar não se confunde com catequizar, com o proselitismo, com "o simples ministério teórico das lições do Evangelho" (*A Fagulha*, n° 11, set-out. 1970, p. 18). A definição conceitual do MUE escuda-se em afirmações de Emilio Manso Vieira ("o Evangelho é o código social mais perfeito que se conheceu"), Emmanuel ("o ministério do Senhor é, sobretudo, de ação e movimento"; "não há medida para o homem fora da sociedade em que vive") e Herculano Pires ("os dois temas principais da tese do Reino são a mudança do indivíduo e a da sociedade") (*A Fagulha*, n° 11, set-out. 1970, p. 18). Corrobora, por fim, a definição do pedagogo Lauro Oliveira Lima para quem o ato de evangelizar "é justamente trazer a Boa-Nova, isto é, propor a reforma dos indivíduos e da sociedade, pois seria uma contradição o educador cristão não acreditar em sua missão de agente transformador" (*A Fagulha*, n° 11, set-out. 1970, p. 19). Com respeito à realidade da evangelização no movimento espírita, são feitas as seguintes observações críticas: a evangelização, enquanto técnica, tem sido aplicada somente à criança e há ainda um atraso com relação ao desenvolvimento das técnicas educacionais (*A Fagulha*, n° 11, set-out. 1970, p. 19-20).

Os Estudos Sociais são considerados auxiliares do processo evangelizador. Sua função é educacional: "são capítulos das ciências sociais selecionados para serem utilizados na educação, e objetivam 'auxiliar o indivíduo a apreender os conceitos relativos à sociedade humana, e ao mesmo tempo desenvolver as qualidades intelectuais e morais imprescindíveis à formação do cidadão democrático'" (*A Fagulha*, n° 11, set-out. 1970, p. 20). Com esta citação de Ralph C. Preston, um dos autores norte-americanos que influenciou na orientação do ensino dos Estudos Sociais no Brasil, a intenção do MUE de inserir o estudo das questões sociais na evangelização dos centros espíritas figuraria bastante aceitável, por não fazer menção à revolução, à reforma das estruturas sociais, ao capitalismo ou ao socialismo. A bandeira da formação do cidadão democrático é certamente bem mais consensual.

Com os Estudos Sociais, o indivíduo socializa-se e conscientiza-se quanto à situação em que está inserido no mundo. Torna-se então um bom cidadão, sem regras e códigos rígidos ditados, "mas, ao contrário, levando-o, pessoalmente, a inferir tais regras e códigos, redescobrindo-os" (*A Fagulha*, n° 11, set-out. 1970, p. 21). Tomando a evangelização como sinônimo de socialização, fica clara a importância dos Estudos Sociais que, fornecendo fins e meios, contribuem para o conhecimento e reforma da sociedade, visando à aproximação com o seu arquétipo, a sociedade ideal do Evangelho (*A Fagulha*, n° 11, set-out. 1970, p. 22).

Por fim, na terceira parte, são apresentadas conclusões e sugestões. O Centro Espírita, como instituição social, deve transformar-se em "experiência viva" de Evangelho, evoluindo também com a sociedade, promovendo a integração dos indivíduos na vida social, pautando-se pela autoridade do exemplo e materializando ideais (*A Fagulha*, n° 11, set-out. 1970, p. 23-25). Com isso, propõe-se que o III Congresso Educacional Espírita Paulista "sugira ao Conselho Deliberativo Estadual da USE a nomeação de uma comissão especializada para o estudo dos problemas aventados no presente trabalho", abordando os itens Filosofia e Sociologia do Centro Espírita, Estudos Sociais e Evangelização e Teoria e Prática da Evangelização Permanente (*A Fagulha*, n° 11, set-out. 1970, p. 25). Propõe-se ainda a realização de um curso de formação de evangelizadores para a prática da Evangelização Permanente (para todas as faixas etárias). E, como epílogo, afirma-se que:

> só a Evangelização terá o condão de transformar o homem e a sociedade, quando tal Evangelização não descurar do fato de que homem e sociedade constituem um binômio, cuja resolução se encontra, exatamente, no reconhecimento da reciprocidade que preside ao relacionamento entre os elementos de tal binômio. (*A Fagulha*, n° 11, set-out. 1970, p. 27).

Observemos a estratégia do MUE em produzir trabalhos menos incisivos com referência a sua pauta de reivindicações. Enquanto os artigos publicados restritamente n'*A Fagulha* são geralmente bastante diretos na afirmação do socialismo, na crítica ao capitalismo, sendo também bastante duros nas críticas ao movimento espírita, os trabalhos destinados a apreciação das instituições espíritas, com vistas à concretização de determinadas reformas, são menos polêmicos. Assim, o risco de uma rejeição imediata por parte das instituições diminui e abre-se a possibilidade de uma transformação paulatina do movimento espírita rumo aos objetivos mais radicais do MUE.

O trabalho *Filosofia e sociologia do "Centro Espírita"*, de autoria do MUE de Campinas, vem dar sequência à tese *Estudos Sociais na Evangelização*, publicada na edição anterior d'*A Fagulha*. Divide-se didaticamente em três partes: 1. Filosofia do "Centro Espírita", 2. Sociologia do "Centro Espírita" e 3. Planejamento, Supervisão e Administração do "Centro Espírita".

No primeiro item, parte-se da afirmação de que o Espiritismo é uma revelação cultural, por ser produto dos homens, do que resulta a exigência do fideísmo crítico (ou fé raciocinada) (*A Fagulha*, n° 12, nov.-dez. 1970, p. 7). Sendo ciência e filosofia, com suas consequências morais (seu aspecto religioso), volta-se sempre para o melhoramento dos homens. Situa a Doutrina Espírita num processo histórico-espiritual mais amplo, parte do Plano Criador, que aparece como um esforço de evangelização, de espiritualização, de evolução da humanidade, "propondo ao mundo uma sociedade fincada em novas bases *econômico-espirituais*" (*A Fagulha*, n° 12, nov.-dez. 1970, p. 9; grifo no original). O homem não deve, portanto, enclausurar-se para espiritualizar-se, e sim buscar "*a vivência integral do mundo segundo o Evangelho, segundo o Espírito, segundo a Evolução!*" (*A Fagulha*, n° 12, nov.-dez. 1970, p. 9; grifo no original). Por isso necessitamos de uma revolução integral, que atinja por igual, conforme Emmanuel Mounier, a "*esfera moral e a econômica*" (*A Fagulha*, n° 12, nov.-dez. 1970, p. 10; grifo no original).

Por ser evolutiva, a filosofia espírita é intrinsecamente revolucionária, é uma autêntica filosofia da ação, da inquietação, da luta e do dinamismo. Toma Jesus como modelo, por ter lutado e servido, "altivo e intransigente no combate às injustiças sócias e à ignorância espiritual dos homens" (*A Fagulha*, nº 12, nov.- -dez. 1970, p. 10-11).

O "Centro Espírita" (*A Fagulha* adota as aspas por não considerar exata a expressão), por adotar a filosofia espírita, "*não deve existir, cremos, senão como excepcional experiência que nos possibilitará propugnar pela transformação humana e econômico-social*" (*A Fagulha*, nº 12, nov.-dez. 1970, p. 12; grifo no original). Com a atuação social do homem consciente, porém, virão as resistências dos conservadores diante das mudanças pessoais e ambientais. É portanto necessário uma "ação tenaz do homem no mundo, em meio a difíceis e dolorosas experiências" (*A Fagulha*, nº 12, nov.-dez. 1970, p. 12). E, ainda que a transformação mundial seja um imperativo das leis de Deus, importa que os espíritas, com a não-violência, colaborem com o advento pacífico do socialismo, para que ele não venha através da violência revolucionária (*A Fagulha*, nº 12, nov.-dez. 1970, p. 13). Em nota, esclarece-se que

> o autor alude ao socialismo-cristão, ou como melhor aprouver, ao "socialismo com Jesus", consoante o dizer de Emmanuel. Não se faz, nem se sugere, sequer nas entrelinhas, menção ao "socialismo" (?) russo, cujos burocratas, empenhados na degenerescência dos reais postulados socialistas, converteram num desolador "capitalismo estatal". (*A Fagulha*, nº 12, nov.-dez. 1970, p. 35).

No segundo item, procura-se efetuar uma análise sociológica dos centros espíritas na atualidade. Primeiramente, constata-se que o "Centro Espírita" é mais influenciado pela comunidade e sociedade do que um agente de influenciação social (*A Fagulha*, nº 12, nov.-dez. 1970, p. 13). Assim, apesar de possuírem semelhanças entre si, a comunidade dos homens que formam o "Centro Espírita" é bastante heterogênea: tem diferenças de maturidade, cultura, evolução, faixa etária e classe social (*A Fagulha*. nº 12, nov.-dez. 1970, p. 14). Reúnem-se todos, no entanto, idealmente sob o objetivo comum de "compreensão da Doutrina Espírita e sua efetiva vivência" (*A Fagulha*, nº 12, nov.-dez. 1970, p. 14).

O diagnóstico do caráter atual dos centros espíritas é desalentador: são, via de regra, conservadores, primários (empíricos, improvisados), isolados (particularistas), propriedade particular ou oligárquica, incultos, artificiais (hipócritas), centralizados, pretensamente autossuficientes, estratificados em "estamentos", faltos de programação finalista, grupos mediúnicos e templos religiosos (*A Fagulha*, nº 12, nov.-dez. 1970, p. 15-17).

Perante tal realidade, convida-se o leitor ao enfrentamento da situação, com "*coragem cristã*" (*A Fagulha*, nº 12, nov.-dez. 1970, p. 18; grifo no original). É interessante notarmos os recursos utilizados para promover uma aproximação com o leitor médio, o espírita que vive o cotidiano do seu centro espírita, que em geral possui forte identificação com os signos cristãos. Jesus é destacado como o modelo de luta ante as injustiças sociais a ser seguido pelos espíritas; apela-se à coragem cristã, isto é, ao espírito de sacrifício por uma causa justa. Ao mesmo tempo em que o leitor é provocado – "Estará você disposto?", dispara o articulista – espera-se colher-lhe a simpatia não só através da razoabilidade dos argumentos mas também através da linguagem familiar e das figuras de autoridade, como Jesus, Kardec e Emmanuel.

A seguir, para introduzir uma breve análise sociológica dos centros espíritas, apresentam-se alguns princípios de sociologia: com Durkheim, a "especificidade do social" – a sociedade não é a soma dos indivíduos –, daí o reconhecimento de um determinismo social[28] que se impõe aos indivíduos, já que a sociedade é uma realidade que os ultrapassa (*A Fagulha*, nº 12, nov.-dez. 1970, p. 19-20). Com estes pressupostos, avança-se contra a tese da unilateralidade da reforma íntima, expressa claramente num editorial do *Reformador*, de dezembro de 1970, que *A Fagulha* assim reproduz:

> Ora, se se conceituar que a "sociedade é a simples soma dos indivíduos que a compõem", além de se incorrer numa afronta aos postulados científico-sociais da atualidade, estar-se-á lavrando o terreno à defesa de uma tese a qual, sobre ser ingênua, traduz a ignorância sociológica da maioria esmagadora dos espíritas, ao salientarem que "reformando-se intimamente cada um, atingiremos a reforma da sociedade" (!?), ou ao classificarem o Espiritismo como "Doutrina por excelência individualista (!?), que acena para a salvação (!?) na promessa (!?) dos que se reformam intimamente, a fim de que, só depois, seja alcançada a renovação social (!?), como corolário do processo inalienável da evolução de cada Espírito" (!?) (A frase supramencionada pertence ao editorial do "*Reformador*", ed. FEB, dez, de 1970). (*A Fagulha*, nº 12, nov.-dez. 1970, p. 20-21).

---

28   N'*A Fagulha* nº 12 publica-se um trecho de *Erros Doutrinários*, de Julio Abreu Filho, no qual se afirma a possibilidade dos Espíritos missionários falharem em suas missões, já que "suas forças entram em jogo com outras forças do meio social, as quais agem como modificadoras de seu impulso inicial, tanto em valor ou grandeza como em direção ou ponto de aplicação, de modo que se constata um puro fenômeno de mecânica social" (*A Fagulha*, nº 12, nov.-dez. 1970, p. 90).

Em realidade, ao examinarmos o editorial do *Reformador*, verificamos que a sua temática, por ocasião da aproximação do natal, é o reexame de si e a retomada da Doutrina do Cristo (*Reformador*, dez. 1970, p. 266). Assim, quando se fala em "Doutrina por excelência individualista" trata-se do cristianismo. Entretanto, a leitura do MUE permanece válida na medida em que o próprio editorial identifica cristianismo e Espiritismo: "alteamos o nosso padrão vibratório e conseguimos identificar melhor a Doutrina do Mestre (a mesma de Kardec), escoimada das distorções a que às vezes, pretensiosamente, a exegese especiosa se abalança" (*Reformador*, dez. 1970, p. 266). Ora, "salvação" e "promessa" são vocábulos tomados de empréstimo à teologia católica. O MUE, que congregava espíritas mais avessos a catolicização do Espiritismo – efetivada a partir do seu pertencimento ao cristianismo –, indignava-se com este vocabulário considerado exógeno à Doutrina Espírita e ainda de fundo místico – portanto contrário ao racionalismo pretendido. De resto, o símbolo de espanto "!?" recusa a classificação de individualista à Doutrina Espírita e a ideia de que a reforma íntima antecede a renovação social. Para o MUE, devemos propugnar "pela *transformação simultânea* dos indivíduos e da estrutura social que os comporta, como componentes interdependentes de um binômio" (*A Fagulha*, nº 12, nov.-dez. 1970, p. 21; grifo no original).

Vale determo-nos ainda no próprio editorial do *Reformador*, dado o seu posicionamento diametralmente oposto ao do MUE na questão da atuação no mundo, uma das faces do problema da política vs. religião. Citemos, na íntegra, dois parágrafos desse editorial de dezembro, para melhor aquilatarmos a importância do problema político que estava em voga:

> Podemos então medir a extensão da filosofia crística, preservada na sua pureza primitiva e eterna das enxertias a que os menos avisados do moderno revisionismo se propõem, situando-se inadvertidamente, embora alunos insipientes, acima do próprio Mestre. Por isso mesmo, <<obscurum per obscuris>> lobrigam nuanças extremadas numa Doutrina que, entretanto, será sempre renúncia, disciplina moral, tolerância e, acima de tudo, humildade diante das injunções de conjunturas temporais. Doutrina por excelência individualista, que acena para a salvação na promessa dos que se reformam intimamente, a fim de que, só depois, seja alcançada a renovação social, como corolário do processo inalienável da evolução de cada Espírito.
>
> Jesus, que podia tomá-lo, não quis o poder. Em nenhum instante disputou-o. E quando a ocasião se lhe afigura própria, deita a lição judiciosa: <<A César o que é de

César; a Deus o que é de Deus>>. Doutrina de não-violência, de passividade construtiva, de dinamismo ordenado – assegura o Reino dos Céus àquele que renunciar ao Reino da Terra. Como reiterou o Espiritismo. (*Reformador*, dez. 1970, p. 266).

Quem estaria a lobrigar "nuanças extremadas" na Doutrina do Cristo, na Doutrina de Kardec? Aqueles que a queriam coletivista (ou personalista e humanista), promotora direta da renovação social, envolvendo os cristãos nas lutas políticas – lutas de poder. Conforme o procedimento polarizador que associa diversas virtudes entre si em contraposição aos vícios, podemos supor que os revisionistas do cristianismo, os que queriam o "Cristo social", defendiam a indignação (e não a renúncia), a liberação, a insubordinação ou indisciplina (e não a disciplina moral), a intolerância (e não a tolerância), a prerrogativa de agentes transformadores "diante das injunções de conjunturas temporais" (ao invés de permanecerem humildes). É, em suma, contraposto um modelo de passividade ao de atividade (excessiva). Note-se ainda que, nesta perspectiva polarizante, a tomada do poder, a luta pelo "Reino da Terra", é necessariamente um ato de violência, de dinamismo desordenado (talvez anárquico).

Se considerarmos o padrão das mensagens natalinas, de exortação à reforma íntima, ao espírito fraterno, ao perdão, sempre numa perspectiva das relações interpessoais, sem qualquer pauta política, é bastante significativo que este editorial do *Reformador* tenha voltado-se a criticar uma concepção politizada do Cristo. Sinal de que o problema – a ameaça, talvez – era visto como relevante. Considerando ainda que o público leitor da revista obviamente era composto por espíritas e que aquele que escreve pretende estar em diálogo com quem o lê, deduzimos que o *Reformador* deveria, via de regra, tratar de problemas atinentes ao universo dos espíritas. Ora, qual seria o principal meio pelo qual os espíritas estariam entrando em contato com a "versão política da Doutrina do Cristo", com a leitura socialista do cristianismo? Podemos supor que provavelmente era o MUE o principal agente promotor destas concepções no interior do movimento espírita. Assim, a conclusão que podemos tirar é que o *Reformador*, representando a FEB, estava a defender-se do ataque revolucionário do MUE. Nesse momento, o símbolo máximo da religião dos espíritas, o Cristo, é chamado a depor ante aqueles que o afirmavam político.

Prossigamos com o MUE. Na análise sociológica dos centros espíritas, procura-se vincular características estruturais da sociedade capitalista aos problemas diagnosticados anteriormente no interior das instituições basilares do movimento espírita. Assim, a estrutura capitalista, que leva a alienação, impele os espíritas à falta de estudo. A competitividade da sociedade capitalista estimula o isolacionismo dos centros espíritas. A autoridade irracional, na qual os subordinados devem obedecer cegamente aos patrões, está presente também nos relacionamentos hierárquicos nas instituições espíritas, levando a obstrução da criatividade. A artificialidade leva-nos a crer que vivemos com democracia numa sociedade cristã. O sistema educacional, exclusivamente dirigido à profissionalização e à especialização, faltando-lhe humanismo e orientação moral, repercute na forma como se estuda o Espiritismo, isoladamente dos demais departamentos da cultura. Com a predominância da liderança autoritária, carecemos de colaboradores conscientes. E ainda, conforme a análise sociológica de Candido Procópio Ferreira de Camargo, os grupos mediúnicos atendem a uma função altamente conformadora para a "adaptação e integração das pessoas às imposições da vida urbana" (*A Fagulha*, nº 12, nov.-dez. 1970, p. 22-27).

A conclusão que se deve tirar desta análise do determinismo estrutural do capitalismo é que

> não lograremos aperfeiçoar os "Centros Espíritas" se, como testemunho do espírito cristão, não nos cometermos igualmente a tarefa de encamparmos e vivenciarmos as idéias que nos possibilitem uma radical mudança na fisionomia econômico-social do mundo capitalista. (*A Fagulha*, nº 12, nov.-dez. 1970, p. 27).

Por fim, no terceiro item deste trabalho do MUE de Campinas, são apresentadas algumas noções de planejamento, supervisão e administração para aplicarem-se aos centros espíritas. O "Centro Espírita", primordialmente entendido como uma espécie de escola, deve valer-se das experiências da administração escolar. A racionalidade, a técnica e a ciência, são imprescindíveis no projeto de renovação do movimento espírita proposto pelo MUE. É desta forma que podemos compreender a orientação finalista pretendida aos centros espíritas, para evitar que o dinamismo seja desordenado, mecânico, irresponsável e inconsciente (*A Fagulha*, nº 12, nov.-dez. 1970, p. 29).

Ao fim, supondo uma leitura descrente diante de tão ambiciosas pretensões para o movimento espírita, o MUE defende-se da acusação de pretenderem uma utopia: "para nós, sob um certo sentido, não existe *utopia*. Existem, sim, a descrença, o ceticismo, a preguiça, que obstam nossa caminhada" (*A Fagulha*, nº 12, nov.-dez. 1970, p. 32; grifo no original). Baseando-se em Léon Denis, afirma que a "*práxis espírita* deve estar fincada no querer, no saber e no amar" (*A Fagulha*, nº 12, nov.-dez. 1970, p. 33; grifo no original) e, citando-o, encerra o texto com um chamado à responsabilidade dos espíritas: "O Espiritismo será o que dele fizerem os homens" (*A Fagulha*, nº 12, nov.-dez. 1970, p. 34).

Mesmo fazendo análises sociológicas de cunho marxista, o MUE precisa demonstrar que não incorporara o materialismo dialético integralmente, mas sim o aproveitara "dialeticamente", à luz do Espiritismo. Com a obra de Jacob Holzmann Netto publicada pela Edições A Fagulha, *Espiritismo e Marxismo*, esta tarefa é realizada a contento. A Equipe *A Fagulha*, num elogioso prefácio ao livro, afirma seguir confiante, malgrado as incompreensões, "com vistas a rasgar os horizontes-conceptuais da nova civilização", sobre a plataforma da "conscientização sócio-espiritual do homem" (*A Fagulha*, nº 12, nov.-dez. 1970, p. 42-43).

O resultado desta operação de aproximação do Espiritismo com o marxismo era facultar maior legitimidade ao socialismo, facilitando a sua associação ao cristianismo e à Doutrina Espírita. Cita-se Cosme Mariño e Emmanuel para afirmar estas identidades:

Espiritismo e socialismo

"Señores: El Socialismo es como ya hemos dicho, un capítulo del Espiritismo." (pág. 31).[29]

"Los espiritistas son socialistas, pero su socialismo se funda en el amor verdadero que debe existir entre todos los hombres;" (págs. 28 e 29) (Cosme Mariño, in "Concepto Espiritista del Socialismo", Editorial Victor Hugo). (*A Fagulha*, nº 12, nov.-dez. 1970, p. 38).[30]

Emmanuel fala sobre o socialismo-cristão

"E o Brasil, pelo caráter pacifista de todos os seus filhos, será chamado a colaborar ativamente no edifício do socialismo cristão que representa a renovação de todos os sistemas econômico-sociais, à base da compreensão do evangelho de Jesus. Até lá, quantas lutas assistiremos, a quantas conflagrações serão necessárias? Só Deus o sabe. Laboremos, contudo, com desprendimento e desinteresse e não vacilemos na fé que devemos possuir em nossos elevados destinos." (Emmanuel, pela psicografia de Francisco Cândido Xavier, in "Palavras do Infinito", Ed. LAKE, págs. 110 e 111). (*A Fagulha*, nº 12, nov.-dez. 1970, p. 69).

---

29 "Senhores: o Socialismo é, como já temos dito, um capítulo do Espiritismo." (Livre tradução nosssa).

30 "Os espíritas são socialistas, porém seu socialismo se funda no amor verdadeiro que deve existir entre todos os homens;" (págs. 28 e 29) (Cosme Mariño, in "Concepto Espiritista del Socialismo", Editorial Victor Hugo). (A Fagulha, nº 12, nov.-dez. 1970, p. 38; livre tradução nossa).

Com este flanco identitário aberto, pode-se também veicular análises marxistas da sociedade, como as de Fritz Pappenheim, sobre a relação do homem com a máquina e a alienação do trabalho (*A Fagulha*, n° 12, nov.-dez. 1970, p. 50 e 57).

O diálogo, num sentido mais geral e na sua dimensão de relação social, também aparece como uma proposição contrária ao autoritarismo, tendo por fundamento epistemológico o exercício da crítica no combate ao dogmatismo.

É nessa perspectiva que Shizuo Yoshida, membro do MUE de Campinas, escreve o artigo *A crise de autoridade*, no qual distingue dois tipos de autoridade: a irracional, que explora, e a racional, que eleva. A autoridade racional baseia-se na busca de um mesmo fim entre líder e liderados (*A Fagulha*, n° 9, set. 1969, p. 29-30). Todo cristão autêntico e todo espírita coerente devem adotar uma atitude inovadora, visando substituir a autoridade irracional então vigente pela autoridade racional, a começar pelos próprios centros espíritas, dominados pelo autoritarismo (*A Fagulha*, n° 9, set. 1969, p. 30-31). Esta transição entre modelos de autoridade passa pelo planejamento social, ancorado no estudo sociológico que mostra as raízes das boas e más inclinações nos processos sociais formativos do homem. Só assim pode-se iniciar uma verdadeira conscientização ou humanização do homem. Citando Erich Fromm, afirma que o homem, dotado de uma consciência humanista ao invés de uma consciência autoritária, poderia viver numa aristocracia intelecto-moral, tal como pensado por Kardec. Para tanto, a reformulação das estruturas sociais que dificultam a formação deste tipo de consciência é fundamental, pois, de acordo com Herculano Pires, em *O Reino*, "melhorar o homem numa estrutura imoral, equivaleria a melhorar a estrutura com um homem imoral" (*A Fagulha*, n° 9, set. 1969, p. 31-32).

N'*A Fagulha* n° 11, em seu habitual estilo poético, Armando Oliveira critica a incapacidade de diálogo e a repressão à livre-expressão (*A Fagulha*, n° 11, set-out. 1970). Já Adalberto Paranhos escreve o Editorial *A dialética da humildade*, apontando que a dialética ensina-nos a humildade, pois que, se a mudança é uma constante universal, não podemos ter posições definitivas (e sim definidas) (*A Fagulha*, n° 11, set-out. 1970, p. 3-4). Esta humildade é um princípio d'*A Fagulha*, que "não arroga para seus escritos o selo da perfeição ou da perenidade" (*A Fagulha*, n° 11, set-out. 1970, p. 5). Representa sim "uma arena onde ferem debates francos e sinceros, movendo-lhes o propósito construtivo", o que "se compõe com o espírito universitário, molde inspirador da criação do Movimento Universitário Espírita" (*A Fagulha*, n° 11, set-out. 1970, p. 5). Humildade, não confundida com falsa modéstia, implica "em reconhecer as próprias possibilidades", com disposição para reconsiderar, "desde que necessário, toda e qualquer posição assumida" (*A Fagulha*, n° 11, set-out. 1970, p. 5).[31]

Já na última *A Fagulha*, de n° 12, Armando Oliveira Lima escreve como editorial *O jogo da verdade*, anunciando uma nova seção da revista que levaria este título. Esta seção seria um espaço de discussão no qual a Equipe *A Fagulha* defender-se-ia de toda ordem de acusações que vinham sofrendo. O tom de Armando Oliveira é de indignação perante "afirmações injustas e comprometedoras", de confrades que

> têm afirmado, quer em conversas particulares, quer em reuniões íntimas ou públicas, *inverdades* relativamente a nós, objetivando, quem sabe, comprometer-nos perante a opinião pública ou, talvez, pelo vício de repetir, sem maiores reflexões, jargões e estereótipos, que lhes foram sussurados[sic]". (*A Fagulha*, n° 12, nov.-dez. 1970, p. 46; grifo no original).

Acentua, o articulista, o que seria um comportamento hipócrita dos verdugos do MUE: "embora paradoxal, tais pessoas – as quais, via de regra, se elegem supremas censoras de tudo quanto pregamos e realizamos – são aquelas que mais freqüentemente se referem ao Evangelho, à vivência cristã como molde inspirador de nossa conduta" (*A Fagulha*, n° 12, nov.-dez. 1970, p. 46).

Contudo, a proposta não é apresentada como um revide, com "o desejo da dissenção[sic], da querela, do desrespeito" e sim como um "encontro de todos nós, sob a égide da Verdade", através da lealdade, ensejando aos confrades acusadores o uso d'*A Fagulha* para explicitarem aos leitores as razões daquilo que afirmam, "sem tergiversações ou subterfúgios" (*A Fagulha*, n° 12, nov.-dez. 1970, p. 46-47).

Afirmando diálogo, publica-se na seção *Palavras que o vento não leva* um trecho da entrevista dada por Armando de Oliveira Assis ao *Reformador*, por ocasião da sua tomada de posse do cargo de presidente da FEB (*Reformador*, nov. 1970, p. 261). O excerto, intitulado *A função da FEB*, diferencia unificação e uniformização, pedindo união, com respeito às divergências, tidas como inevitáveis porque naturais (*A Fagulha*, n° 12, nov.-dez. 1970, p. 52-53). A postura é elogiada pela Equipe *A Fagulha*, que propõe à FEB, como materialização do princípio de respeito à diversidade, a criação de uma nova seção no *Reformador*, destinada a veiculação de "pontos-de-vista que apresentem inclusive focos de atrito com os esposados pela Federação Espírita Brasileira", tal qual a seção *Palavra Livre*, d'*A Fagulha* (*A Fagulha*, n° 12, nov.-dez.

---

31   Vale notar, como testemunho da presença do marxismo no MUE, os autores citados por Paranhos para falar de dialética: Rosental e Straks, Paul Foulquie e Nelson Werneck Sodré.

1970, p. 54-55). Com isso, a nova diretoria da FEB demonstraria a elogiável intenção que a guiaria: "a de abrir campo ao diálogo pois passaria a desacreditar a presunção de que se toma à conta de entidade enunciadora das verdades soberanas do espírito" (*A Fagulha*, nº 12, nov.-dez. 1970, p. 55).

A proposta de renovar as forças progressistas do Espiritismo, colocando-o em diálogo com a cultura contemporânea – especialmente o marxismo –, remete também à definição do Espiritismo como constituído de ciência e de filosofia, escapando assim ao dogmatismo religioso. Nas páginas d'*A Fagulha*, a questão só aparece com maior intensidade nos seus últimos números. Vejamos.

Com Humberto Mariotti, a revista aproxima-se da reflexão sobre ciência e Espiritismo. Mariotti afirma que o Espiritismo é ciência e não religião. Em nota da Direção, *A Fagulha* promete uma publicação, em edição extra, de "trabalho versando sobre 'Espiritismo: Religião? Sim ou Não?'",[32] bem como o desenvolvimento de estudos concernentes a questão por parte dos universitários espíritas na IV Concentração dos MUEs do Estado de São Paulo, agendada para 1971 (*A Fagulha*, nº 10, jul.-ago. 1970, p. 30-31).

Jon Aizpúrua comparece n'*A Fagulha* como representante do movimento laico na Venezuela, no qual se afirmava um Espiritismo não religioso, apenas científico e filosófico (*A Fagulha*, nº 10, jul.-ago. 1970, p. 46). Seu artigo, *Consequências e Finalidades*, versa sobre a superação que o Espiritismo dialeticamente promove diante das posições antitéticas das religiões e do materialismo. Afirma um Espiritismo Dialético, Laico-Evolucionista. A consequência ética da evidência do Espírito e da reencarnação é a Sociedade Socialista do Espírito. Para o autor,

> é evidente que uma sociedade baseada na doutrina reencarnacionista contará com uma infra-estrutura cimentada em justas relações de produção e numa distribuição equitativa dos meios de produção e das forças produtivas, bem como com uma super-estrutura social e jurídica sem antagonismos de classes, sem propriedade privada e, via de consequência, sem a exploração dos homens pelos homens. (*A Fagulha*, nº 10, jul.-ago. 1970, p. 48).

Nos contatos estabelecidos com espíritas estrangeiros, o MUE recebeu periódicos e livros. Recebeu "cartas de confrades do Uruguai, Argentina, Colômbia, Venezuela, Porto Rico, México e Estados Unidos" (*A Fagulha*, nº 10, jul.-ago. 1970, p. 45). Nesta leva de correspondências, foram destacados os seguintes

---

32   A publicação, ao que parece, não ocorreu.

livros recebidos: *Lo que Vendrá*, de Fermin Torres e *Espiritismo Laico*, de David Grossvater, além das publicações de Natalio Ceccarini no periódico *La Idea* (*A Fagulha*, nº 10, jul.-ago. 1970, p. 45).

Na seção *Palavras que o vento não leva*, o texto de Hernani Guimarães Andrade, intitulado O *Espiritismo perante as outras ciências*, versa sobre progresso, atualização, teorização e experimentação, advertindo os espíritas para a necessidade de acompanhar a ciência (*A Fagulha*, nº 11, set-out. 1970, p. 53-59). Como o MUE abraçava também essa bandeira da retomada da ciência no Espiritismo, Jonny Doin (do MUE de São Paulo), Edson Raszl (do MUE de Sorocaba) e Adalberto Paranhos (do MUE de Campinas) promoveram a pesquisa mediúnica por parte de cerca de 60 jovens espíritas de Sorocaba, que, "munidos de gravador, caneta e papel [...] entrevistaram médiuns dos mais diferentes escalões sociais" e "assistiram, ao longo de mês e meio, diversas sessões espíritas, movidos pelo propósito de anotar tudo quanto dissesse respeito ao seu transcorrer, notadamente às comunicações dos homens desencarnados". Avaliaram assim o "teor médio das comunicações" e os "métodos pelos quais se guiam os 'doutrinadores' ao presidirem ao desenvolvimento dos trabalhos levados a efeito nas instituições espíritas", cogitando ainda do "lançamento das bases de sessões dirigidas, entre outros fins, para objetivos de cunho cultural", isto é, de "diálogo cultural entre os planos físico e para-físico", retomando o "caminho trilhado por Kardec" (*A Fagulha*, nº 11, set-out. 1970, p. 60-61).

Ainda sob o signo da ciência *A Fagulha* noticia o lançamento de mais um suplemento da revista, o trabalho *Materialismo Dialético e Teosofia*, do médico psiquiatra, psicólogo e parapsicólogo "da mais alta estatura intelectual", Alberto Lyra, no qual põe "a nu as concepções metafísica e dialética do universo, a tríade matéria-espírito-Deus, a moderna concepção do universo e a alma no mecanismo dialético universal" (*A Fagulha*, nº 11, set-out. 1970, p. 61).

Na seção *Palavra Livre* três artigos comparecem: *De modus in rebus...*, de Arnado S. Thiago (da Sociedade Brasileira de Filosofia), *Eutanásia*, de Aureliano Alves Netto (jornalista de Caruaru-PE) e *A cura espiritual das enfermidades ante a ciência*, de Décio E. Pereira (de Olímpia-SP). O primeiro, *De modus in rebus...*, fazendo coro a um discurso do papa Paulo VI, fala da moderação que tem faltado ao homem na produção tecnológica, no avanço científico, já que "o domínio do homem sobre as forças da natureza aumenta cada dia, mas não se pode dizer que, ao mesmo tempo, aumenta a habilidade do homem para utilizar sabiamente as conquistas científicas" (*A Fagulha*, nº 12, nov.-dez. 1970, p. 64-66).

O segundo, *Eutanásia*, discorre sobre a ilegitimidade da eutanásia, dos pontos-de-vista médico, religioso e espírita, concluindo com um relato de cura de doente com câncer, já desenganada pelos médicos, recuperada com medicamentos conhecidos receitados pelo polêmico Zé Arigó, que se dizia guiado pelo Espírito do Dr. Fritz (*A Fagulha*, nº 12, nov.-dez. 1970, p. 70-75).

Por fim, *A cura espiritual das enfermidades ante a ciência* é um discurso pela completa renovação da medicina, criticando severamente a farmacologia e as limitações da alopatia, defendendo a homeopatia, os passes, a hipnose, a medicina psicossomática, os tratamentos naturais, afirmando que toda doença é um estado do ser vivo, com origem no perispírito a partir de falhas morais (*A Fagulha*, nº 12, nov.-dez. 1970, p. 78-89).

Esses três artigos da seção *Palavra Livre* podem ser relacionados ao problema da ciência. Parece mesmo haver maior atenção a questões científicas no último número d'*A Fagulha*. Senão vejamos. Alberto Lyra é anunciado como novo integrante da Equipe *A Fagulha*, apresentado como

> Espírito dócil às inspirações superiores, devotado ao estudo científico, seja no campo experimental, seja na esfera social, [...] autor dos livros "Mente ou Alma?", "Parapsicologia, Psiquiatria e Religião" e "Parapsicologia e Inconsciente Coletivo", médico psiquiatra do Hospital Pinel, integrante do Instituto Paulista de Parapsicologia, Associação Médico-Espírita do Estado de São Paulo e do Instituto Brasileiro de Pesquisas Psicobiofísicas. (*A Fagulha*, nº 12, nov.-dez. 1970, p. 38).

O problema da ciência, no Espiritismo, tem correspondência direta com a discussão em torno da definição da Doutrina. O fato de que a maior parte dos espíritas considera a sua doutrina como uma religião jamais impediu que a polêmica acerca desta categoria se mantivesse vivamente acesa. O MUE de Campinas, apesar de não ter se centrado nesta discussão, começa a dar sinais, na última *A Fagulha*, de enveredar para a polêmica epistemológica do Espiritismo. Lembremos que ciência e religião, religião e política, são pares conceituais que concentram problemas decisivos para definir práticas e representações nas instituições, nos adeptos e no movimento espírita de um modo geral. Agora registremos alguns desses sinais. Significativamente, publica-se um trecho clássico do livro *O Que é o Espiritismo*, de Allan Kardec, conjuntamente a um trecho de *Espiritismo Dialéctico*, de Manuel Porteiro. Citemo-los na íntegra:

O que é o Espiritismo, segundo Allan Kardec

"O Espiritismo é, ao mesmo tempo, uma ciência de observação e uma doutrina filosófica. Como ciência prática ele consiste nas relações que se estabelecem entre nós e os espíritos, compreende todas as conseqüências morais, que dimanam dessas mesmas relações. Podemos defini-lo assim: o Espiritismo é uma ciência que trata da natureza, origem e destino dos espíritos, bem como de suas relações com o mundo corporal." (Allan Kardec, in "O Que é o Espiritismo", 9ª Ed. FEB, pág. 8).

Espiritismo e religião

"El Espiritismo no viene a adormecer las conciencias, ofreciendo al mundo el opio de una nueva religión, dogmática y conservadora como son todas las religiones; no viene a matar los impulsos revolucionarios, generosos y emancipadores que se encaminan a mejorar la vida de los individuos y de los pueblos; espor su propia esencia revolucionario en el elevado concepto de la palabra, lo mismo en la ciencia y en la filosofía que en la moral y en la sociología." (Manuel S. Porteiro, in "Espiritismo Dialéctico", Editorial Victor Hugo). (*A Fagulha*, nº 12, nov.-dez. 1970, p. 44).

Aí estão evidentes as implicações que o MUE percebia na definição do Espiritismo como ciência e filosofia – afastando-se da definição de religião. Não seria com isso dogmático[33] e conservador "como son todas las religiones". Enquanto "ciência de observação" e "doutrina filosófica", não seria de modo algum o ópio do povo... seria, sim, revolucionário, "en el elevado concepto de la palabra". Abria-se, largamente, o campo para a leitura politizada do Espiritismo. Mais adiante, em citação de Humberto Mariotti, o materialismo de Marx é esclarecido:

O homem marxista

"Marx esboçou um indivíduo sem vinculações com o espiritual e o eterno. Acreditou que o Espírito constituía um embaraço para o advento de uma sociedade sem classes, porque tanto o filósofo como o religioso aplacavam as reivindicações dos oprimidos, falando-lhes de uma felicidade ultraterrena. Desse modo, o

---

[33] O dogmatismo podia ser combatido destacando-se o próprio procedimento metodológico de Allan Kardec com as comunicações mediúnicas, na qual se destaca o seu criticismo: mesmo os "médiuns de maior mérito não estão garantidos contra as mistificações dos espíritos embusteiros; [...] os bons [espíritos] permitem mesmo, às vezes, a vinda dos maus, a fim de exercitarmos a nossa razão, aprendermos a separar a verdade do erro e ficarmos de prevenção, não aceitando cegamente e sem exame quanto nos venha dos espíritos;" (Allan Kardec, in "O Principiante Espírita, 11ª ed. FEB, pág. 83) (*A Fagulha*, nº 12, nov.-dez. 1970, p. 92).

poderoso se livrava das reclamações de servos e servidores, hoje trabalhadores e obreiros em geral." (Humberto Mariotti, in "O Homem e a Sociedade numa Nova Civilização", Edicel, pág. 33). (*A Fagulha*, nº 12, nov.-dez. 1970, p. 62).

Por outro lado, são diversas as citações de textos de Hernani Guimarães Andrade tratando de ciência e Espiritismo. Reclama do atraso do Espiritismo Científico com relação às demais ciências que "já atingiram elevadíssimos níveis de progresso" (*A Fagulha*, nº 12, nov.-dez. 1970, p. 3), faltando-lhe "uma teoria que lhe faculte coordenar os fenômenos e traçar um plano de pesquisa, prescindindo-se mesmo dos médiuns extraordinários" (*A Fagulha*, nº 12, nov.-dez. 1970, p. 51), e entende o advento da "Era do Espírito" como a "esperada *síntese* que unirá em um só corpo de doutrina" o materialismo e o idealismo (*A Fagulha*, nº 12, nov.-dez. 1970, p. 48; grifo no original). É com o mesmo sentido que diz Humberto Mariotti:

Materialismo e espiritualismo

"Daí que a Filosofia Espírita sustenta que não podemos admitir nem o materialismo nem o espiritualismo puros. Foi Geley quem disse que tudo nos induz a crer que não há matéria sem inteligência, nem inteligência sem matéria. Esta é a razão pela qual o Espiritismo pode oferecer um campo de reconhecimento entre o Materialismo e Espiritualismo clássico." (Humberto Mariotti, in "O Homem e a Sociedade numa Nova Civilização", Edicel, pág. 65). (*A Fagulha*, nº 12, nov.-dez. 1970, p. 91).

Aqui novamente o materialismo em foco. Em suma, ele não deve ser descartado, e sim incluído e superado em uma síntese superior. Se cruzarmos estas imagens positivas do materialismo e da ciência com as imagens negativas da religião, temos como resultado um apelo à cientificização do Espiritismo com a agregação do materialismo dialético e do marxismo, que seriam aproveitados dialeticamente.

Nesta leitura de um Espiritismo não-religioso, incluem-se os que propunham o Espiritismo Laico. *A Fagulha* noticia a movimentação da Federación Espírita Juvenil de Venezuela em prol deste Espiritismo Laico. Em um evento promovido por esta organização, falou-se do MUE, classificando-o, "desde el punto de vista ideológico", "dentro de la corriente progressistas, de tendencias revolucionarias, laicas y evolucionistas" (*A Fagulha*, nº 12, nov.-dez. 1970, p. 58-59). Ser laico significava também ser científico. Assim, após o evento juvenil, "efetuou-se um simpósio científico-espírita", no qual se desenvolveram os temas "Técnicas científicas de investigación aplicadas al Espiritismo" e "Bases científicas y filosóficas del moderno Espiritismo" (*A Fagulha*, nº 12, nov.-dez. 1970, p. 59). Porém, ainda não é o caso de afirmarmos uma total identificação entre o MUE e o Espiritismo Laico. Falando do *Evolución*, periódico editado pelo Movimento Juvenil del Centro de Investigaciones Metapsíquicas y Afines de Caracas (CIMA) que "espelha com fidelidade o pensamento da juventude espírita venezuelana, o qual se aparta de quaisquer considerações de ordem religiosa", a Equipe *A Fagulha* acentua que "*acima das possíveis divergências*, convém mantenhamos assídua correspondência com os componentes do CIMA, porquanto os anima um nobre ideal, malgrado *eventuais discordâncias* que possamos alimentar" (*A Fagulha*, nº 12, nov.-dez. 1970, p. 59-60; grifos nossos).

Podemos dizer que foi com o MUE de São Paulo que o CIMA sintonizou-se mais. Djalma Caselato, do MUE paulistano, conta que

> Havia uma troca de correspondência muito grande com o Movimento Espírita CIMA da Venezuela, cujo líder Jon Aizpúrua atua até hoje. Tive a oportunidade de participar de um Congresso Espírita na Guatemala durante uma semana. Na volta passei pela Venezuela me hospedei na casa do Jon Aizpúrua. Outro grande líder na Venezuela era o David Grossvater. Quando eles estiveram aqui no Brasil para participar de reunião com o MUE ficaram hospedados em minha casa. (Depoimento recebido por e-mail dia 15/10/2011).

O MUE de São Paulo caracterizou-se por uma preocupação bastante forte com a ciência no Espiritismo. O "espírito universitário" representava o criticismo – constituinte da ciência e da Doutrina Espírita. Observando que, na prática, o movimento espírita abandonara tal "espírito crítico", a bandeira principal a ser empunhada era mesmo a da retomada da ciência entre os espíritas. Para isso, os universitários espíritas teriam importância fundamental.

Política: revolução socialista, cristianismo e movimento espírita

A política liga-se diretamente ao mote do progressismo, tanto pela crítica ao dogmatismo e à religião (justamente pelo seu caráter dogmático), que impediriam a politização do movimento espírita, quanto pela importância do marxismo como elemento a ser agregado ao Espiritismo (levando-o a progredir) e como motivador principal da inflexão dos jovens universitários espíritas para a discussão política. A política no MUE significou a presença da revolução socialista como horizonte fundamental da ação espírita. O amalgama do socialismo com o cristianismo – estabelecido a partir da Doutrina Espírita – traz à tona problemas como a violência, a tensa relação entre política e religião, e o próprio sentido do Espiritismo no mundo. Como a atuação do MUE restringiu-se quase que completamente ao interior do movimento espírita brasileiro, um dos resultados principais da presença da política foi provocar um grande conflito que opunha os jovens universitários – espíritas, politizados e socialistas – às antigas gerações, aos dirigentes que permaneciam fincados na exigência religiosa do "apolitismo" (ideologicamente seletivo). Daí o conteúdo político do conflito "jovens vs. velhos" e da crítica do MUE à organização institucional do movimento espírita brasileiro.

Atuar no mundo, em diálogo com o conhecimento "do mundo" – eis a tábua de salvação do Espiritismo, para os jovens universitários espíritas. E é a política, horizonte típico de intervenção social, de militância, de engajamento, que será colocada em destaque pelo MUE, diante de uma ideia de neutralidade, de isenção política, bastante corrente no movimento espírita. Assim, o número quatro d'*A Fagulha* dedica-se a abordar o espinhoso tema.

De início, em *Espiritismo e participação*,[34] artigo já publicado na *Revista Paz e Terra*, nº 4, de 1967, dedicado ao ecumenismo, Osmar Noronha Filho fala de militância social, conclamando os espíritas a atuar "dentro do mundo", contra a tendência de focar no "além", pois, ainda que o reino de Deus não seja deste mundo, "é através deste mundo que o Homem alcança o reino de Deus", isto é, "só progride trabalhando, lutando, amando e sofrendo, *dentro do mundo*, 'com os pés na terra' e peregrinando na escalada dos planetas, na dura conquista de uma liberdade cada vez maior" (*A Fagulha*, nº 4, mar.-abr. 1968, p. 2; grifo no original).

Situar o homem como cocriador, tendo uma função central a desempenhar na obra da criação divina, é importante para justificar a militância terrena do cristão, do espírita. Por isso Noronha Filho traça paralelos entre a visão de Teilhard de Chardin e a ideia espírita: se, segundo Teilhard, "'o homem se tornou responsável pela terra' [...] e 'o nosso universo surge... como um divino empreendimento ao qual Deus quer associar o homem'", no Espiritismo lemos que

> 'tem ainda a encarnação outro objetivo, que é o de fazer o espírito realizar a sua parte na obra da criação. E, para a cumprir, em cada mundo ele toma um aparelho em harmonia com a matéria essencial desse mundo, para nele executar, sob esse ponto de vista, as ordens de Deus. Deste modo progride, à medida que concorre para a obra geral' (Allan Kardec, O Livro dos Espíritos, cap. II, nº 132). (*A Fagulha*, nº 4, mar.-abr. 1968, p. 3).

---

34 Em razão da extensão do artigo original, *A Fagulha* apresenta-o somente parcialmente.

O cristão não pode "lavar as mãos", recusando "o apelo da situação política". O articulista é peremptório, destacando em letras maiúsculas: "Esta é a afirmação a um tempo óbvia e revolucionária: nos dias de hoje, só há uma forma conseqüente e eficiente de apostolado cristão – o engajamento político, a favor da libertação do homem contra a injustiça capitalista e o imperialismo corruptor da dignidade humana" (*A Fagulha*, n° 4, mar.-abr. 1968, p. 3-4).

Diante dessa exigência dos tempos, o autor passa a lamentar o atraso dos espíritas que, apesar de representar "o primeiro escalão nas hostes cristãs a empunhar, em teoria, a bandeira da libertação social, econômica e política do Homem", deixou-se "ultrapassar, na prática, pelos nossos irmãos católicos e protestantes" (*A Fagulha*, n° 4, mar.-abr. 1968, p. 4).

A questão do atraso dos espíritas é outra constante no discurso do MUE. Entende-se que o Espiritismo, "aparecido no mundo numa época em que o clericalismo reacionário mantinha na estagnação os postulados cristãos", nasceu "como doutrina verdadeiramente revolucionária e destinada a dinamizar os conceitos do Cristianismo" (*A Fagulha*, n° 4, p. mar.-abr. 1968, p. 4). Portanto, caberia aos espíritas renovar a Doutrina em suas potencialidades revolucionárias, mantendo-a em diálogo com cada tempo histórico. Se o momento presente traz à tona, com toda a força, a questão social, cabe aos espíritas responder a questão posta, à luz da Doutrina Espírita.

Não obstante a identificação do "atraso dos espíritas", o autor faz referência a outras obras espíritas que, já há tempos, advertiram para a necessidade de militância social. Faz citações de *Grandes e pequenos problemas*, de Angel Aguarod, d'*A Grande Síntese*, de Pietro Ubaldi e de *Cumprindo-se Profecias*, de Julio Abreu Fiho. Noronha Filho destaca, por exemplo, que o capítulo "O problema Social", do livro de Angel Aguarod, "é todo dedicado à participação ativa dos cristãos espíritas na obra de reforma social do planeta" (*A Fagulha*, n° 4, mar.-abr. 1968, p. 4). Rebate a crítica dos "absenteístas" que usam da "parábola da moeda" para afirmar

> que não devemos participar das coisas do mundo, porque Jesus mandou "dar a César o que é de Cesar e a Deus o que é de Deus", esquecidos de que a parte "Dar a César" está implícita a participação nas coisas do Estado, do contrário Cristo nos teria mandado dar tudo a Deus, subtraindo o tributo a César. (*A Fagulha*, n° 4, mar.-abr. 1968, p. 6-7).

E é com *A Grande Síntese* que o articulista quer convencer o leitor da importância do Estado, do seu aperfeiçoamento e do seu papel na renovação social. Citando a obra de Pietro Ubaldi: "[...] à frente desta renovação não pode estar senão o órgão máximo da consciência coletiva: o Estado", Noronha Filho pretende dos espíritas um posicionamento e uma atuação efetivamente política no objetivo de promover profundas transformações sociais (*A Fagulha*, n° 4, p. mar.-abr. 1968, p. 7). E, nessa atuação, o papel da Doutrina Espírita seria central: "nossa doutrina filosófica, lastreada no conceito dinâmico de evolução, tem de ser a base de todas as concepções políticas modernas, em consonância e paralelismo com a visão cosmogenética de Chardin e o conceito dialético de Marx" (*A Fagulha*, n° 4, p. mar.-abr. 1968, p. 8).

É interessante notar que as obras utilizadas como apoio ao seu argumento não parecem ter uma afinidade ideológica tão grande quanto a princípio poderíamos imaginar. *A Grande Síntese*, de Pietro Ubaldi, conforme já analisamos em estudo anterior (MIGUEL, 2009b), é uma obra que assume, por vezes, posições até mesmo ditatoriais (UBALDI, 1937, p. 407). A concepção de Estado é organicista e corporativista (UBALDI, 1937, p. 394), é defendida a harmonia entre capital e trabalho (UBALDI, 1937, p. 375-376), criticando-se o comunismo pelo seu objetivo de nivelamento econômico (UBALDI, 1937, p. 376-377) e condenando a luta de classes com um discurso explicitamente elitista, considerando o proletariado "supremamente inapto, em sua inconsciência, para qualquer função diretora" (UBALDI, 1937, p. 403).

Percebe-se assim, uma boa distância entre o "espírito" que anima a obra ubaldiana e o que se encontra nas linhas e entrelinhas d'*A Fagulha*. Não obstante, *A Grande Síntese* é fonte de alguns escritos do MUE. No primeiro número d'*A Fagulha*, a obra comparece citada por Armando Oliveira Lima, que conclama os espíritas à luta "em nós" e "fora de nós":

> "Se a luta foi outrora física, hoje é econômica e nervosa; amanhã será psíquica e ideal, muito mais digna de ser travada. É a luta que hoje eu empreendo, com antecipação, para elevar o homem até a lei social do Evangelho. Não creiais que a vossa luta possa ser suprimida. Que outra coisa contribuiria para os fins da seleção e evitaria o abastardamento do homem?" (UBALDI, *"A Grande Síntese", pág. 386*)

Armando cita ainda *A Nova Civilização do Terceiro Milênio* de Ubaldi:

> "O único sistema perfeito é o socialismo convicto e espontâneo de Cristo, que não agrava a situação, pondo em choque os interesses egoístas, mas começa pela afirmação e tomada de consciência da unidade espiritual; que não parte, como o socialismo humano dos direitos e da luta, mas dos deveres e da paz." (Ubaldi, "A Nova Civilização", pág. 217). (*A Fagulha*, n° 1, out. 1967, p. 16).

Antes de tentarmos explicar a questão colocada, vejamos ainda outra obra citada por Noronha Filho: *Grandes e pequenos problemas*, de Angel Aguarod.

O oitavo capítulo do livro, dedicado ao "problema social", divide-se em quatro partes: I. Desigualdades sociais; II. O problema social é um problema de ética; III. Os principais fatores do problema e IV. A solução. Na primeira, afirma-se que as desigualdades sociais são necessárias para a evolução dos Espíritos, tornando-se desnecessárias quando o progresso moral da humanidade delas prescindir. Para Angel Aguarod, "[...] as diferenças sociais não obedecem a nenhum arbítrio, mas a taxativas expressões da evolução dos seres, à lei de causa e efeito [...]" (AGUAROD, 1976, p. 173). Em outro capítulo, dedicado ao "problema da caridade", o autor afirma que

> é preciso haja pobres, porque os pobres são os que, em tempos passados, não havendo feito o uso devido das riquezas que lhes confiaram, forjaram para si a situação atual, de que ninguém os pode livrar, senão eles próprios, uma vez que tenham sofrido o caudal de conseqüências que seus atos anteriores geraram. (AGUAROD, 1976, p. 158).

Portanto, não há injustiça nas desigualdades sociais: elas são resultado direto das más ações do passado, configurando-se, ao contrário, em processo justo de retificação através da expiação dos Espíritos em evolução.

Na segunda parte, Aguarod desenvolve a ideia de que o problema social é um problema de ética, afirmando a necessidade do amor para que as soluções se efetivem. O autor faz menção ao fim das desigualdades existentes (AGUAROD, 1976, p. 177), porém em seu exemplo de resolução do problema, pela via moral, desenha um quadro hierárquico entre patrão e operários, no qual o primeiro "se converteria em pai de seus operários e estes se considerariam filhos do patrão". Com isso, não haveria entre eles qualquer conflito, pois considerariam "que as diferenças existentes são condições precisas para o desenvolvimento do plano divino, para a realização da obra a todos confiada, se conformariam com o ocupar o posto que lhes correspondesse e não invejariam o lugar que ocupasse o irmão" (AGUAROD, 1976, p. 178-179).

Assim, para Aguarod, as diferenças de posições sociais não implicam em desigualdades sociais. A solução para o conflito entre as classes é a harmonia entre capital e trabalho. Entretanto, o resultado da aplicação do amor nas relações sociais seria o fim das classes, conforme afirma na terceira parte, sobre "os principais fatores do problema". Nesse caso, desaparecerão as atuais classes sociais, fundidas numa só, criada pelo amor e pelo trabalho. Então, ninguém quererá colocar-se acima de seu irmão; considerar-se-á indigno o possuir sem produzir; a evolução conduzirá os homens a pôr-se nos níveis mais elevados, e a não querer nenhum possuir mais do que os seus companheiros. Assim, naturalmente, ir-se-ão colocando os fatores nos lugares convenientes à harmonia e ao bem geral, para atuarem de forma tal que, sem protestos nem violências, tudo seja solucionado. (AGUAROD, 1976, p. 184).

Para não enxergarmos contradição entre este trecho e a sugestão anterior de harmonização entre patrão e operários, é preciso deduzir que as posições de mando e execução do trabalho não implicariam em diferenças de posse e que o patrão também produz ou produziria, de algum modo. Ao ponto em que chegamos da análise, já é possível notar que o texto de Angel Aguarod não condiz com proposições fundamentais do MUE, como a ideia de que os pobres de hoje não são os maus ricos de ontem, conferindo autenticidade às injustiças sociais, e ainda a afirmação do socialismo com o trabalho cooperativista, sem a divisão entre patrões e empregados.

Do capítulo analisado da obra de Aguarod, resta apenas a parte quarta, destinada à solução do problema social. E é aí que encontramos o elemento de proximidade discursiva com o MUE. Trata-se de uma pregação pela ação, um "não" enfático à omissão: "[...] não se deve cruzar os braços ante a convulsão universal, no que respeita aos assuntos sociais"; arrematando: "Responsabilidade grande pesará sobre os Espíritos progressistas, encarnados na Terra, se se mostrarem indiferentes aos magnos problemas de ordem coletiva e social, que os tempos oferecem" (AGUAROD, 1976, p. 186-187). E, finalmente, legitima a militância por reformas jurídicas, mesmo que se criem leis prematuras, pois os Espíritos "se adaptam facilmente ao que é bom, mesmo que venha antes do tempo" (AGUAROD, 1976, p. 190). A busca por atuação social, para além da "reforma íntima", é uma das principais frentes de reivindicação do MUE.

Para respondermos então à questão da distância que separa o pensamento exprimido em algumas obras utilizadas pelo MUE e as suas próprias formulações e posicionamentos, é preciso identificar o que foi aproveitado destas obras. Tanto n'*A Grande Síntese*, quanto em *Grandes e pequenos problemas*, dois elementos atraem o MUE: o fato de serem discutidos explicitamente os chamados problemas sociais e a mensagem de ativismo encaminhada aos "Espíritos progressistas", de um modo geral, ou aos espíritas, em particular. E, mesmo que a ideia de um "socialismo cristão" apareça com um sentido distinto (mais vago, mais conformista) do que foi produzido pelo MUE, já se torna interessante citá-la com vistas a passar a noção de ser "corriqueiro" falar e defender o socialismo no meio espírita. Parece-nos, sobretudo, que a escassez de literatura espírita favorável às propostas do MUE levou este movimento a valer-se de materiais até mesmo incongruentes com algumas de suas mais importantes posições.

Retornando agora à análise dos artigos do número quatro d'*A Fagulha*, vamos nos deter no texto de Armando Oliveira Lima, *Espiritismo, Espíritas e Política*. Em primeiro lugar, vale dizer que este, parece-nos, é o artigo que melhor resume o posicionamento do MUE diante da questão política, tocando nos diversos elementos do debate que perpassa o movimento espírita antes e durante a época em foco. De início, Armando Oliveira situa o Espiritismo como filosofia, dedicado assim ao genérico, a "formular uma explicação de todas as coisas por suas razões mais profundas e mais gerais" (*A Fagulha*, n° 4, mar.-abr. 1968, p. 10). Entretanto, por não ser apenas uma filosofia contemplativa, tendo a finalidade prática de servir ao ser humano como instrumento de progresso, cabe aos espíritas, penetrados pela Doutrina, aplicá-la aos casos particulares (*A Fagulha*, n° 4, mar.-abr. 1968, p. 11-12). Em seguida, segue-se o argumento da reciprocidade do relacionamento homem-sociedade, regulado por leis que visam o estabelecimento do bem comum, com base no equilíbrio entre direitos e deveres. Para o bem comum estabelecer-se é que surge a necessidade de uma autoridade que o possa garantir – esta autoridade é exercida pelo Estado. Este somente é legitimado pela livre escolha do povo daqueles que constituirão o governo. E, no objetivo de guiar o Estado, evitando abusos, excessos e enganos, estrutura-se a Política (*A Fagulha*, n° 4, mar.-abr. 1968, p. 13-14), assim definida:

> "o governo da Sociedade pelo Estado", ou ainda, "a ciência e a arte do bem comum" (Alceu Amoroso Lima). É especulativa e prática. Ciência, deve estar na base do governo; arte, deve guiar os governantes ao porem em prática o que a observação dos fatos e as exigências dos princípios determinam. (*A Fagulha*, n° 4, mar.-abr. 1968, p. 14)

Contudo, apesar de ser idealmente assim definida, a Política sofre a degeneração em razão da imperfeição dos homens, tornando-se "uma imoral luta pelo *poder*, condição sine-qua-non para a mantença de privilégios de grupos, de castas, de classes. Daí porque, antes arte de servir, transformou-se a Política em arte de *servir-se*..." (*A Fagulha*, n° 4, mar.-abr. 1968, p. 15; grifos no original). A partir desta constatação, Armando Oliveira cita diversos exemplos que a ilustram: a desigualdade entre países desenvolvidos e subdesenvolvidos, o imperialismo, as leis elaboradas para privilegiar classes, a própria Constituição Brasileira e por fim a Guerra do Vietnam.

Daí em diante o articulista trata de argumentar pela não omissão dos espíritas na Política, evidenciando sempre um sentido altruísta para o pretendido envolvimento político, por exigência ética frente ao momento histórico vivido, considerando tal militância uma verdadeira provação e não uma busca egoísta de evidência para si mesmo.

A acusação de que o MUE seria um movimento político-partidário,[35] ainda hoje presente nos depoimentos de seus antigos opositores, é peremptoriamente refutada: "Fique claro, de início, que quando nos referimos *a política*, estaremos falando da política-maior e, jamais, da política partidária" (*A Fagulha*, n° 4, mar.-abr. 1968, p. 16; grifo no original). Entende-se que o homem, sendo um animal social por excelência, é um ser político[36] imerso na sociedade – regida por leis políticas –, sofrendo e exercendo influência sobre ela, de várias formas – dentre elas, a política. E, o mais importante: depende dos homens a orientação das leis para o bem comum.

Nesse esforço argumentativo, são imprescindíveis, na cultura espírita, o manejar com as opiniões de celebrados Espíritos desencarnados ou reconhecidas lideranças do movimento espírita. Conquanto Armando Oliveira lance mão de autores católicos, como o Padre Lebret e Alceu Amoroso Lima, ou ainda citando socialistas e espiritualistas, como o vereador Cid Franco[37] e o teólogo Huberto Rodhen, é fundamental para o efetivo diálogo com a tradição dos espíritas a utilização de determinados autores, tais como Emmanuel, André Luiz e, certamente, Allan Kardec.

---

35 A questão será tratada com atenção no terceiro capítulo.

36 Conforme Edson Silva Coelho, o MUE entendia a política "como algo inerente ao ser humano, parte de sua integralidade, da mesma forma que seu aspecto cultural, psíquico e social" (depoimento recebido por e-mail dia 19/10/2011).

37 Cid Franco era vereador pelo Partido Socialista Brasileiro. "Segundo ele mesmo dizia, na Câmara dos Vereadores, 'sou hoje um espiritualista convicto que luta pelo socialismo, luta contra a ganância capitalista, por meios legais, parlamentares, democráticos. Ideologicamente e praticamente não aceito nenhuma espécie de ditadura. Oponho-me à ditadura proletária dos russos, que surgiu como provisória e se tornou definitiva. Prezando acima de tudo a liberdade de pensamento e palavra, considero um erro e um perigo, a política de perseguições e prisões por idéias. As idéias combatem-se com idéias e não com a força, não com a violência'" (fonte: http://bernardoschmidt.blogspot.com/2010/04/janio-quadros-cid-franco--e-vila-maria.html). Ary Lex refere-se a ele do seguinte modo: "Este nosso grande confrade, deputado estadual reeleito várias vezes, foi personagem de destaque, pelo desassombro com que enfrentava os problemas mais difíceis e delicados. Denunciava os abusos da ditadura de Getúlio Vargas e, mais ainda, os crimes de Salazar (ditador de Portugal)" (LEX, 1996, p. 58).

A grande novidade é que o MUE dialoga *polemicamente* com estes autores. Assim, vejamos como se dá, neste artigo de Armando Oliveira, o relacionamento com o pensamento de André Luíz, de Emmanuel e de Allan Kardec. Com André Luiz, o diálogo explora claramente as possibilidades de controvérsia. O articulista resume o que é dito por André Luiz no capítulo 10, "Nos embates políticos", da obra *Conduta Espírita*, publicada em 1960 pela FEB e psicografada por Waldo Vieira:

> [...] alinha uma série de conselhos, condenando o partidarismo extremado, a propaganda política nas tribunas espíritas, os acordos políticos unilaterais, a comercialização dos votos, palestras e discussões de ordem política nas sedes das instituições doutrinárias etc. (*A Fagulha*, n° 4, mar.-abr. 1968, p. 17).

Armando Oliveira afirma:

> Não temos reparo algum a fazer a tais manifestações ou conselhos, se os encaramos da maneira devida: a condenação a que transformemos os Centros e as Tribunas, em meios de *propaganda política*, especialmente a propaganda político-partidária. (*A Fagulha*, n° 4, mar.-abr. 1968, p. 17).

Para Armando, não teria cabimento, num centro ou numa tribuna espírita, o debate dos estatutos da ARENA e do MDB, sugerindo "aos confrades a filiação a esta ou aquela grei", mas não haveria problema no caso de alguém profligar a ditadura, "ensejando, de parte dos presentes, uma aceitação de um regime mais humano, mais cristão!". Não admite "um proselitismo direto ao comunismo ou à União Soviética", mas aceitaria aquele que "condenasse o capitalismo, o imperialismo, origens indiscutíveis da fome e da miséria de milhares de seres humanos!" (*A Fagulha*, n° 4, mar.-abr. 1968, p. 17).

Após prevenir-se de possíveis óbices com base no texto de André Luiz, conclui com seu raciocínio crítico:

> Estamos com A. Luiz, enquanto admitimos suas palavras como um alerta à nossa tendência ao exagero, aos extremismos. Estaremos, porém, contrários a ele, assim que nos convençamos de que nos sugere ele uma posição omissa, medrosa, quiçá covarde, diante dos problemas políticos que nos envolvem. (*A Fagulha*, n° 4, mar.--abri, 1968, p. 18).

Após dialogar com André Luiz, grande expoente da literatura espírita, Armando Oliveira volta-se para Emmanuel, outro Espírito que é constantemente chamado a comparecer no debate acerca da questão política. Em *O Consolador*, Emmanuel afirma:

> O sincero discípulo de Jesus está investido de missão mais sublime, em face da tarefa política saturada de lutas materiais. Essa é a razão porque não deve provocar uma situação de evidência para si mesmo, nas administrações transitórias do mundo. E, quando convocado a tais situações pela força das circunstâncias, deve aceitá-la não como galardão para a doutrina que professa, mas como provação imperiosa e árdua, onde todo êxito é sempre difícil. (*A Fagulha*, n° 4, mar.-abr. 1968, p. 19).

E Armando Oliveira comenta: "Há algum reparo a fazer a esta manifestação? É óbvio que não. Implica ela, contudo, a que nos omitamos de vez dos problemas políticos atuais? É obvio que não" (*A Fagulha*, n° 4, mar.-abr. 1968, p. 19). A seguir justifica a sua interpretação do texto de Emmanuel, pontuando que "a presente situação da humanidade é mais que 'a força das circunstâncias", reclamando a atuação política dos espíritas como o cumprimento de um dever perante tal situação. E acentua que "não se trata de considerar galardão à doutrina, nosso ingresso na vida política, mas de preenchimento de uma lacuna que, quem sabe, auxiliamos a produzir com nosso desinteresse, com o nosso lavar de mãos, como autênticos Pilatos!" (*A Fagulha*, n° 4, mar.-abr. 1968, p. 19).

Recuperando, como epígrafe do seu artigo, um texto de Kardec muitíssimo citado pelos espíritas, para determinar o devido lugar do Espiritismo no mundo, Armando Oliveira mais uma vez tece um diálogo crítico, polêmico, com os "pilares" do Espiritismo:

> Forte como filosofia, o Espiritismo só teria a perder neste século de raciocínio, se se transformasse em poder temporal. Não será ele, pois, que fará as instituições do mundo regenerado; os homens é que as farão, sob o império das idéias de justiça, de caridade, de fraternidade, mais bem compreendidas, graças ao Espiritismo. (A. Kardec) (*A Fagulha*, n° 4, mar.-abr. 1968, p. 10).

O articulista não hesita em questionar o senso comum dos espíritas, mesmo aparentando "ir além" de Kardec:

> Entretanto, que homens farão tais instituições do mundo regenerado? Os budistas, os sintoístas, os maometanos, os judeus, os católicos, os protestantes? É possível que sim. Mas as farão sob o império dos ideais de justiça, caridade, fraternidade, melhor compreendidos graças ao Espiritismo? É possível que não.

Ou temos uma visão mais ampla dos problemas; ou vemos o mundo em tela panorâmica, de forma tridimensional, ou não vemos. E se vemos não há como deixar esta tarefa entregue apenas aos que não têm, como nós, tal visão [...]

E, não há por onde: ou os espíritas atuam ou se fazem omissos. (*A Fagulha*, n° 4, mar.-abr. 1968, p. 21).

O conceito de "poder temporal" faz parte do repertório de "ameaças" que pairavam sobre o Espiritismo, como um traço indesejável, até mesmo execrável, identificado à "promiscuidade" das relações historicamente estabelecidas entre a Igreja Católica e o Estado. Por isso Armando Oliveira já advinha a acusação, recusando-a: "não se trata de transformar o Espiritismo em poder temporal. Não, não. Trata-se apenas de, espíritas, tentarmos a regeneração das instituições que sustentam nossa sociedade. Nada mais que isso" (*A Fagulha*, n° 4, mar.-abr. 1968, p. 21).

Com base na leitura crítica, em diálogo com a cultura contemporânea, procurava-se interpretar a Doutrina Espírita sempre com vistas a aplicá-la com um sentido progressista. A questão n° 132 d'*O Livro dos Espíritos*, já utilizada no artigo de Noronha Filho, é situada por Armando Oliveira no debate com as interpretações correntes no meio espírita. Se, conforme *O Livro dos Espíritos*, o Espírito progride "à medida que concorre para a obra geral", "certos confrades simplistas e equívocos, aos quais aludimos antes, [dizem] que o espírito progride à medida que se reforma intimamente e, depois, concorre para a obra geral [...]" (*A Fagulha*, n° 4, mar.-abr. 1968, p. 20). A dicotomia indivíduo-sociedade desemboca na educação do Espírito como tarefa espírita por excelência, negando-se a política como campo de ação legítima. "Daí, dizem certos espíritas: eduquemos os homens e a solução será encontrada! Reformem-se os homens, intimamente, e o problema desaparecerá!" (*A Fagulha*, n° 4, mar.-abr. 1968, p. 16).

Já a leitura de Armando Oliveira está sintonizada com as interpretações dialéticas da história, do ser humano, do mundo, que circulavam amplamente nos meios universitários, através de textos e discursos marxistas. Por isso deduz que "dialeticamente, o homem cresce no seu interior, à medida que luta e trabalha para transformar o que lhe é exterior" (*A Fagulha*, n° 4, mar.-abr. 1968, p. 20). Mais adiante, como conclusão de seu artigo, irá reafirmar o princípio citando o próprio Marx: "Ao atuar sobre o mundo exterior e ao transformá-lo, (o homem) transforma, ao mesmo tempo, sua própria natureza" (*A Fagulha*, n° 4, mar.-abr. 1968, p. 21).

A Fagulha dedicada à questão política encerra com um artigo de José Carlos de Camargo Ferraz, já publicado no *Anuário Espírita* de 1967, apresentando as posições típicas do movimento espírita brasileiro frente ao tema. Jesus, tido como modelo maior a ser seguido, não se envolve em política, a reforma íntima é a única reforma efetiva, a religião não deve misturar-se com a política e o espírita não deve se envolver em militância política e sim evangelizar. Chega inclusive a uma despolitização mais radical que a sugerida pelos Espíritos,[38] conforme podemos verificar através da sua interpretação da opinião emitida por André Luiz em *Conduta Espírita*.

O intróito do texto de Camargo Ferraz ilustra muito bem a forma como a questão política era tratada, numa situação de contestação da hegemonia: "Em nosso meio, particularmente entre os jovens, tem sido posto em debate a posição que o espírita deve assumir perante a política" (*A Fagulha*, n° 4, mar.-abr. 1968, p. 22). Explicita-se aí que o debate sobre a política não seria corrente no meio espírita, e sim reclamado por um setor – os jovens – que deseja colocá-lo na "pauta do dia". O quê, ao que parece, foi conseguido: "Conclusões divergentes são apresentadas, em conferências, artigos da imprensa, fazendo supor que a matéria está aberta a opiniões pessoais" (*A Fagulha*, n° 4, mar.-abr. 1968, p. 22). Para o articulista, no entanto, não há o que discutir, pois "as legítimas fontes de nossas convicções, o Evangelho e as obras da Doutrina Espírita, já ofereceram a resposta definitiva ao assunto, tornando superadas as conjecturas individuais e as discordâncias a respeito do problema" (*A Fagulha*, n° 4, mar.-abr. 1968, p. 22). Do ponto de vista da ortodoxia – sempre auto-referenciada como tal – existe uma interpretação absolutamente incontestável a respeito do tema, constituindo, na prática, um dogma, que a ninguém cabe questionar. Portanto, o objetivo do autor deste artigo não é apenas confrontar a sua opinião às opiniões alheias; trata-se de encerrar definitivamente o assunto tornando patente a verdade da sua exposição.

Não obstante o seu desejo de findar com a celeuma, cada argumento pretensamente irrefutável do articulista sofre o embate da equipe d'*A Fagulha*, que remete o leitor, através de numeradores ao fim das frases, às refutações que seguem após o artigo. Vamos observar como se efetuou este diálogo – indesejado para uns e ansiado por outros.

Ao primeiro raciocínio do articulista, de que a questão política sequer é passível de discussão, o MUE responde: "De nossa parte, cremos que, tudo está sujeito a opiniões pessoais, no sentido de que só aceitamos aquilo que passou pelo crivo de nossa razão" (*A Fagulha*, n° 4, mar.-abr. 1968, p. 26). "Passar pelo crivo da razão" é

---

[38] Lembremos que isto já foi verificado outrora, com relação a outro articulista, interpretando Emmanuel (MIGUEL, 2009, p. 49-50).

expressão amplamente utilizada por Allan Kardec, instrumentalizada nesse caso para legitimar a opinião pessoal *contestatória*, desde que amparada na razão.

Ao argumento do "Jesus apolítico" – "Jesus não quis estar entre os caudilhos. Nem uma só atitude, nem uma só palavra, que o comprometesse com a política humana[...]"[39] (*A Fagulha*, n° 4, mar.-abr. 1968, p. 23) – responde-se que Jesus viveu uma missão específica, numa dada época, já "nós vivemos uma outra época, e não temos idênticas missões" e, além disso, "Cristo deve se nos constituir em exemplo indiscutível, naquilo que fez" e "não quanto ao que deixou de fazer" (*A Fagulha*, n° 4, mar.-abr. 1968, p. 26). A máxima "Dai a César o que é de César e a Deus o que é de Deus", frequentemente utilizada para justificar a separação da religião e da política e, consequentemente, colocar os religiosos fora da órbita do campo político, é reinterpretada, para evidenciar a necessidade de "dar, também, à César", isto é, não negar a política como responsabilidade que cabe igualmente aos religiosos. Ao "meu Reino não é deste mundo" (*A Fagulha*, n° 4, mar.-abr. 1968, p. 23) rebate-se com "Cristo disse: 'Meu reino *ainda* não é deste mundo'" (*A Fagulha*, n° 4, mar.-abr. 1968, p. 23; grifo no original). Para o articulista José Carlos de Camargo Ferraz, Jesus aponta para "a via íntima", "da alma e não das armas" (*A Fagulha*, n° 4, mar.-abr. 1968, p. 23),[40] posicionando-se assim no interior das dicotomias religião-política, reforma interior-reforma exterior, transformação via educação-transformação via política etc.

É importante destacar, mais uma vez, a implicação da política com a violência e a noção de que as "reformas exteriores" ou "das estruturas" são apenas aparentes, superficiais (ou seja, falsas): "o Reino dos Céus não vem com aparências exteriores", "o Reino de Deus está dentro de vós" (*A Fagulha*, n° 4, mar.-abr. 1968, p. 23-24). Política, reforma exterior e violência (associada à revolução) fazem parte de "coisas do mundo", passageiras e ilusórias, numa palavra, *profanas*. A esta tríade opõem-se religião (ou, numa versão mais laicista, educação), reforma íntima e paz, participando do âmbito do *sagrado*, fonte de verdade perene.

Se para Camargo Ferraz, o indivíduo reformado intimamente, o "homem novo", é que "criará espontaneamente a sociedade nova", em outras palavras, "o Reino dos

---

[39] Na página seguinte, o articulista conclui o raciocínio acerca de Jesus: "Vê-se, pois, que aos principais de sua raça, ao representante de Roma e aos discípulos mais íntimos, Jesus se declarou apolítico" (*A Fagulha*, n° 4, mar.-abr. 1968, p. 24).

[40] Note-se que a oposição alma vs. armas é a mesma estabelecida no discurso atual de Therezinha Oliveira.

Céus virá do interior para o exterior" (*A Fagulha*, n° 4, mar.-abr. 1968, p. 24), para o MUE isto equivale ao conselho de

> nos confinarmos, cada um numa gruta, reformarmo-nos e depois voltarmos ao mundo [...] reformados, novos, e implantarmos, quando então não haveria mais necessidade (pois todos estaríamos reformados), novas estruturas [...] (*A Fagulha*, n° 4, mar.-abr. 1968, p. 27).

O articulista Camargo Ferraz finda seu texto delimitando o papel do Espiritismo a partir da distinção e desvinculação entre "Religião" e "política" (o autor escreve 'religião' com maiúscula e 'política' com minúscula), o que estaria evidenciado "em todas as obras recebidas mediunicamente" (*A Fagulha*, n° 4, mar.--abr. 1968, p. 24). Primeiramente, "lembra" (o que indica o remeter a uma informação, e não a uma opinião) "que o objetivo do Espiritismo, tal como o de Jesus, é o aperfeiçoamento moral do homem, não se incluindo em seu campo específico muitas das atividades humanas, importantes embora", assim, "o Espiritismo não trata de política, como não cuida da Literatura, da Mecânica ou da Medicina" (*A Fagulha*, n° 4, mar.-abr. 1968, p. 24). Em seguida, recorre "às seguras instruções do espírito de André Luiz, que tratou frontalmente do assunto no primoroso livro 'Conduta Espírita'", especificamente no capítulo 10, intitulado "Nos embates políticos" (*A Fagulha*, n° 4, mar.-abr. 1968, p. 24-25).

Antes de analisarmos a interpretação de Camargo Ferraz acerca do referido capítulo da obra de André Luiz, atentemos para o caráter do relacionamento estabelecido com as "obras recebidas mediunicamente" e com seus autores – os Espíritos. Estas obras, assinadas por "autores espirituais", têm uma tremenda autoridade para a imensa maioria dos espíritas. Ainda que determinados grupos ou indivíduos queiram o Espiritismo como filosofia, a prevalência é de uma apreciação religiosa, no sentido de dogmática. A revelação da verdade, através da mediunidade, é o mote do saber religioso no Espiritismo, em detrimento da busca filosófico-científica pelo conhecimento.

No MUE, esta problemática irá aos poucos ganhando força, conforme já o afirmamos. Importa destacarmos que os "autores espirituais" não têm uma autoridade tão grande para o MUE quanto têm para a maioria dos espíritas. Existe a possibilidade, em princípio, de se discordar, por exemplo, de André Luiz, como vimos anteriormente. Entretanto, a tendência é a de um esforço em fazer interpretações "positivas", isto é, favoráveis ao ponto de vista de quem o lê. É o que se pode perceber na discussão em torno do texto de André Luiz, na qual a equipe d'*A Fagulha* recomendará ao leitor que busque o original, porque é possível que chegue, "como nós, a outras conclusões" (*A Fagulha*, n° 4, mar.-abr. 1968, p. 27), referindo-se às opiniões de Camargo Ferraz.

Entretanto, se há a possibilidade de polemizar com autores "do porte" de André Luiz, o mesmo não ocorre com Jesus. Afinal, o que acabamos de acompanhar em nossa análise, configura-se numa verdadeira "disputa do Cristo". Algumas expressões utilizadas pela equipe d'*A Fagulha* ilustram bem esta conclusão, como

> *Não é crível que Cristo* não conhecesse a importância das estruturas na formação do homem. Ou teria pedido, ao contrário do que fez, que Deus tirasse os homens do mundo. No entanto, pediu-Lhe apenas que "os livrasse do mal" [...] (*A Fagulha*, n° 4, mar.-abr. 1968, p. 27; grifos nossos).

Ou ainda "*Admitir-se tal expressão em Cristo*, é o mesmo que desejar colocar como seu conselho a nos confinarmos [...]" (*A Fagulha*, n° 4, mar.-abr. 1968, p. 27; grifos nossos). A palavra do Cristo tida como verdade deriva, provavelmente, do entendimento espírita de que Jesus "foi o ser mais puro que já apareceu na Terra" (KARDEC, 2006, p 223).[41]

Voltemos enfim ao desfecho do artigo de Camargo Ferraz, no qual resume da seguinte maneira o que seria o conteúdo do capítulo "Nos embates políticos" da obra *Conduta Espírita*, assinada por André Luiz:

> 1 – O Espiritismo-cristão não tem objetivos nem implicações político-sociais. (11)

> 2 – Em palestras e conclaves espíritas não devem ser abordados temas sociais e políticos, "nem mesmo com sutilezas comovedoras em nome da Caridade." (12)

> 3 – Não há representantes oficiais do Espiritismo em setor algum da política humana.

> 4 – Ninguém deve pleitear votos ou firmar compromissos políticos em nome da doutrina.

> 5 – A militância política não é desejável para o espírita, porque "não se deve servir a dois senhores", sendo a evangelização a tarefa prioritária para o cristão. (*A Fagulha*, n° 4, mar.-abr. 1968, p. 25).

---

41 A citação é um trecho do comentário de Kardec à resposta dada a questão 625 d'*O Livro dos Espíritos*: "Qual o tipo mais perfeito que Deus ofereceu ao homem para lhe servir de guia e de modelo? – Vede Jesus" (KARDEC, 2006, p. 223). Este é um elemento de grande importância no delineamento do Espiritismo como doutrina cristã.

Examinando o próprio texto de André Luiz,[42] verificamos que, à exceção dos itens 3 e 4 do resumo de Camargo Ferraz, os demais não encontram guarida – nem remotamente – nas palavras do célebre Espírito de *Nosso Lar*. Por um lado, parece que há uma confusão (recorrente entre os espíritas) entre política *lato sensu* e política partidária. Por outro, o autor toma as recomendações prudenciais de André Luiz – "distanciar-se do partidarismo *extremado*", não "enlear-se nas malhas do *fanatismo de grei*" – como uma obstrução à participação na vida política por parte dos espíritas (VIEIRA, 1979, p. 46-47; grifos nossos).

Do modo como iniciou o artigo, Camargo Ferraz encerra-o, querendo, de fato, *encerrar* o debate: "Convencer-se-ão de que o assunto 'Cristianismo e Política' já foi plenamente resolvido e de nós só se espera que coloquemos em prática a lição [...]" (*A Fagulha*, n° 4, mar.-abr. 1968, p. 25).

Apesar de insistir na necessidade de tomada de posição política – em favor do socialismo – por parte dos espíritas, o contexto específico em que se vivia na sociedade brasileira não é diretamente atacado. A ditadura militar só indiretamente é referenciada. Isso ocorre, por exemplo, em *Estória Primeira*, de Ivo Mendes, jovem da Mocidade Espírita de Tatuí, que fala sobre a reencarnação com propósitos expiatórios para a construção de uma nova civilização na Terra (*A Fagulha*, n° 10, jul.-ago. 1970, p. 57-59). Em sua estória, um sábio, instruindo os seus discípulos para a reencarnação, adverte-os para as diversas tribulações por que passarão. Dentre elas, a Equipe *A Fagulha* grifou: "E até mesmo a verdade, em difíceis momentos de tarefa, aparecerá entre vocês, vestida pela beleza dos enganos tradicionais e *a covardia, em nome de Deus, em nome da Pátria, em nome da Família*, poderá corroer-lhes a esperança" (*A Fagulha*, n° 10, jul.-ago. 1970, p. 58; grifo no original). Evidentemente, foi identificada uma referência a *Marcha da Família com Deus para a Liberdade* que precedeu e contribuiu para a efetivação do Golpe Militar de 1964.

Se a política é o campo de ação para o embate das grandes ideias concernentes às relações sociais, se é a arena na qual os principais projetos de sociedade em circulação devem se enfrentar, então é a politização pretendida pelo MUE para o movimento espírita condição *sine qua non* para avançar o projeto socialista entre

---

[42] Destacamos que em André Luiz aparece o mesmo tipo de passividade ante os governantes que está presente em textos de Emmanuel e em manifestações públicas de Francisco Cândido Xavier (como no programa *Pinga Fogo*): "Por nenhum pretexto, condenar aqueles que se acham investidos com responsabilidades administrativas de interesse público, mas sim orar em favor deles, a fim de que se desincumbam satisfatoriamente dos compromissos assumidos" (VIEIRA, 1979, p. 48).

os espíritas. Como vimos, a perspectiva progressista que colocou o MUE em diálogo com o grande artefato político da cultura contemporânea – o marxismo – levou-o a busca de uma proposta crítica de ação social espírita. Tal proposta construída foi o socialismo cristão, referenciado doutrinariamente no Espiritismo, mas também com conteúdo marxista.

A Fagulha resgata o texto *Alma ao Socialismo* de Léon Denis, já publicado outrora pelo *Reformador* e apresentado neste livro. Agora destacamos a Nota da Direção d'*A Fagulha* a respeito do texto, na qual concorda com Denis quanto ao papel do Espiritismo de "dar alma" ao Socialismo, mas quer que os espíritas se encarreguem desta tarefa, tornando-se todos socialistas, pois é necessário também "dar um corpo" ao Espiritismo. Se trata de avaliar os erros e acertos do socialismo e de fazer baixar "do Céu à Terra" a doutrina espírita, encarnando-a: "O socialismo é o corpo. O Espiritismo é a alma. Nós, o perispírito" (*A Fagulha*, n° 6, ago.-out. 1968, p. 23-25).

O MUE de São Paulo, através de seu jornal *Espírito Universitário*, também se define em favor do socialismo cristão:

> Propugnamos a construção do socialismo cristão, por crê-lo corretivo necessário às sociedades do nosso tempo. Entretanto, como somos partícipes de uma metodologia avessa à violência, entendemos que essa construção deve ser gradual, processual, dialética. Além disso, como o problema não é exclusivamente social, mas sócio-espiritual, reconhecemos a necessidade de educar para o socialismo cristão, pelo que acolhemos a participação dos trabalhadores no lucro e na co-gestão das empresas como uma boa medida nesse sentido. (Espiritismo Universitário, n° 1, jun. 1971, p. 6).

Observamos, contudo, que nesse texto a recusa à violência é associada imediatamente a uma perspectiva "gradualista, processual, dialética". Não encontramos esta indicação – ao menos explicitamente – no discurso do MUE de Campinas. Assim, nos parece mais um sinal de que havia, entre os MUEs de Campinas e de São Paulo, uma diferença no grau de radicalização da proposta *política* em favor do socialismo. O MUE de São Paulo estaria mais próximo do socialismo evolucionário, gradualista, à la Eduard Bernstein – portanto mais próximo do socialismo de Léon Denis, de Emmanuel, de Herculano Pires. Já o MUE de Campinas, ainda que não tenha chegado à proposição de um claro programa político de revolução social, dá mostras de aspirar a uma transformação revolucionária mais imediata, embora por meios não-violentos.

Além disso, identificamos, através das entrevistas com ex-integrantes do MUE de São Paulo, uma certa indefinição com relação à centralidade e à consistência da posição socialista no núcleo paulistano. Embora Valter Scarpin afirme que "nós nos definíamos como socialistas"[43] (depoimento oral concedido dia 28/10/2011), para Djalma Caselato não havia uma posição bem definida, precisa, acerca do socialismo por parte do MUE de São Paulo: "uma opinião de grupo, uma opinião representativa do MUE, não havia isso. Isso nunca foi estudado em profundidade para se chegar a uma opinião média do MUE" (depoimento oral concedido dia 28/10/2011). E completa:

> Como a gente não estudava profundamente o quê que era o socialismo, ficava mais assim nas rebarbas, né. Ficava mais assim uma posição pessoal de cada um. Então quando a gente ouvia o Armando falar, o Adalberto falar, ou alguma outra pessoa de São Paulo falar sobre isso, a gente simplesmente aceitava porque aquilo de alguma maneira no geral casava com o que a gente pensava, né. Mas nunca se discutiu politicamente o que significava aquilo mesmo. (Depoimento oral concedido dia 28/10/2011).

Tal depoimento nos serve de alerta para o fato de que o MUE não era homogêneo com relação à profundidade de entendimento em torno de suas bandeiras explicitadas nos seus materiais escritos e em palestras. Não obstante, o pensamento mais bem acabado em torno de cada tópico levantado pelo MUE servia sempre de referencial para todos os seus integrantes e para o público espírita que travava contato com os universitários espíritas. Por isso a importância de analisarmos cada texto publicado por integrantes do MUE (como tais) entendendo-os como representativos – até certo ponto – do Movimento Universitário Espírita. Quer dizer, como movimento, o MUE comportava gradientes de posições, de entendimentos e de comportamentos. Sua fluidez e flexibilidade permitiam isso. Deste modo, toda a variedade de opiniões permanece como sendo opiniões *do* MUE. Com isto em mente, podemos prosseguir com nossa análise de tais opiniões.

Num editorial em que se define o próprio caráter do MUE, intitulado *Nossa proposta e o seu significado*, os universitários espíritas colocam-se como porta-vozes de um mundo melhor, partindo de ideias novas, situando assim em primeiro plano o objetivo de "evidenciar as bases em que se assentará o *Socialismo-Cristão*

---

[43] Scarpin especifica que o tema do socialismo "era abordado, mas mais assim no aspecto cultural. Nunca entramos assim na prática mesmo de como seria a vivência socialista" (depoimento oral concedido dia 28/10/2011).

do porvir" (*A Fagulha*, n° 8, jul. 1969, p. D; grifo no original). Em razão dessa proposição renovadora, sofreram e sofrem toda sorte de acusações, na figura daqueles que se postaram como seus verdugos. Não obstante, sem desesperar-se, procuraram acompanhar à denúncia o exemplo, formulando a sua proposta para o movimento de unificação (*A Fagulha*, n° 8, jul. 1969, p. E), para a qual pedem uma análise sem segundas intenções por parte dos confrades, como se a proposta "não proviesse de nós" (*A Fagulha*, n° 8, jul. 1969, p. I).

Explicam que a sua proposta em favor do Socialismo-Cristão tem como pressuposto necessário a constatação da necessidade de agir pela reforma do meio, aproximando-se assim de Herculano Pires. Posto que a sociedade não seja a soma dos elementos (indivíduos) que a compõe – conforme "comezinhos princípios de Sociologia" – ela deverá ser transformada concomitantemente ao homem. Nesse postulado básico, escudam-se na obra *O Reino*: "transformar o mundo pela transformação do homem e transformar o homem pela transformação do mundo. Eis a dialética do Reino, que o cristão tem de seguir" (*A Fagulha*, n° 8, jul. 1969, p. F).[44] Citando Michel Quoist – "um dos mais destacados apóstolos católicos dos dias que correm" –, em *Construir o homem e o mundo*, entendem que ambos os trabalhos, de transformação do homem e das estruturas, "devem ser empreendidos ao mesmo tempo e com o mesmo amor" (*A Fagulha*, n° 8, jul. 1969, p. F).

Observemos: as três matrizes do pensamento do MUE encontram-se aí sintetizadas – o conhecimento acadêmico das ciências sociais, o pensamento espírita de viés socialista e a ala progressista da Igreja Católica. Repetidas vezes estas matrizes estão explícitas no discurso do MUE pela citação de autores a elas pertencentes.

Exemplificando do que se trata transformar o homem e as estruturas sociais concomitantemente, cita a proposta do MUE de reformar as estruturas do movimento unificacionista para "facilitar e ensejar uma vivência mais fraterna e consciente entre nossos irmãos espíritas" (*A Fagulha*, n° 8, jul. 1969, p. G). Prevendo a maior facilidade

---

44   No último número d'*A Fagulha*, a revista abre com excertos do livro *O Reino*, de Herculano Pires. Com o título *As teses do Reino*, resume-se a obra em dois temas: melhorar o homem e melhorar a sociedade. A reciprocidade das transformações individual e coletiva é a premissa fundamental para a proposta socialista que o MUE tenta levar ao movimento espírita que tradicionalmente primou por defender a "reforma íntima". Por isso as palavras de Herculano caem como uma luva no discurso do movimento universitário: "Ao mesmo tempo que acendemos a luz nas almas, temos de fazê-la brilhar no meio social. As almas iluminadas iluminam a sociedade, mas a sociedade iluminada deve iluminar as almas. Não podemos nos esquecer dessa reciprocidade" (*A Fagulha*, n° 12, Nov-dez. 1970).

de aderência a esse projeto, o MUE destaca que a sua proposta de "*conscientização espiritual e social* dos espíritas e dos homens em geral" é a ele análogo. Por que cuidar das estruturas sociais? Porque

> nos importa saber em que tipo de sociedade o Espiritismo, os homens, enfim, terão melhores condições de se desenvolver; quais as formas de organização social que melhor se adaptam ao ideal espírita, de molde a oferecerem estímulo constante à renovação do ser humano. (*A Fagulha*, n° 8, jul. 1969, p. G).

Evidenciando a importância da questão política, posta como acusação por adversários, procura o editorial responder, com um tópico à parte, se o MUE é um movimento político. O MUE estaria sendo condenado sob o pretexto da acusação "de que queremos conduzir o Espiritismo para as lutas da política, transformá-lo em palanque de onde gritaremos pela reforma da sociedade, esquecidos da mensagem espiritual que dele emana" (*A Fagulha*, n° 8, jul. 1969, p. G). A resposta a essa acusação é "que os problemas espirituais e materiais não podem ser resolvidos em separado", entendendo, ademais, que o Socialismo-Cristão será consequência "da própria evolução intelectual e moral do povo", sem negar com isso a necessidade de trabalhar pela sua consecução (*A Fagulha*, n° 8, jul. 1969, p. G-H). Amparam-se em Mariotti para afirmar que o Socialismo é uma Filosofia da Sociedade e, nesse sentido, quando "se fala de Socialismo nos meios espíritas e espiritualistas [...] não se trata de fazer política, nem de levar o Espiritismo ao campo político"[45] (*A Fagulha*, n° 8, jul. 1969, p. H).

Na prática, tudo isto significa que o MUE almeja falar e dar o exemplo a partir do interior do próprio meio espírita, estruturando-o de acordo com os "anseios de uma nova concepção de mundo", servindo de modelo a povos e governos. Por isso pretende formar autênticas comunidades espíritas, tais quais os primeiros cristãos, visando a promoção social do homem.[46] Assim, finda o edital noticiando que os MUEs de São

---

45 Aqui, *campo político*, com toda probabilidade, refere-se exclusivamente à disputa partidário-eleitoral.

46 A ideia de promoção social aparece como oposição ao assistencialismo. No artigo *Por que serviço social* Magali Amaral Lemos, de Campinas, advoga pela adoção do Serviço Social nas instituições espíritas para superar o assistencialismo, tido como retrógrado, ultrapassado, prejudicial e inútil (*A Fagulha*, n° 1, out. 1967, p. 24 e *A Fagulha*, n° 10, jul.-ago. 1970, p. 36). Aponta que os problemas sociais são resultantes de regimes injustos e anticristãos, exigindo como solução uma ação técnica de capacitação e promoção do homem para que este se torne agente de transformação do meio em que opera, seja enfim sujeito da História (*A Fagulha*, n° 1, out. 1967, p. 23-24 e *A Fagulha*, n° 10, jul.-ago. 1970, p. 34-35). Com isso rebate a crítica

Paulo e Campinas já planejam uma experiência comunitária, na qual "a *fraternidade* substituirá a competição", "o desejo de lucro cederá lugar ao *desejo de servir*" e a "*educação social* e espiritual do trabalhador impedirá a sua massificação" (*A Fagulha*, n° 8, jul. 1969, p. 1; grifos no original).

No editorial, questiona-se, referindo-se às intenções acima mencionadas: "Será isso fazer política, pejorativamente?" (*A Fagulha*, n° 8, jul. 1969, p. 1). O que está em jogo, portanto, é a pecha lançada sobre o MUE de ser um movimento político, em função do sentido negativo associado à política, como prática apartada das legítimas ações espiritualizadas, consideradas cristãs, próprias a agentes religiosos. O MUE, conforme analisamos n'*A Fagulha* n° 4, especialmente dedicada à questão política, não possui dela uma concepção negativa; pelo contrário, o engajamento político é dever social do cristão. Conquanto perceba a política positivamente, o MUE não deixa de reconhecer como hegemônico, entre os espíritas, o discurso negativista sobre a política, rejeitando assim o qualificativo de movimento político do qual era acusado. Por outro lado, podemos supor que o MUE não se percebia como um movimento *constitutivamente* político, ainda que lutasse *politicamente* com bandeiras políticas. Quer dizer, o seu fundamento – e horizonte principal – é espírita, doutrinário, filosófico; em certo sentido, *religioso*, posto que limitado, na sua ação, ao campo religioso do movimento espírita.

Além do socialismo, o anarquismo chega a aparecer – ainda que pouco – na reflexão do MUE. Destacamos que a Direção d'*A Fagulha* chegou à conclusão de que o anarquismo seria a "conseqüência mesma da evolução do homem", num futuro longínquo, com uma "sociedade eminentemente cristã" e "isenta de estrutura social" (*A Fagulha*, n° 10, ago-set. 1970, p. 10-11).

Já Valter Scarpin, do MUE de São Paulo, escreve o artigo *Sócrates, um anarquista?*, no qual destaca um diálogo entre os Espíritos de Sócrates e Humberto de Campos, relatado psicograficamente por Francisco C. Xavier, na obra *Crônicas de Além-Túmulo*. Sócrates afirma a limitação dos homens da Terra, por "ainda não se reconhecerem a si mesmos", sendo ainda "*cidadãos da pátria*, sem serem irmãos entre si" (*A Fagulha*, n° 12, nov.-dez. 1970, p. 39; grifo no original). A existência do Estado e das Leis (humanas) são o atestado de que "o homem não se descobriu a si mesmo, para viver a existência espontânea e feliz, em comunhão com as disposições divinas da natureza espiritual" (*A Fagulha*, n° 12, nov.-dez.

"chavão" de que o Serviço Social é incompatível com o Espiritismo por ser materialista (*A Fagulha*, n° 1, out. 1967, p. 24 e *A Fagulha*, n° 10, jul.-ago. 1970, p. 35).

1970, p. 40). Para o Espírito de Sócrates, a "Humanidade está muito longe de compreender essa fraternidade no campo sociológico" (*A Fagulha*, nº 12, nov.--dez. 1970, p. 40).

Destas afirmativas, Scarpin deduz que Sócrates tem uma "posição ideológica nitidamente anarquista" e com isso indaga: "essa posição é coerente com a cosmovisão espírita? devemos aceitá-la como um ponto-de-vista doutrinário face à questão social? devemos desenvolver esses conceitos? devemos propugnar pela concretização desses ideais?" (*A Fagulha*, nº 12, nov.-dez. 1970, p. 40).

De passagem o articulista ironiza: "depois ainda dizem que o Espiritismo não enfoca temas políticos!" (*A Fagulha*, nº 12, nov.-dez. 1970, p. 40) e a direção d'*A Fagulha* trata do assunto em uma nota extensa, na qual afirma que toda doutrina tem traços políticos, que a política, num sentido mais amplo, é a "arte do bem-comum", e que, no entanto, nem por isso admite-se que o Espiritismo adquira "foros de agremiações de *natureza político-partidárias*" – erro no qual incorrem "muitos 'Centros Espíritas' que conhecemos cujos diretores se põem a campo com o escopo de postular votos a homens públicos que procederam à doação de verbas à sua instituição" (*A Fagulha*, nº 12, nov.-dez. 1970, p. 41; grifo no original).

O nº 5 da revista *A Fagulha* apresenta artigos que, sob enfoques muito diversos, referem-se fundamentalmente ao tema da transformação social. Parece ter sido uma edição da revista preparada um tanto improvisadamente, já que havia sido anunciado no número anterior que a próxima temática seria a concentração de mocidades espíritas. O alegado motivo para o adiamento do tema é "a surpreendente direção que o Conselho Diretor da CENSUL-Esquema Novo, a 'carregadinha de amor', vem imprimindo ao conclave" (*A Fagulha*, nº 5, mai – jul. 1968, p. 1). Tratava-se de um momento crucial na penetração do MUE na juventude espírita. Em Sorocaba reuniram-se representantes de Mocidades Espíritas para reavaliar os movimentos jovens e, junto a eles, o MUE se fez presente, estimulando "o desejo de reformulações urgentes" (*A Fagulha*, nº 5, mai – jul. 1968, p. 1). O resultado desse processo de construção de uma grande concentração de Mocidades planejada para desenvolver as temáticas críticas encampadas pelo MUE será o impedimento pela USE da realização da chamada CENSUL-Esquema Novo. Este episódio central da história do MUE será tratado mais adiante, no terceiro capítulo.

No texto da direção da revista, *Sonho e realidade*, figura a tensão entre o desejo de ir além, almejando o ideal, e os limites que a realidade impõe. Em linguagem poética, o leitor pode captar o sabor de utopia militante que comporta o espírito do MUE: "O homem sonha e luta! O homem ainda constrói seus arquétipos e busca realizar"

(*A Fagulha*, n° 5, mai – jul. 1968, p. 3). Inconformar-se com a realidade presente, sustentando os sonhos, as idealizações, foi motivo central para muitos jovens que ansiavam por um mundo diferente, pela revolução, pelo socialismo. O MUE certamente também foi marcado por esta característica.

Apesar dessa inconformidade, do sonho de transformação, já deve ter ficado clara a limitação política do MUE: não havia um programa, uma plataforma,[47] uma estratégia para a mudança prática da sociedade.

Djalma Caselato, do MUE paulistano, nos fala a respeito de como o socialismo era entendido de um modo muito genérico:

> E mesmo quando a gente reunia os três MUEs, aí a gente discutia mais essa parte socialista, mas ficava em torno daquilo que era escrito desse material que você conhece. As discussões eram em torno disso, não eram em torno de como estava a política, de como fazer para eleger tal candidato ou ser favorável a alguma coisa. Não, esse tipo de debate nunca passou, nem aqui em São Paulo nem nos outros MUEs. Porque nas reuniões conjuntas, refletia-se sobre o que se passava em cada MUE, e esse tipo de discussão nunca teve, pelo menos na minha lembrança. (Depoimento oral concedido dia 28/10/2011).

Para Djalma, ainda que alguns participantes do MUE pudessem ter uma ideia mais clara do que seria a vivência do socialismo, ele considera que no geral "A gente tinha isso assim como ideal, mas sem saber direito o que era. A gente achava que era uma coisa boa" (depoimento oral concedido dia 28/10/2011).

Valter Scarpin, também do núcleo paulistano, apesar de considerar que a bandeira do socialismo cristão era comum a todos os participantes do MUE, afirma o seguinte:

> Eu penso que a ideia de um socialismo cristão era muito bem quista entre nós. Mas a nível de qual o caminho que deveria ser seguido para se atingir o socialismo

---

[47] N'*A Fagulha* são escassas as referências a problemáticas específicas, pontuais, vividas na sociedade brasileira – que poderiam ser pauta de discussões políticas mais concretas. Para citar uma exceção, o MUE deu espaço a discussões sobre o controle da natalidade, tema que chamava a atenção dos espíritas de um modo geral (veja-se por exemplo a *Revista Internacional de Espiritismo* da época). É assim que aparece n'*A Fagulha* um texto de Natalino D'Olivo criticando o controle da natalidade, ou planejamento familiar, como um escape para não se realizar as reformas sociais, apoiado pela classe médica por interesse na potencial clientela (*A Fagulha*, n° 5, mai-jul. 1968, p. 4-7). Questões mais concretas da conjuntura política da época só aparecem em maior volume na revista *Presença*, do MUE de Campinas, mas que era mais voltada para os universitários não espíritas.

cristão, eu acho que nesse ponto não houve uma reflexão profunda a respeito. Não é um assunto que foi assim amplamente debatido entre nós. (Depoimento oral concedido dia 28/10/2011).

O próprio Valter Scarpin dá uma interessante explicação para a limitação do pensamento do MUE:

> Eu penso que o entendimento do MUE ficou também restrito a [...] Quer dizer, como a nossa tese de que era importante e necessário haver reformas sociais para que o Brasil progredisse, *como essa tese principal era rechaçada, a nossa atividade principal estava no sentido de levantar argumentos a favor da nossa tese*. E penso que nós não fomos muito mais longe a respeito disso. (Depoimento oral concedido dia 28/10/2011; grifos nossos).

Quer dizer, a limitação era imposta sobretudo pela necessidade de se travar um debate que não avançava no interior do movimento espírita. O MUE tinha de insistir sempre nos mesmos pontos, já que o seu alvo de ação era exclusivamente o meio espírita:

> A participação do MUE ela ficou restrita a uma divergência com a ala conservadora do Espiritismo que entendia que o mundo iria evoluir através da reforma íntima das pessoas. Quer dizer, cada indivíduo se reformando intimamente isso iria redundar numa evolução social. E evidentemente nós discordávamos desse ponto de vista, porque a própria reforma íntima que uma pessoa vá fazer ela a faz num ambiente social, e o ambiente social é muito importante. Então a discussão central que houve entre nós e os conservadores era essa: de um lado eles defendiam a tese da reforma íntima enquanto que nós dizíamos que não, que é necessário também que haja reformas sociais, é necessário que haja mudanças na sociedade pra se conseguir chegar a um mundo mais evoluído. (Depoimento oral concedido por Valter Scarpin dia 28/10/2011).

Vencer a tese da exclusividade da reforma íntima para evolução da humanidade era o objetivo fundamental; enquanto essa batalha não fosse vencida, não havia qualquer exigência de se avançar na reflexão programática e política do socialismo.

O ideário socialista, ainda que genérico, servia porém para continuar alimentando o espírito de oposição ao *status quo* do movimento espírita.

Para não se acomodar à realidade, estava dada a fórmula: "mister se faz nos tornemos em *metódicos insatisfeitos*", isto é, "conscientes dos obstáculos que se nos apresentam, mas suficientemente fortes a ponto de reconhecermos que, um dia, com esforço haveremos de transpô-los" (*A Fagulha*, n° 5, mai – jul. 1968, p. 3; grifo no original).

Deus, apesar de raramente ter um espaço exclusivo nos escritos do MUE, comparece n'*A Fagulha* em um texto de Eurípedes Barsanulfo de 1914, no qual descreve a presença divina no mundo (*A Fagulha*, n° 5, mai – jul. 1968, p. 8-9). Esta ideia de Deus, como força manifesta em tudo que existe, aparece de certo modo no depoimento de Armando Oliveira, quando faz a sua "profissão de fé" na filosofia espírita, apesar de desligar-se do movimento espírita:

> Eu nasci espírita. Eu era um orador de primeira. Agora não sou mais. Agora se eu tiver que fazer uma palestra espírita (falei essa semana quando foi a minha mulher com a minha filha que também são espíritas, continuam espíritas né, essa que tava agora aí) eu se tivesse que fazer uma palestra espírita agora não saberia como. Quer dizer, eu perdi todos os padrões que eram significativos. Eu vou dizer o quê, eu vou falar o quê? Que acredito na reencarnação? Sem dúvida! Que acredito na lei do *karma*? Nossa! Que há um plano divino, Deus ou o que você quiser dizer, que nome você quiser atribuir, individualidade ou não. Que o princípio vital está aí em tudo, desde a pedra até o homem. Que nós não somos os únicos povoadores da galáxia e do universo. Essas coisas todas continuam plenamente [...] a existência do periespírito, que é onde você registra todas as suas ações e elas, naquela história da caridade, elas é que resultam benéfico pra você e também pra quem você socorre. Quer dizer esses princípios todos continuam intactos, continuam válidos. Mas o movimento me desencantou, o movimento não me diz mais nada, entende. (Depoimento oral concedido dia 9/7/2009).

De tal modo que podemos reconhecer nesta publicação do texto de Eurípedes Barsanulfo uma provável manifestação desta liderança do MUE.

Assim como no caso da publicação do artigo de José Carlos de Camargo Ferraz sobre a questão política, neste número d'*A Fagulha* Roque Jacinto é quem cumpre o papel de representar o outro, o contraditório ao MUE. Este articulista, apresentado pela Direção da revista como um "adversário leal", "admirável", "um jovem de extraordinário valor" que convivera com a equipe d'*A Fagulha* em Sorocaba, é chamado ao debate sobre o problema da reforma social. Roque Jacinto defende unilateralmente a reforma íntima enquanto a Direção d'*A Fagulha* contrapõe o argumento da interdependência entre reforma íntima e reforma social (*A Fagulha*, n° 5, mai – jul. 1968, p. 10-15).

A estratégia é clara: o MUE precisa de diálogo para tornar visível a sua plataforma. Mais ainda, é fundamental contrastar suas ideias com os pontos de vista diametralmente opostos, para deixar claro a todos a sua diferença, identificando-se como um movimento de ruptura com o *status quo* do Espiritismo brasileiro.

Neste debate em particular, um elemento de grande relevância nas polêmicas promovidas pelo MUE ganha centralidade: a violência. Conforme já vimos antes, a violência é comumente associada à revolução e à política. É nesse mesmo sentido que se coloca a prédica contrária às "agitações", no texto de Roque Jacinto: querer a reforma social é querer a reforma dos outros (fugindo à reforma íntima), "participando das hordas agitadas", "que se deixam dominar por psicose coletiva, extravasando séculos de insatisfação e rancor", "vinculando-se a prelúdios de sangue" (*A Fagulha*, n° 5, mai – jul. 1968, p. 11). Em resposta, cita-se Proudhon, afirmando não termos a necessidade da violência para triunfar, pois seria um "apelo à força, à arbitrariedade, numa palavra, uma contradição" (*A Fagulha*, n° 5, mai – jul. 1968, p. 13). As armas utilizadas na luta pela reforma social – através da qual se realiza concomitantemente a reforma íntima – "não podem ser outras que não as sugeridas pelo Evangelho" (*A Fagulha*, n° 5, mai – jul. 1968, p. 14).

Mesmo navegando pelos mesmos temas dos números anteriores, *A Fagulha* n° 6 dá especial ênfase à questão da violência. Por isso, vale determo-nos nessa edição. Numa espécie de conjunto de recortes extraídos da obra *O homem e a sociedade numa nova civilização* de Humberto Mariotti e do prefácio de Herculano Pires feito à obra *Dialética e Metapsíquica* de Mariotti, Orlando Ayrton Toledo[48] enfeixa um resumo de ideias em torno da relação entre *O Espiritismo e as Doutrinas Sociais*. É de destacar-se que este artigo é originalmente uma apostila distribuída no I Curso Intensivo de Dirigentes de Mocidades Espíritas, realizado sob o patrocínio da USE. Assim, devemos avaliá-lo como um texto de relativa aceitabilidade no âmbito institucional do movimento espírita paulista. Com base em Erich Fromm, Orlando Ayrton distingue duas formas de relacionamento entre os homens, sob a determinação de uma dada organização social: a relação simbiótica ou alienada, pela qual o homem "perde sua independência e integridade, sofre, torna-se hostil ou apático", e a relação amorosa, pela qual preserva sua integridade (*A Fagulha*, n° 6, ago.-out. 1968, p. 1). Segue criticando o movimento espírita em razão do seu desinteresse pelo estudo dos problemas sociais. Refere-se à missão de "levar a revolução espiritual a enfrentar as

---

48 Orlando Ayrton de Toledo, já à época professor universitário de odontologia, era portador de grande respeitabilidade no meio espírita, sendo referência também para lideranças da juventude espírita. Tal era o caso, por exemplo – como se verá no terceiro capítulo –, da mocidade espírita de Araraquara.

contra-indicações sociais e econômicas", já que a Doutrina Espírita possui uma teoria sociológica a ser aplicada à sociedade (*A Fagulha*, n° 6, ago.-out. 1968, p. 1). É o "destino social" do Espiritismo, a sua missão de contribuir para a "solução de todos os problemas humanos" (*A Fagulha*, n° 6, ago.-out. 1968, p. 1). Com Léon Denis, o autor destaca o diferencial da Filosofia Espírita com relação às doutrinas econômicas e sociais, por não se circunscrever a este mundo, reconhecendo "a existência da vida espiritual" (*A Fagulha*, n° 6, ago.-out. 1968, p. 2). Rumando para problemas sociais específicos, cita Humberto Mariotti, alegando que o Espiritismo pode "desenvolver extenso programa referente à justiça social, à democracia e à liberdade". Apresenta as desigualdades sociais como consequência do egoísmo, "destinadas a desaparecer com ele, porque contrárias às leis de Deus" (*A Fagulha*, n° 6, ago.-out. 1968, p. 2).

Seguindo a mesma linha do MUE, concentra-se em argumentar pela necessidade de organizar a sociedade adequadamente, favoravelmente à evolução espiritual: "Do mesmo modo que o progresso do homem aprimora a sociedade, o aperfeiçoamento da organização social exercerá grande influência na melhoria do homem" (*A Fagulha*, n° 6, ago.-out. 1968, p. 3). Nessa lógica, e fiando-se novamente em Humberto Mariotti, afirma que as raízes do mal encontram-se, em grande parte, na desigualdade dos bens que dá origem a desigualdade de sentimentos e afetos. Assim, "a igualdade de afetos nasce da igualdade de situação econômica, e de uma mesma forma de acomodação social" (*A Fagulha*, n° 6, ago.-out. 1968, p. 3). Disso resulta a necessidade de militância: "[...] deverá o ideal espírita mobilizar-se na elaboração de um novo sistema de vida social que irá refletir a fraternidade real do Cristianismo" (*A Fagulha*, n° 6, ago.-out. 1968, p. 3).

Com relação ao materialismo histórico de Marx e Engels, o articulista acompanha Mariotti na crítica às suas limitações: por um lado equivoca-se ao descartar como superstição a crença na realidade espiritual, por outro, seus autores estão justificados pelo inequívoco papel desempenhado pelas religiões como instrumento de opressão (*A Fagulha*, n° 6, ago.-out. 1968, p. 4-5).

Mais importante, talvez, sejam as ressalvas formuladas por Herculano Pires quanto à teoria marxista da luta de classes. Para ele "a idéia da revolução proletária já não é tão nítida, e os últimos movimentos revolucionários, apenas teoricamente se basearam no proletariado", além do que, "nos países de maior desenvolvimento industrial o movimento revolucionário tem crescido mais em virtude das condições da vida camponesa, que da vida proletária" (*A Fagulha*, n° 6, ago.-out. 1968, p. 5-6). Assevera que "as condições sociais evoluem com os progressos da técnica, aliados ao desenvolvimento intelectual e espiritual do homem", por isso dá razão a Pietro Ubaldi, quando afirmou que, "se a luta foi a um tempo de natureza física, hoje é econômica e nervosa, e amanhã será espiritual e ideal" (*A Fagulha*, n° 6, ago.-out. 1968, p. 6).

O que está em jogo nestas ressalvas a luta de classes, enquanto conceito e enquanto prática, é o problema da violência. Rechaçar a violência é um objetivo central para muitos espíritas que pretendem aproximar o Espiritismo do marxismo, para defender um socialismo cristão, depurado de qualquer princípio e prática "anti-evangélicos". Assim, nesses termos, Orlando Ayrton repete Herculano Pires que não aceita "a forma proletária da violência" como sendo legítima, encarando o proletariado como uma eventualidade, "pois a divisão da Sociedade em classes é artificial, uma vez que o homem é o mesmo, numa classe como noutra" (*A Fagulha*, n° 6, ago.-out. 1968, p. 6).

O Espírito é a realidade última do homem, por isso não pode haver uma classe que encarne essencialmente a revolução e por isso toda a vida humana tem o mesmo estatuto, o mesmo valor irrevogável. O "não matarás" é o mandamento evangélico que incompatibiliza o socialismo cristão com a violência revolucionária dos marxistas. O Espiritismo, querendo apontar para "os novos rumos para os quais deve ser conduzida a sociedade", preconiza a ação não-violenta: "a hora é dos Tolstoi, Tagore, Scheitzer e Luther King" (*A Fagulha*, n° 6, ago.-out. 1968, p. 6).

Assim como iniciou o artigo, Orlando Ayrton – citando quase literalmente Herculano Pires – o finaliza, criticando os espíritas por suas concepções equivocadas quanto ao papel do Espiritismo frente às questões sociais. Aponta para aqueles que pretendem a tudo explicar e resolver com o princípio de causa e efeito e a lei da reencarnação, "cabendo-nos compreender e aceitar, passivamente, a sua ação"; critica os que sustentam a tese de que a revolução espírita é essencialmente individualista – transformando o homem a sociedade se transforma, e critica também os "que se apegam às atividades fenomênicas, sem tirar da Doutrina qualquer conseqüência de ordem filosófica e moral" (*A Fagulha*, n° 6, ago.-out. 1968, p. 6).

Fazendo coro ao discurso do MUE, encerra com Herculano:

> A função do Espiritismo é a renovação integral do homem, na sua expressão individual e coletiva. Não é apenas consolar corações sofredores e desalentados, mas também "rasgar para o mundo, as perspectivas de uma nova era" (*A Fagulha*, n° 6, ago.-out. 1968, p. 7).

Anotemos: o texto que acabamos de analisar circulou em um evento patrocinado pela USE. A mesma instituição que em breve fará clara oposição ao MUE. É interessantíssimo observar que a distância que separa esses escritos retirados de Herculano Pires daqueles produzidos pelo MUE é bastante pequena. Já a reação da USE diante de Herculano e do grupo de universitários espíritas é de extremo contraste. Enquanto o primeiro permanece em alta consideração, como intelectual imensamente respeitado, o segundo será apontado como um grupo "subversivo", político-partidário, comunista. A nosso ver, um dos elementos que ajudam a explicar tão distinta reação é o fato de que um mesmo discurso pronunciado em contextos diferentes e por indivíduos ou grupos diferentes assume múltiplos significados. Mas deixemos a questão em aberto, para lhe dar um tratamento mais adequado no decorrer desta investigação histórica.

Em *Lições do 'Mestre' Herculano...*, A Fagulha expõe uma série de citações da introdução escrita por Herculano Pires ao livro de Humberto Mariotti, *Dialética e Metapsíquica*. Delas destacamos os seguintes pontos: o Espiritismo dialético vem superar a religião mística e o materialismo da simples observação metapsíquica; a ação não-violenta é a "solução espiritual" (cita Ruskin, Tolstoi, Tagore e Gandhi);[49] valoriza-se Marx e Engels; a indissociabilidade da reforma íntima e da reforma social, ou, em outras palavras, prega-se a renovação integral do homem na sua expressão individual e coletiva; faz-se referência a métodos de ação, como a comunidade apostólica do cristianismo primitivo e as recentes colônias de produção de Israel; fala-se em desenvolvimento do espírito coletivista de cooperação (*A Fagulha*, n° 6, ago.-out. 1968, p. 8-11). Em suma, o texto de Herculano Pires serve de pilar forte de sustentação do discurso do MUE, dado a ampla respeitabilidade do filósofo no movimento espírita.

Já Armando Oliveira Lima, abordando, pela primeira vez, a violência como tema central, situa-se num debate muito vivo à sua época acerca dos meios a serem utilizados para efetuar a luta revolucionária. E, por outro lado, responde aos espíritas que criticam a luta política como sendo uma via violenta de intervenção social.

Primeiramente, partindo da conceituação de violência como violação de um direito, distingue três tipos de violência, com base em um texto do Pe. Orlando Maia (Paz e Terra, n° 7, p. 144): a física, a psicossocial e a estrutural, pondo ênfase nessas duas últimas, destacando como exemplos a morte pela fome, o analfabetismo, a coação

---

[49] N'*A Fagulha* n° 12, publicam-se excertos da obra *O Reino* de Herculano Pires. Em evidente diálogo com os socialistas, com aqueles interessados em melhorar a sociedade transformando suas estruturas, afirma que as "condições sociais adequadas ao aprimoramento do homem [...] não podem surgir da prática da violência contra o próprio homem (*A Fagulha*, n° 12, nov.-dez. 1970). Evidentemente, frisar a não-violência da transformação social proposta é também certamente importante para evitar a reprovação dos espíritas.

econômica, a propaganda com fins excusos[sic] e "a 'educação' que atende a interesses de classes, de castas, de grupelhos, de raças etc" (*A Fagulha*, n° 6, ago.-out. 1968, p. 13-14). Em seguida afirma que a ética, com base no amor – sustentáculo do Cristianismo –, reprova a violência. Para sustentar a afirmação, cita Herculano Pires, Charbonneau e Proudhon (autores que sintetizam bem as correntes de influência sobre Armando Oliveira – doutrina social espírita, doutrina social católica e socialismo) (*A Fagulha*, n° 6, ago.-out. 1968, p. 14-15). Entretanto, dialeticamente a violência pode gerar progresso (cita-se a questão 744 d'*O Livro dos Espíritos*[50]), o que não nos autoriza a optar por ela como um meio de transformação dos homens, já que existem outras vias permitidas pela ética (*A Fagulha*, n° 6, ago.-out. 1968, p. 16-18). Avalia que a violência está instalada no mundo, através do mecanismo de autorreprodução (violência gera violência) (*A Fagulha*, n° 6, ago.-out. 1968, p. 18-19). Para não ser conivente com esta violência já incrustada no planeta, é necessário oferecer alternativa. Armando Oliveira conclui que o amor engajado é a alternativa correta (*A Fagulha*, n° 6, ago.-out. 1968, p. 20).

Através das entrevistas com os ex-integrantes do MUE, verificamos como era importante a possibilidade de uma alternativa não-violenta para aqueles que almejavam e sonhavam com um mundo socialista. Izao Carneiro Soares, que fora um dos mais ativos membros do MUE paulistano, afirma que da sua parte "sempre houve simpatia pelos movimentos de esquerda contra o capitalismo, porém esbarrava na questão da violência e a continuidade da vida após a morte" (depoimento recebido por e-mail dia 24/10/2011). Shizuo Yoshida, que participou do MUE de Campinas, conta ter ficado muito feliz ao encontrar o MUE, com a proposta do socialismo cristão, porque os meios de luta que as esquerdas estavam apresentando entre os universitários não lhe agradavam. Era só "uma meia dúzia" que acabava aderindo, se engajando na luta armada. Por isso não achava também inteligente a estratégia (depoimento oral concedido dia 28/3/2010).

Insatisfeitos com os métodos violentos da luta armada contra a Ditadura Militar, os jovens universitários espíritas pensavam em alternativas. Discursivamente podemos rastreá-las na exemplaridade conferida a figuras como Luther King, Tolstoi e Gandhi.

---

50   "Qual o objetivo da Providência ao tornar a guerra necessária? – A liberdade e o progresso" (KARDEC, 2006, p. 253). Destacamos a leitura crítica de Armando Oliveira acerca da questão, que procura interpretá-la dialeticamente e chega a considerar equívoca a expressão "tornar a guerra necessária", "relativamente à Providência, já que, segundo entendemos, os homens e não a Providência tornaram necessária a guerra" (*A Fagulha*, n° 6, ago.-out. 1968, p. 17). Este tipo de leitura, capaz de "corrigir" os próprios Espíritos da "Codificação", é raríssimo mesmo entre os intelectuais espíritas considerados mais progressistas.

É justamente com Gandhi que *A Fagulha* n° 6 encerra a temática da violência, na sua antítese, a não-violência (*ahimsa*). Num agrupamento de trechos de textos de Gandhi, destacam-se os seguintes pontos: a não-violência é uma força superior a todas as forças da brutalidade, a democracia só se salva pela não-violência e o poder estará nas mãos dos pobres (*A Fagulha*, n° 6, ago.-out. 1968, p. 26). Ainda que seja, geralmente, apenas superficialmente conhecido (MIGUEL, 2011), Gandhi é um personagem de forte impacto simbólico no mundo todo. Não é diferente no Brasil. Portanto, pode-se deduzir que o apelo a palavras de sua autoria seja uma estratégia de legitimação do discurso do MUE.

Também Adalberto Paranhos em *A linguagem da força* tece a crítica à preponderância da violência, disseminada no lar e no cenário social, identificada na agressão "educacional", no assassinato das "massas anônimas", na produção de "consciências enlatadas":

> Pondo de lado o
> "Amai-vos uns aos outros",
> Transmudaram a máxima evangélica
> Em um autêntico
> "Armai-vos uns contra os outros".
> (*A Fagulha*, n° 10, jul.-ago. 1970).

Devemos frisar que, apesar de o marxismo ter influenciado os espíritas mais progressistas pela sua crítica ao capitalismo e pela centralidade da dialética na explicação da sociedade, é sempre importante, no meio espírita, negar o seu materialismo. Tal negação coaduna-se com a busca do novo: a ideia defendida pelo MUE que o Espiritismo seria a síntese da cultura universal, considerando-o como a solução para os impasses gerados entre posturas antagônicas. No plano prático, os jovens universitários espíritas buscavam uma alternativa entre a violência revolucionária e a passividade alienada, visando à superação do capitalismo.

Este é o sentido, por exemplo, do excerto do trabalho *Espiritismo Dialético*, de Herculano Pires, publicado n'*A Fagulha*: "O Espiritismo tem de descobrir a sua própria maneira de agir, tem de formar as suas armas, inteiramente novas, tão diferentes das usadas pelos processos do religiosismo clássico, quanto pelo materialismo dialético" (*A Fagulha*, n° 11, set-out. 1970, p. 7).[51]

---

[51] Em seguida *A Fagulha* anuncia o seu lançamento editorial da obra *Espiritismo Dialético* de Herculano Pires. E, num prenúncio do conflito com este autor, destaca que o prefácio da

A revolução não-violenta constitui parte de um conjunto articulado de ideias dos jovens universitários espíritas que visavam uma transformação substancial do próprio movimento espírita. Um dos textos em que se tenta produzir um resumo dessas ideias é o *Credo*, escrito por Armando Oliveira Lima. Em dezesseis itens, o articulista pretende sintetizar o seu pensamento (em grande parte compartilhado por outros integrantes do MUE), deixando claro ao público a quê veio. Apresenta o Espiritismo como síntese da cultura universal, expressa a crença no Plano Criador de Deus, "potencialmente perfeito, mas propositadamente inacabado, atribuindo aos homens função de co-criadores em plano menor", a ideia da evolução dialética (a melhora interior é reflexo da luta pela melhora exterior), a crença na justiça (ninguém é injustiçado no mundo, "ninguém colhe senão o que plantou"[52]), a crença no amor como construtor do que é perene, destaca que o homem deve reformar as estruturas da sociedade que por sua vez o influenciam (nefasta ou beneficamente), clama por definição, por engajamento no mundo, crê no socialismo cristão como síntese superadora do capitalismo e do comunismo e que aos cristãos se impõe "o trabalho consciente e finalista de preparar sua implantação em todo o globo", porém, nem mesmo o socialismo cristão será "a última palavra", em razão da natureza dialética da evolução, ressalta o papel dos espíritas (do mesmo lado dos demais cristãos e das demais religiões e doutrinas) de reformar a sociedade humana, "dando-lhe estruturas mais cristãs, profundamente humanistas, propiciadoras do desenvolvimento integral dos homens",[53] e assevera por fim a possibilidade aberta de impedir-se "a frutificação do trigo", pela omissão "desta tarefa urgente e indispensável" – "o futuro do mundo e o nosso próprio futuro, estão entregues às nossas próprias mãos. A nós, portanto, agentes desse futuro, cabe-nos a decisão de como, pela ação ou pela omissão, pela presença ou pela ausência, construí-lo" (*A Fagulha*, n° 5, mai – jul. 1968, p. 16-19).

Muitos desses elementos do *Credo* já foram apresentados, assim, vamos apenas frisar o que parece ser a chave central do raciocínio de Armando Oliveira – o princípio da dialética. A dialética é chamada a explicar a relação entre Deus e suas

---

obra será escrito pelo baiano Luiz de Magalhães Cavalcanti, "uma das expressões maiores da jovem-guarda do movimento espírita brasileiro" (*A Fagulha*, n° 11, set-out. 1970, p. 7).

52 Este elemento, o da impossibilidade da injustiça, vai na contramão de muitos raciocínios desenvolvidos pelos integrantes do MUE, que destacavam as estruturas sócio-econômicas na explicação das injustiças existentes na Terra.

53 A valorização da potência humana, enquanto Espírito a desenvolver-se no infinito, é referenciada no texto de Rubens Romanelli, no qual incita-se ao conhecimento e a conquista de si, através das perguntas: "quem és? Por que existes?" (*A Fagulha*, n° 5, mai-jul. 1968, p. 20).

criaturas, através da evolução, e a relação entre os seres humanos enquanto indivíduos e a sociedade enquanto coletividade humana. A dialética diz ainda o que é o Espiritismo e o que é o socialismo cristão. É, sem dúvida, um poderoso conceito na coordenação de valores, na estruturação da visão de mundo do MUE.

Outro texto em que Armando Oliveira Lima raciocina em termos dialéticos chama-se *Dois Reinos*. Nele, parte da dicotomia espírito e matéria para apresentar o contraste entre o Reino dos Céus e o atual estado do Reino da Terra. O primeiro é repleto de virtudes – amor, paz, solidariedade –, o segundo de vícios – ódio, guerra, competição: "Lá tudo é de todos. Aqui tudo é de poucos" (*A Fagulha*, n° 10, jul.-ago. 1970, p. 19). Porém, um alento: "Ambos os reinos são feitos de homens!" (*A Fagulha*, n° 10, jul.-ago. 1970, p. 19). Armando Oliveira apresenta, portanto, tanto a dicotomia como a chave para a sua superação. A responsabilidade do ser humano, entendido como o construtor da organização social (o Reino) tanto no plano espiritual (o Reino dos Céus) quanto no plano material (o Reino Terrestre) é uma bandeira fundamental do MUE para exigir dos espíritas o engajamento pela transformação social.

Já vimos, de passagem, que além do marxismo o cristianismo constitui um dos elementos importantes na proposição político-doutrinária do MUE: o socialismo cristão. Aquilo que se passava no meio católico, com a JUC e o gestar da teologia da libertação, chamava muito a atenção dos jovens universitários espíritas de esquerda.

Pedro Francisco, por exemplo, relata que com outros religiosos o pessoal do MUE discutia ideias acerca dos "problemas sociais que eram o foco da nossa discussão à luz do evangelho". Afirma que os debates públicos promovidos pela juventude católica inspiravam: "Debate público o pessoal da juventude católica fazia. Levava expositores, chamava fulano, beltrano, tinham os expositores deles, que eram contra o regime e etc. 'Pô, nós precisamos ter esse pessoal também, coisas assim no movimento espírita'" (depoimento oral concedido por Pedro Francisco Abreu dia 7/4/2010).

Por isso, no segundo número d'*A Fagulha*, a pauta de discussão é a revolução na Igreja. Discute-se, com artigos de católicos e espíritas, até que ponto pode-se falar em uma efetiva revolução que estaria colocando a Igreja Católica em patamar mais avançado que o movimento espírita, no que tange ao seu posicionamento frente à questão social.

Após a publicação de uma homília de Frei Chico intitulada "Deus está morrendo?" que, com a força de seu humanismo cristão, é apresentado como exemplo de avanço no pensamento social da Igreja, Sidnei Nicolau Venturi trata de contestar a suposta revolução católica. Se alguns membros do clero são pela revolução, a Igreja, entretanto, somente o permite para manter seu rebanho sob controle. Para ilustrar as contradições que à Igreja não interessa resolver, Sidnei Venturi destaca diversas situações:

> no Brasil, enquanto D. Helder Câmara, arcebispo de Olinda, 'defende' o proletariado, D. Jaime Câmara, arcebispo da Guanabara é seu opositor sistemático. E onde está a Igreja nessa disputa? Enquanto a encíclica papal defende uma posição melhor para o operariado, o Papa em entrevista condena os regimes socialistas da Rússia, de Cuba etc. Com quem, afinal, está a Igreja? Com o socialismo, com o capitalismo? Enquanto tropas governistas e guerrilheiros se matam nas selvas bolivianas, com quem está a Igreja? Com Barrientos, com os guerrilheiros ou com o povo que tem fome? Quando no Vietnam, um verdadeiro massacre de populações civis se processa de ambos os lados, com quem está a Igreja? (*A Fagulha*, n° 2, nov.- -dez. 1967, p. 12-13).

O desfecho do seu artigo é uma interessante comparação entre a Igreja Católica e o Espiritismo: "Entre a Igreja Romana e a Doutrina Espírita, no momento, existe uma diferença substancial: na Igreja o corpo doutrinário aprisiona e limita o homem; no Espiritismo, lamentavelmente, o homem está tentando aprisionar e limitar a Doutrina!" (*A Fagulha*, n° 2, nov.-dez. 1967, p. 13).

Em seguida, é publicado o texto de uma universitária católica, Maria Agostinha de Carvalho, que afirma o processar de uma revolução na Igreja, destacando a evolução do seu posicionamento na figura dos papas, de Leão XIII com a encíclica *Rerum Novarum*, passando por João XXIII com a *Mater et Magistra* e *Pacem in Terris*, até chegar a Paulo VI com a *Gaudiun et Spes* e *Populorum Progressio* (*A Fagulha*, n° 2, nov.-dez. 1967, p. 14-17).

Importa notar, sobretudo, o interesse despertado entre os espíritas pelas encíclicas *Mater et Magistra* e *Pacem in Terris*, conforme o destaca Roque Jacinto (*A Fagulha*, n° 2, nov.-dez. 1967, p. 18). Este interesse, a julgar pelas palavras críticas de Roque Jacinto, veio acompanhado de uma boa dose de admiração. Entretanto, seguindo a tradição espírita de desconfiar das posições católicas, o articulista insiste na indefinição funcional das encíclicas – que não encerram pontos de fé, "mas apenas um ponto de vista" – que teria por objetivo último "catolizar, ou seja, adaptar-se a todos os climas mentais e políticos, assegurando-se do poder majoritário aos seus sacerdotes no banquete das nações" (*A Fagulha*, n° 2, nov.- -dez. 1967, p. 18-19).

Roque Jacinto, contudo, não era membro do MUE, figurando n'*A Fagulha* apenas como porta-voz de mais uma opinião sobre a questão posta. É em Armando

Oliveira Lima que vamos encontrar a avaliação mais positiva e entusiasmada entre os espíritas a respeito da postura da Igreja. Se, à questão "Revolução na Igreja?", uns respondiam "sim" e outros "não", Armando ficou com um *Ainda não...* – título do seu artigo. Sua avaliação é que, sob pressões externas, a Igreja, enquanto instituição, passa por mudanças superficiais, mas os católicos de vanguarda aproveitam para agir por mudanças radicais, num contexto de profunda mudança na mentalidade dos católicos. Para Armando, num processo dialético inexorável, o resultado final será a revolução. Assim, pede aos espíritas o apoio aos católicos vanguardistas (*A Fagulha*, n° 2, nov.-dez. 1967, p. 20-24).

Deste artigo, em especial, podemos inferir que a definição de determinadas lideranças católicas em favor de reformas – ou mesmo revoluções – sociais que estavam na pauta do dia, foi importante como marco de vivência político-religiosa para os jovens universitários espíritas. Se os católicos estavam agindo, os espíritas deveriam, ainda com mais razão, atuar pela revolução, pelo socialismo. Em termos de referencial de leitura, vale citar que o filósofo cristão Emmanuel Mounier e o teólogo jesuíta Teilhard de Chardin – ambos em oposição à Igreja Católica – figuravam na bibliografia dos articulistas do MUE.

A Equipe *A Fagulha* assina o texto *Evangelho em ação*, um acróstico – produzido a partir das letras de "*A Fagulha*" – formado exclusivamente por citações bíblicas, no qual se exalta o desapego à propriedade e a execração à hipocrisia do religiosismo exterior (*A Fagulha*, n° 9, set., 1969).

Valter Scarpin, do MUE de São Paulo, escreve o artigo *O Cristianismo e suas implicações sociais*. Nele, Scarpin parte da análise do panorama sócio-econômico do Império Romano para situar o nascimento do cristianismo num quadro de injustiças sociais: os patrícios como detentores dos meios de produção, os plebeus vivendo "às espensas[sic] do Estado" e os escravos trabalhando "para sustentar a todos" (*A Fagulha*, n° 11, set-out. 1970, p. 38). Afirma que o movimento cristão "não revelava tendências exclusivamente extraterrenas", do que dá prova a "tentativa de estabelecimento da comunidade dos apóstolos" (*A Fagulha*, n° 11, set-out. 1970, p. 39). E, já que a doutrina preconizada por Jesus pregava a igualdade e a liberdade, os privilegiados de Roma sentiram-se ameaçados e passaram a perseguir os cristãos. Para sustentar o caráter engajado do cristianismo primitivo, uma série de citações de Emmanuel, extraídas da obra *A Caminho da Luz*, vem reforçar o argumento do articulista. Afirma-se, por exemplo, que das lições de Jesus,

> decorrem conseqüências para todos os departamentos da existência planetária, *no sentido de se renovarem os institutos sociais e políticos da humanidade*, com a

transformação moral dos homens *dentro de uma nova era de justiça econômica e de concórdia universal*. (*A Fagulha*, nº 11, set-out. 1970, p. 40; grifos no original).

Sob o impacto das perseguições romanas, o cristianismo teria arrefecido, inclusive com o assassinato das lideranças mais representativas, "via de regra de origem proletária" (*A Fagulha*, nº 11, set-out. 1970, p. 42). Com um crescente número de adeptos patrícios e tornando-se aceitável para o Estado, já que seus ideais libertadores haviam perdido em importância, o cristianismo deixa de ser perseguido. O processo de descaracterização do cristianismo culmina com nascimento da igreja católica: "*para ser útil ao estado, fez-se mister um comando unificado para o movimento cristão*. O próprio estado se encarregaria de cooperar com esse intento. Nascia a igreja católica, agonizava o cristianismo (*A Fagulha*. Nº 11, set-out. 1970, p. 43; grifo no original).

De toda esta história do cristianismo, os espíritas – cuja doutrina possui os mesmos objetivos do cristianismo primitivo – devem aprender-lhe importantes lições: também o Espiritismo pode falhar, "também pode fracassar, desviar-se, omitir os seus postulados de igualdade e liberdade e, se isso acontecer, tal se dará exclusivamente por culpa dos espíritas, vale dizer, *por nossa culpa*" (*A Fagulha*, nº 11, set-out. 1970, p. 44-45; grifo no original).

O recado do MUE para o movimento espírita está bastante claro. Tal qual se deu com o cristianismo, o Espiritismo está em vias de adulterar-se, abstraindo-se dos seus ideais de renovação social, em posição de conveniência junto ao *status quo*. De passagem, notemos a permanente importância de jogar com o contra-exemplo da Igreja Católica. Se o MUE era acusado de querer imitar a Igreja, imiscuindo-se em política, para levar o Espiritismo a concorrer pelos privilégios do Estado, por sua vez apontava para os desvios do movimento espírita brasileiro, correlatos aos desvios operados no cristianismo – religiosismo piegas, irracionalismo, alienação dos problemas do mundo, conivência com a injustiça social.

Estas críticas ao movimento espírita brasileiro já dão a tônica do conflito institucional crescente que se deu entre o MUE e os dirigentes espíritas. As propostas de reorganização institucional do movimento espírita contra o autoritarismo e em favor da democracia, o conflito entre jovens e velhos, entre o progressismo e o misoneísmo, entre a ação política consciente e a falsa (e impossível) neutralidade política (resultante, no mínimo, em omissão e conivência), entre a revolução socialista e a reforma (exclusivamente) íntima, fornecem os principais conteúdos da dinâmica do relacionamento político do MUE com o movimento espírita.

Assim, depois de tratar da Igreja, *A Fagulha*, no seu terceiro número, retorna o foco para a crítica interna aos espíritas. Conforme foi prometido no primeiro número, o debate se atém ao Pacto Áureo e à Unificação. O Pacto Áureo,[54] acordo que firmou a FEB como instituição suprema do movimento espírita brasileiro, é publicado na íntegra, sem qualquer comentário.

Sidnei Venturi reclama da falta de intervenção das federações sobre os verdadeiros desviantes da Doutrina, enquanto resolvem tolher justamente os que querem praticá-la corretamente – os "jovens de idade e de espírito" (*A Fagulha*, n° 3, jan – fev. 1968, p. 6-7). Estes

> Procuram se unir, estudar, estabelecer reuniões para apresentar a face esquecida, mas importante, que é aquela que procura alevantar o homem dentro da realidade sócio-econômica, impondo-lhes responsabilidade e trabalho, perseverança e luta – e não somente passes e água benta. (*A Fagulha*, n° 3, jan – fev. 1968, p. 7).

A referência aos "passes e água benta", faz parte de uma crítica ao "religiosismo" ou "igrejismo", com o qual se incomodavam todos os integrantes do MUE.

No texto de Paulo de Tarso Ubinha, *Unificar ou uniformizar?*, evidencia-se a necessidade de convivência da diversidade, assumindo como importantes as diversas formas de praticar o Espiritismo, de acordo com as características de cada Centro – uns mais aptos ao Serviço Social, outros aos estudos filosóficos ou pesquisas científicas, ou ainda à prática mediúnica. No caso deste autor, a ênfase recai na necessidade da pesquisa científica, "sem o que poderá [o Espiritismo] perder seu caráter universalista, sobrevivendo apenas como grupos reduzidos e sem expressão, deixando de cumprir a sua destinação histórica de Religião e Ciência do Futuro". Daí a defesa da possibilidade de instituírem-se "grupos especializados de estudo ou pesquisa científica", compensado o despreparo para tal tarefa dos Centros Espíritas tradicionais (*A Fagulha*, n° 3, jan – fev. 1968, p. 11).[55]

O artigo mais crítico ao Pacto Áureo e a forma como a unificação do movimento espírita tem sido conduzida, é o de Armando Oliveira Lima. O articulista ataca fortemente a FEB e as suas obras: considera o *Reformador* uma revista fraca;

---

54   Ver nosso texto *Espiritismo Unificado: embates pela unificação institucional do movimento espírita brasileiro* (MIGUEL, no prelo).

55   Atendendo a pedidos, *A Fagulha* começa a publicar novamente artigos das primeiras edições. O texto de Ubinha retorna n'*A Fagulha* n° 11, com uma nota da Equipe *A Fagulha* afirmando que ainda deverá examinar a questão de ser ou não religião o Espiritismo (*A Fagulha*, n° 11, set-out. 1970, p. 50-51).

afirma que a Livraria e a Assistência aos Necessitados todo Centro Espírita tem; que o periódico *Brasil-Espírita* da Mocidade ligada à FEB é também muito fraco; que o Departamento Editorial tem tendência acentuada para a religião e, por fim, critica ainda o patrimonialismo dos seus representantes, a falta de transitoriedade nos seus mandatos e a não representatividade e improdutividade do CFN (Conselho Federativo Nacional) (*A Fagulha*, n° 3, jan – fev. 1968, p. 16-22). Denunciando "que todo esse aglomerado de entidades misoneístas, reacionárias, conservadoras, ultrapassadas e até desleais [...] é que 'dirige' o movimento unificacionista no Brasil!", conclui que a unificação deve efetuar-se sem a FEB, revendo o Pacto Áureo na sua forma e mantendo o seu fundo, e reestruturando ou substituindo o CFN (*A Fagulha*, n° 3, p. 22-23). Um aparte é feito quanto a USE, sendo elogiada, por não ser estática, monolítica, ditatorial: "não é 'febiana', pejorativamente 'febiana'!" (*A Fagulha*, n° 3, jan – fev. 1968, p. 24), clamando para que ela seja apoiada, porém criticamente.

A derradeira crítica ao Pacto Áureo se dá com a publicação de um artigo de Sílvio Brito Soares (já publicado no *Reformador* de dezembro de 1967) em que defende o Pacto e a FEB. O artigo é acompanhado de diversas notas da Equipe d'*A Fagulha* que pretendem contrariar integralmente o argumento do articulista (*A Fagulha*, n° 3, jan – fev. 1968, p. 26-30).

N'*A Fagulha* n° 7, os artigos centram-se no tema da relação entre jovens e velhos e nas questões sociais que sempre comparecem na revista. Um texto curto de Paulo de Tarso Ubinha sobre *Esperança* abre a revista, defendendo a espera ativa, que prepara obstinadamente a ocasião para a realização de um objetivo, momentaneamente impossibilitado (*A Fagulha*, n° 7, maio 1969, p. 1). O Editorial da revista dirige-se a mocidade "que não quer se deixar vergar nas dobras do convencionalismo", que quer "se fazer autenticamente presença", "pelo seu diuturno contacto com os problemas que comovem o mundo" (*A Fagulha*, n° 7, maio 1969, p. 3).

Esse diálogo com as mocidades espíritas é um dos tópicos mais relevantes da nossa pesquisa, pois percebemos a distinta recepção das propostas do MUE por parte da juventude, de um lado, e, por outro, por parte das lideranças institucionais dos "mais velhos". Assim, conforme analisaremos mais adiante, é possível supor que a juventude espírita, em sua maioria, foi mais favorável às ideias do MUE, numa faixa que vai predominantemente da indiferença a total adesão, com baixo índice de rejeição absoluta. Do lado dos representantes de federativas e centros espíritas – os "mais velhos" – a recepção foi quase totalmente negativa.

Por isso destacamos em especial o artigo *O Espiritismo e as Doutrinas Sociais*, produzido pela Equipe da Mocidade Espírita de Americana.[56] O artigo prima pelo esforço em dar embasamento doutrinário às suas afirmações, centradas na crítica ao capitalismo (com base em Marx e *O Livro dos Espíritos*) e na superação das alternativas capitalistas e comunistas (sustentando-se no argumento da dialética de Armando Oliveira Lima), numa busca de um método de ação próprio aos espíritas (entendendo o Espiritismo como uma filosofia da ação) (*A Fagulha*, n° 7, maio 1969, p. 4-13). É, sem dúvida, um texto com todo o teor do discurso do MUE.

Num texto que aborda a juventude espírita no contexto de preparação da VI CENSUL – Esquema Novo (a concentração barrada), Valter Scarpin, do MUE de São Paulo, ataca o problema do autoritarismo. Dá-nos, também, algumas pistas acerca da relação do MUE com os jovens espíritas. O artigo *O jovem espírita e o problema de liderança* inicia denunciando o padrão típico de liderança no movimento espírita, "que consiste numa nítida *separação entre liderança e liderados*" (*A Fagulha*, n° 7, maio 1969, p. 14; grifo no original). O Esquema Novo, conforme Scarpin é o estabelecimento de um novo relacionamento entre líderes e liderados, "em bases dinâmicas", com participação ativa de todos, compartilhando-se qualquer assunto coletivamente (*A Fagulha*, n° 7, maio 1969, p. 14-15). Como resposta a nova proposta de relacionamento promovida pelo Conselho Diretor da VI CENSUL, os jovens teriam sentido "que o Esquema Novo era também obra deles, que suas vontades e opiniões eram ouvidas e tinham o seu lugar", e assim "redobraram seu interesse pela causa espírita, divisaram suas possibilidades de trabalho e participação" (*A Fagulha*, n° 7, maio 1969, p. 15). O autoritarismo que impediu a realização do evento não poderia, entretanto, obstar o progresso, concorrendo, ao revés, para o incremento do crescimento e frutificação dos "nobres ideais humanos" (*A Fagulha*, n° 7, maio 1969, p. 15-16).

Em *Gerações em crise*, Armando Oliveira Lima faz um diagnóstico sobre a causa do fenômeno da oposição entre velhos e moços, indicando a saída adequada. Explicando que uma geração caracteriza-se não somente pela coincidência de faixa etária cronológica, mas também por um estado psicológico e social semelhantes, apresenta os "velhos" como sendo conservadores, moralistas, autossuficientes e detentores do poder, enquanto os jovens são idealistas, sinceros, renovadores e insuficientes (*A Fagulha*, n° 7, maio 1969, p. 16-18 e 20-22). Sustentando que a crise é um elemento natural, inevitável e desejável da evolução, diferencia do conflito, que

---

56 A Equipe da Mocidade Espírita de Americana era composta por Maria José Ferreira, Josilda Rampazzo, Neiva Amarante, Tereza Cristina Duarte e Márcia Ferreira.

oporia as partes desejosas da destruição do rival. Deve-se, portanto, evitar que a crise transforme-se em conflito. No caso das gerações em crise, o articulista a explica como nascendo da oposição entre a vontade de renovação dos jovens e a insistência na conservação dos velhos. A solução é que moços e velhos busquem viver em solidariedade, evitando a radicalização para não tornar a crise um conflito. Os velhos precisam redefinir seu papel e os moços não rejeitar totalmente o passado, partindo dele para a construção do novo (*A Fagulha*, nº 7, maio 1969, p. 24-25). Em resumo, a crise deve gerar uma síntese através da conscientização, da redefinição, da solidariedade, do desarmamento e do diálogo (*A Fagulha*, nº 7, maio 1969, p. 26-27).

Ao final do artigo, Armando Oliveira faz referência a uma possível acusação de acovardamento por parte deles (o Armando, *A Fagulha*, o MUE, supõe-se), que estariam arrependidos e que querem voltar atrás. Por certo, trata-se de pôr em questão a ideia de avanço e de recuo. Como o MUE esteve numa postura de ataque (lembremos da "Parábola Saint-Simoniana Moderna"), buscar conciliação com os "velhos" poderia ser entendido como um recuo covarde. Para o articulista, entretanto, é vital e racional buscar o que há de comum entre "moços" e "velhos" (*A Fagulha*, nº 7, maio 1969, p. 27-28).

Este texto de Armando Oliveira merece destaque como um indício de esperança do MUE em obter alguma aceitação por parte daqueles "mais velhos" que detinham o poder dominante no movimento espírita. Apesar de agirem como "incendiários", provocando conscientemente a reação do conservadorismo (o que é revelado nas entrevistas), o diálogo era buscado como uma via de superação da crise de gerações. Em que medida foram combinadas as estratégias de provocação e de diálogo mais ameno, é um ponto de grande relevância para explicarmos os rumos do MUE. Por hora, esta questão fica apenas levantada – mais a frente, terá seu devido desenvolvimento.

Angela C. Bellucci, do MUE de São Paulo, no texto *O que a juventude espera dos velhos*, denuncia a incoerência entre palavras e atos dos dirigentes do movimento espírita, reclamando uma atitude diferente dos "velhos" para com a juventude. Apresenta uma mensagem do Departamento de Mocidades da USE dirigida aos jovens, em que é tecida "uma série de considerações acerca da responsabilidade do espírita diante da sociedade", devendo trabalhar pela "difusão do Espiritismo, *a cristianização dos costumes, a reforma moral individual e coletiva, a humanização da sociedade e suas instituições*" (*A Fagulha*, nº 7, maio 1969, p. 28-29; grifo no original). O sublinhado pela articulista é posto em contradição com a atitude do mesmo Departamento em obstar a realização da VI CENSUL-Esquema Novo. Indignada com a incoerência, recorre às palavras de Mirza Ahmad Sohrab, em seu escrito *Da velhice para com a juventude* que, em resumo, diz o que a velhice deve fazer à juventude (servir e não impor, guiar e não coagir, estimular e não oprimir, unificar e não dividir etc.). A mensagem finda assim:

> Se a velhice não puder fazer isso, não terá mensagem alguma para a juventude, e será melhor que se retire, graciosa ou desgraciosamente, deixando a juventude com seus pensamentos, suas palavras e seus trabalhos, seus conhecimentos e sua ignorância, com sua loucura e sua sabedoria, suas experiências e seus erros, suas glórias e suas vergonhas, seus sonhos e suas fantasias, seu sangue, suor e lágrimas, suas vitórias e derrotas – lançando os alicerces de uma união perpétua e universal das nações, raças, povos e religiões. (*A Fagulha*, n° 7, maio 1969, p. 30).

Se considerarmos em conjunto esta mensagem, escolhida por Angela Bellucci, e a proposta de diálogo de Armando Oliveira, podemos notar uma aposta tensa na possibilidade de entendimento entre o MUE e os dirigentes do movimento espírita brasileiro. É uma frágil esperança de que a "velhice" aceite os reclames da juventude em ebulição, dialogando num patamar de igualdade até então inexistente. O MUE não aceitaria menos que isso. Já os dirigentes do movimento espírita brasileiro, entretanto, não estavam dispostos a tanto.

Com o texto *As bases de uma nova sociedade*, de Djalma Caselato, da Mocidade Espírita de Jundiaí e em seguida do MUE de São Paulo, somamos mais um possível testemunho de penetração e adesão do ideário do MUE nas mocidades espíritas. É claro que é possível também que as ideias do MUE não fossem novidade para muitos jovens espíritas – deste modo, a ressonância do MUE nas mocidades seria mais o fruto de uma coincidência de opiniões do que propriamente uma penetração de propostas.

A pauta do articulista, de fato, coincide em boa parte com o programa de ideias do MUE: o sistema de vida/estrutura social atual impele os indivíduos ao egoísmo; aos espíritas cabe a primazia na reforma das instituições, por deverem assimilar os princípios de amor e justiça; começariam reformando as próprias instituições espíritas; com relação ao exterior do movimento espírita, é preciso atuar por meio das escolas espíritas, com base numa Pedagogia Espírita; reconhece no Nosso Lar (a colônia espiritual descrita por André Luiz) uma estrutura social modelar, onde não há exploração, todos trabalham e recebem exatamente pelo trabalho (*A Fagulha*, n° 7, maio 1969, p. 31-34).

No oitavo número d'*A Fagulha* obtemos uma informação importante referente ao relacionamento do MUE com a USE: na Reunião geral do Departamento de

Mocidades da USE, ocorrido em 12 e 13 de junho de 1969, em Araraquara, a proposta de reorganização do Movimento de Unificação no Estado de São Paulo, apresentada pelo MUE teve, segundo ele mesmo, uma boa acolhida.

Em *Novos rumos ao movimento de unificação* um detalhado projeto de reestruturação das instituições do movimento espírita paulista é apresentado, visando à unificação de jovens e adultos. O MUE de Campinas e o Departamento de Mocidades do Conselho Regional Espírita da 3ª Região do Estado de São Paulo assinam o trabalho que, posteriormente, fora sancionado por unanimidade pelo Departamento de Mocidades da USE. O Conselho Deliberativo Estadual, com reunião marcada para dezembro de 1970, deveria então apreciá-lo[57] (*A Fagulha*, n° 11, set-out. 1970, p. 51).

O texto do projeto divide-se basicamente em cinco partes: posições preliminares, a proposta, questões correlatas, plano de ação e epílogo. Vamos tentar resumir o seu conteúdo.

A unificação é o meio para atingir a união que deve melhorar a produção, o trabalho dos espíritas. O movimento de unificação é considerado um processo educativo com função homogeneizadora e diferenciadora quanto ao homem e conservadora e inovadora quanto à instituição. Os homens devem ser incentivados a preservar aquilo que lhes é comum e que os une, e ao mesmo tempo estimulados a exercer sua capacidade criadora, preservando suas características individuais. Análoga é a função exercida sobre as instituições – deve-se "preservar nelas o legitimamente preservável, sem, contudo, tolher-lhes a liberdade de ação, de transformação" (*A Fagulha*, n° 8, jul. 1969, p. 4). O ideal unificacionista deve ser o da unidade na diversidade, evitando a massificação.

Com o foco sobre a relação entre jovens e adultos, a proposta procura mostrar a contradição entre teoria e prática. Aos elogios à mocidade espírita feitos por Apolo Oliva Filho no *Anuário Espírita* (1967, p. 95 e 1968, p. 133) não corresponderia um reconhecimento da sua importância na prática, sendo colocados como um elemento à parte, "algo marginal, relativamente à Unificação" (*A Fagulha*, n° 8, jul. 1969, p. 7).

O cerne do problema estaria na separação completa entre movimento jovem e movimento adulto, atuando paralelamente um ao outro. Os adultos, de modo paternalista, querem os jovens como apêndices do seu movimento, refletindo a "falsa consideração de que os jovens são incapazes de decidir por si mesmos o próprio destino" (*A Fagulha*, n° 8, jul. 1969, p. 7). Os jovens por sua vez, contentam-se em lidar apenas com os seus próprios problemas.

---

57 Não encontramos qualquer referência à consecução da apreciação do Conselho Deliberativo Estadual.

Algumas razões são elencadas para demonstrar a premência de unificação de jovens e adultos. Constata-se que o movimento jovem atingiu um tal grau de maturidade que tornou-se um movimento "adulto". Além disso, por natureza, o movimento jovem é inovador e o adulto conservador, um devendo equilibrar o outro com contenção e ativação.

A solução para a unificação está na democracia, decidindo-se sobre objetivos comuns, com direitos e deveres autoimpostos, também em comum.

A estrutura do movimento de unificação paulista é criticada. Apesar de ser na teoria democrática e cristã – no que se refere ao movimento dos adultos –, na prática é vertical, com a hipertrofia da Diretoria Executiva da USE em relação ao Conselho Deliberativo Estadual. O Conselho Regional Espírita padece pela falta de representatividade.

Jovens e adultos devem dialogar, sob a condição de possibilidade de modificação de pontos de vista, com reciprocidade e igualdade, descobrindo um ao outro: é preciso pontos de convergência; "fazer dos problemas alheios problemas nossos é nos engajarmos neles" para resolvê-los, do contrário a crise, natural, entre jovens e adultos torna-se conflito (*A Fagulha*, n° 8, jul. 1969, p. 13). Para que isso ocorra é preciso que todos – adultos e jovens – estejam representados no Conselho Deliberativo Estadual, órgão máximo de decisão do movimento espírita paulista.

A proposta é simples: quer-se a representação dos jovens nos órgãos deliberativos (nos Centros, nas UMES, nos CRES e no CDE). Contudo, não seria possível alguém eleger-se presidente nestes órgãos como representante dos jovens. A representação seria de um terço nos departamentos citados. Já no Departamento de Mocidades da USE a representação seria de dois terços para jovens e um terço para adultos. Nas concentrações de mocidades buscar-se-ia a integração entre concentrações, com representação mista.

O ano de 1969 fora marcado ainda pelo episódio da VI CENSUL, que será examinado em maior detalhe mais à frente. O episódio comparece no número 9 da revista com um texto de Tarso Mazzotti, da Mocidade Espírita Allan Kardec de Araraquara, intitulado: *Depois de cassada a CENSUL, um desabafo*. O desabafo de Tarso Mazzotti é rico em elementos acerca do "olhar" externo à juventude espírita. Afirma que não se prestava atenção na juventude espírita, mas agora – com as polêmicas abertas pelos jovens – todos se posicionam, a favor ou contra. Numa linha um tanto irônica, felicita-se: "*Se o drama 'VI CENSUL' não produzir nada mais de útil, só o impacto provocado nos nossos 'dirigentes' já foi suficiente. Pelo menos agora passaram a buscar entender o significado do movimento juvenil espírita e dar-lhe alguma atenção*" (*A Fagulha*, n° 9, set. 1969, p. 37-38; grifo no original). Constata que o movimento juvenil espírita é visto de diversos modos: como compostos de comunistas subversivos; inconsequentes que "buscam chifres na cabeça de cavalo"; hippies fumando maconha e praticando sexo como esporte; "alguns [...] pensam que nos utilizamos dos livros do Mr. Marcuse para nossas contestações!" (*A Fagulha*, n° 9, set. 1969, p. 37). Destaca o enfrentamento travado entre os jovens que não se acomodam e os dirigentes das instituições por eles criticadas. Criticadas, sobretudo, porque desejam que o movimento espírita seja livre (os conservadores insistiriam em associar liberdade com libertinagem, confundindo as coisas), que os espíritas sejam racionais, críticos, entendendo o Espiritismo como ideologia (no sentido lato) e síntese de ciência, filosofia e religião (*A Fagulha*, n° 9, set. 1969, p. 40-41). O misoneísmo e o autoritarismo são muito criticados. Discutir a questão social, o cerne da polêmica do MUE com os dirigentes do movimento espírita, é identificado como motivo de repressão em razão do "horror ao novo":

> No instante em que buscamos complementar a ação governamental no campo da previdência ou assistência social, temos o apoio do mesmo e até dos que não concordam com a Doutrina. Todavia, no dia em que buscarmos perceber porque tanta injustiça social; quando questionarmos a organização social em que vivemos, seremos apontados como comunistas. *O pior é que os próprios espíritas, que têm obrigação de lutar contra as injustiças, é que iniciam o processo*! (*A Fagulha*, n° 9, set. 1969, p. 42; grifo no original).

E indaga retoricamente:

> Será que discutir problema de organização social é tão perigoso? Será que a atual organização (inclusive a do movimento espírita) é a última palavra a esse respeito? Ou será que já temos uma hierarquia clerical tal como das demais crenças religiosas do nosso mundo e, como tal, é inquestionável, porque divina? (*A Fagulha*, n° 9, set. 1969, p. 42).

Aqui, dois elementos centrais da problemática que estamos examinando. O suposto perigo (externo e interno) da politização e o caráter epistemológico da religião na sua exigência de verdade. "Discutir problema de organização social" seria considerado perigoso se houvesse a percepção de que o Estado poderia reprimir o movimento espírita por criticar o *status quo*, ameaçando o próprio governo militar. Nesse caso, não se trata necessariamente de considerar a política como algo negativo ou como esfera incompatível com a do Espiritismo. O fundamental é que o contexto político não permitiria a politização do discurso e da prática espíritas. Entretanto, uma outra possibilidade de leitura da questão é que a politização do movimento espírita seria sempre ameaçadora por entender-se que a política é invariavelmente "impura", ou ao menos prejudicial no que se refere a sua penetração no campo da religião. Note-se que os dois perigos da politização, interno e externo, podem conjugar-se. O outro problema, do caráter epistemológico da religião, é evidente no questionamento acerca da inquestionabilidade de uma hierarquia clerical divina e da organização social em geral e do movimento espírita em particular. O articulista recusa-se a aceitar o Espiritismo como uma religião dogmática, que tem no seu corpo de doutrina a imutabilidade de uma verdade divinamente revelada. Deve-se dizer que, apesar de ser discurso corrente entre os espíritas a noção de que o Espiritismo é uma religião *sui generis*, por admitir o princípio de progressividade, conforme a evolução, e, em consequência, a possibilidade de alterações no seu corpo doutrinário, a prática institucional e a vivência religiosa dos adeptos dessa doutrina, na sua generalidade, depõem contra este mesmo discurso. A dificuldade em sustentar uma religião contrária ao padrão histórico de religiosidade dominante explica em parte a perenidade de confrontos, entre os espíritas, em torno dessa contradição.

Indignado com a vigência do autoritarismo, o articulista relata que "*nossos companheiros buscaram uma nova forma de conduzir o movimento juvenil espírita e tiveram seus mandatos cassados pelos diretores da* USE" e que "outros jovens foram também 'tocados' do Centro Espírita", com o discurso de que "tentamos o diálogo, mas os jovens são malandros, sem educação e não quiseram nos ouvir" (*A Fagulha*, n° 9, set. 1969, p. 42; grifo no original). Para Tarso Mazzotti, diálogo não houve, e sim "uma enxurrada de 'conselhos', de ponderações dos mais velhos, sem que ouvissem as razões dos mais jovens" (*A Fagulha*, n° 9, set. 1969, p. 42).

A Fagulha publica também o "Desabafo" de Adalberto Foëlkel de Matos, da Mocidade Espírita de Jundiaí, no qual defende, em tom de indignação, a atuação de Armando Oliveira Lima, criticando a atitude daqueles que fecham as portas dos Centros Espíritas, escorraçando e impedindo "por todos os meios que tenham o *direito de ser ouvidos* companheiros desejosos de um Mundo de Caridade e Amor, sugerido por Jesus há quase dois mil anos" (*A Fagulha*, n° 10, jul.-ago. 1970, p. 62; grifo no original). Eis um registro de grande importância para dimensionarmos o significado do MUE no interior do movimento espírita:

> Ser contra ou a favor do Armando já se tornou o centro das controvérsias do movimento espírita da atualidade. Já ouvi preces e hosanas de alegria, por não ter ele

comparecido a Marília, no Congresso Nacional de Mocidades Espíritas. Já vi uma Concentração de Mocidades ir pelos ares, porque seus dirigentes eram e são seus amigos e companheiros... (*A Fagulha*, n° 10, jul.-ago. 1970, p. 62).

Contra a "campanha difamatória que lhes é movida pelos seus próprios companheiros de doutrina", afirma que "todos os centros espíritas precisam e devem abrir as suas portas e franquear suas tribunas a esse batalhador e seus companheiros" (*A Fagulha*, n° 10, jul.-ago. 1970, p. 62-63).

Em nota, a Equipe d'*A Fagulha* explica que, "sentindo de perto os efeitos de uma 'cruzada santa' que muitos espíritas movem contra nós, chegando, não raro, ao ponto de ataçalhar-nos a honra", o amigo Adalberto Foëlkel "não pode calar sua voz": não suportando "o peso de uma guerra verbal que objetiva nos apontar à execração pública", desabafou, "até com certo exagero" (*A Fagulha*, n° 10, jul.-ago. 1970, p. 63). E acrescenta que, apesar de ter sido voto vencido, Armando Oliveira sugeriu que o artigo fosse arquivado, por entender que "o 'desabafo' talvez ensejasse aos nossos detratores voltarem-se uma vez mais contra nós. E o nosso ideal é o da fraternidade universal" (*A Fagulha*, n° 10, jul.-ago. 1970, p. 63).

Fica então reforçado o quadro de grave tencionamento entre o MUE e os dirigentes das instituições espíritas.

A USE, até um determinado momento objeto de boa consideração do MUE, passa a ser paulatinamente contestada a partir do episódio da cassação da CENSUL. A relação entre esta importante instituição federativa e os jovens universitários merece atenção especial na nossa investigação. Por isso, atentemos ao texto publicado pela *A Fagulha* intitulado *O moço espírita e o mundo de hoje*, assinado por Eurípedes de Castro, em 1947, quando era procurador da USE. *A Fagulha* selecionou os trechos que considerou mais expressivos e o que se verifica é uma impressionante similaridade de diretrizes com o MUE a respeito do papel do moço espírita nos diversos setores do mundo, no direito, na questão social, na economia e na política. Pela sua importância e pelo seu caráter sintético, vale a pena citar estes trechos selecionados:

> No mundo do *Direito*, combaterá o direito da força e lutará o moço espírita pela força do Direito.
>
> Na *questão social*, ficará ao lado dos pobres e dos oprimidos. Combaterá a guerra como um dos últimos vestígios da animalidade humana. *Considerará patriotismo mais viver que morrer pela Pátria.*

No mundo econômico, é dever do moço espírita solicitar mais ordem na produção, menos barreiras na circulação, mais justiça na distribuição e um consumo mais vivificante das riquezas. *Será um socialista-cristão.*

No mundo político, é dever do moço espírita interessar-se pela criteriosa administração de sua pátria. O governo é uma necessidade social. Tendo em vista, sinceramente, o bem público, exercerá, se preciso, influência direta ou indiretamente nos poderes governamentais. Nunca, porém, trocar a missão de consolar, de instruir e orientar em Jesus Cristo por um lugar apenas no banquete dos Estados.

Para realizar este imenso trabalho de renovação religiosa, moral, jurídica, econômica, política, científica, filosófica e social do mundo de hoje, deverá o moço espírita ligar-se, num programa de *ação e ação*, a todos os seus companheiros de Doutrina. (*A Fagulha*, n° 9, set. 1969, p. 45-46; grifos d'*A Fagulha*).

A Fagulha põe em evidência o fato de que este texto de Eurípedes de Castro foi aprovado pelo Departamento de Mocidades da USE em 1947, pelo Congresso Brasileiro de Unificação Espírita em 1948 e pelo II Congresso Espírita Pan-Americano em 1949, daí concluindo que os seus ideais "estão perfeitamente integrados nos anseios do movimento de unificação", "a menos que, presentemente, eles se tenham mudado [...]" (*A Fagulha*, n° 9, set. 1969, p. 45-46).[58] Há, de certo, um espírito progressista e reformador na construção da USE, porém, a realidade vivida pelo MUE mostrou-se menos animadora. Aliás, o que ilustra muito bem os limites do progressismo da USE com relação ao MUE é a própria figura do Eurípedes de Castro. Conforme as informações contidas no jornal da mocidade espírita de Araraquara, o ACAL (A Caminho da Luz), Eurípedes candidatara-se a deputado estadual pela ARENA, pedindo votos aos espíritas através de uma circular enviada aos centros espíritas com a assinatura de nomes ligados a USE e a FEESP lhe dando apoio – inclusive Abel Glaser, o diretor do Departamento de Mocidades da USE que fazia oposição ao MUE (*ACAL*, n° 30, out. 1970, p. 5-7).

O fato motivou uma reflexão dos jovens de Araraquara em torno da política e da posição da USE frente à ação dos jovens universitários espíritas. Primeiramente,

---

[58] Na seção "Palavras que o vento não leva", a pedido do autor é publicado na íntegra o artigo *O moço espírita e o mundo de hoje*, anteriormente publicado em partes n'*A Fagulha* n° 9. Eurípedes de Castro, nesse texto, apresenta uma notável semelhança de pontos de vista com o MUE, mesmo pertencendo a outra geração. De fato, os trechos selecionados pela *A Fagulha* na edição anterior não perdem de modo algum a centralidade quando vistos em conjunto com a totalidade do artigo (*A Fagulha*, n° 10, jul.-ago. 1970, p. 39-43).

observam a contradição por parte da USE ao pedir votos para um candidato espírita e ao mesmo tempo dizer "pra gente não falar em política..." (ACAL, n° 30, out. 1970, p. 5). Sérgio Luiz Campani, diretor do ACAL, entende que esta forma de atuação política está errada por ser uma forma de se aproveitar dos centros espíritas ou da condição de espírita por parte do candidato. Marlene Adorni, da mocidade de Araraquara, concorda: "Inclusive porque as pessoas, na maioria das vezes, acabam votando porque o candidato tem o título de espírita. Nem conhecem o candidato. Não sabem se ele merecia ou não, o voto" (ACAL, n° 30, out. 1970, p. 5). Para Sérgio, se "o indivíduo é espírita e se candidata, deve fazer sua campanha política como qualquer outro candidato. [...] deve fazer a sua campanha de uma maneira geral, expor a sua 'plataforma política' e pronto" (ACAL, n° 30, out. 1970, p. 6).

Já Tarso Mazzotti, colaborador do ACAL, faz observações críticas severas ao pessoal da USE. Vale a pena destacá-las. Primeiramente, indica que

> O sr. Eurípedes de Castro fez, alguns anos atrás, uma série de proposições sobre a participação do espírita na transformação social e etc., e ele foi a primeira pessoa que auxiliou a censura da VI Censul. Que fez a cassação dessa Concentração. Só porque o pessoal ia discutir um tema de análise da sociedade. É curioso como esse pessoal quer tapar o sol com a peneira. [...]
>
> O curioso é que durante todo aquele período em que os universitários espíritas tentavam fazer com que os jovens repensassem, ou pelo menos pensassem pela primeira vez, o significado da comunidade espírita ou da Doutrina Espírita junto à comunidade brasileira, esse pessoal aí foi o primeiro a negar o valor disso tudo. Porque quando você faz a análise de ideologias, você começa a desmascarar os compromissos que as pessoas têm, você começa a mostrar onde elas estão apoiadas. No começo a USE se chamava União Social Espírita, e a sua preocupação era a renovação social.
>
> Agora, quando os moços retomam o tema, aparece Apolo Oliva Filho, Abel Glaser e outros, censurando, criticando. (ACAL, n° 30, out. 1970, p. 5-6).

Sérgio Campani une-se à Tarso Mazzotti para escancarar os compromissos políticos da USE:

> Olha, um pouco antes da USE lançar esse apoio ao Eurípedes, publicou através do seu órgão oficial, o jornal Unificação, aquilo que constitui outra aberração: um telegrama enviado ao senhor Presidente da República congratulando-se com ele

pelo Decreto que assinou instituindo a censura prévia. Pouco depois disso a USE apóia uma candidatura política. (ACAL, n° 30, out. 1970, p. 6).

E completa Tarso:

É, as coisas são sintomáticas, Sérgio.

Porque a VI Censul foi sustada logo depois do ato institucional n° 5. Porque até então já estava aprovado o que ia ser feito. Isso foi uma fuga a compromissos já assumidos. Foi tentar evitar maiores problemas com a ordem vigente. (ACAL, n° 30, out. 1970, p. 6).

Veremos, no terceiro capítulo, os embates entre o MUE e a USE que levaram, finalmente, à liquidação de qualquer possibilidade de atuação transformadora dos jovens engajados no meio espírita institucionalizado.

Por hora, sigamos com a análise da principal arma desses jovens inconformados com a situação do movimento espírita.

O silêncio da imprensa espírita para com as injustiças sociais motiva *A Fagulha* a destacar um artigo de Herculano Pires, assinado como Irmão Saulo – seu pseudônimo, falando sobre Telles de Menezes, o precursor da imprensa espírita, como um abolicionista. Pergunta-se:

[...] que dizer então da imprensa espírita? Não estaria ela traindo as suas próprias origens históricas? Sim, pois, se LUÍS OLÍMPIO TELLES DE MENEZES, seu fundador, levantou sua voz contra a escravatura, perguntamos nós: o que, por seus órgãos mais representativos, há feito a imprensa espírita contra a "escravatura branca" que assola a nossa sociedade? (*A Fagulha*, n° 9, set. 1969, p. 47; maiúsculas d'*A Fagulha*).

Por fim, na mesma edição, um texto de Noraldino de Mello Castro, vice--presidente da União Espírita Mineira,[59] na seção Palavra Livre, fala que na tarefa de viver e divulgar a Doutrina Espírita, o velho tem a sabedoria para nortear o moço que, por sua vez, contribui com o vigor que lhe é próprio (*A Fagulha*, n° 9, set. 1969, p. 49-54).

Para evidenciar esse "vigor juvenil", mostrando pujança, dinamismo, ação, o MUE noticia através d'*A Fagulha* seus feitos, seus eventos, suas publicações.

---

[59] É relevante notarmos que o MUE buscava diálogo com dirigentes espíritas, ainda que a maioria não fosse afeita às suas ideias.

Atestando a expansão do alcance d'*A Fagulha*, há uma referência aos leitores dos Estados da Guanabara, Santa Catarina, Espírito Santo, Rio de Janeiro e Minas Gerais (*A Fagulha*, n° 8, jul. 1969, p. 31).

Noticia-se a entrada do periódico *Presença* nas universidades (*A Fagulha*, n° 9, set. 1969, p. 50), a publicação do *Ultimatum* (*A Fagulha*, n° 9, set. 1969, p. 56) e o nascimento do MUE de Botucatu (*A Fagulha*, n° 9, set. 1969, p. 54). Aqui, cabe um parênteses. Com o jornal *Presença* o MUE também tentou uma penetração no meio universitário, levando o Espiritismo àqueles que praticamente o ignoravam como uma "ferramenta […] pra reflexão em torno do que acontece mundo afora":

> Esteve mais restrita aqui a Campinas. Claro, circulava também em outras cidades, mas era mais presente aqui e era uma tentativa de mostrar diante de, provocando até alguma surpresa, quando não espanto de umas tantas pessoas, que o Espiritismo tinha algo a dizer pra além do acanhado universo religioso. Isso era um esforço no sentido de ajudar a demolir uns tantos preconceitos em relação ao Espiritismo. Por quê? Porque a visão existente era em larga medida negativa. Aí a associação entre Espiritismo, umbanda, quimbanda, e coisas do gênero, aquele trabalho do dia a dia de centros espíritas e tudo mais. Pra pensar no espiritismo como objeto de reflexão, o espiritismo como uma ferramenta também pra reflexão em torno do que acontece mundo afora, era algo que surpreendia muita gente, que não imaginava que pudesse haver esse tipo de coisa. (Depoimento oral concedido por Adalberto Paranhos dia 29/8/2010).

Não obstante esse esforço – que seria visto com muito bons olhos por pessoas como Herculano Pires –, o meio acadêmico era demasiado refratário ao Espiritismo para que se pudesse penetrá-lo significativamente. De tal sorte que a experiência com o jornal *Presença* foi de curto fôlego e de baixíssimos resultados. O meio espírita, portanto, era um campo mais viável para a ação do MUE, embora também com duríssimas resistências.

Notícias dando conta do dinamismo do MUE compareçem largamente n'*A Fagulha* n° 10, lançada quase um ano após o número anterior. A proposta do MUE para a unificação é sancionada na reunião do Departamento de Mocidades da USE, seguindo para a apreciação do Conselho Deliberativo Estadual da USE, em assembléia marcada para o dia 13 de setembro de 1970 (*A Fagulha*, n° 10, jul.-ago. 1970, p. 4). É divulgada a III Concentração dos MUEs em Sorocaba, com o tema "Visão Espírita dos Desajustes Sociais". Os MUEs de São Paulo, Campinas e Sorocaba incumbiram-se de apresentar uma tese conjuntamente, tendo a frente Maria José Ferreira, Armando

Oliveira Lima, Himar de Souza Bueno, Walter Sanches e Adalberto Paranhos (*A Fagulha*, n° 10, jul.-ago. 1970, p. 7). Promete-se como suplemento uma apostila aos sócios-mantenedores d'*A Fagulha*, intitulada *O Espiritismo como síntese* e escrita por Armando Oliveira Lima (*A Fagulha*, n° 10, jul.-ago. 1970, p. 31). Noticiam-se os feitos do MUE de São Paulo: o lançamento do periódico *Espírito Universitário*, a atuação na Casa Transitória Fabiano de Cristo da FEESP (Federação Espírita do Estado de São Paulo) com um Curso de Treinamento de Voluntários para Visitadores Sociais e aulas de cultura geral para os matriculados no curso profissional mantido pela instituição e a elaboração da tese *Serviço Social e Espiritismo* (*A Fagulha*, n° 10, jul.-ago. 1970, p. 32-33). É feita a propaganda da empreitada editorial d'*A Fagulha*, com os lançamentos de *Espiritismo Dialético*, de J. Herculano Pires, *Perspectivas Dialéticas da Educação*, de Armando Oliveira Lima e *Espiritismo Dialético*, de Manuel Porteiro, além do já lançado *Espiritismo e Marxismo*, de Jacob Holzmann Netto (*A Fagulha*, n° 10, jul.-ago. 1970, p. 37). Citando os nomes de Adalberto Paranhos, Edson Raszl e Armando Oliveira Lima, destaca-se o envolvimento do MUE no III Congresso Educacional Espírita Paulista, patrocinado pela USE e pelo Instituto Espírita de Educação (*A Fagulha*, n° 10, jul.-ago. 1970, p. 38 e 51). É prometida a elaboração de um Curso Básico de Espiritismo a ser ministrado às mocidades espíritas paulistas pelos MUEs de São Paulo e Campinas (*A Fagulha*, n° 10, jul.-ago. 1970, p. 49). Na I Reunião Prévia da VII Concentração de Mocidades Espíritas do Centro-Sul do Estado de São Paulo, ocorrida em Mairinque, é apresentado o trabalho do MUE de Campinas intitulado *Filosofia e Sociologia do Centro Espírita* (*A Fagulha*, n° 10, jul.-ago. 1970, p. 55). Adalberto Paranhos tem suas viagens em prol do MUE divulgadas: foi ao Rio de Janeiro, Niterói, Itabuna e Salvador, travar contatos com Telmo Cardoso Lustosa, Eldio Silva Coutinho, José Janotti Viegas, Ademar Gonçalves da Silva e Luiz de Magalhães Cavalcanti (*A Fagulha*, n° 10, jul.-ago. 1970, p. 56). Por fim, é anunciado, como resultado dos contatos entre o MUE de São Paulo e Hernani Guimarães de Andrade, um Curso de Parapsicologia a ser ministrado pela equipe do engenheiro, todos ligados ao Instituto Brasileiro de Pesquisas Psicobiofísicas (*A Fagulha*, n° 10, jul.-ago. 1970, p. 60).

N'*A Fagulha* n° 11 as últimas notícias falam da circulação do jornal *Presença* nas universidades campineiras, da VIII Jornada do Jovem Espírita, em Itapira (com as presenças de Jonny Doin, Adalberto Paranhos e Angela Bellucci) e do encontro do jovem Walter Sanches com componentes do recém-fundado MUE de Salvador, na Bahia (*A Fagulha*, n° 11, set-out. 1970, p. 66-68).

E, finalmente, no último número d'*A Fagulha*, mais uma série de notícias que tornam patente o dinamismo do MUE: a promoção de um Curso por correspondência de Introdução à Filosofia Espírita, sob responsabilidade do Departamento de Educação do MUE de São Paulo, utilizando "apostilas especialmente elaboradas por Herculano Pires" (*A Fagulha*, nº 12, nov.-dez. 1970, p. 37), o convite para a IV Concentração dos MUEs, a ser realizada em São Paulo para discutir-se o tema "O Que é o Espiritismo" (*A Fagulha*, nº 12, nov.-dez. 1970, p. 49), a tomada de posse da direção do Departamento Doutrinário do Centro Espírita Cristo Redentor (entidade filiada à União Social Espírita da Bahia – USEB) pelo MUE de Salvador (*A Fagulha*, nº 12, nov.-dez. 1970, p. 51), o agendamento para março, em Mairinque-SP, do Curso Introdução à Cultura Espírita, a ser levado para várias mocidades, com "a participação de cerca de 20 elementos ligados aos MUEs de Campinas, São Paulo e Sorocaba" (*A Fagulha*, nº 12, nov.-dez. 1970, p. 55), a atuação direta dos MUEs nas mocidades: o MUE de Sorocaba, sob a liderança de Armando Oliveira Lima, passa a coordenar as atividades da Mocidade Espírita Emmanuel, e o MUE de Campinas, nas figuras de Shizuo Yoshida, Claro Gomes da Silva e Pedro Francisco de Abreu Filho, assumem "o encargo de fundar uma entidade juvenil cujas reuniões se efetuem aos domingos, às 9 horas, à Rua Cassiano Gonzaga, 319, São Bernardo" (*A Fagulha*, nº 12, nov.-dez. 1970, p. 56-57), a aprovação, pelo Conselho Deliberativo Estadual da USE, da moção apresentada por Adalberto Paranhos e Eurípedes de Castro que trata da aglutinação dos esforços pela fundação de unidades de ensino superior em torno do Instituto Espírita de Educação (*A Fagulha*, nº 12, nov.-dez. 1970, p. 61) e o lançamento dos jornais *Comunicação* pelo MUE de Sorocaba e do *Espírito Universitário* pelo MUE de São Paulo (*A Fagulha*, nº 12, nov.-dez. 1970, p. 62).

Além da publicação da revista *A Fagulha*, alguns trabalhos intermediários começam vir a público sob a égide das *Edições A Fagulha*. O Conselho da Redação, n'*A Fagulha* nº 9, anuncia os trabalhos *Introdução à Filosofia Espírita*, de autoria de Herculano Pires e *I Epístola aos Gentios*, escrita por Adalberto Paranhos, prometendo ainda *O Espiritismo como Síntese*, de Armando Oliveira Lima (*A Fagulha*, nº 9, set. 1969, p. 3). A publicação do trabalho de Herculano Pires teria sido autorizada através da mediação do MUE de São Paulo, indicando-nos a relativa proximidade do destacado intelectual com os jovens universitários. Já a *I Epístola aos Gentios* é a publicação de uma troca de correspondências entre o Adalberto Paranhos e um missivista não identificado. O duelo de argumentos acerca da proposta de ação do MUE frente às exigências do mundo é o mote do debate, felicitado pela *A Fagulha* como um atestado de consistência das ideias do MUE espraiadas pelo trabalho apostólico de Paranhos. *O Espiritismo como Síntese* resume bem o pensamento de Armando Oliveira, marcado pelo princípio da dialética.

Também é relevante notarmos a forte presença de Adalberto Paranhos no movimento espírita, atuando como uma espécie de "apóstolo do MUE". Ele marca presença na Semana Espírita de São Roque e Mairinque (*A Fagulha*, nº 11, set-out. 1970, p. 52). Atua como expositor na VI Semana Espírita em São Caetano do Sul, ao lado de altos nomes do movimento espírita, como Therezinha Oliveira, Marlene Nobre, Roque Jacintho, J. Herculano Pires, Hernani Guimarães Andrade e Richard Simonetti, também em Casa Branca e em Tatuí (a convite da União Municipal Espírita da localidade) (*A Fagulha*, nº 12, nov.-dez. 1970, p. 76-77). Responsabiliza-se ainda pelo estudo jurídico do decreto-lei estadual 52.947 que poderia dar azo a proibição da aplicação de passes e da realização de trabalhos de desobsessão (*A Fagulha*, nº 12, nov.-dez. 1970, p. 4).

Chama-nos a atenção que na fase final d'*A Fagulha*, nos últimos meses de 1970, além da representação da ideia de dinamismo dos universitários espíritas, podemos perceber uma tentativa de transmissão de uma imagem de integração do MUE ao movimento espírita das instituições hegemônicas. Noticia-se uma moção apresentada conjuntamente por Adalberto Paranhos e Eurípedes de Castro, o procurador-geral da USE, à mesa diretora do III Congresso Educacional Espírita Paulista. Tratava-se de uma proposta de aglutinação daqueles que pretendiam fundar instituições espíritas de ensino superior, congregando-se em torno do Instituto Espírita de Educação e formando uma Comissão de Estudos Pró-Universidade Espírita (*A Fagulha*, nº 11, set--out. 1970, p. 31-32). A notícia é publicada também no periódico santista *Espiritismo e Unificação* (*Espiritismo e Unificação*, abr. 1971).

Com o mesmo sentido de integração, procurando demonstrar a força do MUE pela sua proximidade (e/ou apoio) com grandes lideranças, figuras representativas, dirigentes etc. do movimento espírita, é publicado um texto de Herculano Pires sobre a importância e necessidade do Movimento Universitário, conferindo legitimidade à sua atuação. Neste texto, Herculano afirma que o MUE "surgiu em São Paulo como resposta a uma exigência do momento em que vivemos", caracterizado pela expansão do ensino universitário que estaria levando a um "maior interesse pelos problemas científicos e filosóficos", o que alçou o Espiritismo ao debate em "plano mais elevado" (*A Fagulha*, nº 11, set-out. 1970, p. 33). Para enfrentar a nova situação é que os estudantes universitários espíritas têm se organizado com a finalidade de fazer estudo e pesquisa espírita, o que deve "colaborar na implantação de uma verdadeira mentalidade em nossos meios culturais, em substituição à mentalidade materialista e cética, hoje dominante" (*A Fagulha*, nº 11, set-out. 1970, p. 33). Respondendo a críticas feitas ao MUE, Herculano argumenta que este não é um movimento paralelo e que não irá esvaziar as mocidades, dada a sua missão específica, que não se sobrepõe a outras, cumpridas por outras entidades (*A Fagulha*, nº 11, set-out. 1970, p. 33-34).

O MUE, portanto, é apresentado como um movimento destinado a enfrentar forças externas em oposição ao Espiritismo. O que temos visto até agora, porém, depõem noutro sentido: a ação do MUE é eminentemente interna ao movimento espírita. Trata-se muito mais de uma penetração nos meios espíritas da cultura universitária vigente do que uma propagação do pensamento espírita no meio universitário.

Resta saber até que momento vigorou esta percepção de Herculano Pires acerca do caráter do MUE. Mais adiante, ao analisarmos o seu relacionamento com o movimento universitário, esclareceremos a questão.

A seguir ao texto de Herculano, o MUE solicita o envio de dados dos estudantes universitários espíritas brasileiros para formar um cadastro a fim de estreitar contatos (*A Fagulha*, nº 11, set-out. 1970, p. 35). E, em consonância com o discurso de Herculano em defesa do movimento, noticia também que "MUEs e mocidades se dão as mãos": "Longe de constituir-se em movimento paralelo tendente a acarretar o esvaziamento das mocidades, os MUEs são casa aberta à acolhida de quantos se apresentem munidos de espírito de pesquisa e desejo de saber e ser" (*A Fagulha*, nº 11, set-out. 1970, p. 36).

Entretanto, a sua ação, conforme já enfatizamos acima, é endógena ao movimento espírita: "Zelando pelo cumprimento das finalidades sob cuja inspiração se formaram, vêm, de uns tempos a esta parte, prestando assistência direta a obras sociais espíritas, bem como a entidades juvenis do Estado de São Paulo" (*A Fagulha*, nº 11, set-out. 1970, p. 36). Somando-se a esta folha de serviços prestados, os MUEs de São Paulo, Sorocaba e Campinas assumem o compromisso de realizar um curso de "Introdução à Cultura Espírita" simultaneamente em diversas mocidades, "já a partir dos primeiros meses de 1971", com duração de um ano e meio (*A Fagulha*, nº 11, set-out. 1970, p. 36).

Sobretudo, resta dizer que a imagem de integração do MUE ao movimento espírita brasileiro, esboçada nos últimos números d'*A Fagulha*, mostrou-se claramente irreal. O MUE não fora bem aceito pela imensa maioria dos dirigentes espíritas. E mesmo aquelas lideranças que poderiam lhe prestar significativo apoio – caso emblemático de Herculano Pires – não permaneceram por muito tempo ao seu lado. A história da reação ao MUE, que nos ajuda a conhecer mais a respeito do movimento espírita brasileiro do que sobre os universitários espíritas de esquerda, será apresentada a seguir.

Capítulo 3

A reação ao Movimento Universitário Espírita: apoios recebidos e repressões sofridas

> Então, havia um muro de Berlim, que se erguia entre Espiritismo e política. Quando nós começamos a por abaixo esse muro, atuando do lado esquerdo, isso gerou tantos incômodos, insatisfações. Era a rigor uma questão não posta pra eles até porque eram dois mundos que a rigor não tinham porque se comunicar. (Depoimento oral concedido por Adalberto Paranhos dia 29/8/2010)

> Mas os algozes não queriam o debate. Almejavam a asfixia e sabiam que para extinguir a fagulha era necessário, antes, suprimir o oxigênio. (Depoimento recebido por e-mail concedido por Edson Silva Coelho dia 19/10/2011)

Do apoio à repressão

A reação que o MUE obteve do movimento espírita foi desde o apoio declarado à oposição mais cerrada. Entre aqueles que já tinham alguma simpatia pelo socialismo ou que faziam crítica aberta às instituições que lideravam o movimento espírita, como a FEB, o movimento dos jovens universitários foi bem aceito e até incentivado – mas apenas num primeiro momento.

Além disso, também aqueles que definiam o Espiritismo como ciência e filosofia e não como religião, ou ao menos que procuravam vivenciá-lo de um modo menos religioso, foram mais próximos ao MUE ou então serviram de inspiração, de referência. Armando Oliveira Lima explica que:

> Havia um pessoal com o qual a gente tinha, não uma relação de intimidade, porque nunca tivemos, mas uma relação de simpatia: era o pessoal que tratava mais o espiritismo como ciência e não como religião. O Deolindo, por exemplo, escreveu uma série de livros, de artigos, e tratava o assunto com menos religiosidade. Houve inclusive em São Paulo [...] o Hernani Guimarães Andrade! [...] Esse era um cara batuta, um sujeito espetacular. Esse cara era muito próximo em termos de simpatia. Eu conheço, eu conheci pessoalmente, fui a casa dele inclusive, uma vez. Hernani Guimarães Andrade. Deolindo Amorim. [...] Mas... o próprio Ary Lex era um sujeito razoável – era muito amigo do meu pai, só. Mas depois se virou contra nós, aí foi fogo. Mas a maioria era tudo "religião", né filho. Eram poucos os que escreviam... A maioria dos livros que a FEB publicava, quando publicava, era de autores estrangeiros, né. (Depoimento oral concedido dia 9/7/2009).

Hernani Guimarães Andrade é destacado também por Pedro Francisco: "Outro camarada que a gente gostava bastante dele, né, que é o Hernani Guimarães Andrade. Fazia palestra. Só que era no campo da ciência" (depoimento oral concedido dia 7/4/2010). A importância de Hernani Guimarães para o MUE de São Paulo é ainda mais destacada. Para Edson Coelho, "a interlocução com Hernani Guimarães Andrade, um dos raros pesquisadores científicos dos fenômenos psicobiofísicos, foi muito mais fecunda e profícua [do que com Herculano ou Deolindo] e assim se manteve até o final do movimento" (depoimento recebido por e-mail dia 19/10/2011). Djalma Caselato, do MUE paulistano, foi, ao que parece, o que mais se afinou ao pensamento do cientista, trabalhando conjuntamente em suas pesquisas, como por exemplo, as que investigavam os "casos sugestivos de reencarnação" e os *poltergeist*.

Não tratar o Espiritismo como religião já era algo importante para o MUE, conforme já vimos mais acima, já que se abria assim a possibilidade do criticismo – portanto da crítica ao *status quo* – e do diálogo com a cultura contemporânea – portanto também com o marxismo – numa perspectiva progressista da própria Doutrina Espírita. Mas, mais importante ainda que a abordagem do Espiritismo como ciência, era encará-lo como fonte de uma determinada ação social, base filosófica para a construção de um pensamento social com consequências transformadoras para a humanidade. Daí a importância da leitura de Humberto Mariotti e Herculano Pires para os jovens universitários espíritas.

Em missiva endereçada a Deolindo Amorim, Armando Oliveira Lima afirma que Herculano Pires, ao lado de Humberto Mariotti e o próprio Deolindo, constituíram para o MUE um tripé sustentador de suas convicções e atitudes, "tomando-os como lúcidos intérpretes das lições do Espiritismo" (correspondência de Armando Oliveira Lima para Deolindo Amorim, Campinas, 10/02/1970).[1] Em distintas ocasiões, porém, este tripé ameaçou ruir.

A respeito de Mariotti, é dito o seguinte:

> Não faz muito, porém, o tripé começou a apresentar ferrugem em sua base: *Humberto Mariotti* veio ao Brasil e realizou conferências que estiveram muito distantes da sua cultura e do seu conhecimento doutrinário. Lembramo-nos – como se fora hoje – da decepção que provamos ao ouvi-lo, em Campinas, quase a desmentir suas corajosas posições assumidas em *O Homem e a Sociedade numa Nova Civilização* (Edicel, SP). Posteriormente, explicou-se o fato: ele fora instado por espíritas paulistas, seus anfitriões, no sentido de não tocar nas suas teses, em razão da sua condição de estrangeiro e da situação política por que, então, passava o país. Sua concordância, na época incompreensível para nós, se nos afigura, hoje, plenamente aceitável, uma vez que, pelos motivos expostos, tal apelo era irrecusável. Depois disso, estreitou o confrade Mariotti suas relações de amizade conosco, mantendo constante correspondência com a Equipe A Fagulha, chegando mesmo a prefaciar obra que, brevemente, lançaremos, de autoria de Jacob Holzmann Netto, a propósito de *Espiritismo e Marxismo*, uma visão lúcida da doutrina de Marx, do materialismo histórico e dialético, à luz da concepção espírita. Refez-se, ao que nos parece, a integridade de uma das bases do tripé. (correspondência de Armando Oliveira Lima para Deolindo Amorim, Campinas, 10/02/1970, p. 1).

N'*A Fagulha* n° 9, elogia-se Humberto Mariotti como "uma das figuras luminares do Espiritismo", que sempre se preocupou em vivê-lo em consonância "com a

---

[1] Edson Coelho Silva, do MUE de São Paulo, também destaca estes expoentes do Espiritismo: "Já J. Herculano Pires e Deolindo Amorim, intelectuais que levaram o Espiritismo ao meio universitário eram influências e referências paras os jovens dos MUES. O primeiro por ter combatido, nos anos 40 e no plano cultural, o religiosismo e o autoritarismo da FEB, tendo sido um dos fundadores da USE, e o segundo por coincidir com o codificador Allan Kardec na constatação de que embora o Espiritismo possa ter consequências no plano da religiosidade, tem caráter científico e filosófico, não sendo, de modo algum, uma religião constituída. Mas, ao fim e ao cabo, compactuaram com a "solução final" dada pelo movimento espírita oficial à questão dos MUES. [...] Os MUES tiveram ainda como mentores de suas reflexões os argentinos Manuel S. Porteiro e Humberto Mariotti e o venezuelano David Grossvater" (depoimento recebido por e-mail dia 19/10/2011).

concepção de que, eminentemente dialética, a Doutrina Espírita projeta, ademais, uma Filosofia Social destinada a promover o encadeamento dialético entre o Céu e a Terra" (*A Fagulha*, n° 9, set. 1969, p. 27). Afirma-se que com

> ele permutamos idéias e experiências através de cartas, numa das quais, além de nos por em contato com os mais brilhantes defensores do pensamento social da doutrina, radicados nas Américas e Europa, houve por bem sugerir que, juntamente com os mais destacados valores deste continente, cuidemos da confecção de um livro, sob a denominação "Escritores Espíritas Sociais"! (*A Fagulha*, n° 9, set. 1969, p. 27).

De fato, a Equipe *A Fagulha*, constituída por membros do MUE, permutava ideias e experiências com Mariotti através de cartas. Este agradece à Equipe *A Fagulha* pela publicação de seu texto *Iniciação à Ciência Espírita*, declarando seu interesse em conhecer os estudos que o MUE prometera: *Visão Espírita dos Desajustes Sociais* e *Espiritismo: Religião? Sim ou Não?*, além do jornal *Presença*. Informa que está datilografando um livro que terminou de escrever a pouco, intitulado *Hacia uma Filosofia Espírita de la Religión – Del hombre natural ao hombre religioso*, no qual aspira a "dejar sentado la essencia religiosa del Espiritismo de acuerdo con el pensamiento contemporâneo y la realidad religiosa del hombre a la luz de la filosofia espírita" (Seção Quando Falam as Cartas, p. 3, *A Fagulha*, n° 12, nov.-dez. 1970). Concorda com a tentativa de publicar *A Fagulha* em castelhano, indicando a possibilidade de editá-la em colaboração com o Movimento Juvenil de Venezuela, a Federación Espírita Juvenil Argentina, o Nucleo Juvenil Aura Celeste, de Buenos Aires, e a Editora Argentina 18 de Abril. Finalmente, declara seu apoio à "juventud renovadora y dinámica":

> Querido amigo: yo estoy al servicio de la obra que "*A Fagulha*" viene realizando; por ese pido a lo Alto apoyo para la juventud renovadora y dinâmica, especialmente la universitária, para que el kardecismo pase a ser en el mundo moderno un valor ideológico como el marxismo. Los Espíritus superiores así lo desean, pues ello han comprendido que el Espiritismo debe penetrar en el processo histórico a fin de transformar espiritualmente, social y religiosamente la imagen del hombre y de la sociedad. (Seção Quando Falam as Cartas, p. 3-4, *A Fagulha*, n° 12, nov.-dez. 1970).[2]

---

2   "Querido amigo: eu estou a serviço da obra que "A Fagulha" vem realizando; por isso peço ao Alto apoio para a juventude renovadora e dinâmica, especialmente a universitária, para

Conta-nos Adalberto que Mariotti "chegou a preparar um texto em que se referia a nós como esquerda kardecista" (depoimento oral concedido dia 29/8/2010).

Vale destacarmos ainda a importância intelectual de Mariotti para os jovens universitários espíritas que, através da leitura de sua obra, poderiam inclusive tomar contato, pela primeira vez, com textos de Karl Marx. É o que nos relata Adalberto Paranhos:

> Eu particularmente, até final dos anos 60 por exemplo, nunca tinha lido nada de Marx, eu me recordo muito bem que a primeira vez que eu vi algumas citações específicas de Marx, referências, aparece naquilo que foi, naquilo que era se não me engano o segundo capítulo do livro do Humberto Mariotti, *O homem e a sociedade numa nova civilização*, Marx e Kardec, ou Kardec e Marx, no qual ele desenvolvia a tese de que era possível se fazer uma junção entre ambos. Marx representaria a revolução no plano espiritual [sic], Kardec no plano espiritual e Marx no plano material. E esse foi um livro que teve ampla ressonância entre nós. (Depoimento oral concedido dia 29/8/2010).

Além de Mariotti, outro intelectual espírita argentino que marcou o MUE – mas já nos seus momentos finais – foi Manoel Portero:

> Posteriormente chegamos a conclusão de que no plano, no âmbito filosófico, a grande referência, a maior de todas elas, era o autor de *Espiritismo Dialético*. Outro argentino, Manoel Porteiro. Esse sim tinha avançado bastante, embora ele fosse tributário da dialética hegeliana, não é. Mas o Portero foi quem fez o trabalho mais aprofundado sobre a relação entre Espiritismo e dialética. (Depoimento oral concedido por Adalberto Paranhos dia 29/8/2010).

Contudo, apesar de Portero ser considerado um autor mais avançado na reflexão filosófico-social, foi Mariotti, com a obra *O homem e a sociedade numa nova civilização* que representou para o MUE o que havia de mais avançado politicamente em termos de publicação espírita no Brasil:

> Então, são duas referências importantes: Humberto Mariotti e mais ainda o Manoel Portero, só que a que gerou mais influência, que atraiu mais atenção foi indiscutivelmente o livro do Humberto Mariotti, até porque editado em português, em São Paulo, e uma editora que tinha vínculos com o Espiritismo oficial. Não era um

que o kardecismo passe a ser no mundo moderno um valor ideológico como o marxismo. Os Espíritos superiores assim o desejam, pois eles têm entendido que o Espiritismo deve penetrar no processo histórico a fim de transformar espiritualmente, social e religiosamente a imagem do homem e da sociedade". (Seção Quando Falam as Cartas, p. 3-4, *A Fagulha*, nº 12, nov.-dez. 1970; livre tradução nossa) *outsider* nesse sentido, ao contrário das nossas publicações, que não encontrariam acolhida em editoras e gráficas vinculadas aos dirigentes espíritas. (Depoimento oral concedido por Adalberto Paranhos dia 29/8/2010).

Humberto Mariotti, entretanto, na ocasião da celeuma entre o MUE e Herculano Pires, parece ter ficado ao lado de Herculano, com quem se correspondia regularmente. É assim que relata Jorge Rizzini:

> [...] o refinado poeta e filósofo argentino Humberto Mariotti, que tinha grande afinidade intelectual com Herculano Pires, remeteu-lhe estas linhas:
>
> *La juventud es bella, revolucionaria, pero cuando llega a ciertos extremismos acerca de los valores eternos del Espiritu, borra con el codo todo lo que afirmativamente realiza y da argumentos a los conservadores que temem el progreso incesante de la humanidad y del conocimiento. Tenga Fe, Herculano, en lo Alto. El Espiritu de Verdad apoya su obra y le dará la inspiración necesaria para que su obra marque en la cultura espírita mundial un hito que nadie podrá desarraigar.* (RIZZINI, 2001, p. 60, itálico no original).³

Para Adalberto Paranhos, Humberto Mariotti avançava politicamente em relação a Herculano Pires, mas detinha-se em um determinado ponto, não acompanhando a radicalidade proposta pelo MUE:

> Do nosso ponto de vista, o Humberto Mariotti representava sob vários aspectos um passo a frente em relação às formulações do Herculano Pires. Foi um livro [*O homem e a sociedade numa nova civilização*] que evidentemente deve ter provocado junto a FEB descontentamento. Agora nós, em larga medida, nos apropriamos dele, politizando também, e na prática verificamos que Humberto Mariotti também avançava conosco até um determinado momento. (Depoimento oral concedido dia 29/8/2010).

Já o relacionamento do MUE com José Herculano Pires foi muito oscilante. De início um importante apoiador da iniciativa dos jovens universitários espíritas,

---

3   "A juventude é bela, revolucionária, porém quando chega a certos extremismos acerca dos valores eternos do Espírito, anula com seu próprio ímpeto tudo o que afirmativamente realiza e dá argumentos aos conservadores que temem o progresso incessante da humanidade e do conhecimento. Tenha fé no Alto, Herculano. O Espírito de Verdade apoia sua obra e o dará a inspiração necessária para que sua obra marque na cultura espírita mundial um marco que ninguém poderá destruir" (RIZZINI, 2001, p. 60, itálico no original; livre tradução nossa).

Herculano passou a ser seu firme opositor. Especialmente no que se refere ao MUE de Campinas. Para ilustrar a sua proximidade com o MUE (tendo maior afinidade, ao que parece, com o MUE de São Paulo), mencionamos a sua participação como palestrante em uma concentração dos universitários realizada em Campinas em abril de 1969, quando tratou, em sua palestra, do tema "pedagogia espírita". Sobre Herculano Pires, Armando Oliveira relata o seguinte:

> De *Herculano Pires* conhecemos, já há algum tempo sua crônica "Os Jovens e a Questão Social", publicada em vários jornais espíritas, inclusive no melífluo "Brasil Espírita", a qual se seguiram outras publicações controvertidas, posto que ele laborava em contradição ante afirmativas contidas no prefácio que escrevera ao livro "Dialética e Metapsíquica" (de Humberto Mariotti, Ed. Édipo), bem como em suas obras "O Reino" (Edicel) e "O Espírito e o Tempo" (Editora O Pensamento). Escrevemos ao confrade Herculano, tal qual lhe fazemos neste momento. Após a carta [...] mantivemos contato pessoal com Herculano Pires, em nossa residência, de cujo contato damos notícia na introdução à publicação que lhe remetemos, e o quase entrevero parece haver morrido no nascedouro. Herculano Pires confirmou, integralmente, suas posições anteriores, tentou justificar o móvel de sua crônica, autorizando-nos, a seguir, publicássemos (o que pretendemos fazer brevemente, sucedendo ao lançamento da obra de Jacob Holzmann Netto) sua excelente introdução à obra de Mariotti a que já aludimos, prefácio este intitulado "Espiritismo Dialético". E, à semelhança do que se verificou com o filósofo argentino já citado [Humberto Mariotti], tudo indica, ao menos até segunda ordem, que outro dos suportes do tripé foi restabelecido. (correspondência de Armando Oliveira para Deolindo Amorim, Campinas, 10/02/1970, p. 1; grifo no original).

Ao verificarmos do que se trata a referida crônica de Herculano Pires, constatamos o seguinte quadro. Diante do clamor juvenil por transformação social, por definição política, Herculano Pires não deixou de posicionar-se. Estabeleceu publicamente sua diferença com os que queriam mudanças substanciais no movimento espírita por uma "ação social mais positiva". Sem o mencionar diretamente, aparenta ter-se apartado do MUE. Vejamos então este texto de sua autoria publicado no *Diário de São Paulo*, no dia 9 de fevereiro de 1969, que leva o título *Os jovens e a questão social*. Vale a pena transcrevê-lo integralmente, por sintetizar com relativa clareza o posicionamento diferenciado de Herculano com relação ao MUE:

É natural que os jovens espíritas, como os demais, se interessem pelas questões sociais que agitam o mundo. Muitas interpelações nos têm sido feitas a propósito. Sabemos de atitudes precipitadas e pronunciamentos desorientados de alguns. Temos respondido a todos chamando-lhes a atenção para a necessidade de maior e mais ponderado estudo da doutrina. O Espiritismo não é uma via de fuga diante das angústias e dos problemas do mundo. Pelo contrário, é uma tomada enérgica, decisiva e clara de posição. Mas precisamos conhecer essa posição.

Os jovens espíritas mais afoitos exigem uma modificação das atividades doutrinárias. Criticam o excesso de humildade, o abstencionismo político, a "alienação na caridade", como dizem alguns, da maioria absoluta dos espíritas. Querem "uma ação social mais positiva", entendendo por isso a participação política. Mas acontece que a visão espírita do mundo é diferente, profundamente diferente da visão materialista e da religiosa comum. O Espiritismo já é, em si mesmo, o nascimento de um novo mundo.

"Existem as injustiças sociais e nada fazemos contra elas", escreve-nos um jovem. Claro que nada fazemos no sentido que o jovem deseja. Mas é preciso ser cego para não ver o que o movimento espírita tem feito e continuará a fazer para estabelecer a justiça social entre os homens. E isso não apenas no plano assistencial, mas principalmente, e de maneira mais profunda, no plano conceptual. O Espiritismo reforma o mundo pela base e não pela superfície, age sobre as causas e não apenas sobre os efeitos. O mundo é aquilo que o homem quer, o homem tomado em sua expressão coletiva. Por isso o Espiritismo age sobre as consciências, modifica as idéias, a conduta do homem no meio social e assim modifica também esse meio. São as idéias que dirigem o mundo.

Os jovens espíritas sabem, ou devem saber, que a lei fundamental da vida é a evolução. Essa lei, no plano humano, age através da mente, da consciência dos homens. Num mundo de provas e expiações, como o nosso, a evolução social está ligada indissoluvelmente aos problemas cármicos, jungida a lei de causa e efeito. O livre arbítrio nos permite abrir algumas frestas nessa rede determinista, mas essas frestas não são abertas com atos de rebeldia, com excitações ao ressentimento, aos conflitos antifraternos. Pelo contrário, só abrimos frestas para o futuro com atos de amor e compreensão. Há uma lição de Gandhi que se enquadra bem nos princípios espíritas: não podemos descuidar dos meios para atingir um fim, pois os meios fazem parte do fim.

O imediatismo dos materialistas fascina muitos jovens, pois a juventude é inquieta e apressada. Mas os jovens devem saber que os próprios materialistas sabem que devem esperar, pois nem mesmo as transformações sociais de superfície podem ser feitas de um momento para outro. A estrutura social evolui por si mesma, mas é evidente que podemos ajudar essa evolução com o nosso livre arbítrio, a nossa vontade ativa. Não será, porém, alienando-nos à demagogia política que a ajudaremos. À política sagaz e falaz do mundo temos de opor a política divina do Reino de Deus, que é a própria construção do Reino da Terra, tijolo por tijolo. O trabalho de pedreiro é mais obscuro e penoso que o de pintor de paredes, mas sem ele não haverá paredes a pintar. (Diário de São Paulo, 9/2/1969).

O discurso de Herculano aparenta advogar por uma espécie de reforma íntima coletiva, ao indicar que, o estabelecimento da "justiça social entre os homens" tem recebido a contribuição do movimento espírita no "plano conceptual", pois que o "Espiritismo reforma o mundo pela base e não pela superfície, age sobre as causas e não apenas sobre os efeitos". Trata-se da perspectiva educacional. Ao Espiritismo cabe o papel de educar os indivíduos: agindo "sobre as consciências modifica as idéias, a conduta do homem no meio social e assim modifica também esse meio". Um contraponto importante do próprio Herculano a esse texto que dá margem a interpretações de viés individualista é o item *O indivíduo e o meio*, do seu prefácio à obra de Mariotti *Dialética e Metapsíquica* (PIRES, 1971, p. 48-50). Considerando um "equívoco de fundo místico", Herculano opõe-se aos que entendem "que a revolução espírita é essencialmente individualista, cabendo-lhe transformar o homem, para que a estrutura social, em conseqüência, se transforme" (PIRES, 1971, p. 48). Afirma que "a renovação do homem implica a renovação social – mas desde que o homem renovado se empenhe na transformação do meio em que vive, sendo esta, aliás, a sua indeclinável obrigação espírita" (PIRES, 1971, p. 49-50).

Não obstante, em *Os jovens e a questão social* pode-se também subentender que as injustiças sociais são resultado de "problemas cármicos", constituindo uma "rede determinista", cujas frestas são possíveis somente através de atos de amor e compreensão. Se os jovens querem atuação política, numa "ação social mais positiva", Herculano parece entender que essa via implica em "atos de rebeldia", "excitações ao ressentimento", em "conflitos antifraternos". A política "do mundo" mais uma vez vai sendo associada ao imediatismo, à violência e ao materialismo.

Herculano travou debates com Adalberto Paranhos e negou legitimidade a publicação do seu *Espiritismo Dialético* com o prefácio de Luiz de Magalhães Cavalcanti, do

MUE de Salvador.[4] Adalberto conta que, de uma série de embates, "um dos mais célebres na época foi aquele que me opôs frente a frente, cara a cara, com Herculano Pires na Federação Espírita do Estado de São Paulo", motivado já pela discordância de posições explicitadas com a publicação de *Espiritismo Dialético*.

Neste texto, Herculano procura situar o Espiritismo em patamar filosófico superior ao materialismo-dialético dos marxistas, por tomar em consideração a realidade objetiva da existência e imortalidade do Espírito. A filosofia espírita seria assim capaz de explicar a realidade tomando em consideração a sua totalidade e, por isso, não deveria aceitar as práticas de transformação social advindas de teorias incompletas:

> A superação [da crise do conhecimento] somente ser fará possível com a compreensão dos verdadeiros princípios do Espiritismo como doutrina dialética, por isso mesmo capaz de aplicar à história, à política, à sociologia, à economia, à arte, os seus métodos de análise, de observação, de pesquisa, sem se perder na mística de confessionário, nem se confundir com o tumulto dos comícios subversivos. Além do misoneísmo das religiões, do reformismo do socialismo político-liberal, e da violência do materialismo-dialético, o Espiritismo indicará ao homem o caminho seguro das transformações substanciais da vida social, ou perderá a sua razão de ser. (PIRES, 1971, p. 42).

Já aí um ponto de desacordo com o MUE, representado pelo prefácio de Luiz Cavalcanti. Apesar de reconhecer a superioridade do Espiritismo no tocante à percepção da determinação espiritual nos rumos da história (PIRES, 1971, p. 10 e 12-13), a determinação material, em última instância, representada pela infraestrutura econômica (Cavalcanti toma de empréstimo as categorias althusserianas) é mais valorizada no entendimento do MUE em comparação à apreciação de Herculano Pires. Podemos inferir que Herculano subvalorizava a determinação das relações sociais de produção sobre a história, o levando a subestimar a importância dos "comícios subversivos" e da política *lato sensu*. O outro ponto de

---

4 Adalberto relata que "o prefácio foi muito reformulado por ele. Eu me lembro: Scarpin e eu saímos de São Paulo pra discutir em Salvador com o Luiz Cavalcanti a reformulação de umas tantas passagens do prefácio, né. [...] A gente fazia dessas coisas. Eu me lembro que nós saímos daqui numa segunda-feira às 9 horas, chegamos terça por volta de meio-dia a Salvador, nos trancamos num quarto, ficamos discutindo o texto dele à tarde e à noite, acordamos, demos uma voltinha lá pela capital baiana, [...] voltamos ao meio-dia... Assim... tinha esse pique, né" (depoimento oral concedido dia 29/8/2010). Esse depoimento revela a importância conferida à militância no MUE por parte de seus membros.

desacordo, derivado deste, é o papel que compete ao Espiritismo na promoção da transformação social. Herculano insiste centralmente no papel educativo da filosofia espírita: esta deve "descer das estantes e penetrar nas massas [...] para orientá-las no sentido de sua libertação moral, espiritual, intelectual e social", para tanto sendo necessário "um novo trabalho de elaboração, de aglutinação, de sistematização do conhecimento espírita, na forma de compêndios culturais e de manuais populares" (PIRES, 1971, p. 43). Para Herculano o campo da ação espírita é a educação e o exemplo. Para o MUE, além da educação a política é arena na qual os espíritas devem atuar. A diferença muitas vezes é tênue, pois Herculano também busca experiências práticas que escapam ao que se entende geralmente por educação: "Talvez nesta altura nos pudessem servir de 'pontos-de-referência' algumas longínquas tentativas históricas, como a de comunidade apostólica, de que nos dá notícia 'O Livro dos Atos', ou ainda as recentes colônias de produção do Estado de Israel" (PIRES, 1971, p. 52). O MUE no entanto estaria mais disposto a misturar-se às diversas lutas em andamento no mundo, reivindicando mudanças políticas imediatas. Herculano desacreditava no alcance dessas mudanças por entender que a luta deve se processar "em plano mais alto", para desenvolver o espírito coletivista de cooperação (PIRES, 1971, p. 52-53). Em síntese, parece-nos que Herculano busca a "solução espiritual" para o problema social enquanto o MUE pretende fazer notar aos espíritas a necessidade da luta imediata para a transformação social, utilizando-se de meios materiais e espirituais, talvez traduzíveis em termos de ação política e educacional.

Na trilha da recusa à luta política violenta, Herculano disserta a respeito da luta de classes. Reconhece a sua realidade, porém verificando que a história tem demonstrado que as massas proletárias não adquiriram a consciência de classe prevista na teoria marxista, do que decorreu a teoria das minorias dirigentes, que só podem vencer pelo "excesso de violência, e só podem manter o seu domínio pela opressão crescente", o que colocou "o sonho do socialismo científico distanciado das suas raízes revolucionárias". O proletariado, quando armado de "poderes semelhantes aos da burguesia", torna-se "massa burguesa", pois "o homem é o mesmo, numa classe como noutra, e a influência das condições sociais não tarda a se fazer sentir, na sua atitude perante a sociedade" (PIRES, 1971, p. 47). Mas a hora presente é de "solução espiritual, e só ela nos livrará do torniquete da força contra a força, da violência contra a violência, do jogo cego e inconseqüente do poder material. Ruskin, Tolstoi, Tagore e Gandhi avultam neste momento da história humana" (PIRES, 1971, p. 48).

Lembremos que nesse ponto da recusa à violência revolucionária o MUE está de acordo com Herculano, conforme os textos publicados n'*A Fagulha* n° 4.

Existe ainda um outro ponto a ser destacado quando comparamos o prefácio de Luiz Cavalcanti com o texto de Herculano Pires: enquanto este dedica-se mais a criticar os limites do materialismo marxista (embora também faça críticas aos espíritas), Cavalcanti é enfático em sublinhar "a subordinação classista do movimento espírita, atrelado que está ao grupo dominante", pois que os "donos" do Espiritismo, "na imensa maioria, são indivíduos comprometidos com as elites dominantes, que refletem interesses das classes sociais a que pertencem" (PIRES, 1971, p. 15-16). Por isso o movimento espírita tornou-se "cúmplice do mundo egoísta e injusto que fere frontalmente os postulados espíritas e a mensagem do Cristo que a nossa civilização, farisaicamente, proclama defender". Assim explica-se também a oposição ao MUE: chegou-se ao cúmulo "de proibir, por 'inoportuna' e 'perigosa', a abordagem imperiosa de tais questões, a pretexto de salvaguardar a 'pureza' e a 'integridade' da Doutrina" (PIRES, 1971, p. 15).

Embora as diferenças entre o prefácio de Luiz Cavalcanti e o texto de Herculano pareçam muito mais de enfoque do que de substância (dando a impressão de serem conciliáveis), "se programou uma discussão em torno do assunto lá na Federação Espírita do Estado de São Paulo", onde funcionava também a USE. Neste grande embate de ideias, o MUE, representado por Adalberto Paranhos, tinha o desafio de confrontar-se abertamente com um dos mais respeitados intelectuais espíritas.

> Nós fomos chamados por assim dizer a prestar contas do que estávamos fazendo. E aí à mesa nos encontrávamos Herculano e eu. Só que o Herculano consagrado como um dos grandes, senão o maior intelectual vivo do movimento espírita naquele momento, e eu, um rapaz quase imberbe, que era eu. E aí o Herculano, professor de filosofia, com uma vasta obra... Claro, o nosso pessoal compareceu em peso e foi um dos grandes momentos da discussão pública em torno do MUE. Nós fazendo a defesa das nossas posições, nos contrapondo abertamente ao Herculano Pires. (Depoimento oral concedido dia 29/8/2010).

Jorge Rizzini traz a público uma correspondência de Herculano Pires para seu amigo Deolindo Amorim, na qual expõe seu conflito com o MUE:

> Trata-se de um grupo de jovens universitários, alguns deles brilhantes e promissores. Vi que estavam em caminho errado e quis ajudá-los a se corrigirem. Não é esse o nosso dever? Poupei-os o mais que me foi possível. Concitei-os a estudar melhor a doutrina,

a se furtarem às influenciações de certos elementos adultos que os orientam. Durante uns dois anos ou mais me pediram colaboração para "*A Fagulha*" e eu sempre os neguei. Eles passaram a reproduzir trechos de meus escritos já publicados em livros, jornais e revistas, extraindo o que lhes convinha e sonegando outros. Conversei com eles várias vezes, de maneira franca, até mesmo em assembleias espíritas. Tive debates ardorosos com eles. Mas nada adiantou. Acabaram fazendo essa ursada do "Espiritismo Dialético". Então só me restava o que fiz: desmascará-los através de um artigo incisivo e objetivo. É pena, mas não havia outro recurso. (RIZZINI, 2001, p. 58).

Parece que Herculano fora instado por Deolindo a posicionar-se clara e publicamente frente ao MUE. O que fez com um artigo intitulado *Meu desencontro com A Fagulha*, publicado em três periódicos espíritas (*Revista Internacional de Espiritismo*, *Mundo Espírita* e *Unificação*), recebendo assim os aplausos do seu confrade:

Muito bem, Herculano! Aquele artigo é uma definição objetiva, lúcida, inequívoca. Eu bem gostaria que fosse divulgado em separata ou fosse reproduzido em diversos jornais, a fim de que certas inteligências vesgas, inimigas da cultura e da independência intelectual, fiquem sabendo como você pensa e como se situa perante os grupos que querem levar o Espiritismo para os despenhadeiros do marxismo. (RIZZINI, 2001, p. 58-59).

A correspondência de Deolindo para Herculano deixa entrever que havia espíritas questionando a sua postura – talvez "condescendente"? – com relação às propostas do MUE.[5] Mas vejamos afinal qual foi o teor do artigo de Herculano. Em primeiro lugar, Herculano procura esclarecer que o seu mal estar com o MUE de Campinas funda-se numa discordância essencial: para ele o Espiritismo não necessitava de nenhum acréscimo do marxismo, pois representaria "a síntese de todo o conhecimento existente". Considerava o Espiritismo doutrina dialética e o marxismo, ao contrário, doutrina antidialética: "o Espiritismo é uma doutrina dialética por natureza, mas na linha cristã-evangélica e na linha hegeliana espiritualista. Não na linha marxista, que critiquei e critico, por considerá-la até mesmo antidialética" (Mundo Espírita, set. 1971, p. 6).

Para Herculano, as "forças contrárias do Marxismo, no que ele tem de 'práxis', de ação social contrária ao pensamento espírita, realizam ali o trabalho de sapa, que

---

[5] É nesse contexto que Humberto Mariotti presta solidariedade a Herculano quando da publicação do referido artigo, conforme já citamos.

poderá desvirtuar a ação espírita, que é uma 'práxis' diferente e oposta à marxista" (Mundo Espírita, set. 1971, p. 6 e 4).

Incomodava-lhe também a agressividade do MUE com relação ao movimento espírita:

> Tanto o Prof. Cavalcanti como os jovens de Campinas fazem largo uso de expressões agressivas ao movimento espírita. Não há dúvida que há muito a se corrigir em nosso movimento, mas a atitude que devemos tomar, segundo me parece, terá de ser espírita e não marxista. Não será com os moldes do figurino marxista que conseguiremos dar ao Espiritismo a eficiência necessária na transformação do mundo. (Mundo Espírita, set. 1971, p. 4).

Herculano recusava-se a aceitar qualquer doutrina social como norteadora da transformação do mundo – para ele, somente o Espiritismo possuía a visão integral de que necessita a humanidade:

> Essa transformação, por sua vez, não poderá ser feita, segundo penso, nos moldes de nenhuma das doutrinas sociais atualmente consideradas na Terra como decisivas. A prova aí está, no próprio choque apocalíptico que nos ameaça. Só a Doutrina Espírita aprofunda as causas espirituais das injustiças e monstruosidades da nossa estrutura social, e que por sinal estão presentes não apenas no mundo capitalista mas também no chamado mundo socialista. (Mundo Espírita, set. 1971, p. 4).

Além disso, sentira-se contrariado com a publicação do seu *Espiritismo Dialético* conjuntamente a um prefácio em oposição às suas ideias. Entendia que tal apresentação, em se tratando de assunto altamente complicado, poderia levar o leitor desavisado a pensar que o seu pensamento e o do MUE de Campinas coincidiam:

> Se os jovens de Campinas me tivessem consultado a respeito da publicação conjunta do trabalho do Prof. Cavalcanti e do meu, o que seria indispensável, eu não lhes concederia licença para essa divulgação do meu texto, já sobejamente divulgado em seu devido lugar, que é o livro de Mariotti. Essa divulgação conjunta de textos opostos, em assunto melindroso e que exige conhecimento especializado, pode levar a maioria dos leitores a entenderem que minha posição e a do MUE de Campinas é a mesma. E isso não é verdade. (Mundo Espírita, set. 1971, p. 4).

Frente a todos esses desacordos, o debate "cara a cara" referido por Adalberto Paranhos reveste-se de um significado especial, pois que figurava como um direito de resposta ao mais progressista dos opositores do MUE. Na avaliação de Paranhos:

Diante de um dos monstros sagrados do Espiritismo, cultuado pelo pessoal do movimento espírita paulista em particular, nem tanto pela FEB, diga-se de passagem, houve um debate no qual, pra dizer o mínimo, nós não ficamos mal na foto. Isso também incomodou muita gente. (Depoimento oral concedido dia 29/8/2010).

Para os integrantes do MUE, "foi um dia de glória, de festa, porque a avaliação do nosso pessoal foi essa". Adalberto Paranhos, ao considerar que de fato vencera o debate, observa a gravidade da situação criada: "é um fato grave. Grave porque um moleque mal saído das fraudas diante de um luminar do movimento espírita como o Herculano chegou ao ponto de encurralá-lo em determinados momentos" (depoimento oral concedido dia 29/8/2010).

Anteriormente, o MUE, representado por Adalberto Paranhos, já havia batido de frente com Herculano Pires no III Congresso Educacional Espírita Paulista, quando apresentara a tese *Espiritismo e Socialização*. As informações a respeito deste evento são aparentemente contraditórias. O MUE declara n'*A Fagulha* (*A Fagulha*, n° 11, set-out. 1970, p. 8) que a sua tese fora aprovada por unanimidade. Já Rizzini conta que a "tese provocadora [...] cujo objetivo era (são palavras de Herculano Pires) 'transformar a evangelização em propaganda política disfarçada'", foi enfrentada pelo "apóstolo de Kardec [H. Pires]" que, "então, manteve debate com o marxista Adalberto Paranhos e, vitorioso, conseguiu que o plenário rejeitasse a tese, o que – curiosamente – muito aborreceu Ary Lex" (RIZZINI, 2001, p. 61). Ary Lex, por sua vez, talvez um tanto motivado pelos seus antagonismos com Herculano Pires, declara que "Herculano não conseguiu vencer a argumentação notável do jovem socialista". No Congresso

> os remanescentes do MUE apresentaram uma tese brilhante sobre "Espiritismo e Socialização". Herculano Pires, o mais competente jornalista espírita de São Paulo, apresentou uma tese de conteúdo totalmente diverso daquela apresentada pelos moços e combateu as idéias destes. Houve, então, o debate mais brilhante que já presenciamos na tribuna espírita, entre Herculano Pires e Adalberto Paranhos, ambos grandes conhecedores do socialismo, oratória empolgante. A bem da verdade, precisamos dizer que Herculano não conseguiu vencer a argumentação notável do jovem socialista. (LEX, 1996, p. 67).

A contradição entre a "aprovação por unanimidade" e a "rejeição da tese" parece se dissolver ao lermos o relato de Herculano Pires:

> Muitos confrades me interpretaram mal quando me opus à tese do MUEC [MUE de Campinas] apresentada ao III Congresso Educacional Espírita Paulista. Alguns chegaram mesmo a considerar-me ranzinza e intolerante. Mas não era possível esclarecer a questão diante de um plenário que não chegara a compreender minha colocação inicial do problema. Posteriormente, os fatos se incumbiram de ir demonstrando a razão de minha repulsa àquela tese, que só concordei em ser aprovada como subsídio para estudo e nunca, jamais, como tese. Assim se fez, e não é justo que agora essa tese venha a público, como veio, com a indicação de aprovada naquele congresso, que na verdade a rejeitou como tese. (Mundo Espírita, set. 1971, p. 6).

A ideia de que o MUE fazia demasiadas concessões ao marxismo foi veiculada por Herculano Pires, insinuando, ao que parece, que o movimento universitário passara a aceitar a violência revolucionária na forma da luta armada, ou então, ao menos, alguma forma mais virulenta de imposição política, via regimes autoritários:

> Um dos problemas que mais chocaram os jovens espíritas foi o social. Quiseram fazer do Espiritismo uma arma de luta para a transformação social do mundo. Suas intenções eram boas, mas faltava-lhes o conhecimento da visão social do Espiritismo. A revolução social espírita não é periférica. É a continuação da revolução social cristã. Ao contrário das doutrinas sociais que pretendem modificar as estruturas externas, a doutrina espírita procura modificar as bases, os fundamentos dessas estruturas externas, a partir do homem. Não pode opor à violência dominante uma violência que pretende dominar. O objetivo espírita é a substituição da violência pelo amor. (*Educação Espírita*, *Revista de Educação e Pedagogia*, n° 5, jul.-dez. 1973, p. 65).

Dora Incontri, que se alinha fundamentalmente ao pensamento de Herculano Pires, entendendo que "muitos jovens acabaram optando pelo materialismo dialético, em detrimento da dialética espiritualista, fazendo concessões inaceitáveis, do ponto de vista espírita, ao pensamento marxista" (INCONTRI, 2001, p. 272), avalia que o materialismo e o economicismo chegou a predominar no pensamento do MUE.

Do ponto de vista de Adalberto Paranhos, o que ocorrera entre o MUE e Herculano Pires foi que

> nós, de alguma forma, procurávamos lançar mão do nome, do prestígio do Herculano, que havia escrito tempos atrás um artigo enaltecendo a iniciativa de

constituição do MUE, não é. Mas o que verificamos é que o Herculano também não tinha, digamos assim, fôlego político, ideológico para nos acompanhar, ou, por outras palavras, ele avançava conosco até um certo ponto. Ainda estava sob muitos aspectos demasiadamente preso a umas tantas concepções mais tradicionais do Espiritismo, não é. Não chegaria por exemplo a fazer a crítica contundente que por vezes nós formulávamos a coisas contidas em obras psicografas pelo Chico Xavier ou nos livros básicos da doutrina espírita, né. Então, esse, esse foi um dos problemas, não é. (Depoimento oral concedido dia 29/8/2010).

Questionado quanto às concordâncias e discordâncias do MUE com Herculano Pires em torno da proposta do socialismo cristão como uma forma de organização social que deveria substituir o capitalismo, Adalberto explica que

o Herculano falava de maneira muito vaga sobre a necessidade de transformação do indivíduo e do meio etc. Nós queríamos ir mais fundo nisso, fazer a crítica à sociedade capitalista. Pensar em parte, digo em parte porque também não íamos tão fundo nisso, o momento em que vivíamos, a questão da violência estrutural. E o Herculano caminhava conosco até certo ponto, não é. Enfim, faltava o mínimo de radicalidade a ele. (Depoimento oral concedido dia 29/8/2010).

O problema, ao que parece, não era em torno da condenação do capitalismo e da exaltação do socialismo. Ambos estavam, em linhas gerais, de acordo nesse tópico. A discordância situava-se na ação política. O MUE queria denunciar a violência estrutural do seu tempo para incitar a uma prática imediata de enfrentamento direto da injustiça social. Herculano Pires não via possibilidade de ação imediata; desacreditava a luta política e apostava na transformação de longo prazo através da educação. No entendimento de Adalberto Paranhos, esta

é aquela opção socialista que aparece em texto psicografado pelo Chico Xavier e assinado por Emmanuel, ou mesmo Léon Denis. Há uma crença em que por meio, no fundo no fundo, por meio da reforma íntima, da reforma espiritual, nós vamos tecer o amanhã, um outro mundo, e aí sim ele passará a se organizar em bases mais solidárias e tudo mais. (Depoimento oral concedido dia 29/8/2010).

O próprio Adalberto faz uma comparação bastante esclarecedora:

Digamos que esse socialismo, no caso deles, seria aquilo, também estabelecendo uma comparação que não necessariamente é a mais justa, que o Eduard Bernstein, socialista do final do século XIX, que entrou em polêmica com Engels e outros mais, chamaria de socialismo evolucionário, ou evolucionista. Pela força mesma das coisas, Kardec gostava dessa expressão, pela força mesma das coisas, nós evolutivamente iríamos caminhando em relação ao socialismo, e o Espiritismo praticamente não teria a dizer a respeito do mundo concreto que o cerca. Nós já estávamos preocupados em atacar esses problemas na sua dupla frente, digamos assim, espiritual e material. (Depoimento oral concedido dia 29/8/2010).

Herculano Pires não poderia aceitar uma ação política do movimento espírita, pois apartava a religião da política e entendia o Espiritismo como religião. Assim, acabava não diferindo muito do entendimento mais comum dos espíritas sobre a política e sobre o Espiritismo. Vemos tudo isso com clareza em um de seus livros: *O centro espírita*, publicado pela primeira vez em 1980 pela editora Paidéia. Nele, além de recusar a criação de um partido político espírita e o lançamento de candidatos espíritas, isto é, apresentados ao eleitorado como candidatos espíritas (PIRES, 1992, p. 64-65) (pontos em que o MUE estava de pleno acordo), afirma que "o Espiritismo não é, não tem e não pode ter uma posição política". Como tradicionalmente fazem os espíritas, vale-se da máxima "Dai a César..." para apoiar o seu raciocínio:

> O Espiritismo é a Ciência do Espírito e não da *rés pública*. É no exame desse problema que compreendemos a resposta do Cristo aos que desejavam envolvê-lo nos problemas políticos do tempo: "Dai a César o que é de César e a Deus o que é de Deus". Que o cidadão dê ao Estado o que lhe compete dar, mas não se esqueça de reservar para Deus o que só a ele pertence: a sua qualificação específica de espírita no plano religioso. Nesse plano, o espírita tem deveres específicos, que são os da fidelidade à Doutrina, a preservação da sua pureza, evitando de desviá-la de seu objetivo exclusivamente espiritual. A Política é o campo terreno de disputas, intrigas, conflitos de toda ordem. Comprometer o Espiritismo nessa área de discórdias, em que fervem as paixões partidárias e ideológicas, é levar para a área espírita as divergências mundanas, como vemos na História do passado e agora mesmo, na História contemporânea, as inquietações e os desajustes do mundo. (PIRES, 1992, p. 65).

No final das contas, Herculano reserva ao Espiritismo o papel de reformador de consciências, para que estas, melhoradas moralmente, possam contribuir com o progresso. É com este entendimento que Herculano Pires limita "a função política do Espiritismo" a formação espiritual dos homens para que exerçam, como cidadãos, influência benéfica na solução dos problemas políticos, através do bom-senso e da retidão da consciência, quando levado pelas circunstâncias, chamado ou convocado para funções administrativas em áreas do Estado. (PIRES, 1992, p. 65).

Jesus e Kardec seriam os melhores exemplos para ilustrar o posicionamento de Herculano:

> Para bem entendermos isso devemos lembrar que o Cristo nunca exerceu nenhuma função política, nunca pretendeu assumir posições políticas, recusou-se até mesmo nas lutas pelas libertações de Israel dominada pelos romanos (questão que os judeus consideravam como sagrada, pois misturavam as coisas do Céu com as da Terra), mas apesar de sua total abstinência política conseguiu injetar nas estruturas políticas do Mundo a seiva divina da orientação evangélica. O mesmo aconteceu com Kardec, que passou incólume pelas agitações políticas da França, numa fase tumultuosa, sem tentar aproveitar-se de aproximações políticas para dar ao Espiritismo o lugar que lhe cabia no desenvolvimento espiritual da Terra. O Espiritismo se liga a todos os campos das atividades humanas, não para entranhar-se neles, mas para iluminá-los com as luzes do Espírito. Servir o Mundo através de Deus é a sua função, e não servir a Deus através do Mundo, que nada pode dar a Deus, senão a obediência às leis divinas. (PIRES, 1992, p. 65-66).

Finalmente, para mostrar o imenso perigo do envolvimento do espírita na arena política e a necessidade de todo o cuidado para não se permitir o uso eleitoreiro do movimento espírita, cita uma série de exemplos de experiências desastrosas ocorridas no meio espírita, motivadas por ambições mesquinhas ligadas ao universo político-partidário. Dentre essas experiências, aparece algo de muito significativo para o nosso entendimento de sua postura frente ao MUE:

> Lemos livros de conhecidos espíritas estudiosos e cultos defendendo ideologias de direita e de esquerda em nome da Doutrina. E ainda assistimos ao esfacelamento de Mocidades Espíritas, dotadas de toda a agressividade da juventude, promovendo movimentos políticos e sustentando teses violentas em favor de um Espiritismo mais integrado na realidade social. Felizmente essa sarabanda de loucuras passou sem empolgar a maioria absoluta dos espíritas. (PIRES, 1992, p. 68).

Com isso, fica claro que, no entendimento de Herculano Pires, defender uma posição de esquerda (ou de direita) em nome do Espiritismo é absolutamente ilegítimo, antidoutrinário: é a mistura indevida da política à religião que acabou por levar o MUE a promover um movimento político "sustentando teses violentas em favor de um Espiritismo mais integrado na realidade social".

Outra personalidade de destaque no movimento espírita que teve alguma proximidade com o MUE foi o orador Jacob Holzmann Netto.[6] Conforme Adalberto Paranhos, "o Jacob era considerado como um dos mais brilhantes oradores do movimento espírita". Conta que o "Jacob se desviou daquela linha mais tradicional dos grandes conferencistas espíritas". Ele e Divaldo Franco

> eram os dois grandes nomes, dentre os oradores espíritas. E o Jacob, até ao conceder a autorização para que nós publicássemos o *Espiritismo e marxismo*, acabou se aproximando de nós. Se aproximando, mas significou isso também, não é. (Depoimento oral concedido por Adalberto Paranhos dia 29/8/2010).

Armando Oliveira afirma o mesmo que Adalberto:

> O Jacob se posicionou ao nosso favor, né, sem dúvida nenhuma, tanto que ele autorizou a publicação daquele livrinho, escreveu aquele livrinho. Praticamente era nosso pedido [...]. Porque ele também era um nome, né, ele era muito requisitado. Tanto ele [...] e esse que ta aí até hoje, o Divaldo Pereira Franco. Os dois que eram mais requisitados naquela época eram o Jacob e o Divaldo. (Depoimento oral concedido dia 9/07/2009).

Questionado se o Jacob trazia o tema do socialismo em suas palestras, Armando respondeu afirmativamente: "Trazia. Trazia. Mas, talvez com a pílula mais dourada, né, entendeu. Mas aquele livro é muito significativo, aquele livrinho, *Marxismo e Espiritismo*. Aquilo é muito significativo." Apesar de não saber dizer qual teria sido a repercussão da publicação do referido livro, Armando afirma que "pra nós foi uma vitória. Pra nós foi uma vitória conseguir a autorização dele pra publicar. Porque ele era um nome!" (depoimento oral concedido dia 9/7/2009).

---

6   Referindo-se à série de prévias de concentrações de mocidades realizadas em 1968, nas quais o MUE de Campinas atuou em peso, Edson Silva Coelho entende que o "impacto do ideário defendido em 1968 foi profundo. Em primeiro lugar, atraiu um segmento de antigos e novos intelectuais críticos ao movimento espírita oficial, como Jonny Doin, veterano advogado e orador espírita; o brilhante orador e escritor paranaense Jacob Holzmann Netto; e o jovem sociólogo baiano Luís de Magalhães Cavalcanti" (depoimento recebido por e-mail dia 19/10/2011). É relevante notar que para Edson não se trata de definir o pólo de atração na intelectualidade madura do Espiritismo brasileiro e sim no próprio núcleo de universitários espíritas, críticos e de ideias políticas avançadas.

Já para Therezinha Oliveira o Jacob não tinha ligação com o MUE, suas palestras "não tinham absolutamente nada de subversivo, de político-partidário, de estruturas sociais... não tinha. Eu assisti várias palestras. E se ele por acaso tinha alguma ideia, ele não deixou transparecer. Ele fez vários anos em concentrações de mocidades..." (depoimento oral concedido dia 6/7/2009). O julgamento não é o mesmo por parte de Jorge Rizzini, que se refere à Jacob Holzmann Netto como "o malogrado orador espírita que se perdeu nas teias do comunismo [...]" (RIZZINI, 2001, p. 57). Conforme Paulo de Tarso Ubinha, que convivera de perto com Jacob em Curitiba, o seu pensamento de esquerda, nas palestras, apresentava-se de um modo "muito sutil, sabe, o que o Jacob falava... a gente sabia o que ele estava falando, mas era muito sutil. [...] Era uma interpretação, era uma visão dos textos do Espiritismo [afirmando] que ele é socialista" (depoimento oral concedido dia 4/7/2009).

Apesar do enorme sucesso como orador espírita, Jacob acaba "sumindo" do movimento espírita justamente após a publicação do livro *Espiritismo e marxismo*. Ao que parece, ninguém sabe explicar com precisão o motivo de sua saída do meio espírita. Therezinha Oliveira, por exemplo, conta o seguinte:

> Agora depois eu soube que ele se casou com uma moça que parece que era de umbanda – não tem nada a ver, não há problema nenhuma –, mas que depois ele não queria mais estar no movimento espírita. Até eu soube lá no Paraná, que os companheiros contaram que foram atrás dele, convidaram muito "volta, faça uma palestra para nós". Ele disse "olha, eu vou fazer uma palestra pra vocês, pra vocês verem que eu posso continuar fazendo palestra, mas depois nunca mais vocês me peçam". E diz que foi, fez uma bela palestra e depois não foi mais. Ele desencarnou, né. Eu não sei por que, desencarnou jovem. Eu não sei o que aconteceu. (Depoimento oral concedido dia 6/07/2009).

Ao ser questionada se poderia haver alguma relação entre o seu "sumiço" e a publicação da obra *Espiritismo e marxismo*, Therezinha respondeu negativamente:

> Não, não. Porque as pessoas tinham o Humberto Mariotti também, que eles queriam estudar, mas o Humberto Mariotti, argentino, ele estudava os assuntos socialistas. Não há mal nenhum. O problema é querer trazer um movimento político-partidário pra dentro da casa espírita. Conhecer, estudar, analisar, não há mal nenhum, certo. Então se acaso – eu não conheço o livro do Jacob Holzmann Netto – se ele escreveu – você conhece, você viu como é que ele escreveu? Se ele faz um estudo do assunto, o que existe, se há alguns pontos de contato ou não. Há pontos de contato e há pontos divergentes, porque o materialismo do marxismo não

pode jamais estar concorde com a Doutrina Espírita. Então é como a acupuntura. A acupuntura tem alguns pontos semelhantes ao que nós falamos do perispírito, tudo, né. Mas é só alguns pontos, os outros são divergentes. Então fazer um estudo a respeito do que existe, como é, como não é, não atrapalha em nada. Agora aderir a um movimento que não é inteiramente compatível com a Doutrina e querer fazer os espíritas tomarem posição nesse campo, aí está errado. (Depoimento oral concedido dia 6/7/2009).

Assim, Therezinha afasta qualquer possibilidade de aproximação entre Jacob Holzmann Netto e o MUE, pois ainda que aquele pudesse estudar o marxismo, somente este teria a intenção de "trazer um movimento político-partidário pra dentro da casa espírita".

Todavia, em uma nota explicativa, ao fim do seu livro *Espiritismo e marxismo*, fica declarado o apoio de Jacob ao MUE, representado pela *A Fagulha*:

> A palestra que você acabou de ler, meu jovem amigo, foi proferida há questão de cinco anos, gravaram-na em Lins e, vertida para o papel, aqui ressurge sem maiores retoques.
>
> Se hoje tivesse de reescrevê-la, por certo eu alteraria muita coisa (sobretudo as conclusões, que me pareceram fracas ante o arrojo das premissas), porquanto o pensamento progride sempre e ninguém estaciona em sua procura da verdade, quando possuído de autenticidade e do desejo de saber e *ser*. Mesmo assim, autorizei-lhe a publicação à guisa de apoio substancial à cruzada esclarecedora de "*A Fagulha*" e, notadamente, em forma de homenagem ao Armando Oliveira Lima e ao Adalberto Paranhos, dois moços que reagem bravamente à melancólica "igrejificação" daquilo que há cem anos era um ideal de liberdade e universalismo: a Doutrina dos Espíritos, ora reduzida por seus próprios profitentes a uma teorização dogmática e sectária sobre fatos imperfeitamente estudados. (NETTO, 1970, p. 48).

Jacob assume mesmo uma identidade de propósitos com o MUE, nas figuras de Armando Oliveira e Adalberto Paranhos:

> O caminho que aqueles dois vêm trilhando, malgrado a santa cólera de seus confrades, que tressuam intransigência em nome da divisa do "trabalho, solidariedade e tolerância", é irreversível e de certo modo constitui o prosseguimento da jornada que eu iniciei, sozinho e desassistido, justo na época da produção da conferência acima transcrita. Daí porque tanto me identifico ao que eles dizem e realizam, pois

o que realizam e dizem é a reafirmação dos ideais e princípios que ainda mantenho vivos dentro de mim. (NETTO, 1970, p. 48).

Também fica evidente o seu distanciamento do movimento espírita a partir de uma tomada de posição crítica, crescentemente radicalizada e divergente do pensamento hegemônico espírita:

> Frustrem-se, assim, quantos hajam identificado meu silêncio de mais de dois anos a um recuo nas idéias ou a uma deserção na luta: meramente encerrei um capítulo de minha vida, em que insisti até o limite da conveniência, e quem almeja crescer sempre, a fim de realizar o infinito de suas potencialidades, não pode deter-se em etapas já superadas de sua marcha ascensional. (NETTO, 1970, p. 48-49).

A nota explicativa de Jacob segue dando já sinais de uma despedida do movimento espírita, procedendo "a uma revisão completa" de seus "artigos de fé espírita, para constatar até que ponto o em que creio individualmente pode objetivar-se em termos de comunicação científica". Finaliza indicando sua resolução em ir além dos horizontes limitados do movimento espírita, não querendo mais falar somente aos espíritas que já se acomodaram "a uma grei religiosa" onde não se permite o pensar livremente, mas sim a todos os homens, "espíritas ou não, católicos ou judeus, mulçumanos ou budistas, agnósticos ou ateus" (NETTO, 1970, p. 49-50).

Paulo de Tarso fala da crise existencial que afastara Jacob Holzmann Netto definitivamente do Espiritismo, acrescentando que "o próprio Jacob tinha um pensamento mais de esquerda, então isso talvez tenha sido um dos motivos que ele tenha se afastado, porque ele era cobrado pela cúpula do movimento pelas posições que ele assumia" (depoimento oral concedido dia 4/7/2009).

Para o MUE, infelizmente, tal afastamento do meio espírita significava também a perda de um fortíssimo aliado.

É relevante notar que mesmo espíritas menos tradicionais, menos vinculados à estrutura institucional do movimento espírita de matriz febiana, como é o caso de Jaci Régis, defensor de um Espiritismo não religioso, ainda tinham certa dificuldade em absorver positivamente o MUE. Conta-nos Adalberto que o MUE tentou "também estabelecer algumas pontes com o editor do jornal de Santos [...], Jaci Regis" o que lhe ensejou a publicação de alguns textos no periódico santista *Espiritismo e Unificação* (depoimento oral concedido dia 29/8/2010).

No intróito da seção Palavra Livre, a equipe d'*A Fagulha* elogia o periódico santista dirigido por Jaci Régis pela sua "abertura de vistas" e "capacidade de diálogo", abordando, ademais, "problemas da mais viva atualidade" – publicando, inclusive, seis artigos de "elementos ligados à Equipe *A Fagulha*" (*A Fagulha*, n° 10, jul.-ago. 1970, p. 50). Em agradecimento, *A Fagulha* publica o editorial de *Espiritismo e Unificação*, assinado por Jaci Régis: *Fusão USE-FEESP*. Nele são lançadas críticas a não representatividade das federativas, em especial a FEB, com o CFN a ela subordinado (*A Fagulha*, n° 10, jul.-ago. 1970, p. 52-55). A USE é apresentada como elemento dinâmico do movimento espírita paulista; daí o temor do autor com a anunciada fusão entre as duas federativas.

Apesar dessa gentil troca de publicações, "nós que éramos bem vistos, também chegamos a ser objeto de uma ou outra matéria editorial, em que se expressavam divergências em relação a nossa posição. E lá Jaci Regis que não era um espírita dos mais tradicionais, dos mais conservadores" (depoimento oral concedido por Adalberto Paranhos dia 29/8/2010).

Existiu então um período de relativo apoio ao MUE por parte de Jaci Régis. Em março de 1971, Jaci alinhava-se entre aqueles que qualificavam mais como positiva do que negativa a atuação do MUE. Em *Espiritismo e Unificação*, jornal que dirigia, Jaci Régis escrevera que

> Para a alegria de todos, jovens acadêmicos, penetrando-lhe a compreensão, procuram fazer a ponte de ligação entre os fundamentos doutrinários e os conhecimentos da cultura universitária, enriquecendo a Doutrina e projetando a formação de uma cultura espírita, que adiciona aos frutos da pesquisa e do pensamento materialista e espiritualista de nossa época, o elo indispensável à compreensão da problemática humana. (*Espiritismo e Unificação*, n° 219, mar. 1971, p. 1).

Demonstra ter um bom entendimento da proposta do MUE, todavia não se alinhando totalmente a ele:

> Os movimentos universitários, procuram, em primeiro lugar, tornar a ação espírita social, no sentido de que deve a Doutrina equipar-se de modo a contribuir de forma marcante, para a solução dos problemas humanos, na sua amplitude, sem deter-se num individualismo prejudicial. Este, tentando circunscrever o interesse do indivíduo na sua própria reforma interior e através de gestos de caridade para os outros, deforma a estrutura do entendimento, pois, vivendo em sociedade, não pode o homem isolar-se, devendo contribuir para a solução dos problemas coletivos. Seria, então, estagiar não somente nos problemas éticos, cujo objetivo repousaria "no procedimento ideal do homem em si", mas também dirigir-se à política, cujo objeto é o "estudo da organização social ideal". (*Espiritismo e Unificação*, n° 219, mar. 1971, p. 1).

Seu desacordo parece estar em dois pontos: no grau de aproveitamento da "cultura universitária" (enquanto o MUE defendia o "socialismo cristão", Jaci via isto como uma "filiação" a determinada "concepção filosófica atual", o que iria de encontro à busca de uma filosofia social autenticamente espírita) e na centralidade dada pelos universitários espíritas ao "problema social" (Jaci reclamava atenção a outras possibilidades de pesquisas, tanto nas ciências exatas quanto nas ciências sociais).

> Pessoalmente somos favoráveis a uma pesquisa que leve à definição de uma filosofia social do Espiritismo, sem filiação a essa ou àquela concepção filosófica atual, ainda que convenientemente qualificada, como seja "socialismo cristão" etc. Não há, entretanto, como negar a oportunidade do debate de tais assuntos, considerados fora, é claro, de qualquer atividade partidária ou de conluio com quaisquer movimentos políticos ativistas.
>
> Causa-nos, contudo certa apreensão a centralização dos debates e estudos em torno do problema social, absorvendo a inquietação do mundo. Reconhecendo embora a importância do problema, há que se considerar a imensa gama de atividades e pesquisa onde a inteligência pode desenvolver-se trazendo preciosas contribuições à renovação do pensamento espírita. (*Espiritismo e Unificação*, nº 219, mar. 1971, p. 1).

É de se ressaltar ainda o óbice ao "conluio com quaisquer movimentos políticos ativistas". Algo como o que faziam os padres católicos ligados à Teologia da Libertação, movimentando politicamente o campesinato, os dominicanos que se ligavam aos grupos de esquerda em oposição à ditadura militar ou a JUC atuando lado a lado com os comunistas na UNE não seria admitido por Jaci Régis. Parece que na sua perspectiva tanto a "filosofia social do Espiritismo" quanto a ação social dos espíritas deveriam manter independência frente aos movimentos e às ideias sociais existentes. Tal postura era potencialmente conflituosa com o ímpeto do MUE. Este absorvia o marxismo mais do que Jaci gostaria e pretendia uma ação social que, se de início estava claramente centrada no movimento espírita, não negava ao futuro a possibilidade de uma ação política mais ampla, com eventuais alianças com "movimentos políticos ativistas".

Não obstante, mesmo em 1972, quando até mesmo Herculano Pires já havia se declarado contrário ao MUE, Jaci Régis dá espaço no *Espiritismo e Unificação* para o já combalido movimento se manifestar, através de Armando Oliveira Lima, que fora convidado a responder a pergunta: "o que se pode fazer para divulgar a Doutrina nos meios universitários?" Armando Oliveira é respeitosamente apresentado pelo jornal:

> Armando de Oliveira Lima, 37 anos, professor universitário membro do Movimento Universitário Espírita de Sorocaba, presidente da União Espírita Sorocabana, diretor de divulgação da União Municipal Espírita de Sorocaba e diretor de "*A Fagulha*".
>
> Considerado como "enfant terrible" do movimento espírita, Armando tem contribuído pelas posições assumidas para a renovação do pensamento espiritista. (*Espiritismo e Unificação*, mar. 1972).

Somente em agosto de 1973 o MUE é rechaçado no *Espiritismo e Unificação*, sob o título *Esvaziamento do MUE*:

> A leitura do n.º 5 da revista "*Presença*", editada pelo Movimento Universitário Espírita de Campinas, leva-nos a meditar sobre os rumos do grupo de jovens que ali se congregou. Salvo melhor juízo, a leitura da citada revista revela uma coisa muito grave: o MUE encontra-se vazio por não saber que papel desempenhar no movimento espírita. (*Espiritismo e Unificação*, nº 248, ago. 1973, p. 1).

Infelizmente, não conseguimos obter a *Presença* nº 5 para examinar o seu conteúdo. Porém, podemos supor que já nos seus derradeiros momentos, o MUE não queria mais "falar a sério", já que não enxergava mais qualquer possibilidade de sucesso em sua empreitada de transformação do movimento espírita.

Mais interessante, todavia, é a declaração de apoio ao MUE até então:

> Fomos dos que não cerraram as portas para os que, sob a inspiração de idéias novas, se reuniram ao movimento universitário. Abrimos nossas páginas, sempre que se tornou possível, às produções que nos enviaram e, em alguns casos, chegamos a solicitar a opinião dos integrantes do MUE, embora não concordando, necessariamente, com os pontos de vista expostos. Assim procedíamos porque depositávamos grande esperança na força intelectual e no idealismo que transpareciam nos dinâmicos jovens que se congregaram para expor, às vezes de forma contundente, seus pontos de vista.
>
> Além disso, não nos alinhamos entre os que expulsaram o MUE do organismo unificador do movimento espírita paulista. Tal atitude nos causou espécie pela sua natureza cerceativa. Sofremos críticas por isso, porque alguns acreditam que a estrutura organizacional do movimento tem força de coação. Não ligamos, nem ligaremos a qualquer

pressão desse tipo. Temos suficiente auto-crítica para saber o limite da audácia e a conveniência das inovações. (*Espiritismo e Unificação*, nº 248, ago. 1973, p. 1).

As últimas linhas a respeito do MUE no *Espiritismo e Unificação* constituem uma severa e melancólica crítica:

> De qualquer forma lamentamos que as inteligências que se agruparam no MUE de Campinas se tenham confundido, e esquecendo a filosofia do Espiritismo, se perderam no emaranhado das polêmicas contra certos setores do movimento espírita, caminhando para a desilusão e para a crítica como um fim e não como meio. (*Espiritismo e Unificação*, nº 248, ago. 1973, p. 1).

Para Adalberto Paranhos, havia uma linha limítrofe entre o que o MUE avançava como bandeiras críticas para o movimento espírita e as posições de lideranças espíritas mais progressistas: "eles foram conosco até um certo ponto. A partir de um determinado momento nós extrapolamos" (depoimento oral concedido dia 29/8/2010).

Outro interessante caso de abertura para o MUE é a revista lisboeta *Estudos Psíquicos*, da qual Pedro Francisco de Abreu Filho, do MUE de Campinas, era o representante nesta cidade. Registramos uma série de artigos de integrantes do MUE que foram publicados nessa revista. Em janeiro de 1971 iniciam-se as publicações: noticiando "com alvoroço" o lançamento do jornal *Presença*, anuncia que os moços do Movimento Universitário Espírita "desejam colaborar conosco, visto encontrarem afinidades com *Estudos Psíquicos*" (*Estudos Psíquicos*, jan. 1971, p. 29).

Espiritismo e Educação de Valter Scarpin é o primeiro texto a ser publicado. Apresenta a educação em sentido geral, ininterrupta, que "confunde-se com a própria vida", para relacionar a missão da educação a uma transformação efetiva das condições de vida. Scarpin explica que a "educação, nesse sentido, não prepara o homem para a vida numa sociedade em geral e sim numa sociedade específica, organizada de determinada maneira", com uma cultura própria e um "modo de produzir e distribuir riquezas". Relaciona portanto a educação às leis que organizam uma dada sociedade e assim aponta que a "nossa sociedade está organizada tendo por fundamento o egoísmo, o interesse pessoal. Está organizada assim, porque são os mais fortes (os poderosos) os que fazem as leis e as fazem para si". A conclusão é que diante "disso tudo nos parece indispensável a mudança dessas leis. E isso depende, embora não exclusivamente, da educação". Daí o apelo para que a educação espírita conduza os homens a um amplo e profundo trabalho de esclarecimento, tendente a modificar as instituições sociais, o modo de produzir e distribuir riquezas, tornando-se deste modo condizentes com a dignidade da pessoa humana e com os reais interesses da humanidade. Trabalharão, enfim, para abreviar o amanhã, que acolherá, de braços abertos, "o socialismo com Jesus", segundo a feliz expressão de Emmanuel. (*Estudos Psíquicos*, jan. 1971, p. 28).

A primeira e a segunda parte da tese do MUE de Campinas *Estudos Sociais na Evangelização*, aprovada no III Congresso Educacional Espírita Paulista, são publicadas na revista, sob os títulos *A cosmovisão espírita* e *A socialização do homem* (*Estudos Psíquicos*, abr. 1971, p. 123-124 e jan. 1972, p. 14-15). Artigos assinados com as inicias E. P. possuem uma tônica próxima a do MUE: defende-se o Espiritismo da pecha de ser alienante (*Estudos Psíquicos*, abr. 1971, p. 126), noticia-se a moção apresentada por Adalberto Paranhos e Eurípedes de Castro para a aglutinação em torno do Instituto Espírita de Educação dos esforços pela fundação de instituições espíritas de ensino superior (*Estudos Psíquicos*, maio 1971, p. 155). Noticia-se também a IV Concentração dos Movimentos Universitários Espíritas do Estado de São Paulo, com o tema "O que é o Espiritismo" (*Estudos Psíquicos*, jun. 1971, p. 190). De Angela Bellucci, do MUE de São Paulo, publica-se *Humanização Urgente da Cultura* (*Estudos Psíquicos*, jul. 1971, p. 204-205). Eusínio Lavigne tem os seus artigos *A base da paz* e *O Espiritismo* publicados (*Estudos Psíquicos*, set. 1971, p. 264-265 e jan. 1973, p. 25-26). Adalberto Paranhos escreve *O Consolador Prometido* (*Estudos Psíquicos*, fev. 1971, p. 43-47) e *O Espiritismo diante dos conceitos formais em História*,[7] afirmando que o Espiritismo tem uma concepção dialética (ou genética) da História, que procura explicar os acontecimentos com o plurifacetismo causal (*Estudos Psíquicos*, out. 1971, p. 308-309). Tem publicado também parte do seu discurso de formatura, como orador da Turma de 1970 da Faculdade de Direito da Universidade Católica de Campinas (*Estudos Psíquicos*, abr. 1972, p. 120-122). Neste discurso, faz a crítica sociológica do Direito, como parte da superestrutura e portanto determinado pela infraestrutura econômica. Prega a luta pela justiça social sem o uso da violência que leva aos sofrimentos coletivos; daí aconselha não "alimentarmos a luta de classes", mas sim que desenvolvamos "novas *classes de luta*" – de onde podemos inferir a proposta de luta não-violenta (*Estudos Psíquicos*, abr. 1972, p. 120-122; grifos no original). Em *A educação na era das cavernas* Adalberto Paranhos, largamente apoiado em Paulo Freire

---

[7] O texto, constituindo parte do trabalho *A gênese histórica do malthusianismo*, fora apresentado originalmente na VII CENSUL – De Amor e Paz.

e valendo-se da alegoria da caverna de Platão, critica a educação bancária, vertical e antidialógica, alienadora da consciência, defendendo, ao revés, a criticização da consciência, através de um processo de relações dialógicas, ad-mirando a realidade. Em nota, acrescenta uma crítica ao movimento espírita:

> até que ponto as "escolas de evangelização" se fixam demasiadamente na "miração" do mundo, pondo de lado o "ad" (prefixo latino indicativo de aproximação, movimento para), negando-se, portanto, a enfrentar de um ponto de vista espírita os desafios políticos e sociais de determinado tempo e lugar (*Estudos Psíquicos*, jan. 1973, p. 22-23).

Luiz Cavalcanti, do MUE de Salvador, escreve *O Espiritismo e o mundo moderno*, apontando para o papel progressista a ser desempenhado pelo Espiritismo como um dos concretizadores do propósito que as religiões não conseguiram realizar, o de efetivar o Reino de Deus na Terra, ou o "modo de produção evangélico" (*Estudos Psíquicos*, out. 1971, p. 315-316). Do MUE de Sorocaba, Nicolau Archilla Messas escreve *Tabus e convenções*, reclamando dos excessos de sectarismo e misticismo entre os espíritas, querendo abertura às "outras áreas de perquirição e estudo" (*Estudos Psíquicos*, jan. 1972, p. 18). Pedro Francisco de Abreu Filho, do MUE de Campinas, escreve *Será o Espiritismo mais uma religião?* no qual trata de criticidade, dialogicidade e democracia, apontando para a falta destas características na maioria dos espíritas bem como nas instituições oficias do Espiritismo, o que obsta a essa doutrina o seu papel revolucionário como "um dos agentes efetivos da transformação social" (*Estudos Psíquicos*, maio 1972, p. 148-149). É semelhante o intento de Eduardo Simões, também do MUE de Campinas, no seu texto *Exercício à criticidade*, falando de conscientização, representação objetiva da realidade, tomada de posição – definida, mas não definitiva (*Estudos Psíquicos*, dez. 1972, p. 375).

O texto de Herculano Pires em favor do MUE, na sua função específica de defender a Doutrina Espírita no meio universitário, é noticiado, postando-se ao seu lado Isidoro Duarte Santos (diretor, editor e proprietário do *Estudos Psíquicos*), por entender que o MUE veio para "dominar o ceticismo e o materialismo histórico, que tantos prejuízos têm causado à humanidade" (*Estudos Psíquicos*, out. 1971, p. 318). O mesmo Isidoro Duarte Santos dá grande cobertura à homenagem solene prestada pela Assembléia Legislativa do Estado de Guanabara à memória de Allan Kardec. Nesta solenidade, ocorrida dia 22 de outubro de 1971, reuniram-se parlamentares e diversos representantes de instituições espíritas, incluindo a Federação Espírita

Brasileira. O deputado umbandista Átila Nunes Filho fora quem requereu a homenagem. Discursando, fez o escorço biográfico de Kardec e elogiou longamente as instituições espíritas no Brasil, com todas as suas obras de benemerência. Para o deputado, como doutrina consoladora, o Espiritismo se fez "poderosa doutrina de oposição ao materialismo". É assim que ele encerrou o seu discurso solene, arrancando "aplausos calorosos [...] da massa compacta que enchia o recinto numa entusiástica consagração às palavras do orador":

> No momento em que novamente, a exemplo do século 19, o materialismo tenta ressurgir dos escombros em que se encontrava soterrado; no momento em que as *ideologias anticristãs e negadoras da Providência Divina tentam empolgar as massas com promessas vãs e acenos a igualdades sociais inexequíveis*; no momento em que parte da juventude vem sendo envenenada pelas doutrinas da violência e do ateísmo; no momento em que a descrença ameaça universalizar-se outra vez, como nos amargos tempos do apogeu materialista, não poderíamos nós, desta Assembléia Legislativa, deixar de nos congratularmos com a oportunidade da homenagem a uma figura que se imortalizou na História da Filosofia como Codificador desta poderosa doutrina de oposição ao materialismo – o Espiritismo.[8] (*Estudos Psíquicos*, jan. 1972, p. 5; grifos nossos).

Este discurso de viés anticomunista ecoa no diretor de *Estudos Psíquicos*,[9] que, no entanto, deu azo aos escritos do MUE, inclusive tendo Adalberto Paranhos como um de seus redatores-correspondentes.

Importa destacarmos que alguns espíritas militantes de mais idade, mesmo não sendo universitários, engajaram-se também no MUE. Para Edson Coelho, trata-se de uma força de atração produzida pelo próprio impacto do ideário do MUE disseminado

---

8   Em seguida ao discurso de Átila Nunes Filho, Vitorino James, líder da Aliança Renovadora Nacional, congratula os "milhares e milhares de cardecistas e espiritualistas que neste Brasil militam para honra nossa nas fileiras da nossa legenda partidária" (*Estudos Psíquicos*, jan. 1972, p. 5).

9   Ao final desta notícia entusiasmada sobre a homenagem a Allan Kardec, Isidoro Duarte Santos, de Lisboa, justifica o alongamento no seu relato pela emoção da ocasião, que fez "vibrar tão intensamente os nossos corações de espíritas e de cidadãos prestáveis, ansiosos de paz e harmonia social", elogiando por fim o "grande Brasil" por esse "alto exemplo de tolerância [dado] ao mundo devastado pelas paixões e ódios de classe" (*Estudos Psíquicos*, jan. 1972, p. 6). Um artigo que julgamos ser bastante representativo do posicionamento político-social do periódico *Estudos Psíquicos* é *Fome de justiça*, da redação, no qual se contesta a solução do "nivelamento das classes" para o problema das injustiças sociais (*Estudos Psíquicos*, dez. 1972, p. 353).

nas concentrações (prévias) de mocidades espíritas realizadas a partir de 1968, com a presença marcante de Adalberto Paranhos:

> O impacto do ideário defendido em 1968 foi profundo. Em primeiro lugar, atraiu um segmento de antigos e novos intelectuais críticos ao movimento espírita oficial, como Jonny Doin, veterano advogado e orador espírita; o brilhante orador e escritor paranaense Jacob Holzmann Netto; e o jovem sociólogo baiano Luís de Magalhães Cavalcanti. (Depoimento recebido por e-mail dia 19/10/2011).

O caso mais destacado de plena adesão ao MUE por parte de alguém mais velho foi, sem dúvida nenhuma, o de Jonny Doin, que ajudara a refundar o MUE de São Paulo. Ary Lex relata que

> Jonny Doin, advogado e orador conhecido em todo o Estado, era um dos que estimulavam os moços. Tinha idéias nitidamente esquerdistas e, por isso, deixou de ser chamado para palestras em Centros e Federações. Mas os moços o apreciavam. (LEX, 1996, p. 66).

Adalberto Paranhos, referindo-se a uma primeira fase de dentição do MUE em São Paulo, conta que

> aí a figura mais proeminente do MUE era o Jonny Doin, já consideravelmente mais velho, o mais velho de todos nós, mas num certo sentido muito jovem, disposto, dinâmico etc. e tal, era conferencista também. [...] Eu frequentava a casa do Doin, ele a minha. Nós éramos amigos. (Depoimento oral concedido dia 29/8/2010).

Armando Oliveira também lhe dá destaque:

> O Jonny Doin era um defensor nosso. [...] Ele era um pregador de primeira linha. E ele, nas palestras dele, ele se remetia a nossas teses, a nossas posições. Ele ajudou muito. Ajudou muito. Ele é que foi o responsável pelo baile lá em Araraquara que deu um bote danado. O pessoal queria que ele fosse contra e ele foi a favor. Ele sustentou a nossa posição porque os caras não queriam que houvesse isso. Ele que fez a defesa. Na concentração. [...] Não tinha nada a ver ainda com Movimento Universitário Espírita. Tinha a ver com movimento espírita das mocidades. E ele defendeu a nossa posição. Ele saiu lá em baixo. [...] E ele foi lá e fez a defesa, esteve lá presente. Compreendeu? Esteve lá presente. (Depoimento oral concedido dia 9/7/2009).

Valter Scarpin, que atuara lado a lado com Doin no MUE paulistano, conta que

O Jonny Doin foi uma pessoa muito querida dentro do MUE. [...] Foi uma pessoa muito importante no MUE de São Paulo, a experiência de vida dele e a sua abertura, uma pessoa de mentalidade muito aberta – quer dizer, ele já tinha uma idade mais ou menos avançada na altura e no entanto, quer dizer, participava como um de nós. Evidentemente com mais experiência, não é. (Depoimento oral concedido dia 28/10/2011).

O peso desse engajamento, por significativo que fosse, não chegava a contrapor a fortíssima reação negativa dos que não aceitavam sequer a existência do MUE.

O que não invalida o fato de que, apesar dos atritos, das diferenças e dos limites, o apoio inicial dado ao MUE por alguns altos nomes do movimento espírita foi certamente importante para dar-lhe algum impulso, alguma sustentação. É o que afirma, por exemplo, Pedro Francisco: "Sem dúvida deu reforço, deu fôlego pra gente manter até onde conseguimos ir. Porque se não nós teríamos parado logo no nascedouro. Então nós caminhamos aí por um bom tempo" (depoimento oral concedido dia 7/4/2010).

Já entre aqueles que representavam as instituições e toda a tradição cultural que estas carregavam, com o poder de delimitar o que é próprio do Espiritismo e o que lhe foge ao escopo de ação e doutrina, o MUE repercutiu muito negativamente. De fato, o MUE atuou desde o seu princípio atacando justamente este setor do movimento espírita. Alguns tópicos interligados podem tematizar esse embate, como: oposição política/religião, pureza doutrinária e movimento paralelo, conflito geracional, conservadorismo e progressismo, religiosismo e igrejismo e caráter científico e filosófico do Espiritismo.

Fiquemos então atentos a estes tópicos no decorrer da apreciação dos principais enfrentamentos do MUE. Comecemos com a situação vivida no Centro Espírita Allan Kardec de Campinas, a partir da qual poderemos em seguida analisar alguns depoimentos atuais de lideranças espíritas que se opuseram ao MUE com a compreensão de que este representava uma invasão (ilegítima) da política no campo da religião espírita.

O Centro Espírita Allan Kardec proibira debates relativos aos problemas sociais, "vetando para a constituição da nova diretoria da MEAK todos os nomes apresentados, por insistirem todos em participar da CENSUL-Esquema Novo" (circular da CENSUL – Restabelecendo a verdade, São Caetano do Sul, 15/3/1969, p. 4). Após esta expulsão tácita da diretoria da MEAK no período dos preparativos para a CENSUL-Esquema Novo (final de 1968 e início de 1969), os membros do MUE articularam uma nova MEAK, sediada em Campinas mas fora do Centro Espírita Allan Kardec.

Este momento de ruptura com o Centro Espírita Allan Kardec figura com destaque na memória dos ex-integrantes do MUE de Campinas. Pedro Francisco, por exemplo, relata o seguinte:

> Eu me recordo que nós chegamos um dia e nós tivemos a informação de que a mocidade (porque tinha um estatuto, a mocidade ficava subordinada à direção), que a diretoria do centro havia se reunido e definiu que a mocidade não seria conduzida mais daquela forma, tinha mudado seus estatutos e seria conduzida de outra forma e que teria outras pessoas a conduzir, outros jovens a conduzir a mocidade, porque aquela diretoria da mocidade estava destituída. Então isso foi um "chega pra lá" pra nós. (Depoimento oral concedido dia 7/4/2010).

Já Adalberto Paranhos situa o momento como uma ruptura entre o período em que era apoiado pelo Centro Espírita Allan Kardec, conduzindo sob elogios a Mocidade Espírita Allan Kardec, e a fase seguinte, com a sua adesão ao MUE:

> O meu relacionamento pessoal sempre foi excelente, era considerado um rapaz promissor, desde os meus dez anos atuando, atuando, participando das aulas de moral cristã, aqui em Campinas, antes disso em Lins, recebi todo apoio quando me candidatei à presidência da Mocidade Espírita Allan Kardec, a nossa gestão foi considerada muito dinâmica, empreendedora, mil e uma atividades. Claro que sempre se corre o risco de, mesmo inconscientemente, supervalorizar certas dimensões que tem mais a ver com a nossa experiência de vida. Mas 67 teve um diferencial nesse sentido nas atividades da Mocidade Espírita Allan Kardec. Tanto que daí eu fui pra presidência da concentração de mocidades do centro-sul do Estado de São Paulo. Então, era ótimo. Quando começamos a dançar conforme outras músicas, aí a distância começou a se cavar e nos tornamos num certo sentido *personas non gratas*; apesar da minha mãe, minhas tias, serem frequentadoras do centro, muito conhecidas lá, e continuarem a frequentar o Centro Espírita Allan Kardec. Mas azedou de vez a relação porque o que discutíamos era considerado inoportuno, pra dizer o mínimo. (Depoimento oral concedido dia 29/8/2010).

A discussão das questões sociais com a exigência de tomada de posição política por parte dos espíritas, aliada ainda à reivindicação de democratização das instituições espíritas, com aumento de poder de participação do jovem, geraram dificuldades de convívio no interior do Centro Espírita Allan Kardec. Segundo Pedro Francisco, "com exceção do Sr. Gustavo [Marcondes, presidente do centro], os outros que estavam na direção não abriam mão, não concordavam com as nossas, com a posição do MUE".¹⁰ Logo no início das atividades do MUE o Sr. Gustavo veio a falecer (em 26 de agosto de 1968 (LEX, 1996, p. 63)), "aí [...] assumiram outras pessoas e eu me lembro que uma que ainda está lá até hoje foi a Therezinha. Nós tivemos diálogos fortes com ela" (depoimento oral concedido dia 7/4/2010).

De fato, no Centro Espírita Allan Kardec despontava como importante liderança Therezinha Oliveira, oradora e escritora espírita que por muitos anos manteve-se dirigente da instituição. Ela e Armando Oliveira Lima não demoraram a entrar em conflito. Sobre Therezinha, Armando conta o seguinte:

> a Therezinha de Oliveira era uma adversária nossa assim ferrenha. Mas ferrenha. Mas a gente se suportava. [...] Em Bauru nós ganhamos um concurso. Eu de orador, e ela de palestrante. Quer dizer, eu de orador porque eu era veemente, e ela porque era maneira. Ela falava bem, inclusive, eu não posso negar que era uma mulher inteligente. [...] Ela tinha uma força suprema no Centro. Era Deus e ela, no Centro Espírita Allan Kardec. (Depoimento oral concedido dia 9/7/2009).

No relato de Therezinha,¹¹ Armando Oliveira é o único membro do MUE nominalmente citado, como que a personificar o MUE e a representar a infiltração marxista:

> O Armando de Oliveira Lima, que era lá de Sorocaba, mas tinha ramificação com o pessoal aqui, anunciaram uma palestra dele no jornal da cidade. Uma palestra dele que eu não me recordo o tema, mas seria mais ou menos assim: "Marxismo e Espiritismo". Quando eles anunciaram isso eu fiquei muito preocupada. Eu telefonei pra companheiros de São Paulo. Falei com companheiros, senhores que podiam entender do assunto, dialogar, argumentar. Houve alguém de São Paulo que disse "ah Therezinha, você está muito preocupada, não é nada". Mas era sim. Era porque naquela noite da palestra eu cheguei mais cedo, não tinha quase ninguém aqui no salão e havia um senhor de branco, alto, claro, andando devagarzinho pra lá e pra cá, provavelmente alguém do DOPS, pra observar, tinha sido anunciado no jornal. [...] Então quando eu observei aquilo eu fiquei preocupada, porque

---

10   Walter Sanches, que atuou no MEAK e no MUE de Campinas, conta que "quando o seu Gustavo morreu que a coisa apareceu. O seu Gustavo era muito mente aberta, era um [...] Gustavo Marcondes era espetacular. Ele estava ali todos os dias, ele dava toda força pra gente, ele conversava muito com a gente, com todos da mocidade. Então era bacana. Na hora em que ele faleceu, veio aquelas ideias: "é assim!" [sinal de imposição], entende, bem militares (depoimento oral concedido dia 16/11/2011).

11   Ao final desse livro o leitor encontra como anexo o depoimento integral de Therezinha Oliveira. Esse anexo foi pré-condição para a cessão de direitos do uso da sua entrevista.

levava a Casa de roldão, levava o movimento espírita de roldão. [...] Quando eu vi aquele senhor que certamente seria do DOPS porque não era conhecido aqui, felizmente vieram uns senhores do movimento espírita que tinham gabarito, tinham nome, capacidade, e ficaram na primeira fileira. Aí abriu-se a reunião e o Armando Oliveira Lima tomou a palavra mas ele não conseguiu falar, ele falou uma meia hora, se tanto, tomou cinco, seis copos d'água. Ele estava visivelmente contrafeito, preocupado, não estava bem, ele não conseguiu falar nada. O que ele falou não atrapalhou nada, ficou vago, mas não ficou uma pregação como eles costumavam fazer. [...] Eu acredito que foi a presença daqueles senhores que intimidou, por dizer "aqui tem gente de gabarito pra te responder a altura para aquilo que você vai falar". Porque no meio dos jovenzinhos ele tinha mais idade, ele predominava, mas e diante de pessoas com conhecimento de doutrina e de socialismo. Aí eu queria ver, né. Então realmente não aconteceu nada. A Casa não foi levada junto. (Depoimento oral concedido dia 6/7/2009).

Adalberto Paranhos menciona que Armando Oliveira "era frequentemente o mais acusado de ser o *enfant terrible*" (epíteto do qual muito se orgulhava), aquele "que teria desvirtuado os jovens", evidenciando uma "concepção de natureza elitista, autoritária" da parte dos que viam com maus olhos a sua atuação militante, "como se todos nós, como se vários de nós não tivéssemos capacidade para pensar pela própria cabeça" (depoimento oral concedido dia 29/8/2010). Tentou-se aconselhar os jovens que estavam sendo "desviados" do "caminho espírita": "esse pessoal do Centro Espírita Allan Kardec tentou nos aconselhar como um pai prudente busca orientar o filho, aquela ovelha que foge do aprisco do senhor, não, essas tentativas houve" (depoimento oral concedido por Adalberto Paranhos dia 29/8/2010). Pedro Francisco conta que o "Centro Espírita Allan Kardec pediu que o Ângelo [Domingues, à época uma liderança espírita de Pinhal,] viesse debater e explicar pra gente que o caminho não era aquele. Falou 'não, os jovens estão certos'". Ângelo Domingues concordava com a bandeira do socialismo cristão. Já Therezinha Oliveira relata ter chamado Zalmino Zimmermann, na tentativa de convencer a juventude espírita a abandonar o seu intento político: "Tentáramos conversas. Dr. Zalmino conversou com o grupo, Dr. Zalmino tinha mais preparo" (depoimento oral concedido dia 6/7/2009).[12] Ela explica que os apelos para que abandonassem seus objetivos político-partidários não surtiam efeito:

---

12 Walter Sanches conta que Zalmino Zimmermann era uma palestrante frequente do Centro Espírita Allan Kardec. Walter, que teve Zalmino como professor na PUC-Campinas, relata

não adiantava, por mais que todo mundo conversasse, eles eram assim fugidios, eu diria mentirosos, falsos, enganosos, não eram um pessoal espírita que olha assim de olho no olho e conversa, fala tudo o que é e o que não é. Não era assim. era uma conduta esquisita, diferente, não estávamos acostumados a isso. (Depoimento oral concedido dia 6/7/2009).

O MUE, por sua vez, insiste na estratégia de provocar com "discursos bombásticos". Armando Oliveira se orgulhava de ser "um ponto forçado de reflexão do pessoal":

> Eu pessoalmente adorava ser rejeitado, quando eu chegava lá nos lugares. Entendeu. Eu era rejeitado por pessoas, [...] não porque eu fosse um chato, mas porque eu era um "chato" (risos). Por aquilo que eu falava, nas posições que eu assumia. Eu me honrava muito. Eu me lembro da Therezinha, a Therezinha se arrepiava quando me via [...]. E eu entrava todo [...] com uma força, de confiança naquilo que fazia, entendeu, de fé naquilo que fazia. Se julgando, não envaidecido, isso não, mas julgando numa posição absolutamente importante naquele momento. De ser um ponto forçado de reflexão do pessoal. [...] "Já vem aquele chato aporrinhar nós aqui, pô, por causa disso, disso, disso, disso, disso". Eu acabava forçando os caras a pensar um pouco só com a minha presença. Mesmo sem falar! (depoimento oral concedido dia 9/7/2009)

Mas do que se tratava exatamente a discordância entre o MUE e Therezinha Oliveira? Infiltração socialista, infiltração marxista, partidarismo no centro espírita? Parece-nos que a *politização da religião com ideologia de esquerda* é o principal mote de todo o conflito gerado pela atuação dos jovens universitários espíritas.

Therezinha Oliveira, reclamando da infiltração socialista que se dera na Mocidade Espírita Allan Kardec, assim afirma:

> Nós não somos político-partidários. O Espiritismo não entra em parte político-partidária. Nós fazemos como Jesus. Eles acusavam a gente de não tomarmos atitude. E nós dizíamos "olha, Jesus podia tanta coisa, Jesus veio e falou às almas, para cada pessoa entender-se, melhorar-se, ser fraterno, trabalhar, defender sim o que achasse justo mas não guerrear. Jesus não foi um guerreiro, não pleiteou guerra pra ninguém". (Depoimento oral concedido dia 6/7/2009).

---

que tinha uma "ojeriza" pelo Zalmino, pois era "o reaça em pessoa" (depoimento oral concedido dia 16/11/2011).

A política, com o seu partidarismo (não apenas eleitoral, mas genérico, como tomada de posição num gradiente ideológico), é também associada à guerra. Jesus, tomado como modelo para os espíritas, não teria guerreado e sim proposto apenas a reforma íntima, falando "às almas, para cada pessoa entender-se, melhorar-se". Lembremos das tríades reforma-paz-educação vs revolução-violência-política, que informam boa parte do pensamento espírita acerca das questões sociais. Às quais podemos acrescentar *reforma íntima-paz-religião* contra *reforma social-guerra-política*. Assim, Therezinha Oliveira insiste em esclarecer o verdadeiro caráter da ação de Jesus:

> Jesus não foi um revolucionário. Claro que muitas pessoas da época achavam que ele falava diferente da lei. Ele dizia "não vim revogar a lei, eu vim dar cumprimento". É que o pessoal tinha deturpado, entendido mal, e ele procurava pôr a informação correta. Poderia parecer a eles que ele era um revolucionário, porque ele feria algumas estruturas do mundo dele. Ele feria estruturas, interesses. E ele vinha com aquela verdade pura e limpa. Não é o caso de pessoas que estão servindo a uma ideia política, partidária. Não é o caso. Jesus tinha a verdade, só a verdade e o amor. Ele não queria ser dono de nada, ele queria apenas que as pessoas se tornassem melhores. Fossem mais fraternas, fossem mais corretas, fossem mais honestas. Ele trabalha na alma e não nos governos, nas estruturas políticas. (Depoimento oral concedido dia 6/7/2009).

Quando perguntada sobre o que significava o pensamento de esquerda para os espíritas, Therezinha respondeu:

> Nós não tínhamos interesse como sociedade, como casa espírita, em abordar assuntos políticos, partidários, sistemas de governo, não é a função da Doutrina Espírita. O espírito particularmente ele é livre para entrar num partido, ter sua opinião, batalhar pelo que acha direito, não tem problema nenhum. O que não pode é trazer para dentro da casa espírita. (Depoimento oral concedido dia 6/7/2009).

A casa espírita, isto é, o espaço institucional do Espiritismo, e a própria Doutrina Espírita, são interditadas a assuntos políticos, partidários, sistemas de governo (interdição, aliás, que remonta à Kardec, com a Sociedade Parisiense de Estudos Espíritas). Note-se que a interdição não se restringe apenas às infiltrações político-partidárias *stricto sensu*, isto é, a atuação de partidos políticos nos centros espíritas, utilizando-os como palanques para a sua propaganda e a de seus candidatos. Não se admite a política, *lato sensu*. Assim, o MUE, querendo criticar o capitalismo e a ditadura, jamais poderia ser aceito.

O posicionamento político é visto como uma atitude particular que assume um caráter divisionista quando pretende adentrar o foro público, sendo por isso perigosa para o movimento espírita:

> A pessoa particularmente é livre. A pessoa é livre por exemplo, que está dentro da casa espírita, ela pode até ter alguma discordância em algum ponto doutrinário. Tudo bem, numa conversa, num encontro de companheiros preparados, ela pode até dizer "esse ponto ta, ta, ti". Ela tem liberdade. O que não pode é fazer pregação. Porque uma pregação para um povo despreparado faz divisão de opiniões. Nós não temos esse interesse. Nós queremos passar as bases doutrinárias para o público geral. Nós não vamos querer usar o público geral pra fazer o nosso grupo. Isso é errado. Isso é errado. (Depoimento oral concedido dia 6/7/2009).

Em referência aos propósitos de Armando Oliveira e do MUE, completa Therezinha:

> ele queria que o movimento espírita servisse ao entendimento político deles. Queria usar a Casa Espírita e levar por esse caminho. E não pode. Não pode. Os governos passam, podem se modificar, mas a ideia espírita ela diz respeito a quem somos, de onde viemos, porque estamos aqui, para onde iremos depois. E daí vem a conduta moral que é toda do Evangelho. (Depoimento oral concedido dia 6/7/2009).

Não é difícil notar os termos em oposição: o eterno, concernente à verdade revelada da religião, não pode ser misturado ao transitório, aos governos, ao entendimento político de cada um e de cada época. A "ideia espírita" nada tem que ver com o efêmero e sim com o conhecimento do que é imutável, das questões transcendentes e das leis morais.

Apolo Oliva Filho, à época do MUE secretário geral da USE, corrobora a afirmação generalizada dos opositores do movimento universitário, entendendo que este tinha caráter político-partidário: "Era considerado um movimento hostil de finalidade política partidária e não de finalidade religiosa e por isso a USE não apoiava sua atuação" (depoimento recebido por e-mail dia 3/5/2010). Religião e política estão em clara oposição: "As entidades religiosas e centros espíritas não aceitavam que houvesse fins políticos nos seus movimentos e atividades" (depoimento recebido por e-mail dia 3/5/2010).[13]

---

13 Questionado acerca das suas posições políticas, Apolo Oliva Filho responde que "pessoalmente não tinha nenhuma atividade política na época e até hoje não a tenho. A turma do MUE nos considerava da direita. Mas essa não era a realidade". Particularmente, demonstra

Por sua vez, os ex-integrantes do MUE são unânimes em recusar a pecha de constituírem um movimento político-partidário. Adalberto Paranhos diz, muito diretamente, que era

> papo furado [...]. Com todas as letras, é uma acusação infundada, mentirosa, caluniosa, destituída de fundamentos, tem a ver com as invencionices que brotavam de muitas cabeças conservadoras. Nós não tínhamos na época nenhuma vinculação político-partidária. Nós assumíamos posições políticas. Nunca se discutiu, em nome do MUE, por exemplo, em quem votar, que candidato apoiar. Bom, na época havia simplesmente a ARENA e MDB. MDB, partido da oposição consentida. Desnecessário dizer que todos nós, sendo contra a ditadura militar, votávamos no MDB. Mas isso nunca foi objeto de discussão. Jamais levamos políticos, candidatos, pra dentro de concentrações, pras sedes das nossas entidades. Nenhum de nós, pelo que me lembro, tinha vinculação política, *stricto sensu*. [...] Então, essa acusação é no mínimo leviana, quando não mentirosa, mal intencionada. (Depoimento oral concedido dia 29/8/2010).

Conforme Armando Oliveira Lima, de fato sequer foram filiados a alguma agremiação político-partidária: "Nenhum partido. Partido político? Nenhum, nenhum. Eu não soube de ninguém que tenha sido filiado" (depoimento oral concedido dia 9/7/2009). Enfim, discutiam política, faziam política, mas sem a intenção de buscar votos para este ou aquele candidato político nas instituições espíritas.

Tentando esclarecer a questão da acusação de partidarismo, de que o MUE se constituiria num movimento político-partidário, numa época em que só haviam dois partidos reconhecidos legalmente, ARENA e MDB, obtivemos a seguinte resposta de Therezinha Oliveira: "Não precisa ser reconhecido legalmente. É atividade político-partidária, embora não reconhecida, não legal" (depoimento oral concedido dia 9/11/2011). Questionando então se o caráter político-partidário significa simplesmente filiação a um programa político específico, Therezinha concordou. Para ela, então, os integrantes do MUE "estavam com propósitos, eles tinham os propósitos deles. Não

---

ter uma visão fortemente negativa do MUE, entendendo-o como uma espécie de "corpo estranho" ao movimento espírita, uma infiltração política: "O MUE era uma entidade autônoma com estatuto próprio que buscava aliciar os filhos de alguns dirigentes do movimento espírita de São Paulo em especial da FEESP". Particularmente, "por ser secretário geral da USE, o MUE mereceu nossa atenção e representação na USE. Não gostava do MUE e nunca participei de suas reuniões. A USE nunca aceitou o MUE, tendo sido criticada por alguns grupos espíritas, devido a essa posição" (depoimento recebido por e-mail dia 3/5/2010).

eram mais espíritas, eram socialistas, partidários, eles tinham partido, político" (depoimento oral concedido dia 9/11/2011). Esposar o programa político do socialismo no interior do movimento espírita já seria então, desse ponto de vista, uma partidarização. Com isso, parece que quando o MUE é acusado de ser político-partidário, na realidade quer-se dizer que assumir *um lado* no espectro ideológico da política já é "tomar partido", constituindo assim uma partidarização ilegítima no interior do movimento espírita. Enfim, partido, partidarização, é uma ideia tomada em sentido amplo, não restrito às siglas eleitorais disponíveis.

Sobre o apoio a espíritas na política profissional, Adalberto ainda comenta longamente:

> Eu me lembro que cheguei inclusive, eu cheguei uma vez a conversar com o Freitas Nobre no escritório dele, em São Paulo. O Freitas Nobre, se bem me lembro, era assinante d'*A Fagulha*. Um político de oposição, mas para os nossos padrões inclusive muito tímido, o que também acontecia com Cid Franco. Eram assim, socialistas... mas socialista em termos muito vagos. [...] No movimento espírita havia até uma certa tendência por vezes em votar em candidato espírita. Ah! Um dado significativo, tendo em vista o que você acabou de perguntar: o que acontecia é que muitas vezes, no movimento espírita mais amplo, aí sim, certos candidatos tinham espaço, indiretamente se incensavam determinadas candidaturas. [...] Quem muitas vezes oferecia campo para a propaganda política eram outros. E nós, inclusive na prática, veja, na prática isso não era objeto de discussão, nunca houve nenhuma deliberação em quem votar, o que fazer. Na prática, nós não elegíamos como critério de definição político-partidária, em favor desse ou daquele candidato, o fato de ser espírita ou não. Já não se pode dizer o mesmo de muitos dirigentes, altos dirigentes do movimento espírita. Veja, essa política de dupla face: nós éramos acusados de querer partidarizar o movimento espírita; veja, estou dizendo, eu nem, pra dizer a verdade, não é algo que eu espontaneamente diria. *A acusação fundamental era essa: nós estávamos trazendo a política para o movimento espírita. Alguns entendiam até que poderíamos estar querendo incorporar elementos comunistas ao Espiritismo e que isso poderia atrair sobre o movimento espírita a ação da repressão. Essa era a questão fundamental e não a partidarização.* Pra mim, se se comentava isso, não era relevante. De toda maneira, um dado significativo é que quem na prática acabava abrindo espaços para políticos, pessoas ligadas à política-partidária eram eles, ou alguns deles, e não nós. Isso nunca esteve presente. Nós da liderança de esquerda tendíamos a votar em candidatos de esquerda mesmo e em termos geral não reconhecíamos em nenhuma das candidaturas espíritas aquilo que poderia representar um combate mais efetivo a ditadura militar. Embora a gente também tivesse algum

tipo de relação com o Freitas Nobre. Sim, mas não a ponto de fazer campanha pra ele ou coisa que o valha. Veja que esse tipo de prática conservadora é muito comum hoje em dia nas confissões evangélicas, não é. Justamente aqueles que fazem a crítica à política de uma forma mais geral. São as contradições nas quais incorrem as pessoas. (Depoimento oral concedido dia 29/8/2010; grifos nossos)

Sublinhemos portanto o esclarecimento de Adalberto Paranhos: a acusação fundamental ao MUE era a de que estavam "trazendo a política para o movimento espírita" (e assumindo uma posição, tomando um "partido", na expressão de Therezinha Oliveira), com o risco adicional, para alguns, de atrair a repressão sobre os espíritas em razão da incorporação de elementos comunistas ao Espiritismo. Adalberto resume a situação posta, destacando os dois aspectos principais que levaram ao rechaço ao MUE – a *separação entre Espiritismo e política* e a *oposição ideológica à esquerda*:

> Então, havia um muro de Berlim, que se erguia entre Espiritismo e política. Quando nós começamos a por abaixo esse muro, atuando do lado esquerdo, isso gerou tantos incômodos, insatisfações. Era a rigor uma questão não posta pra eles até porque eram dois mundos que a rigor não tinham porque se comunicar. (Depoimento oral concedido dia 29/8/2010).

Já Pedro Francisco Abreu apresenta o mesmo panorama desenhado por Adalberto. A partidarização (no sentido eleitoral) não era, ao que parece, uma ameaça significativa no olhar dos opositores do MUE. O que temiam era a invasão da política, a infiltração de ideias comunistas e o risco potencial de atrair a repressão da Ditadura sobre as instituições espíritas. Comentando o episódio da expulsão do pessoal do MUE de Campinas da Mocidade Espírita Allan Kardec do Centro Espírita Allan Kardec, Pedro afirma que "o pessoal não queria mais a gente discutindo as questões sociais no Centro" e, mais adiante, explica que "para muitos dos mais idosos do movimento espírita, nós éramos comunistas. Misturando as coisas" (depoimento oral concedido dia 7/4/2010). Edson Raszl relata que nos centros espíritas "propagava-se que os componentes do MUE eram um 'bando de comunistas que pretendiam tomar a direção da USE' e que eles pregavam a violência, fazendo eco aos movimentos de inspiração marxista. E o pior é que esses conceitos eram divulgados principalmente por muitos diretores da própria USE [...]" (depoimento recebido por e-mail dia 27/8/2011).

Quando o MUE tentava dialogar, defendendo-se da acusação de que eram comunistas, o pessoal não cedia, ou talvez tivesse receio das complicações, porque os mais velhos estavam em postos no movimento espírita que eram continuamente [...] todos os movimentos que discutissem ideias sociais eram monitorados pela vigilância da época, os órgãos de [repressão]. (Depoimento oral concedido por Pedro Francisco Abreu dia 7/4/2010).

Valter Scarpin, uma das lideranças do MUE de São Paulo, afirma que

> Nós tivemos várias reuniões com eles. Tivemos várias reuniões em que expusemos nosso ponto de vista e eles o deles, não é. Mas era um diálogo de surdos. Quer dizer, a pessoa entrava na discussão com uma posição e saía dela com a mesma. Não havia possibilidade de diálogo. [...] Batia num muro fechado, né. (Depoimento oral concedido dia 28/10/2011).

Pedro Francisco conta o episódio de um debate decisivo na USE em que procuraram esclarecer as posições do MUE. A ocasião foi de enorme relevância para o movimento dos jovens – a demarcação de suas posições e o seu próprio destino estavam em jogo:

> Chegamos a debater inclusive numa reunião com a USE. Numa reunião específica, para mostrar que não éramos quem estavam pensando, que não queríamos revogar as obras kardequianas ou inserir conceitos novos nas obras de Kardec, mas sim aplicá-los à luz da experiência. Esse era o esforço nosso. (Depoimento oral concedido dia 7/4/2010).

Não obstante a argumentação dos integrantes do MUE, a oposição insistia "que esse negócio não dava certo porque poderia conduzir a gente ou levar o movimento a ser barrado perante a legislação vigente" (depoimento oral concedido por Pedro Francisco dia 7/4/2010).[14] Na opinião de Djalma Caselato, "quando nós fomos pra reunião foi uma maneira assim de oficializar aquilo que eles já tinham decidido" (depoimento oral concedido dia 28/10/2011). A partir dessa reunião com a USE o MUE não poderia mais falar em nome da instituição federativa e os centros espíritas ficavam orientados a não lhe abrir as portas, isto é: estava ofi-

---

14 Esta ameaça de intervenção policial é referenciada também por Edson Raszl: "Lembro-me também de uma reunião solicitada pela USE-SP com a direção do MUE de São Paulo, do qual eu participava, na qual um diretor da USE – o vice-presidente – manifestou sua preocupação pois tinham a informação da possibilidade de uma intervenção no movimento espírita de São Paulo pela polícia por causa do MUE [...] Suponho que tais idéias vinham de um dos diretores da USE que era da polícia [...]" (depoimento recebido por e-mail dia 27/8/2011).

cialmente fora do movimento espírita paulista institucionalizado.[15] Era o começo do fim.

Além de o MUE sofrer com o processo de exclusão promovido pelas instituições espíritas, alguns de seus principais líderes, absorvidos pelas atividades que visavam politizar o movimento espírita, chegam a ser investigados por organismos da repressão da ditadura militar. Adalberto Paranhos destaca que

> naquele período, da minha fase de militância caracterizadamente espírita, nós levávamos isso muito a sério, e embora, repito, eu tivesse participação em manifestações contra a ditadura, o que consumia acima de tudo o nosso tempo e energia era o movimento espírita.[16] (depoimento oral concedido dia 29/8/2010).

Assim, contextualizando com o fato de que tinha alguma atividade política mais geral, Adalberto frisa jamais ter sido "molestado, perturbado por organismos da polícia política do regime militar em função das minhas posições políticas". No entanto, as suas posições políticas no interior do movimento espírita motivaram denúncias que finalmente o levaram a se encontrar diante de um agente da repressão militar.

> Pois bem, no começo, aí... primeira metade dos 70, eu cheguei a receber na minha casa aqui na Francisco Glicério a visita de um agente do [...] Serviço de Informações da Aeronáutica que queria me entrevistar devido a minha militância no movimento espírita, porque recebera a acusação, uma denúncia de que havia

---

15 Herculano Pires, enxergando falta de preparo, de formação espírita, a ambos os lados – MUE e USE – afirma não ficar nem do lado de um nem do outro: "Não pensem os leitores que estou de um lado ou de outro. Nem com o MUE, nem com a USE. Acho que dos dois lados faltou uma coisa muito importante que se chama Formação Espírita" (*Educação Espírita, Revista de Educação e Pedagogia*, nº 5, jul.-dez. 1973, p. 59). Mais à frente, quando tratarmos especificamente do fim do MUE e de sua herança, voltaremos às reflexões de Herculano a respeito.

16 Adalberto Paranhos esclarece como era a sua vivência política à época do MUE: "Veja, aqui na Faculdade de Direito eu fui eleito pelo centro acadêmico que já era expressão de oposição a linha do diretório acadêmico, numa época em que os centros acadêmicos foram colocados na ilegalidade. Mas como a votação era não por chapa e sim por nome, o presidente era um cara de direita, que depois veio a ser diretor da Faculdade de Direito. Eu, vice-presidente, considerado de esquerda. Então, veja, isso pra reforçar o fato de que tinha algum tipo de envolvimento político mais geral. Mas nunca me passou pela cabeça partir para a luta armada, ou coisa que o valha, eu não estava nessa. Eu era acima de tudo alguém que militava no movimento espírita e secundariamente assumia também posições políticas mais gerais, fora do âmbito espírita" (depoimento oral concedido dia 29/8/2010).

comunistas infiltrados no movimento espírita, e todo discurso dele batia na tecla de que no fundo queria nos proteger da influência dessas forças deletérias que poderiam pôr a perder o movimento de jovens etc. e tal. Eu me lembro que à época inclusive retirei da minha biblioteca, pelo menos da primeira fila da biblioteca, os livros de ciências sociais e outros mais, botei mais ao fundo e deixei à vista aqueles que tinham a ver mais diretamente com Espiritismo. Eu fui interrogado no meu quarto, que era também meu local de trabalho, aqui na Glicério meia, três, um. (Depoimento oral concedido dia 29/8/2010).

Questionado se esperava que esse tipo de coisa pudesse acontecer, Adalberto afirma que "não... digamos, não e sim. Mais não do que sim. Porque essas informações circulavam, dando conta de que nós poderíamos vir a ser contatados... 'contatados', ficar na alça de mira da repressão, porque nos apontavam como forças da subversão" (depoimento oral concedido dia 29/8/2010). Mas quem estaria por trás desta denuncia de "infiltração comunista" no movimento espírita? Apesar de não podermos responder com exatidão a esta pergunta, conforme o depoimento de Adalberto Paranhos teriam sido espíritas[17] a denunciá-lo como subversivo:

> Agora, um detalhe muito revelador é o de que surgiram denúncias variadas, segundo consta, contra nós, formuladas por quem? Por espíritas. Como é que isso chegou ao meu conhecimento? Eu havia feito Direito, tinha muitos amigos, colegas, que trabalhavam e/ou viriam a trabalhar depois nos anos 70 no âmbito policial. [...] Um colega de turma mais velho que eu, [...] investigador de polícia, que uma vez viu uma denúncia contra mim, falou "pô, eu conheço muito bem o Adalberto..." jogou fora... Pintaram outras coisas envolvendo o MUE e aí sempre se fazia essa associação comigo, não é. Então veja: os confrades, como se dizia na época, acho que se diz ainda hoje, no movimento espírita, todos muito cristãos e etc., estavam aí a denunciar outros companheiros espíritas. E no meu caso em particular, quem vasculhasse minimamente a minha vida, saberia que toda minha formação, à época cristã, se deu a partir das escolinhas de base do Espiritismo etc. Jamais poderia ser visto como alguém que caiu de pára-quedas no movimento espírita. Mas essas denúncias existiram. E, de concreto, aí esse dado. Foi a única vez em que eu fui instado a dar

---

17   Obtivemos também uma informação que, se fosse confirmada, seria de alta relevância para o problema levantado. Conta-nos Eugenio Lara, pesquisador do Espiritismo, que o "Abel Glaser presidiu o DM [Departamento de Mocidades] da USE por muitos anos e foi funcionário do DOPS ou DEOPS, não sei bem o nome. Nos anos 1980 duas pessoas me confirmaram essa informação: Cláudio Antonio di Mauro, que foi prefeito de Rio Claro-SP e o Marcos Miguel da Silva, que foi presidente do DM assim que o tal de Glaser se afastou".

explicações a respeito do que fazia perante um representante de um organismo da polícia política. (Depoimento oral concedido dia 29/8/2010).

O fato, já bastante grave, de uma denúncia contra um dos líderes do MUE partindo de "confrades espíritas", não era, entretanto, inédito. Mesmo antes da decisiva reunião com a USE – na qual o MUE fora expulso da federativa – os "jovens agitadores" foram sondados pelo exército. Conforme nos relata Pedro Francisco, este fato não lhes causou preocupação quanto à possibilidade de algum perigo para eles ou para as instituições espíritas, já que "o MUE aqui em Campinas, nós fomos acompanhados de perto pelo pessoal do exército" e nada mais grave sucedeu:

> Eu me lembro de uma reunião na casa do... era sede do MUE na época, na casa do Armando. Nossa, baixou, baixaram lá o time todo do exército. Eu os conhecia porque tinha saído do exército naquele período, né. Eu conhecia todos. "Oi fulano de tal". Demos *Fagulha*, demos nossas publicações. "Pô, mas o que vocês têm falado parece que é contra". "Não é nada, não é nada disso". Então nós não tínhamos esse receio, não tínhamos. (Depoimento oral concedido dia 7/4/2010).

Pedro esclarece que os seus conhecidos ex-colegas do exército de Campinas "foram lá pra ver o que nós estávamos debatendo. Participaram da reunião e levaram o material para ler" e, ainda assim, isso não lhes rendeu qualquer complicação (depoimento oral concedido dia 7/4/2010).

Walter Sanches, que atuara no MUE de Campinas, conta outro episódio ainda, em que a polícia federal teria ido atrás dos jovens universitários a fim de sondá-los quanto às suas supostas atividades subversivas. Os policiais, investigando a denúncia que teriam recebido de espíritas, conversaram com um padre de uma igreja próxima à residência de Armando Oliveira na qual o MUE de Campinas se reunia. O padre, que era amigo de Armando, defendera os jovens, dizendo "não, eu conheço esse pessoal", afirmando que eles eram estudiosos, não eram subversivos. Depois contou ao pessoal do MUE a respeito da sondagem policial, alertando-os para se cuidarem, pois os policiais disseram que haviam sido informados por espíritas sobre a atividade subversiva do MUE (depoimento oral concedido dia 16/11/2011).

Os representantes das instituições espíritas, principalmente os mais avessos ao MUE, insistiam no perigo que representava para o movimento espírita a atividade dos jovens universitários. Adalberto Paranhos conta que

> na época, o que se falava, por exemplo o presidente da USE, e outros mais, viviam dizendo a três por quatro, o Abel Glaser, entre outros, que, pô, "o governo poderia

decretar uma intervenção no movimento espírita. Os dirigentes da Federação Espírita, da USE, poderiam vir a ser presos". Então se propagou também uma série de boatos, uma espécie de bombardeio informativo de caráter meio aterrorizante, meio não, de caráter aterrorizante, dizendo "olha, se nós não contivermos essa meninada não sabemos o que poderá acontecer conosco, pais de família, pessoas respeitáveis etc. e tal". (Depoimento oral concedido dia 29/8/2010).

Na avaliação de Adalberto, um tanto distinta daquela feita por Pedro Francisco, o alarde era improcedente, sendo, no entanto, funcional para justificar a própria perseguição ao MUE no interior do movimento espírita brasileiro:

> O que se propagava, grosso modo, estabelecendo mais uma comparação que deve ser vista com as devidas proporções, o que se propagava no pré-64, "olha o comunismo está aí em vias de ser implantado, uma república sindicalista", e não havia nenhum fundamento pra esse tipo de coisa, por mais que a agitação estivesse, a agitação popular estivesse em ascenso, uma certa politização da sociedade brasileira, acabava sendo transposto numa dimensão sensivelmente menor para o nosso meio. Até parece que a repressão está preocupada fundamentalmente com o que acontece com o movimento espírita, numa época em que se vivia sob a espada do AI-5 e depois em meio ao privilegiamento do combate a luta armada, que fundamentou uma prática política terrorista de Estado. Nós dizíamos, "pô, vamos nos mirar no espelho e reconhecer a nossa pequenez. Não é o movimento espírita que está na ordem do dia das preocupações da ditadura militar. Olha, estão vendo fantasmas, ou maus espíritos, a rondar o movimento". E tínhamos toda a razão, jamais aconteceu nada de mais significativo, no sentido de cercear a liberdade de ação do Espiritismo oficial ou de representar uma ameaça a integridade física dos dirigentes do movimento espírita. Agora evidentemente isso servia também, isso servia de álibi para moverem uma perseguição sem tréguas ao nosso movimento, que culminou com a nossa expulsão. (Depoimento oral concedido dia 29/8/2010).

A tese de Adalberto é bastante plausível.[18] A repressão violenta estava voltada para os grupos de esquerda mais radicalizados e a censura não colocaria em risco

---

18 Valter Scarpin, do MUE de São Paulo, também entende que não havia risco real de intervenção do governo sobre as instituições espíritas em razão das atividades do MUE: "Porque se a repressão decidisse atuar, ela iria atuar em cima de nós. Ela não iria fechar instituições, não faz o menor sentido. É totalmente inconcebível isso. Se eles decidissem agir – porque essa possibilidade tem que ser considerada, não é – iriam agir contra as pessoas, deter pra interrogatório, coisas do gênero, não é. Mas se voltar contra as instituições, eu não acredito" (depoimento oral concedido dia 28/10/2011).

a existência das instituições religiosas, apesar de poder cercear-lhes a liberdade de expressão. Lembremos que o MUE não criticava diretamente o governo brasileiro e que a sua proposta revolucionária dirigia-se primeiramente ao próprio movimento espírita para que este pudesse servir a uma perspectiva revolucionária mais ampla.[19]

Parece razoável supor que o MUE também era considerado um grupo "subversivo" pelos espíritas mais à direita do gradiente político-ideológico. Como comunistas subversivos da ordem brasileira os integrantes do MUE seriam uma séria ameaça não só às sociedades espíritas como à sociedade brasileira de um modo geral, estando assim ao lado de tantos outros grupos que insistiam em lutar contra o regime militar ainda que na clandestinidade. Através dos citados relatos em que representantes do aparelho repressivo do governo militar visitaram as jovens lideranças espíritas com o fim de sondá-los a respeito de suas supostas atividades subversivas *no interior do movimento espírita*, podemos inferir que espíritas descontentes com o MUE, talvez temendo uma invasão comunista no movimento espírita, denunciaram os jovens universitários aos aparelhos repressivos da ditadura.

Aliás, conforme relato de Eugenio Lara, pesquisador do Espiritismo,

> Muitos espíritas que eram comunistas sofreram perseguição nos anos 60 e foram abandonados pelo movimento espírita. Aqui na Baixada Santista conheci pelo menos três. Um deles, Miguel Khurbi, de ascendência sírio-libanesa, já desencarnado, foi preso porque não conseguiu provar que frequentava um centro espírita, presidido pelo delegado de polícia de São Vicente, Marcelo Nogueira, também desencarnado, que se recusou a lhe fornecer um documento provando que ele era frequentador e obreiro do Centro Espírita Redenção, de São Vicente, minha querida terra natal. Ele queria provar que não era marxista por ser espírita, espiritualista. Se deu mal, foi preso, torturado... (informação obtida por e-mail dia 30/8/2010).

Um episódio muitíssimo interessante ajuda na reconstrução do terreno adverso em que se movia o MUE. Especialmente, nos revela acerca da postura da FEB diante da "ameaça subversiva". Na Federação Espírita do Rio Grande do Sul (FERGS) chegara uma interpelação da União Espírita Bageense feita à FEB a respeito de uma possível "infiltração subversiva" de um Movimento Universitário Espírita. A FERGS, tratando do assunto confidencialmente,[20] afirmara o seguinte à União Espírita Bageense:

---

19 Agradeço ao prof. Marcelo Ridenti que me ajudou a esclarecer esta questão.
20 Assim justifica-se a FERGS pelo tratamento confidencial do assunto: "Dada a delicadeza do problema dentro da situação político social em que vivemos julgamos conveniente dar a todo

> Pelo que sabemos, existe, realmente, uma tendência de infiltração dos chamados "Movimentos de Esquerda", particularmente nos meios universitários, que seguem o radicalismo chinês, conhecido como "Linha Pequim", e o movimento espírita talvez venha, também, a ser explorado. Usam, tais Movimentos, de uma dialética técnicamente preparada, capaz de confundir os menos avisados. Felizmente, parece-nos, que tal ocorrência não se dará no movimento espírita organizado no Rio Grande do Sul, onde as atividades dos jovens estão sob controle direto das Sociedades Federadas. Preciso é, no entanto, que nos mantenhamos vigilantes, pois que a infiltração poderá surpreender nossas fileiras, apesar de pensarem e agirem em termos de ideais sadios, voltados para as atividades doutrinárias. (Ofício da FERGS endereçado a União Espírita Bageense, no dia 5/6/1970).

José Simões de Mattos, presidente da FERGS, afirma estar seguro de não haver, "em nossas fileiras, nenhuma atividade chamada subversiva":

> Até a presente data, pelo que sabemos, as autoridades responsáveis pela segurança em nosso País não assinalaram, em nossas fileiras, nenhuma atividade chamada subversiva, porque o movimento espírita organizado compreende, muito bem, o que é de César e o que é de Deus; não será, portanto, jovens e moços sonhadores que virão perturbar o equilíbrio de nossas atividades. (Ofício da FERGS endereçado a União Espírita Bageense, no dia 5/6/1970).

De passagem, notemos o refrão do divórcio entre política e religião – "o que é de César e o que é de Deus" – lado a lado com a aceitação (que não pode deixar de ser política) das "autoridades responsáveis pela segurança em nosso País". Segurança justamente contra "os subversivos" perturbadores do equilíbrio [...].

Numa mensagem tranquilizadora endereçada à FEB, José Simões de Mattos deixa ainda patente que os dirigentes das casas espíritas federadas "mantém controle direto sobre os jovens":

> A respeito esclarecemos ao prezado Amigo que o Movimento talvez não venha a ocorrer nas atividades espíritas neste Estado, pois que o serviço de evangelização da juventude está todo centralizado nas Casas Federadas e os seus dirigentes mantém controle direto sobre os jovens. *Por fora do Movimento Espírita organizado*, se o fato vier a ocorrer ficaremos atentos para evitar infiltração em nossas fileiras.

---

expediente a respeito a classificação de Confidencial" (Ofício da FERGS endereçado à União Espírita Bageense dia 11/8/1970).

(Ofício da FERGS endereçado a Adolfo Rodrigues do Amorim, representante junto ao CFN da FEB, no dia 11/8/1970; grifo no original).

A linguagem que, além de autoritária e paternalista, é francamente militarista, ajuda a construir uma situação de guerra: trata-se de controlar os jovens para defender o patrimônio da Doutrina Espírita frente à ameaça de "infiltração em nossas fileiras".

Por fim, a FERGS resolvera solicitar o parecer dos professores Cícero Marcos Teixeira[21] e Cecília Rocha acerca do problema em questão. Num texto sem assinatura, sem nenhuma identificação precisa,[22] afirma-se o seguinte:

> Da análise perfunctória que procedemos, por decisão deste Conselho, da matéria contida ao Expediente que trata de movimentos ou correntes de ideias que pretendem dar à Doutrina o papel de remédio aos grandes problemas de ordem material que agitam a civilização atual, chegamos às conclusões abaixo, ouvido os confrades Professor Cícero Marcos Teixeira e Professora Cecília Rocha. (Documento não identificado).

O texto segue então, para nosso espanto, defendendo longamente o comunismo e o socialismo cristãos (com diversas citações de ícones do movimento espírita, como Vinícius e Emmanuel, além de Mariotti), pedindo que se encare o problema levantado pelos jovens de um modo acolhedor, inclusivo.

> Como Espíritas devemos estar preparados, mentalmente, para as grandes transformações que vêm se operando e que começam abalar falsos ídolos e tabus que, no entanto, desejamos, subconscientemente, preservar, querendo, o que é absurdo, que as cousas se transformem, permanecendo, porém, como estão. (Documento não identificado).

---

21   Cícero Teixeira falou-nos a respeito de política e Espiritismo: "Na realidade no movimento espírita o que a gente observa é que cada um segundo o seu atavismo tende a dar ênfase a esse ou aquele aspecto e fala de púlpito e passa essa ideia de que o Espiritismo só é religião. E uma ideia equivocada muitas vezes de que o Espiritismo ele não é política. O Espiritismo tem uma grande importância no desenvolvimento de uma consciência política, mas não essa política partidária. Tanto falar em temas políticos [...] Agora algumas casas espíritas e alguns estão se atrevendo, mas na minha época, Espiritismo e política nem pensar!" (depoimento oral concedido dia 20/4/2010).

22   Tentamos esclarecer o caráter deste texto junto ao senhor Cícero Marcos Teixeira. Ele, apesar de não recordar-se com clareza sobre os pormenores, confirmou que o texto era fruto de seu pronunciamento conjugado ao de Cecília Rocha, numa época em que os dois trabalhavam na FERGS com evangelização. Contudo, não se recorda do que adveio após tal pronunciamento.

As transformações representavam o influxo natural do progresso. E o progresso, conforme esse texto, seria – pasmem! – o comunismo, o fim da propriedade privada: "A dificuldade toda reside em nosso egoísmo que se manifesta em nosso apego exclusivista aos bens materiais, a propriedade, 'ao meu, ao eu' de que fala Emmanuel" (Documento não identificado).

Daí segue-se com uma sequência de citações de Humberto Mariotti, Albert Einstein, Vinícius, Emmanuel e, claro, d'*O Livro dos Espíritos* – citações, aliás, recorrentes nos textos do MUE. Por exemplo, esta de Mariotti:

> Se fizéssemos um estudo psicológico, do ponto de vista cristão, a respeito do mal, descobriríamos que suas raízes se encontram, em grande parte, – sobretudo o mal psicológico, feito de egoísmo e de inveja, – na desigualdade de bens que, como sabemos, dá origem à desigualdade de posições sociais e engendra além de tudo, a desigualdade de afetos e sentimentos. (Documento não identificado).

Significativa, é uma longa passagem de Vinícius, muito representativa do pensamento espírita de viés socialista, que apresenta o comunismo como resultado da evolução natural, que não deve ser buscado pela imposição, pela violência, e sim pela educação:

> Infelizmente, o termo – comunismo – assusta os espíritos timoratos e conservadores, porque, em geral, o tomam como sinônimo de anarquia ou cousa que se lhe assemelhe. É verdade que certos indivíduos insensatos, senão tarados, têm procurado implantar pela violência doutrinas subversivas e perigosas, às quais indevidamente denominam de comunismo, socialismo etc. Tais doutrinas, porém, nenhuma relação têm com o comunismo cristão. Este jamais se implantará à força; ele se vingará como efeito dum grande surto de progresso intelectual e de aperfeiçoamento moral da Humanidade. Por outra via, é escusado esperá-lo. A felicidade, na Terra como no Céu, há de ser a consequência lógica e positiva duma causa: a educação de nosso espírito, determinando uma razão esclarecida, uma vontade firme e um coração puro. (Documento não identificado)

Santo Ambrósio, citado por Mariotti, também comparece: "Foi a usurpação que produziu o direito de propriedade". A questão 717 d'*O Livro dos Espíritos* arremata o raciocínio pró-socialismo:

> P. "Que há de pensar dos que açambarca os bens da Terra para se proporcionarem o supérfluo, com prejuízo daqueles a quem falta o necessário?" – R.

"Olvidam a lei de Deus e terão que responder pelas privações que houverem causado a outros".

Isto é o que vemos, em grau superlativo, na sociedade capitalista. (Documento não identificado).

Com estes argumentos, o texto conclui:

A Doutrina Espírita leva, – na formulação dos problemas sociais, – evidente, clara e irrevogavelmente, – ao SOCIALISMO, doutrina fadada a presidir as relações na sociedade espiritualizada do futuro, que não poderá alicerçar-se sobre a posse egoísta dos fatores de produção por uma minoria em detrimento de uma maioria, pois esses bens temporais deverão ser colocados a serviço da coletividade para que todos deles se beneficiem. (Documento não identificado; maiúsculas no original).

Após mais algumas considerações em torno do socialismo, o texto passa a se referir aos jovens espíritas, remetendo à problemática trazida pelo MUE:

Tudo isto que foi dito é o que os jovens, principalmente, anseiam por ouvir e entender, daí ser imperativo que as instituições espíritas não se coloquem em atitude negativa ante os fatos.

Que procurem as entidades espíritas, principalmente as federações, terem sensibilidade para o problema e liderar o Movimento com sabedoria e amor, pois não é hostilizando, isolando, abandonando ou ignorando que ele se resolverá, pois estamos vivendo tempos novos [...].

Há uma inquietação generalizada, principalmente, entre a juventude universitária que deseja discutir os fatos que assoberbam a nossa civilização. Discuti-los ao arrepio dos preconceitos seculares e dos tabus enraizados no contexto social, para adotar a verdadeira posição que a Doutrina Espírita reclama de nós.

O Espiritismo, pelos seus órgãos dirigentes, não tem porque temer essa discussão com equilíbrio, sob o enfoque de uma visão cósmica da vida que nos liberte da estreita mentalidade escravocrata que quer represar o tempo e estancar a marcha da História, – certo que a transformação é vida e a estagnação é morte, afirmamos com a Doutrina. (Documento não identificado).

Diga-se de passagem, as ações referidas – hostilizar, isolar, abandonar ou ignorar – descrevem exatamente a atitude da FEB, da USE e dos centros espíritas, na figura de seus dirigentes, diante do MUE. Ou seja, o texto em análise vai exatamente de encontro ao pensamento e à ação dos altos dirigentes do movimento espírita brasileiro.

Vale destacarmos ainda a proximidade desse texto com o MUE – em termos de linguagem, de raciocínio, de argumento. Por exemplo, além da defesa do socialismo,[23] o apelo à ciência, à filosofia, à história, escapando da atitude passiva: "É preciso enfrentar e analisar todos os problemas da convivência humana numa colocação histórica, científica e filosófica de aguda e desassombrada compreensão e senso evangélico, e que este não se confunda com passividade" (Documento não identificado).

Por fim, de certo modo tentando se colocar mais ao lado do ponto de vista de seus interlocutores – os conselheiros do Conselho Federativo Nacional (CFN)[24] –, o pronunciamento procura evidenciar "bom senso" na percepção da conjuntura nacional, ao mesmo tempo advertindo para a necessidade de não ficarmos omissos justamente para não perder o controle da história (que, no contexto, poderia ser conduzida pelo MUE):

> Atravessamos um delicado momento na vida nacional, daí porque precisamos colocar o problema em termos tais de conceitos e ação prática que não venha por em cheque as conquistas arduamente alcançadas pelo nosso Movimento, sem, no entanto, nos omitirmos.
>
> Procuremos comandar os acontecimentos para não sermos por eles comandados. (Documento não identificado).

---

23   Cícero Marcos Teixeira nos dá algumas pistas sobre o seu perfil político: "Eu tive muitos alunos que foram presos, tiveram que fugir [...]. E nós pra sobrevivermos, nós tínhamos que ser coerentes. Eu não era comunista, mas eu não podia concordar com o que estavam fazendo. Então, direta ou indiretamente eu ajudei muitos colegas meus a, de uma maneira ou de outra, a fugir. E quase que eu me comprometi, profissionalmente falando. Agora, não que eu concordasse com a prática de violência de direita, de esquerda ou de centro, não. Mas eu não podia concordar com o que estavam fazendo, não podia me omitir. E não podia também tomar uma atitude assim de condenar esse ou aquele por defender um ideal. Eu respeitava e dentro da minha possibilidade eu fiz o que pude" (depoimento oral concedido dia 27/4/2010). Afirma que "o meu comunismo, o meu socialismo, era o socialismo do cristo, da compaixão, da solidariedade" (depoimento oral concedido dia 27/4/2010). Cícero Teixeira ainda explica o rechaço ao MUE apontando para o anticomunismo: "quem eram os espíritas na ocasião? [...] Eram aqueles indivíduos que foram condicionados a ver no comunismo como obra do diabo, do demônio" (depoimento oral concedido dia 27/4/2010).

24   Órgão máximo do movimento espírita brasileiro institucionalizado em torno da FEB.

Já a FEB responde à União Espírita Bagêense de um modo um tanto surpreendente, afirmando ter tomado conhecimento do MUE através da missiva que lhe fora endereçada pela própria União:

> Através de sua carta, tomamos conhecimento da existência do chamado "Movimento Universitário Espírita" e da espécie de atuação no interior do País, já com infiltração, segundo entendemos, em vários Estados do Sul.
>
> Presente o caso à Diretoria da FEB, considerou-se a importância de uma solução, para a qual concorram todas as entidades estaduais, não só pela gravidade do momento, frente aos fatos relatados, como pelas possibilidades de proliferação do "Movimento". (Ofício da FEB de 15/5/1970 transcrito na carta da União Espírita Bagêense endereçada à FERGS dia 22/6/1970).

A FEB entende que o MUE fora tomado por um grupo político que se infiltrara no movimento espírita, daí a "gravidade do momento":

> Os Conselheiros representantes da Bahia e de São Paulo, confirmaram a existência da infiltração de caráter político, feita pessoal e diretamente em reuniões das nossas Mocidades, e, também, indiretamente pelo meio da persuasão ou catequese dos nossos inexperientes e ingênuos jovens, afora a profusa distribuição de revistas, tais como: "*A Fagulha*" e "*A Presença*", além de folhetos e outros volantes, editados na cidade Campinas/SP, tomando como alvo, tais infiltradores, o "Movimento Universitário Espírita" criado pela mocidade idealista de nossas hostes para o trabalho da nossa Consoladora Doutrina, naquela dita cidade. Esse "Movimento" partindo de Campinas tem-se difundido pelo Estado e ido mais adeante, mas, infelizmente, foi tomado como alvo da ação do tal grupo político, composto de 6 ou 8 elementos inteligentes e muito ativos, principalmente o seu chefe, todos, porém, na mirada e vigilância das autoridades militares e da polícia de ordem política e social. (Ofício da FEB endereçado a FERGS dia 21/9/1970).

À "vigilância das autoridades militares e da polícia de ordem política e social" deveria somar-se a vigilância e a reação repressiva da própria FEB, utilizando-se do seu poder sobre as federativas estaduais que por sua vez, já eram mesmo avessas à atuação do MUE. Vale à pena conhecer por extenso a resolução do CFN, assinada pelo presidente da FEB, Armando de Oliveira Assis:

> O Conselho Federativo Nacional [...] colocou sob exame o assunto referente aos movimentos ou correntes de idéias que, ou dentro da própria organização

federativa, ou em manifestações a ela justapostas, se fazem pregoeiros de novas interpretações da Doutrina ou pretendem imprimir a esta uma feição tendente a dar-lhe o papel de remédio aos grandes problemas de ordem material que agitam a civilização atual.

Dentre tais correntes, mostram-se mais ativas aquelas que fazem alvo de sua atuação as juventudes espíritas, com o objetivo de, aproveitando-se da boa-fé e do entusiasmo dos jovens, difundir a idéia – revestida com argumentos capciosos – de que a verdadeira obra a executar pelo Espiritismo é a de dar resolução objetiva aos males da ordem social e econômica que afligem a Humanidade. (Circular da FEB endereçada a FERGS, no dia 20/10/1970)

Até aqui, o alvo implícito da crítica da FEB ao MUE é a sua intenção de ultrapassar a pregação moral doutrinária abstrata e/ou individualista da "reforma íntima" por uma exigência de ação social transformadora com formulações incidentes nos problemas de ordem econômica, política e social – que para o MUE não se apartavam dos problemas morais ou espirituais. Sigamos com a resolução do CFN:

Analisando a perturbação que tais movimentos podem ocasionar, e que já vêm ocasionando em certos setores, entendeu o CFN de bom alvitre preparar um documento preliminar a ser remetido a todas as federativas estaduais, com a dupla finalidade de:

1º dar-lhes a conhecer o estribilho e os meios adotados por esses movimentos na propagação de suas idéias;

2º colher de todas as entidades estaduais, e particularmente daquelas que se tem visto a braços, de modo mais direto, com tais movimentos, as observações e sugestões convenientes à adoção, pelo Conselho, de uma resolução destinada a reunir orientações capazes de servirem como medidas preventivas contra imiscuições desse gênero no seio da Doutrina Espírita.

Todavia, no documento oficial que venha a ser expedido nenhuma referência se fará a qualquer dessas correntes, uma vez que ele será redigido em termos gerais.

Dos documentos, pois, que lhes estão sendo enviados, a folha solta se destina ao esclarecimento *confidencial* e pessoal dos componentes das federativas estaduais. O outro, constituído de três folhas grampeadas, é que servirá como documento de trabalho, a saber:

1. Os tópicos enunciados sob as letras A, B e C têm por fim dar a todas as organizações espíritas integradas na organização federativa um panorama da situação atual; aí se encontram expostos os principais argumentos de que se valem os mentores de tais correntes de idéias; as realidades que o Espiritismo é convocado a enfrentar; e alguns aspectos hodiernos com que se defronta o espírita em sua vida de relação. Todos esses dados visam a dar um apanhado da problemática que enseja a conturbação dos espíritos, de modo a favorecer uma avaliação do que propõe o CFN na letra D do referido documento.

11. na letra D se encontram, sob forma de anteprojeto, as proposições a serem convertidas em recomendações do CFN, a fim de valerem como roteiro às agremiações espiritistas no sentido de agirem de modo a se preservarem das investidas de tais ideias e de criarem um clima capaz de neutralizá-las. [...] (Circular da FEB endereçada a FERGS, no dia 20/10/1970; grifo no original).

Infelizmente não tivemos acesso ao referido documento preparado pelo CFN para distribuí-lo às federativas estaduais. De todo modo, fica o registro marcante da seriedade com que foi tratada a ação do MUE pela FEB. A chamada "Casa Máter" do Espiritismo brasileiro não demorou a reagir de modo preventivo e repressivo à ação revolucionária dos jovens universitários espíritas.

Vale notar também que o anticomunismo disseminado na sociedade brasileira (MOTTA, 2002) certamente contribuiu bastante para obstacularizar o MUE. Angela Bellucci, que integrou o MUE de São Paulo, explica o término do MUE em parte pelo fato de serem taxados de comunistas (depoimento recebido por e-mail dia 9/4/2010). E Josilda Rampazzo, que participava na Mocidade Espírita de Americana, quando questionada sobre como o socialismo era visto pelos espíritas, de um modo geral, afirma que "era muito jovem para algumas observações, mas acho que socialismo era visto como comunismo e rejeitado" (depoimento recebido por e-mail dia 13/10/2010). Djalma Caselato pensa de modo semelhante. Afirma que para os espíritas "qualquer pensamento mais progressista era visto de uma forma não muito boa, pois, somos do tempo que se dizia que os comunistas comiam criancinhas" (depoimento recebido por e-mail dia 15/10/2011). Assim, o medo predominava entre os espíritas: "Durante a ditadura militar havia um medo tão grande das pessoas, principalmente dos dirigentes das Sociedades Espíritas, que eles não viam com bons olhos as discussões realizadas no âmbito dos MUEs" (depoimento concedido por Djalma Caselato recebido por e-mail dia 15/10/2011). O anticomunismo, a ignorância, a desinformação, são elementos destacados no conservadorismo espírita: "O pensamento de esquerda não era bem visto pelos espíritas. Logo confundiam com comunismo… Eu classifico os espíritas como conservadores desinformados" (depoimento oral concedido por Valter Scarpin dia 28/10/2011). Já na avaliação de Adalberto Paranhos:

> Pra maioria dos espíritas isso não tinha nenhuma significação, não era nem objeto de preocupação, esquerda, direita etc., o pessoal está à margem disso. Agora, evidentemente, em lideranças, dirigentes, os mais altos dirigentes, apartavam o Espiritismo, grosso modo, de qualquer movimento político. [...] Eu avalio que essa questão não estava presente para a massa, o grande número de espíritas, essa questão do comunismo aí nessa época. Inclusive eu suponho que – sem saber, weberianamente – eles estabeleciam um corte entre o espírita e o político. Eles podiam pensar em algumas questões políticas mas não propriamente na condição de espíritas. Assim, como um cidadão comum que tem que votar, cumprir certas obrigações políticas, mas não na condição de espíritas propriamente ditos. O que nós fizemos foi aproximar esses dois mundos estanques. E isso evidentemente chegou ao conhecimento de figuras de proa do movimento espírita que não encararam com bons olhos essa tentativa. (Depoimento oral concedido dia 29/8/2010).

Recuperemos, porém, o cerne do debate travado em torno da questão política, recolocado para o movimento espírita com a eclosão do MUE. Verdade, autoridade e engajamento são alguns dos eixos que perpassam a tensão entre as exigências do sagrado e do profano. Num âmbito mais epistemológico, é preciso notar o seguinte: se o Espiritismo é uma religião, contendo alguma revelação da verdade, então é preciso, obviamente, sustentar um discurso de verdade estabelecida, não correndo os riscos de dar guarida a opiniões efêmeras, potencialmente falsas, próprias do metabolismo da história e da política. Esta oposição é própria de um entendimento da religião como fundada no sagrado, no absoluto, no divino, e da política como pertencente ao profano, ao relativo, ao humano.

O MUE queria "encarnar" a religião, isto é, fazê-la presença no mundo e pelo mundo, segundo as exigências sociais postas pelas contingências históricas. Como se identificava estas exigências na chamada questão social, o dever do espírita, do cristão, era engajar-se pela transformação da sociedade visando à superação das injustiças – fundamentalmente ligadas às desigualdades sociais. Assim, liam no marxismo o suporte teórico para fundir aos princípios gerais da moral espírita e assim sustentar uma renovação da prática do movimento espírita.

O socialismo cristão derivado desta síntese derruba as barreiras erigidas entre os campos da política e da religião no mundo contemporâneo, pondo o estatuto de verdade da revelação religiosa – sagrada por excelência – sob o teste empírico da sua aplicação política. O medo de que esta verdade seja corrompida pode ser uma expressão não só de defesa ante um corpo estranho externo – o profano – mas também uma reação ao perigo – ainda maior – de que a religião se veja ruindo nos seus próprios fundamentos epistemológicos. Quer dizer, a política não representa apenas o risco de desfiguração ou instrumentalização indevida de preceitos religiosos; representa também a possibilidade de corroer, por dentro, o princípio de verdade religioso, que é a sua infalibilidade e validade atemporal.[25] No plano individual, o teste de um mandamento religioso não oferece maiores riscos institucionais (no máximo, perde-se um fiel), já no plano coletivo, na arena política, o desastre ocasionado pelo falseamento de supostas verdades sagradas pode, quem sabe, ser fatal.

Deve-se acrescentar ainda o fator da seletividade ideológica para explicar o rechaço ao MUE por parte do movimento espírita brasileiro. Isto é, o problema não é exclusivamente o da mistura perniciosa de dois campos teoricamente incomunicáveis – religião e política. Conforme já vimos, o discurso de isenção política por parte dos espíritas foi contraditado por suas práticas e discursos políticos ao longo da história do Espiritismo no Brasil. Ocorre que a ação política ativa dos espíritas somente passa em branco aos óbices doutrinários nos casos em que existe uma aceitação hegemônica da forma e conteúdo de tais ações entre os próprios espíritas. Em caso contrário, quando a bandeira de luta, por conta da ideologia dominante entre os espíritas, não pode ser empunhada por todos, ela deve ser combatida como ilegítima, lançando-se mão para isso de todos os recursos discursivos disponíveis – como o da defesa da religião ante a invasão da política. O socialismo, recusado *na prática* pela maioria dos espíritas, jamais poderia ser defendido politicamente. Apesar de termos verificado a existência de uma tradição intelectual espírita de viés socialista, podemos afirmar que a

---

25   Alguém poderia argumentar que no passado a religião esteve sempre imbricada ao universo político, não tendo sofrido por isso a corrosão do seu princípio de verdade. Entretanto, podemos contra-argumentar que antes da separação entre Igreja e Estado, entre religião e política, o mundo da política era também sacralizado, repleto de dispositivos que garantiam a perenidade de princípios que eram ao mesmo tempo religiosos e políticos. O sagrado pode estar presente tanto na religião quanto na política, contribuindo sempre para a cristalização de princípios e instituições, servindo sempre de escudo à crítica. Assim, a política só pode ser uma arena perigosa para a manutenção do princípio de verdade revelada da religião quando for laica ou dessacralizada. É claro que a laicidade e a ausência de sacralização são ideais. A realidade comporta toda sorte de imbricações, hibridizações etc.

sua pequena dimensão numérica associada ao seu débil ativismo político resultou numa inoperância com respeito à transformação da receptividade ideológica do movimento espírita brasileiro à pauta socialista defendida pelo MUE. Valter Scarpin conta que os escritores espíritas pró-socialismo

> [...] realmente deram a sua contribuição e eram muito apreciados. Mas a penetração deles era muito restrita. Quer dizer, eles não tinham assim uma grande penetração dentro do movimento espírita. E é evidente que nós procurávamos utilizá-los como fonte de referência para os nossos trabalhos, para as nossas palestras. Mas a própria penetração deles no movimento espírita era pequena. Eram escritores à margem, né. (Depoimento oral concedido dia 28/10/2011).

Na opinião de Scarpin, "principalmente entre os altos dirigentes do Espiritismo" havia muita ignorância com relação ao pensamento de esquerda. Indica que a ditadura militar, pelo seu caráter repressivo, os tornava ainda mais avessos a qualquer ideia de esquerda:

> Sim, porque eles tinham aquele medo [...] um medo muito grande da intervenção das forças repressoras no movimento espírita e evidentemente punham de lado os que pensavam dessa forma. Não acredito que fossem livros que eles lessem. Ou podiam dar um golpe de vista, mas não eram leituras [...] (depoimento oral concedido dia 28/10/2011).

Adalberto Paranhos explica que alguns dos líderes espíritas da sua época "até chegavam a dizer 'não, nós estamos de acordo que o socialismo é o futuro da humanidade'", mas isto não redundava em nenhum posicionamento ativo de contestação da ordem capitalista vigente (depoimento oral concedido dia 29/8/2010). Acrescenta que:

> há diferentes tipos de socialismo, até hoje; que o Marx e o Engels, no *Manifesto Comunista*, chegam até a afirmar a existência de um socialismo pequeno burguês ou coisa que o valha. Então, esse socialismo, como dizia o Armando na época, "isso é socialismo pras negas deles". [...] Então é uma pregação de neutralidade que envolve um acumpliciamento com as práticas burguesas hegemônicas na sociedade capitalista, e essa era a deles, em termos gerais (depoimento oral concedido dia 29/8/2010)

A equação é simples: socialismo com apolitismo resulta em acomodação com o capitalismo.

Na trajetória do MUE, o momento da expulsão tácita do Centro Espírita Allan Kardec figura com singular importância, já que daí pra frente a liberdade de pensamento manifesta-se com maior plenitude. Adalberto Paranhos conta que neste episódio de ruptura

> uma parte do pessoal migrou conosco para o MUE. Foi o caso do Pedro, do Eduardo de Arruda Simões [...]. E passamos a constituir a nossa sede [...] na casa dele [Armando Oliveira], no bairro de São Bernardo. E a partir daí começamos a realizar reuniões em que discutíamos simultaneamente textos espíritas com outros que não eram. (Depoimento oral concedido dia 29/8/2010).

O livre diálogo entre Espiritismo e a cultura universitária da qual bebiam, com a presença significativa do pensamento de esquerda, finalmente é estabelecido sem peias institucionais entre os membros do MUE:

> Eu me lembro que dedicamos muito tempo, por exemplo, a análise do livro do Paulo Freire, *Educação como prática da liberdade*. Já aí pela segunda metade dos anos 60, no movimento espírita, começava a despontar algumas contribuições provenientes de leituras de autores que não tinham maior relação com Espiritismo, por exemplo, alguém que estava na crista da onda, fora do nosso meio, e cujo trabalho repercutiu no interior dele, foi Erich Fromm, o livro sobre a concepção marxista do homem. (Depoimento oral concedido por Adalberto Paranhos dia 29/8/2010).

Foi também nesse momento de ruptura com o Centro Espírita Allan Kardec e de proibição da realização da CENSUL – Esquema Novo que o MUE de Campinas passa a atuar claramente sob a dupla liderança de Armando de Oliveira Lima e de Adalberto Paranhos:

> Essa fase em que, expulsos do Centro Espírita Allan Kardec, interditada a realização da concentração de mocidades do centro-sul do Estado de São Paulo, nós passamos a correr em raia praia. E aí se sacramenta essa aproximação simbolizada aí pela junção do Armando comigo, o que veio [...] eu já falei sobre o assunto, a dar maior amplitude ao MUE, que chegou a outras longitudes e latitudes antes não alcançadas. (Depoimento oral concedido por Adalberto Paranhos dia 29/8/2010).

Com relação ao relacionamento interno dos integrantes do MUE, Pedro Francisco aponta para o caráter democrático do grupo:

> Às vezes a gente tinha uma posição: vamos supor, eu queria publicar tal artigo n'*A Fagulha* ou no *Presença* e outro, o Eduardo ou o Adalberto não queria, então nós debatíamos firmemente e formava os que defendem, os que não defendem, e a maioria sempre vencia né, quem tivesse maioria [...] Então esse era o conceito, né,

a maioria sempre vence. Então era sempre democrática a solução dos problemas. (Depoimento oral concedido dia 7/4/2010).

É o que nos indica também Edson Coelho:

> O relacionamento interno foi marcado pela camaradagem, pela democracia e pela amizade. Penso que conseguimos permanecer ao largo do engessamento burocrático e hierárquico, até mesmo pela brevidade dos MUEs, que estariam completamente extintos em 1973. As ideias e o livre debate foram o fio condutor desta experiência efêmera, mas fecunda. (Depoimento oral concedido dia 19/10/2011).

Uma das questões que levava ao debate interno era a estratégia de enfrentamento do MUE com o conservadorismo do movimento espírita:

> A gente debatia, como nós vamos chegar na reunião da USE, vamos bater de frente ou não? Porque era a instância, depois, antes de chegar na FEB, a mais alta. Então vamos colocar todas as nossas ideias, vamos bater com as nossas ideias, colocar todas elas, então batemos de frente. Eu entendo que essa reunião foi uma reunião decisiva. Foi uma reunião decisiva e colocando pro pessoal da USE a nossa postura. (Depoimento oral concedido por Pedro Francisco de Abreu Filho dia 7/4/2010).

Shizuo conta que de fato havia debates sobre os objetivos do MUE. Adalberto, por exemplo, queria mais enfrentamento (de ideias) com a Ditadura Militar. Shizuo avalia que "o Adalberto queria ir 'com muita sede ao pote'" e que, mesmo admirando-o, havia um certo receio em contestá-lo em razão de limitações de conhecimento diante do grande embasamento teórico de Paranhos (depoimento oral concedido dia 28/3/2010).

Claro Gomes, por sua vez, relata sua experiência pessoal com o MUE:

> A Mocidade do Kardec, ela realmente me tocou muito na época em que o Paranhos era presidente porque ele fazia com que todo mundo participasse, movimentasse, desse alguma coisa, né. Não era uma mocidade que ficava assim, numa linguagem comum, dizendo amém a todos os velhos, os chamados adultos. Então, não é que eles desrespeitavam os adultos, né. Eles queriam fazer alguma coisa, projetar alguma coisa. (Depoimento oral concedido dia 9/4/2010).

E, especificando o impacto de Adalberto Paranhos na MEAK, conta que:

> Com o Paranhos, quando ele entrou pra presidente, ele agitou, né. Então aqueles que realmente queriam mais é ficar pra namorar, passar aquele tempo, eles

realmente ficavam na maior parte recuados; mas muitos deles se integraram e era uma mocidade que quando fazia parte dos congressos, era uma mocidade que produzia, né. (Depoimento oral concedido dia 9/4/2010).

Segundo Pedro Francisco, o único episódio de maior conflituosidade entre os membros do MUE foi uma vez em que "tivemos uma dificuldade entre o Adalberto e o Eduardo, porque os dois eram ranhetas" (depoimento oral concedido dia 7/4/2010). Apesar de Pedro não recordar qual era o motivo da "dificuldade", o registro do episódio vale por sinalizar a possibilidade de conflito em torno das questões caras ao MUE.

Izao Carneiro, que havia sido uma das lideranças do MUE de São Paulo, nos diz que o relacionamento interno do MUE era "bom, com divergências bem administradas" (depoimento recebido por e-mail dia 24/10/2011).

E Valter Scarpin destaca a amizade que havia entre todos:

> Nós nos conhecíamos muito bem. E havia uma franca amizade entre os participantes dos diferentes MUEs. Nós evoluímos a partir do movimento das mocidades espíritas. Das mocidades espíritas é que nós passamos para o MUE. Então já havia um relacionamento anterior ao MUE. Antes de participarmos do MUE nós já nos conhecíamos e nos dávamos bem. (Depoimento oral concedido dia 28/10/2011).

No MUE, havia não só fortes amizades, mas também namoros, dos quais alguns resultaram em casamento. Namoraram e casaram: Adalberto Paranhos com Angela Bellucci, Djalma Caselato com Eleonora Alves Sampaio e Valter Scarpin com Alcione Martins. Com isso, podemos imaginar o quanto o MUE absorvia a vida dessas pessoas. As principais relações sociais, as principais experiências emocionais, o cerne da realização pessoal dos jovens universitários espíritas se dava no contexto de atividades do MUE. Foi, sem dúvida nenhuma, uma experiência muito intensa, embora de curta duração.

Importa agora avaliar a trajetória do relacionamento do MUE com a USE, a federativa oficial do Estado de São Paulo. De início, podemos notar no discurso de Armando Oliveira, no seu *Pacto Áureo: fundo e forma*, publicado n'*A Fagulha* n° 3, que, ao contrário da FEB, a USE é considerada uma instituição progressista (*A Fagulha*, n° 3, jan/fev. 1968, p. 24-25). Para Armando,

> a USE não é estática. Não é monolítica. Não é ditatorial! Não é "febiana", pejorativamente "febiana"!

Fala-se em reforma de estatutos; fala-se em revisão de estruturas. A própria Diretoria Executiva anunciou há algum tempo, em artigo editorial publicado em "Unificação", a "necessidade inadiável de uma reforma estrutural".

E sentenciou, acertadamente: "As instituições bem orientadas repelem qualquer forma de petrificação e tudo fazem no sentido de acompanhar sem solução de continuidade, o progresso vertiginoso da humanidade".

Isso soa muito bem! (*A Fagulha*, n° 3, jan/fev. 1968, p. 24).

Com esta apreciação, Armando Oliveira conclui pela necessidade de confiar e colaborar com a USE, sem contudo olvidar "os defeitos e as falhas que possue", e sim apontando-os, "com coragem, com dignidade, confiante de que o reconhecimento do erro é o primeiro caminho para sua superação!" (*A Fagulha*, n° 3, jan/fev. 1968, p. 25).

Não obstante esta apreciação positiva da federativa paulista, é bastante curta a distância que separa a publicação deste texto e o primeiro grande conflito do MUE com a instituição: o episódio da suspensão da VI CENSUL-Esquema Novo, uma grande concentração juvenil da região centro-sul do Estado de São Paulo.

As concentrações de mocidades espíritas eram o grande palco para a atuação do MUE no Estado de São Paulo. Estes encontros de jovens, porém, eram bastante limitados quanto ao grau de autonomia perante as instituições diretoras do movimento espírita. Muitos, incluindo-se o MUE, reclamavam da dispersão das discussões travadas, da superficialidade das palestras, "que se repetem, desvinculadas do tempo e do espaço e, em conseqüência, estáticas, mortas e cansativas" (circular da CENSUL – Restabelecendo a verdade, São Caetano do Sul, 15/3/1969, p. 1). Em Sorocaba, num encontro de jovens ocorrido nos dias 19 e 20 de outubro de 1968, sugeriram-se então algumas mudanças. O Conselho Diretor da CENSUL-Esquema Novo, na II Grande Reunião Prévia à concentração de mocidades do centro-sul do Estado de São Paulo, ocorrida em Rio Claro, nos dias 21 e 22 de dezembro de 1968, submeteu à apreciação do plenário as mudanças sugeridas no encontro de Sorocaba. Assim, optou-se pelo estabelecimento de um "prisma prioritário", sob o qual seriam desenvolvidos os temas da concentração. Em Piracicaba, dia 19 de janeiro de 1969, definiu-se, em mais um encontro de jovens, o *prisma social* como prioritário, "exclusivamente para a CENSUL-Esquema Novo, por esmagadora maioria de *sufrágios, dentre os quais o de membro do Departamento de Mocidades da USE*" (circular da CENSUL – Restabelecendo a verdade, São Caetano do Sul, 15/3/1969, p. 2; grifo no original). Ainda escolheram os três temas centrais: *Função social do evangelho: reforma íntima e reforma social*, *O Espiritismo e as doutrinas sociais* e *Os problemas da unificação*.

Adalberto Paranhos, presidente do Conselho Deliberativo da CENSUL-Esquema Novo, "foi ter com os integrantes da Diretoria Executiva da USE, acertando a realização de um debate franco e aberto entre eles e uma comissão de moços, a respeito das questões sociais", no intuito do "estabelecimento da posição espírita face à problemática social" (circular da CENSUL – Restabelecendo a verdade, São Caetano do Sul, 15/3/1969, p. 2). Buscava-se, talvez, o consenso, ou então a legitimação parcial do ponto de vista do MUE, angariando apoio de membros da USE. Talvez ainda, o intuito fosse o de precaverem-se de qualquer ingerência da USE sobre o certame jovem, dada a incendiária temática aprovada. Em seguida, dia 2 de fevereiro, a USE convocou o Conselho Deliberativo da concentração para solicitar-lhe a concordância com a não realização do debate, "já que a ele não compareceriam os membros da Diretoria Executiva [...] em razão da atual conjuntura do país, eis que tal realização poderia colocar o Espiritismo à margem da lei" (circular da CENSUL – Restabelecendo a verdade, São Caetano do Sul, 15/3/1969, p. 2). Diante deste argumento, "o Conselho Deliberativo da CENSUL – Esquema Novo redarguiu negando que suas realizações pudessem ser defesas em lei, uma vez que não encerram envolvimento político-partidário algum" (circular da CENSUL – Restabelecendo a verdade, São Caetano do Sul, 15/3/1969, p. 2). O desenrolar da situação é descrito pelo próprio Conselho Deliberativo da CENSUL – Esquema Novo:

> A questão foi longamente debatida durante 5 horas e, no curso dos debates, membros do Conselho Deliberativo *vieram de ser ofendidos em sua honra*, cumprindo ressaltar que o secretário geral da USE, evidenciando trazer consigo resquícios da "lei do mais forte", asseverou, peremptoriamente, que aos membros dissidentes do Conselho Deliberativo restava obedecer ou demitir-se...
>
> A Diretoria Executiva decidiu, então, *proibir* referido debate, pelo que os membros do Conselho Deliberativo, por seu turno, resolveram *acatar* a proibição, partes que são de uma estrutura, embora o fizessem *sob protesto*, "ad referendum" do plenário da III Reunião Prévia. [...] Vale acentuar que, na reunião plenária da prévia de Santo André, a decisão do Conselho Deliberativo, de acatamento sob protesto, foi submetida à apreciação de todos os jovens presentes. Relatados os acontecimentos, sendo dada a palavra a dois elementos da Diretoria Executiva da USE – um deles elemento *de direito* e o outro, *de fato* – procedeu-se a votação que registrou este resultado: *61 votos* pela ratificação

da posição assumida pelo Conselho Deliberativo, *4 votos* contrários e *9 abstenções*. (circular da CENSUL – Restabelecendo a verdade, São Caetano do Sul, 15/3/1969, p. 2; grifos no original).

Após escusar-se ao debate em torno das questões sociais, a USE manteve a mesma linha, provavelmente sob o mesmo argumento da ameaça ao Espiritismo posta pela conjuntura do país. Convocou então o Conselho Deliberativo da CENSUL – Esquema Novo para a reunião agendada para a discussão da programação do certame jovem. Este compareceu juntamente com uma comissão de jovens de São Paulo, Sorocaba, Campinas, Americana, Santo André, Osasco e São Caetano do Sul, recebendo a notícia de que o temário seria revisto, bem como o seu prisma prioritário. Estavam liquidados, portanto, o prisma social e dois dos temas escolhidos pelos jovens: justamente "Função Social do Evangelho: Reforma Íntima e Reforma Social" e "O Espiritismo e as Doutrinas Sociais". Apesar da insistência dos jovens presentes à reunião, lembrando inclusive que os temas e o prisma prioritário haviam sido aprovados pela USE, através do seu Departamento de Mocidades, "em reunião conjunta levada a efeito em Bauru, presentes os Conselhos Deliberativos das 3 concentrações regionais, dia 24 de agosto de 1968", a USE não foi demovida de sua posição (circular da CENSUL – Restabelecendo a verdade, São Caetano do Sul, 15/3/1969, p. 2). O Conselho Deliberativo da CENSUL – Esquema Novo sugeriu então à Diretoria Executiva da USE que ela mesma se encarregasse da elaboração da programação e do convite aos expositores e oradores, o que foi aceito, combinando-se que devolveria a organização do evento ao Conselho Deliberativo na hipótese de que não conseguissem organizá-lo, mas que este deveria então comprometer-se a elaborá-lo nos moldes desejados pela Diretoria Executiva da USE.

Com isso estava marcada para o dia 3 de março de 1969 uma reunião na qual o Conselho Deliberativo da concentração receberia da USE a programação do evento. Neste dia, porém, o Conselho Deliberativo teria tido o seu acesso a reunião barrado, "embora delicadamente, [...] sob a alegação de que a mesma era 'privativa dos membros da Diretoria Executiva'" (circular da CENSUL – Restabelecendo a verdade, São Caetano do Sul, 15/3/1969, p. 3), seguindo-se a isso o informe de que a VI CENSUL-Esquema Novo estava suspensa.

Apesar de suspensa, a concentração ainda assim foi realizada, embora sem contar com o auspício da USE e não mais em São Caetano e sim em Sorocaba. Adalberto Paranhos relata o episódio:

Nós somos como que cassados. Interditada a realização do evento, aí nós não acatamos a decisão e a realizamos extra-oficialmente, transgredindo uma determinação que entendíamos autoritária, que veio do alto, sem maiores discussões conosco. E não estávamos propensos realmente a admitir esse tipo de interferência. (Depoimento oral concedido dia 29/8/2010).

Assim como os integrantes do MUE foram afastados da direção da Mocidade Espírita Allan Kardec, em Campinas, reagindo com o prosseguimento de suas atividades fora dos muros do Centro Espírita Allan Kardec, nesta outra ocasião de cerceamento da liberdade de atuação dos jovens "incendiários" a resposta foi insistir em realizar o que se queria ainda que à margem das instituições espíritas oficiais. Todavia, apesar de atingirem o intento de realizar a programação desejada, com os candentes temas sociais, o público ficara reduzido. Conforme Adalberto,

Houve evidentemente toda uma tentativa de parte do movimento espírita oficial de desestimular o comparecimento. Pessoas ficaram temerosas porque circulava a informação de que as forças da repressão poderiam baixar lá [...] Então, apesar do clima de ameaça que pairava sobre o evento, nós o realizamos. (Depoimento oral concedido dia 29/8/2010).

Anotemos ainda que o MUE não saiu da cena institucional do Espiritismo após a proibição da VI CENSUL-Esquema Novo. Após o baque, os universitários espíritas voltaram-se para a construção da VI CENSUL-"Em Tempo de Avanço", realizada não mais em São Caetano, mas sim em Jundiaí, durante os dias da "semana santa" de 1970 (*A Fagulha*, nº 9, set. 1969, p. 28 e *A Fagulha*, nº 10, jul.-ago. 1970, p. 8). Ao verificarmos a programação do evento ocorrido entre os dias 22 e 29 de março de 1970, encontramos um sinal de que o MUE ainda tinha muita força no interior do movimento de mocidades, pois além de construir as mesas redondas ("Perspectivas da Mediunidade" – MUE de São Paulo – e "Estudos Sociais na Evangelização" – MUE de Campinas), até mesmo uma adversária sua – Therezinha Oliveira – acaba proferindo palestra em torno de temática que interessava aos jovens universitários: *Função Social do Evangelho de Jesus* – claro que para contrapor à tese da transformação social a tese da reforma íntima[26] (Anuário Espírita, nº 8, 1971, p. 220).

---

26   Djalma Caselato conta que "Therezinha de Oliveira, que era uma oradora oficial, quando ela sentiu que o pessoal falava em social, as palestras dela só diziam em reforma íntima. Então

Já a referida reunião com a USE, relatada por Pedro Francisco de Abreu Filho, foi sem dúvida um momento crucial de confronto, no qual o MUE insistia em esclarecer e defender as suas intenções diante daqueles que insistiam em contraporem-se tanto às reais quanto às supostas (e imaginárias) propostas revolucionárias:

> Então esse debate com a USE, primeiro nós nos preparamos porque queríamos mostrar pra eles que não éramos um movimento paralelo e muito menos um movimento político e que somávamos junto com a USE sim senhor. Quer dizer, somava nas ideias no sentido de jogar o movimento espírita numa participação mais efetiva, propaganda, ações mais concretas, escrever, falar e fazer com mais objetividade. E o pessoal achava que nós éramos contra os militares no poder. Claro, éramos contra também, mas não era essa a nossa bandeira. "Derruba o governante". Não estávamos muito preocupados, preocupados sim, mas não no sentido de querer criar um movimento pra derrubar o governo. (Depoimento oral concedido dia 7/4/210).

Sobre a expulsão pela USE, na opinião de Valter Scarpin, que integrara o MUE de São Paulo:

> Eu acho que nós não éramos nenhuma ameaça. Eles nos expulsaram porque eram pessoas retrógradas, conservadoras e lambe-botas da ditadura. Realmente o Espiritismo estava – agora não sei, né – mas estava em mãos de pessoas muito conservadoras. E interessadas em se dar muito bem com o poder dominante. Não queriam nenhum atrito, nada, nada, com o poder dominante. Mas em termos reais, nós não representávamos ameaça nenhuma porque... eu tenho impressão até que a nossa atuação... foi política no sentido amplo da palavra política, mas não foi uma atuação política, foi uma atuação mais no campo doutrinário mesmo. (Depoimento oral concedido dia 28/10/2011).

Por outro lado, Scarpin identifica que essa expulsão seria motivada também porque a USE reconhecia a relativamente boa receptividade das mocidades espíritas às ideias do MUE:

> Eu diria que era entre médio e bom [a receptividade das mocidades]. Quando a USE – a União das Sociedades Espíritas – nos expulsou, eles nos expulsaram porque nós tínhamos muita influência junto da mocidade. O jovem, mesmo que

---

daí pra frente ela começou a dar uma ênfase tão grande nisso que até cansava, né" (depoimento oral concedido dia 28/10/2011).

ainda não tivesse muita cultura, ele está sempre voltado para a mudança, ele tem uma perspectiva mais em função do futuro. E eles nos ouviam. Nos ouviam, gostavam de nós. Então foi mesmo uma expulsão com o objetivo de cortar essa ligação. (Depoimento oral concedido dia 28/10/2011).

Scarpin ainda acrescenta que o material escrito pelo MUE era lido pelos altos dirigentes do movimento espírita brasileiro: "Ah, isso eles liam. Isso eles liam porque eles queriam acompanhar, queriam saber tudo que nós fazíamos, tudo que nós pensávamos" (depoimento oral concedido dia 28/10/2011).

Walter Sanches, do MUE de Campinas, ao falar da participação do pessoal do MUE no Departamento de Mocidades do Conselho Regional Espírita da 3ª Região do Estado de São Paulo (um órgão ligado a USE), relata que "havia toda hora alguém cerceando, de alguma forma, impedindo que participassem, pulando fora, [impedindo que as mocidades] viessem nos encontros" (depoimento oral concedido dia 16/11/2011).

De tudo isso se depreende que, para a USE, o MUE representaria de fato algum tipo de ameaça. E, conforme nosso estudo, podemos reafirmar que essa ameaça consistia, principalmente, na *politização da religião com ideologia de esquerda*.

Os dirigentes da USE e da FEESP eram Luiz Monteiro de Barros e Carlos Jordão da Silva, revezando-se na presidência e vice-presidência das duas instituições federativas (que, na época do MUE estavam em vias de fundir-se, o que acabou não ocorrendo). Na FEESP, Luiz Monteiro foi presidente de 1966 a 1970 e Carlos Jordão de 1970 a 1979 (LEX, 1996, p. 107) e na USE houve um revezamento ao longo do período de 1953 a 1975 (LEX, 1996, p. 145). Walter Sanches, referindo-se ao Carlos Jordão, afirma que "ele era uma cavalgadura. Nunca vi um homem tão estúpido, certo. E de tanto ódio. [...] Ele era extremamente intransigente" (depoimento oral concedido dia 16/11/2011). Este dirigente, conforme Walter, "era nosso inimigo declarado" (depoimento oral concedido dia 16/11/2011). Adalberto Paranhos acrescenta que Jordão era "um espírita conservador (politicamente) até a medula, osso duro de doer. Ele esteve à frente da defenestração do MUE" (depoimento recebido por e-mail dia 17/11/2011). Já Luiz Monteiro seria menos duro (o que foi confirmado por Armando Oliveira Lima). De todo modo, certamente ambos os dirigentes, nos momentos decisivos de reuniões com o MUE, colocaram-se como opositores da empreitada revolucionária dos universitários.

Ary Lex, médico, orador e escritor espírita, conselheiro da USE e da FEESP, era um dos nomes de peso no movimento espírita paulista à época do MUE. Mesmo tendo sido filiado ao Partido Socialista Brasileiro (PSB),[27] foi um dos opositores do movimento. Segundo Armando Oliveira, "o Ary nos chamava de 'comunistinha'. Quer dizer, desprezava a nossa posição. Ou fazia de conta que desprezava a nossa posição" (depoimento oral concedido dia 9/7/2009).

Porém, no seu livro *60 anos de Espiritismo no Estado de São Paulo (nossa vivência)*, Ary Lex dá destaque ao MUE. Refere-se a Armando Oliveira Lima e Adalberto Paranhos como "jovens brilhantes". Contextualiza o cenário em que atuaram: "Lembremo-nos de que estávamos em 1968, em plena vigência do regime militar e do AI-5; havia perseguição àqueles rotulados de subversivos" (LEX, 1996, p. 66). E dá a sua versão para o término do MUE:

> Numa Concentração de Mocidades, o grupo de jovens esquerdistas apresentou uma peça infeliz, com ataques à ditadura e aos militares, que desencadeou um trauma profundo no movimento de unificação.[28] Os espíritas conservadores exigiam que se condenasse e até punisse os responsáveis, porque a manifestação era perigosa para a estabilidade das entidades espíritas. Nomeada uma Comissão para pesquisar os fatos, esta recomendou a exclusão do Movimento Universitário Espírita da USE, o que foi aprovado na reunião do Conselho Estadual. (LEX, 1996, p. 66-67).

Também relata o episódio da saída do MUE do Centro Espírita Allan Kardec de Campinas:

> Nessa época, surgiram desentendimentos entre os jovens e os dirigentes dos Centros espíritas de Campinas. A USE tentou fazer mediação no caso e enviou-nos

---

27 Sobre o PSB, ver o texto de Margarida Luiza de Matos Vieira: "O Partido Socialista Brasileiro e o Marxismo (1947-1965)" (VIEIRA, 2007, p. 167-196). A autora diz o seguinte: "Ao contrário da maioria dos partidos de esquerda no Brasil dos anos 60, o Partido Socialista Brasileiro (PSB) não se afirmou como partido marxista. Respeitava as contribuições de Marx e de outros teóricos, responsáveis pela crítica ao sistema capitalista e pelas indicações de uma sociedade nova, socialista e, mais à frente, comunista, mas se dispunha a ser um espaço aberto aos que quisessem construir uma sociedade sob o lema 'socialismo e liberdade'" (VIEIRA, 2007, p. 167). O próprio Ary Lex lista os "confrades" que militavam no PSB: "Emilio Manso Vieira também foi militante político. Em 1950, ingressou no Partido Socialista Brasileiro, onde já militavam os confrades Cid Franco, Freitas Nobre, Aristides Lobo, Eurípedes de Castro, Ary Lex, Hermínio da Silva Vicente, Anselmo Gomes e outros" (LEX, 1996, p. 154). A informação é de grande interesse para o entendimento do perfil político dos espíritas socialistas. Todavia, não foi possível aprofundarmo-nos na pesquisa acerca dessas personalidades.

28 Curiosamente, os ex-integrantes do MUE não confirmaram sequer a existência dessa peça, contraditando a versão de Ary Lex para o término do movimento universitário.

com Miguel de Jesus e Apolo Oliva Filho, a Campinas. Nós três provínhamos do movimento de Mocidades e tínhamos alguma possibilidade de diálogo, mas nada conseguimos. Encontramos as duas partes ferrenhamente apegadas aos seus pontos de vista e nada cederam. Assim, também em Campinas os jovens universitários acabaram se afastando do movimento espírita. Mesmo depois de afastados, passaram a editar o opúsculo mensal "*A Fagulha*", com bons artigos de fundo, mas permanecendo a orientação política de esquerda. (LEX, 1996, p. 67).

Para Edson Coelho, "Ary Lex e Abel Glaser eram a expressão da religiosidade e do conservadorismo da USE, Amesp e FEESP" (depoimento recebido por e-mail dia 19/10/2011). Abel Glaser, o diretor do Departamento de Mocidades da USE, é apontado por diversos ex-integrantes do MUE como um "olheiro" da federativa paulista, alguém que era mandado para as concentrações juvenis para supervisionar o que estava sendo dito, que rumos estavam sendo impressos ao movimento de mocidades com a forte influência dos "universitários subversivos". Adalberto Paranhos, por exemplo, conta que "o Abel, que era um cara mais velho e atuava num certo sentido como diria eu hoje, como olheiro, depois como interventor na prática do movimento de juventudes. Ele era o responsável pelo setor de juventude" (depoimento oral concedido por Adalberto Paranhos dia 29/8/2010).

Adalberto também conta que o médium, orador e líder espírita Divaldo Pereira Franco, "segundo homem em importância no espiritismo brasileiro, logo após o falecido Chico Xavier" (LEWGOY, 2008, p. 89), "também fez carga contra o MUE" (depoimento oral concedido dia 29/8/2010). Conhecendo já o pessoal do MUE – o Armando Oliveira e o Adalberto Paranhos – "de épocas anteriores, quando ele vinha dar palestras aqui", ele "nos via como sinal de perigo [...]". Conforme Adalberto, o "Divaldo, em muitas oportunidades, criticou a ação do MUE". Esclarece Adalberto que não se tratavam de manifestações públicas contra os jovens universitários:

> chegaram ao nosso conhecimento, por diferentes fontes, informações óbvias de que ele não via com a menor simpatia as posições assumidas pelo MUE de Campinas. Mas não me consta que ele tivesse se expressado de público sobre isso.
>
> Isso me parece óbvio porque os vínculos do Divaldo com os dirigentes e a massa espírita mais conservadores sempre foram escancarados. Jamais pensamos em contar com o endosso dele à postura do MUE. Seria alimentar uma expectativa extremamente ingênua.

Pelo que soubemos, à boca pequena o Divaldo lamentava o tipo de ação que desenvolvíamos. [...] Era aquele velho papo: jovens tão dinâmicos, tão inteligentes, com tanta energia empregada para fins que não eram os mais indicados [...] (informação obtida por e-mail dia 13/8/2011).

Refletindo acerca da real importância do movimento, Armando Oliveira identifica uma reação exagerada diante de um grupo tão idealista e minoritário:

> Eu não sei se o nosso movimento teve um valor muito grande em razão da reação dos reacionários ou se ele tinha realmente um valor em si. Quer dizer, nós éramos tratados como marginais pelo movimento, pelo menos pelos "cabeças do movimento". "Comunistinhas" ou coisas assim desse tipo. Inclusive por gente que a gente conhecia, que eram pregadores doutrinários. Ary Lex, por exemplo, que era muito amigo nosso inclusive, mas tratava a gente como "comunistinha", "marginalzinho", né. O movimento praticamente desapareceu, ou começou a desaparecer, quando a FEESP ou a USE, uma das duas instituições, proibiu a realização de um movimento em São Caetano do Sul sob a alegação de que era um núcleo comunista que estaria realizando um trabalho não permitido. Sob a ameaça inclusive de denúncia à polícia e de apreensão do pessoal do movimento.
>
> Eu fico me perguntando se nós merecíamos aquilo. Se nós tínhamos um valor tal que merecesse aquela reação. Eu acho que se eles tivessem deixado correr solto o movimento desapareceria por si, como todo movimento, e eles não ficariam com a responsabilidade de ser reacionários e lutarem contra um pessoal que acreditava naquilo que fazia. (Depoimento oral concedido dia 9/7/2009).

De fato, o MUE jamais atingiu uma amplitude quantitativa de grande vulto, provocando, entretanto, a atenção do movimento espírita brasileiro com a radicalidade do seu discurso e o dinamismo de suas atividades, num contexto político nacional especialmente explosivo. Sobre o MUE de Campinas, Adalberto Paranhos destaca que

> apesar de contar com um número relativamente restrito de pessoas [...], umas quinze pessoas, no máximo. [...] adquiriu uma ressonância muito maior daquilo que era quantitativamente. Assim, muito mal comparando, [...] isso guarda alguma relação, distante, é bem verdade, com o anarquismo na primeira república. Era um movimento de minorias, não é, mas o estardalhaço criado, quer dizer, a repercussão das ações iam muito além da sua dimensão quantitativa, a ponto de, como diz uma historiadora, Angela de Castro Gomes, se transformar ou ser apontado como inimigo público número um da nação. Nesse sentido nós passamos a

ser num determinado momento como que uma espécie de inimigo público número um do movimento espírita oficial. A ponto de merecermos, entre aspas, até editorial do *Reformador*, o jornal, a revista da Federação Espírita Brasileira. (Depoimento oral concedido dia 29/8/2010).

Para muitos o MUE constituía-se também num movimento paralelo, isto é, um movimento que atuava fora do quadro organizativo-institucional que tinha na Federação Espírita Brasileira e nas federativas estaduais o seu principal alicerce. Entendia-se (e entende-se) que os movimentos paralelos pulverizam as forças espíritas e correm o risco de desviar-se com relação à pureza doutrinária. São, portanto, ilegítimos aos olhos das bem estabelecidas instituições federativas espíritas. Paulo Alves de Godoy, por exemplo, afirma em *Doutrina Espírita e Pureza Doutrinária*, que, como uma das

> correntes que se distanciam dos postulados sustentados pela Codificação Kardequiana [...] estão os movimentos paralelos, desviando esforços e procurando ofuscar os lídimos princípios esboçados pelo Espírito da Verdade e pela plêiade de Espíritos puros que tomou parte ativa no processo de revelação das novas verdades à Terra. (*Revista Internacional de Espiritismo*, abr.-maio 1967, p. 67).

Como já vimos, Herculano Pires defendera o MUE da acusação de ser um movimento paralelo que esvaziaria as mocidades, pois tinha a sua missão específica, não sobreposta a outras, cumpridas por outras entidades (*A Fagulha*, nº 11, set-out. 1970, p. 33-34). O próprio pessoal do MUE, conforme vimos no depoimento de Pedro Francisco logo acima, "queria mostrar pra eles [USE] que não éramos um movimento paralelo e muito menos um movimento político e que somávamos junto com a USE sim senhor" (depoimento oral concedido dia 7/4/2010).

Ora, quando o MUE posiciona-se de um modo radicalmente divergente do pensamento hegemônico espírita, da "ortodoxia espírita", ele passa a ferir profundamente o que os portadores dessa ortodoxia julgavam como sendo a "pureza doutrinária". Com isso, o MUE deixava de ser aceito como um grupo legítimo no interior do movimento espírita brasileiro. Logo, se ele não era aceito como um grupo legítimo no "movimento espírita oficial", então ele constituía-se como um "movimento paralelo". Tal raciocínio desnuda a falta de saída para aqueles que, sem ter o poder de definição da ortodoxia ao seu alcance, querem, de um modo crítico, manter-se (ou inserir-se) num movimento bem institucionalizado e avesso ao debate pluralista. Não podendo escapar da pecha de serem "heterodoxos", portanto contra a "pureza doutrinária", não podem inserir-se: são, sem escapatória, "movimentos paralelos".

Na percepção de Armando Oliveira, o que o MUE desejava era avançado demais para a época, daí a forte oposição encontrada:

> eu acho que havia muito de romantismo. Era David contra Golias só que com resultados diferentes. Quer dizer, a ideia nossa de comparar o Espiritismo com algumas teses do Marxismo [...] uma loucura do ponto de vista daquela época, da reação que aquela época havia de promover, né. Nós nos considerávamos socialistas, começamos com os socialistas ingleses, Proudhon, Owen. E de repente encontramos alguns textos de espíritas que falavam de socialismo e espiritismo. Aí a gente se engajou e foi [...] (depoimento oral concedido dia 9/7/2009).

Walter Sanches considera que os

> espíritas velhos eram normalmente muito... muito direitistas, certo. E a gente tava procurando alguma coisa mais... mais avançada, mais socialista. [...] Eles eram muito apegados à... "a lei é essa, o que o governo manda é isso e é isso que nós temos que fazer", certo. E não era isso... Os jovens normalmente não são pra isso, né... (depoimento oral concedido dia 16/11/2011).

O conflito do MUE com os dirigentes espíritas de sua época é também certamente um conflito geracional. Armando Oliveira conta do espanto juvenil com relação ao padrão comportamental prescrito pelos mais velhos:

> eu me lembro de uma concentração em Uberlândia onde um médico foi convidado a dar uma palestra, [...] a dar uma aula para nós. E nunca mais vou esquecer. Ele fazia a afirmação de que até pra pegar na mão da namorada, que era uma donzela, nós tínhamos de nos portar como cavalheiros e pedir licença. A negada já dormia entre si naquela época [...]! Os assembleiados, o pessoal participante da reunião já dormiam entre si [...]! Então era também de um romantismo da parte deles enorme, de uma falta enorme de conhecimento da realidade. E isso afetava a gente, a gente ficava horrorizado. (Depoimento oral concedido dia 9/7/2009).

Neste conflito geracional, figurava com destaque uma irritação por parte dos jovens com relação ao que chamavam de "religiosismo" ou "igrejismo". A vivência religiosa mais tradicional, por um lado formalista e dogmática e, por outro, piedosa, emotiva e piegas, incomodava boa parte dos jovens da geração anos 1960-1970. Armando dá um relato bem emblemático:

Uma outra coisa que aconteceu, que eram motivos de reforço pra nossa posição, em Uberaba houve uma concentração de mocidades espíritas no centro-sul. Que aliás durou bastante tempo, durou muito tempo. Advinha quantas preces nós tivemos de fazer por dia?

Dez... [arrisco o palpite]

Não sei, vamos contar. Uma pra levantar. Uma pra começar a reunião da manhã. Uma pra terminar a reunião da manhã. Uma pra começar o almoço. Uma pra terminar o almoço. Uma pra começar a sessão da tarde. Outra pra se encerrar a sessão da tarde. Uma pra dormir. Uma na janta. Outra depois da janta. Acertou. E uma de noite pra dormir. Quer dizer, [...] dez preces por dia! Aquilo pra nós era a morte rapaz. Era um exagero. E é contra essas coisas que a gente... essas coisas é que incentivavam a nossa posição de espírito de porco. [...] Quer dizer, vai viver eternamente fazendo prece [...]. Quê que isso tem de valor do ponto de vista verdadeiro... Depois você faz uma prece acabou... Agora, pô, fazer dez por dia. Que é isso! Então eu acho que essas coisas todas reforçavam a posição de alguns. (Depoimento oral concedido dia 9/7/2009).

Conforme Armando Oliveira, os jovens universitários espíritas queriam vivenciar no movimento espírita a liberdade de pensamento que imaginavam ter na universidade: "nós queríamos ser aquilo que nós éramos, dentro do movimento que nos interessava, que era o movimento espírita. E é isso que não nos deixavam ser. Por força de uma religiosidade excessiva, por força de um reacionarismo excessivo" (depoimento oral concedido dia 9/7/2009). Para Armando, o cerne da questão é que a posição dos espíritas era dogmática, independentemente do discurso formal acerca da definição do Espiritismo. Então, mesmo que não se assumisse o Espiritismo como religião, "porque religião tem dogma, Espiritismo não tem dogma, porque religião tem santo, Espiritismo não tem santo", o caráter dogmático era o fato na postura dos espíritas.

Armando Oliveira chega a considerar que

> a única certeza mesmo que a gente tinha é que a história do Espiritismo religioso era furada. Pra nós era furada. Ou ele era científico ou ele era filosófico. Tanto que você encontra muito pouca coisa de religiosa n'*A Fagulha*. [...] A gente tinha intenção de que houvesse uma mudança de comportamento do pessoal dos centros. E essa mudança de comportamento implicava no relativo abandono do aspecto religioso pra pular pro aspecto científico e filosófico. Que era o filosófico que nós ligávamos ao marxismo. (Depoimento oral concedido dia 9/72009).

Mas esse entendimento não era consenso entre os integrantes do MUE. Pedro Oliveira, por exemplo, destaca a importância que dava para a tese de que o Espiritismo é uma religião *sui generis*, desbastada dos assessórios, dos dogmas, restrita ao *religare* a Deus.

> A minha tese era muito no campo da religião. Então, a minha tese, eu sempre defendi que o MUE não é um movimento materialista, socialista materialista, comunista materialista. O MUE está centrado na tese kardequiana. Então nós acreditamos na religião, porque é um elemento que, haja visto que Paulo Freire, quando na *educação para a prática da liberdade*, aquele livro era um dos livros que a gente gostava muito de estudar, quando ele fala da religião e do homem, no *religare* a Deus etc. Mas num plano sem essas beatitudes, sem esse fanatismo. Porque a religião não é pra conduzir ao fanatismo, não é pro cidadão ser religioso pra ganhar bênçãos, porque você tem que ganhar o pão nosso de cada dia trabalhando e servindo. Mas também é aprender a fazer, a ser útil ao seu próximo, fazer o bem comum. (Depoimento oral concedido dia 7/4/2010).

Em *Será o Espiritismo mais uma religião?*, texto que já apresentamos, Pedro Francisco, partindo das ideias de Paulo Freire sobre diálogo, criticidade e radicalidade, tece críticas severas à falta de reflexão crítica e de democracia por parte da maioria dos espíritas, que, envoltos "por uma consciência mística", possuem da Doutrina Espírita uma "visão não raro irracional", "descambando em certas ocasiões para o fanatismo, pensando ser o Espiritismo salvacionista e mais, para estes a verdadeira vida se resume à do além, e com isto seus pés flutuam no aquém" (*Presença*, n° 4, jan. 1973, p. 3 e *Estudos Psíquicos*, maio 1972, p. 148).

A "democracia à moda da casa", refletindo, "em âmbito menor, a crise da democracia no mundo" é o padrão nas casas espíritas, nas quais não existe espaço para discordância nas questões relevantes, como a injustiça social:

> Nas reuniões dos centros espíritas todos participam. Mas de que forma? Ora!... têm o direito de entrar na instituição, sentar-se, ouvir o presidente – denominado às vezes de "dono do centro" – pregar o Evangelho, receber passes e tomar água fluída e depois saírem silenciosamente a fim de não perturbarem a paz do ambiente, a casa de Jesus. Ai de quem discordar de algo de importância fundamental! Ai de quem mexer mais a fundo em questões como injustiça social! Elege-se como norma a cartilha do rebanho. (*Presença*, n° 4, jan. 1973, p. 4 e *Estudos Psíquicos*, maio 1972, p. 148).

O conservadorismo espírita se expressa na falta de comunicação interna e externa, olvidando "a vocação ontológica do homem a ser sujeito":

> Uma quantidade inumerável de espíritas são, conscientemente ou não, conservadores, reacionários. Levantam obstáculos à comunicação entre si mesmos e da doutrina com o mundo cultural, visando, no fundo, preservar a seus interesses e a chamada "pureza doutrinária" do Espiritismo. Tais pessoas mantêm o Espiritismo – sob muitos aspectos – divorciado do mundo, do estudo comparado com os vários setores do saber humano, deixando de lado a pesquisa. Afeitos às comunicações dos espíritos, diante dos quais se comportam com frequência passivamente, revelam a marca de seres-objeto, traço característico da nossa sociedade, desconhecendo, em realidade, a vocação ontológica do homem a ser sujeito. (*Presença*, n° 4, jan. 1973, p. 4 e *Estudos Psíquicos*, maio 1972, p. 148-149).

Dessa postura, resulta a deterioração do Espiritismo:

> Ao se deteriorar o Espiritismo vai, sob uma perspectiva geral, se reduzindo a uma seita a mais no mundo em virtude da pressão do meio e da ação acrítica que os espíritas vem desenvolvendo em torno dele. A continuar assim, passará o Espiritismo à história como mais uma religião sepultada na vala comum do esquecimento? Adivinha! (*Presença*, n° 4, jan. 1973, p. 4 e *Estudos Psíquicos*, maio 1972, p. 149).

Quer dizer, o problema não é o Espiritismo ser considerado religião, e sim "mais uma religião", "se reduzindo a uma seita a mais no mundo". O problema é ser religião tal qual as demais. O Espiritismo deveria ser crítico, racional, progressista. Então, para aqueles que o entendiam como religião, era fundamental a defesa de uma forma inédita de religião: sem dogmas, com base científica, filosoficamente reflexiva, socialmente progressista.

Nilma Guimarães, do MUE de Campinas, dissertando sobre o conformismo (cita *Psicanálise da Sociedade Contemporânea* de Erich Fromm) advindo da falta de razão e de consciência, aponta para o conservadorismo da religião quando tomada irracionalmente:

> Infelizmente, pondo de lado o uso da razão, a religião, em grande parte, pode ser contada entre as forças conservadoras da sociedade moderna, visto que, não raro, leva o homem a se abstrair do uso da razão, mantendo-o *conformado* com regimes profundamente irreligiosos. (*Ultimatum*, n° 2, set. 1969, p. 3 e *Presença*, n° 1, nov. 1969, p. 3; sublinhado da autora).

Quando a religião é vista como algo que pode ser axiologicamente vivida positivamente, frequentemente os integrantes do MUE classificam de religiosismo a sua vivência negativa, degradada, irracionalista. É assim que Nilma Guimarães se expressa:

> Em consequência, o homem, preso a esse tipo de religiosismo, finalmente degenera para o misticismo, sem procurar aplicar a verdadeira mensagem de suas doutrinas a uma realidade social palpável.
>
> É por isso que formamos entre aqueles que clamam para que a religião leve o homem a raciocinar e a ter consciência relativamente às engrenagens sociais que o envolvem. A fim de que ele possa lutar para formar as bases de uma *sociedade sadia*, onde deverá desenvolver a capacidade para amar o próximo, para trabalhar incessantemente e criar condições sociais adequadas ao seu aprimoramento, para não se transformar em instrumento de uso e exploração dos outros. (*Ultimatum*, nº 2, set. 1969, p. 3 e *Presença*, nº 1, nov. 1969, p. 4; sublinhado da autora).

Apesar de estar situado no interior de um campo tipicamente religioso como é o movimento espírita brasileiro, Adalberto Paranhos não considera o MUE um movimento propriamente religioso:

> Religioso, no sentido mais tradicional da palavra, não. Nós procurávamos enfatizar a dimensão filosófica e científica do Espiritismo. E tínhamos críticas muito grandes à transformação por que passou o Espiritismo no Brasil ao ser como que rebaixado a condição de religião, marcado por práticas fundamentalmente assistencialistas; entendíamos que isso era uma forma de assinalar a cumplicidade do Espiritismo com a ordem capitalista. Por essa via de ação simplesmente se ofereciam remendos, paliativos, sem buscar atacar problemas, os problemas na sua raiz, o que envolvia, entre outras coisas, fundamentalmente a transformação das estruturas econômico--sociais da sociedade brasileira, sem falar de outros aspectos ligados à dimensão, digamos assim, espiritual. E o MUE tinha um norte bem definido com relação a isso. Queria se apartar desse Espiritismo comprometido com o sistema, conivente com a violência estrutural. (Depoimento oral concedido dia 29/8/2010).

A ênfase nas questões políticas se deu de forma muito clara no que diz respeito ao MUE de Campinas. Um pouco diferentemente se construiu o discurso do MUE de São Paulo, não obstante seu posicionamento crítico ante as injustiças sociais. Djalma Caselato explica que quando alguém escrevia algum assunto que era relacionado com o social, isso era lido em conjunto, discutido, e "tah, legal, vamos publicar, né". Mas não havia uma discussão naquele tempo, não havia um estudo específico sobre o que estava ocorrendo na sociedade, o que estava acontecendo. Não havia isso não. Os nossos estudos, a ênfase mesmo era ciência, né. Tanto é que passamos um bom tempo estudando metodologia científica, utilizando autores clássicos, fora do Espiritismo, né. Chegamos até a fazer uma apostila de metodologia científica. [...] A gente estudou Bachelard... até Piaget a gente estudou. [...] Então esse era o enfoque maior do que a gente estudava aqui em São Paulo. (Depoimento oral concedido dia 28/10/2011).

Adalberto Paranhos comenta a diferença de ênfase entre os MUEs de Campinas e de São Paulo:

Mas o MUE adquiriu maior relevância, inclusive o MUE de São Paulo ao que tudo indica já na segunda metade dos anos 60, mas sem gerar os incômodos ao movimento espírita que nós provocamos, porque com o Armando, eu, e o nosso grupo, como eu já frisei, houve uma maior politização da reflexão em torno do Espiritismo. E voltando ao que você havia perguntado agora a pouco, isso chegou até a despertar algum ciúme porque nós passamos a assumir a condição de vitrine do Movimento Universitário Espírita, mas não era um problema sério, nós convivemos muito bem. (Depoimento oral concedido dia 29/8/2010).

No MUE paulistano o foco parecia estar no resgate do Espiritismo científico e filosófico, reclamando criticidade e diálogo cultural. Seu jornal, *Espírito Universitário*, serve-nos de guia para acompanharmos sua plataforma. "O Espiritismo será dialético ou não subsistirá", lema do periódico paulistano, é uma espécie de advertência para o movimento espírita do perigo de se desconhecer a real natureza da Doutrina Espírita, que é "dinâmica, progressista, de libertação" (*Espírito Universitário*, n° 1, jun. 1971, p. 1). Fazendo troça com o império da religião no Espiritismo diz-se que: "Há dirigentes espíritas para os quais o Espiritismo apresenta três aspectos, quais sejam: religioso, evangélico e cristão [...]" (*Espírito Universitário*, n° 1, jun. 1971, p. 6).[29]

---

29   O humor, a irreverência, é um traço presente nos MUEs e nas mocidades mais "atrevidas". Para dar mais um exemplo, fazendo-se referência a um dos membros do MUE – Celso Saad –, conta-se que "o 'eminente pensador espírita' Celso Roberto Saad, de São Caetano, após profundas reflexões sobre o processo palingenésico, concluiu que: *o prego de hoje não será necessariamente o martelo de amanhã*" (*Espírito Universitário*, n° 1, jun. 1971, p. 9; sublinhado no original).

Com o MUE de São Paulo, fortalecia-se a impressão de que o MUE vinha para combater a religião no seio do Espiritismo. Esta impressão é a premissa do artigo *Religião e Espiritismo Dialético*, de Valter Scarpin e Edson Silva Coelho, ambos do MUE de São Paulo: "Afinal, que tem os MUEs contra a religião? Essa pergunta ocorre a tantos quantos tomam conhecimento da posição arreligiosa dos MUEs" (*Espírito Universitário*, n° 3, jun. 1972, p. 5). Os articulistas esclarecem que nada têm "contra a religião", não obstante a sua convicção no "caráter não religioso do Espiritismo Dialético" (*Espírito Universitário*, n° 3, jun. 1972, p. 5). A incompatibilidade do Espiritismo com a religião é sobretudo epistemológica:

> A religião implica numa submissão do homem a algo que lhe transcende, o sagrado. Este, em sendo perfeito, se faz acriticável.
>
> Ora, essa atitude característica da religião, incompatibiliza-se com a epistemologia espírita, a qual tem na criticidade seu alicerce mais sólido. (*Espírito Universitário*, n° 3, jun. 1972, p. 6).

Nesse artigo, bastante denso e erudito, no qual os articulistas repassam as teses sociológicas e epistemológicas acerca do fenômeno religioso (tratando de Feuerbach, Durkheim e Weber), as instituições religiosas e o comportamento religioso são os principais alvos da crítica do MUE. Assim, nem mesmo a tendência progressista que vicejava na Igreja Católica escapa da análise sociológica:

> Como instituto social, a religião representa, de certa forma, uma defesa da estrutura e uma vez transformada tal estrutura, necessário se faz por parte daquela readaptar-se em termos estruturais, mesmo que conservando (e isso sempre tem ocorrido) seus dogmas de fé. Ela se amolda às novas exigências históricas. Um exemplo claro disso nos é dado pela Igreja Romana que, na idade média foi senhora feudal, que, sob o liberalismo defendeu (e defende ainda) a propriedade privada e a livre competição (não só defendeu como apropriou-se privativamente dos bens materiais) e que, em nossos dias, dado o engrossamento das fileiras socialistas, apresenta, em algumas alas, tendências de "esquerda". Tal mimetismo evidencia que a religião, como instituto social, se debate entre duas pressões: a de preservar, defender o status imperante e a de se perpetuar historicamente, apesar das possíveis transformações. (*Espírito Universitário*, n° 3, jun. 1972, p. 8).

Mais do que as instituições, trata-se de rechaçar o comportamento religioso, que pode encontrar-se inclusive no Estado quando este se estrutura "em padrões de totalitarismo acriticável (característica do totalitarismo do sagrado), arvorando-se em condutor perfeito das coletividades humanas, às quais cumpre adorá-lo, obedecê-lo e não criticá-lo". Como exemplo deste comportamento, cita-se a "etapa atual do desenvolvimento do comunismo" (*Espírito Universitário*, n ° 3, jun. 1972, p. 8-9). Quanto à ideia religiosa em fase pré-institucional, o MUE reserva alguma simpatia: "Aos integrantes do MUE parece pacífico o caráter progressista, revolucionário mesmo do cristianismo primitivo, correspondente à fase pré-institucional fixada por Weber". O artigo é finalizado dando a entender que a posição bastante definida do MUE "face à religião e ao pretenso caráter religioso do Espiritismo" não é imatura, já que resultou de "estudos apurados":

> Buscamos imparcialidade na análise e a refutação que fazemos à "religião espírita" não nasce do ingênuo anti-religiosismo formado a priori, mas ao revés de estudos apurados que nos atestam a relação antitética entre o Espiritismo Dialético e o espírito religioso. (*Espírito Universitário*, n° 3, jun. 1972, p. 9).

Referindo-se ao MUE de São Paulo, Djalma Caselato, afirma que "alguns elementos que dirigiam, que tinham uma certa liderança, com certeza eram do Espiritismo laico" (depoimento oral concedido dia 28/10/2011).

Lembremos ainda que o MUE de Campinas, já em 1971, chegou a aproximar-se do movimento espírita dos jovens venezuelanos, que propalavam o Espiritismo laico:

> Tínhamos uma ponte também com o movimento de jovens venezuelanos [...]. Com Espiritismo laico, Jon Aizpura, o nome do rapaz, Jon Aizpura, acho que um pouco mais velho do que eu. Há um livro, *Espiritismo Laico*, escrito por um venezuelano que era uma referência fundamental pra eles. Guardadas as proporções, também era como se esse autor do *Espiritismo Laico*, cujo nome me foge agora, fosse o Armando e o Aizpura eu. Quem costurava os contatos, o elemento mais dinâmico nessa relação era o Jon Aizpura, que esteve no Brasil, a convite do pessoal do MUE de São Paulo. Mas o grande combate pra eles não passava especificamente pela questão política, stricto sensu, era a demolição do Espiritismo como religião, eram defensores do Espiritismo laico. [...] Interessante essa aproximação com o pessoal da Venezuela, porque nós compartilhávamos da preocupação de colocar para escanteio a dimensão religiosa do Espiritismo, que pra nós representava um atraso de vida. (Depoimento oral concedido por Adalberto Paranhos dia 29/8/2010).

Havia, portanto, de um lado o discurso bastante politizado do MUE de Campinas (que em alguma medida também fazia a crítica da religião) e o criticismo epistemológico do MUE de São Paulo (que não deixava também de adentrar nas questões político-sociais). E, de outro, a oposição generalizada do movimento espírita institucionalizado que se dizia apolítico e fincava pé na defesa do caráter religioso da Doutrina Espírita (em seu tríplice aspecto). Daí, podermos concluir mais firmemente que o embate discursivo se deu nos termos de uma oposição entre política e religião.

O apelo ao aprofundamento dos estudos, procurando dar vazão à ânsia por vivenciar um Espiritismo científico e filosófico, é uma raiz comum ao surgimento dos MUEs de Campinas e de São Paulo, premissa necessária tanto ao diálogo com o marxismo objetivando a ação política quanto à busca de um fazer genuinamente científico no âmbito espírita:

> Sinteticamente, eu diria que o surgimento do MUE está conectado à preocupação com a necessidade de investir mais fundo nos estudos, já que frequentemente nas práticas dominantes nos centros espíritas não havia muito espaço para esse tipo de coisa. Isso explica, por exemplo, essa primeira fase do MUE de São Paulo, a segunda, o que aconteceu na segunda metade dos anos 60 e já no nosso caso, associado a tudo isso, a necessidade de estarmos mais presentes no mundo em que vivíamos. Enfim, encarar o aqui e agora, sem deixar tudo pra ser resolvido no além. Então, é essa, de forma muito sucinta, é o que justifica o surgimento do MUE. (Depoimento oral concedido por Adalberto Paranhos dia 29/8/2010).

Com isso temos mais um fator adicional para explicar o surgimento do MUE. Além do contexto político-social amplo de acirramento da luta de classes e do acúmulo de uma tradição de pensamento social espírita de viés socialista, temos a expansão do ensino de nível universitário. Muito jovens espíritas passam a frequentar os cursos universitários, adquirindo assim maior exigência intelectual na sua vivência espírita. Eles, ao adentrarem o universo acadêmico, não se davam mais por satisfeitos com os estudos oferecidos nas instituições espíritas, tidos por insuficientes, superficiais e dogmáticos. É nesse sentido que Adalberto Paranhos apresenta o nível universitário como condição para "ensaiar alguns vôos mais altos", isto é, para fundar um Movimento *Universitário* Espírita obviamente é necessário haver universitários espíritas:

> Por exemplo, na Mocidade Espírita Allan Kardec, assim como no movimento de juventudes em geral, se faziam reuniões de estudos, mas com maior limitação, evidentemente quando você tem um público, ou tendo um público, como ocorreu na

época, já de nível universitário, se podia tentar ensaiar alguns vôos mais altos, não é. (Depoimento oral concedido dia 29/8/2010).

Frise-se, porém, que a ideia de um movimento universitário exigiria sobretudo uma "mentalidade universitária", mais do que a condição de estudante universitário. É o que se esclarece no jornal *Espírito Universitário* do MUE de São Paulo:

> Avessos pela própria natureza a quaisquer espécies de dogmatismo e preconceito, nunca é demais frisar o erro no qual incorrem alguns confrades, ao identificarem, desavisadamente, mentalidade universitária com a condição de universitário.
>
> Ora, uma pessoa portadora de mentalidade universitária – eis o que importa primordialmente – se revela permeável ao novo, capaz de voltar atrás, detentora de idéias arejadas e sequiosa de saber e ser. [...]
>
> Em realidade existe muito universitário que dele só tem o nome. Não se apegando, por conseguinte, ao domínio das exterioridades ou das aparências, de modo algum constitui exigência "sine qua non" para alinhar-se nos MUES o grau de instrução universitária. (*Espírito Universitário*, n° 1, jun. 1971, p. 3).

Mesmo com o discurso pelo espírito crítico, com a tese do Espiritismo não religioso, e sim filosófico e científico, que poderia atrair uma certa ala da intelectualidade espírita brasileira, o apoio que poder-se-ia esperar não veio.

Deolindo Amorim exemplifica bem esse fato. Afinal, ele também se posicionou contrariamente ao MUE, apesar de defender "a participação do Espiritismo no mundo", isto é, um Espiritismo "participante, interessando-se na solução dos problemas sociais" (Quando Falam as Cartas, p. 8, *A Fagulha*, n° 12, nov.-dez. 1970). O problema, na perspectiva do MUE, é que Deolindo Amorim, apesar de ser "um outro intelectual espírita de respeito, do Rio de Janeiro", "não chegava nem ao ponto a que chegou o Herculano" (depoimento oral concedido por Adalberto Paranhos dia 29/8/2010).

Inicialmente, porém, com a leitura da obra *O Espiritismo e os problemas humanos*, de Deolindo Amorim, o MUE tomou-o como um lúcido interprete "das lições do Espiritismo" (correspondência de Armando Oliveira Lima para Deolindo Amorim, Campinas, 10/02/1970, p. 1). Armando Oliveira relata ter convidado Deolindo para participar de um Ciclo de Estudos Sociais que se realizaria em Sorocaba-SP, em 1964, imaginando a oportunidade de poder "debater, aberta e francamente, pontos controversos alinhados em seu livro" (correspondência de Armando Oliveira Lima para Deolindo Amorim, Campinas, 10/02/1970, p. 2). A resposta foi negativa: "motivos alheios à sua vontade, não só particulares como profissionais, impediam-lhe a vinda" (correspondência de Armando Oliveira Lima para Deolindo Amorim, Campinas, 10/02/1970, p. 2).

> Soubemos, posteriormente, quando decidimos pela suspensão daquele Ciclo, boicotado pelos misoneístas, que o confrade dissera a expressivo homem do movimento unificacionista em São Paulo, que rejeitara tal convite "temeroso de implicações de ordem política que pudessem prejudicar sua condição de funcionário público". (correspondência de Armando Oliveira Lima para Deolindo Amorim, Campinas, 10/02/1970, p. 2).

Já em 1970 o MUE insistiu em dialogar com Deolindo Amorim. Enviou-lhe correspondência solicitando-lhe a redação de artigos para *A Fagulha*, ao que Deolindo teria respondido que "não escreveria porquanto não pensava como nós" (correspondência de Armando Oliveira Lima para Deolindo Amorim, Campinas, 10/02/1970, p. 2). A ideia da Equipe *A Fagulha* era dialogar com Deolindo, não obstante suas diferenças, mas para este elas eram mais graves do que supunham os integrantes do MUE.

Não obstante esta tentativa de diálogo, parece que Deolindo não se limitou a recusá-lo; de acordo com Armando Oliveira, sua ação foi repressiva:

> Chegou-nos, neste instante, confrade, diretamente da Guanabara, a notícia de que, coadjuvados pelo Sr., confrades ligados ao movimento espírita de Niterói lideraram "santa cruzada" contra Adalberto de Paula Paranhos, […] que […] esteve de passagem por aí, a fim de dar por fundado o MUE da capital do Estado do Rio de Janeiro. […] Foi tachado de "comunista", de "subversivo" pelos componentes da "santa cruzada", o que já se tornou deplorável praxe… (correspondência de Armando Oliveira Lima para Deolindo Amorim, Campinas, 10/02/1970, p. 3).

Ainda assim, Armando renova o convite para que Deolindo escreva n'*A Fagulha*, chamando-o à responsabilidade de apontar aquilo que lhe pareça errôneo nas ideias do MUE, ao invés de persegui-los, pois se não o fizer, em boa parte a responsabilidade pela permanência no erro recairá sobre seus ombros, pois, "homem culto que" é, "em vez de esclarecer, xingou!" (correspondência de Armando Oliveira Lima para Deolindo Amorim, Campinas, 10/02/1970, p. 4).

Após a carta de Armando Oliveira, Deolindo Amorim responde que jamais abandonara suas convicções expressas na sua obra *O Espiritismo e os problemas humanos*. Sua divergência com o MUE resumiria-se, ao que parece, ao repúdio ao comunismo e às teses de Marx. Fundamentalmente, recusava o comunismo como solução para as injustiças, para a exploração do trabalho humano que, conforme o seu entendimento, a Doutrina Espírita também reprova, "em concordância direta com o pensamento do Cristo" (Quando Falam as Cartas, p. 8, *A Fagulha*, n° 12, nov.-dez. 1970). Para Deolindo, o comunismo não podia ser compatibilizado com o Espiritismo por ser filosoficamente materialista e politicamente totalitário (Quando Falam as Cartas, p. 9, *A Fagulha*, n° 12, nov.-dez. 1970). Karl Marx não é necessário para solucionar as injustiças sociais, "uma vez que a própria Doutrina Espírita nos dá o roteiro certo" (Quando Falam as Cartas, p. 8, *A Fagulha*, n° 12, nov.-dez. 1970).

Fechado nesta concepção arredia a empréstimos marxistas, não admitia a ponte de diálogo que o MUE insistia em construir entre marxismo e Espiritismo.

E quanto às próprias mocidades espíritas? Que tipo de reação os próprios jovens, de diferentes idades, tiveram ao deparar-se com as novidades que o MUE estava pretendendo desenvolver no seio do movimento espírita? Este é um ponto difícil da pesquisa, pois a falta de rastros históricos para a apropriada aproximação com o passado nos deixa substancialmente limitados quanto à sua precisão. A solução ideal seria tentar encontrar os jovens anônimos do passado para entrevistá-los. Infelizmente, não foi possível proceder com essa empreitada, que exigiria uma amplitude quantitativa inalcançável dentro do tempo disponível para esta pesquisa. Com isso, a recepção da juventude espírita ao MUE só poderia ser por nós imaginada a partir dos relatos dados por aqueles que atuaram no próprio movimento universitário e os seus principais opositores. De início, notemos que, de acordo com Valter Scarpin: "O foco principal da nossa atuação era mesmo os movimentos de mocidades, as mocidades espíritas. Era ali é que nós víamos maior facilidade de penetração e também eles eram o futuro, né" (depoimento oral concedido dia 28/10/2011). Assim, se havia de fato maior facilidade de penetração (o que é bastante razoável), resta saber o quão profunda teria sido essa disseminação de ideias, essa conquista do futuro.

Felizmente, pudemos encontrar um setor da juventude que não ficou no anonimato, produzindo material escrito. Analisando esse material, foi possível chegar a algumas conclusões. É o caso especialmente dos jovens de Araraquara, que produziram o jornal ACAL (*A Caminho da Luz*). Nele identificamos uma proximidade com as problemáticas propaladas pelo MUE, inclusive com um de seus articulistas publicando n'*A Fagulha*. Críticos, os jovens da Juventude Espírita Apóstolos da Caridade (JEAC) e da Mocidade Espírita Allan Kardec (MEAC)[30] uniram-se para realizar o ACAL,

---

30 A JEAC era uma mocidade departamental e a MEAK autônoma, isto é, a primeira era um departamento de um centro espírita – no caso o Centro Espírita Paschoal Grossi –,

encampando propostas, expondo pontos de vista que iam desde o apontamento da necessidade de maior liberdade nas mocidades espíritas até a crítica social visando o fim da dominação de classe.

Em *Contribuição Espírita Pró Nova Civilização*, Marlene Adorni Mazzotti, por exemplo, faz a propaganda do livro *O homem e a sociedade numa nova civilização* de Humberto Mariotti com palavras de apelo à ação social espírita pela transformação do mundo, para acabar com a dominação de classe. Em tom de indignação, afirma que

> O Espiritismo não veio para ficar restrito a grossos volumes ou reduzido a rituais de estudos. Ele tem uma missão social a cumprir e poucos foram e são os espíritas que se dispõem a enfrentar a sociedade para transformá-la usando dos conhecimentos que o Espiritismo lhes deu e de que estão convictos (se é que estão!).
>
> É que ninguém quer perder seu "status". É bem pouco cômodo fazer o que fez Schutel ao protestar publicamente contra a injustiça. Ninguém quer ver a atuação social do Cristo em sua época, pois é menos comprometedor ficar só com a teoria evangélica.
>
> Espiritismo é Teoria e Ação. (ACAL, n° 5, ago. 1968, p. 4-5).

E arremata citando trecho da obra de Mariotti: "'Fazer do Espiritismo doutrina contemplativa que espreita as lutas sociais sem nelas intervir, é desnaturá-lo colocando-o longe da ação criadora dos espíritos progressistas'" (ACAL, n° 5, ago. 1968, p. 5).

Num dos editoriais do ACAL, afirma-se:

> Para muitos somos um periódico "quente", isto é, perigoso, que provoca discussões e que não perdoa nada. Para nós, somos a revista que desejávamos ser: crítica, não acomodada, conectada com o tempo em que vivemos, "por dentro", aberta (sempre colocamos nossos espaços à disposição de todos os que tinham algo a comunicar, mesmo quando a mensagem contrariasse nossas concepções). (ACAL, n° 36, abr. 1971, p. 1).

Assim, não obstante possamos detectar um moderantismo acentuado, quando comparado com o MUE, a linha do ACAL revela um fervilhar de questionamentos

---

enquanto a segunda, apesar de ser constituída por frequentadores do Centro Espírita Obreiros do Bem, não tinha vínculo institucional com o centro espírita. Seria interessante refletir sobre a problemática da democracia na organização do movimento espírita olhando para essas diferenças.

a partir de fontes comuns aos universitários de Campinas e São Paulo. Ana Maria Fargoni explica que os temas tratados no ACAL eram definidos

> mais assim pela cabeça do Sérgio – que o Sérgio era uma cabeça pensante, maravilhosa e ponderada –, o Tarso era mais radical, e o meu marido ponderado. O mais radical de todos era o Tarso,[31] em todos os sentidos – político, social – ele era um depredador, um anarquista, e ele era muito argumentativo, muito retórico e a gente ia no embalo dele. (Depoimento oral concedido dia 3/4/2010).

Sérgio Luiz Campani e Antônio Carlos Fargoni constituíam a direção e a redação do ACAL, enquanto Tarso Bonilha Mazzotti, Ana Maria Fargoni, João Munhoz, Marlene Adorni Mazzotti e Nelson Fernandes eram seus colaboradores, tendo ainda como ilustrador Martinho Januário Santana. Pelo texto de Tarso Mazzotti intitulado *Depois de cassada a CENSUL, um desabafo* (A Fagulha, n° 9, set. 1969, p. 37-44 e ACAL, n° 14, maio 1969, p. 7-9), já examinado no capítulo 2, temos um ótimo indicador de que Ana Maria Fargoni tem razão em apontá-lo como "o mais radical de todos".

Embora Nilza Vicente, que participara ativamente da JEAC, afirme que as questões sociais, capitalismo, socialismo, "era o que mais se estudava", deixa a entender que era um tema "puxado" pelo Tarso Mazzotti, que "era muito envolvido". E esclarece:

> Só que se estudava, mas era uma análise à luz da Doutrina, não tinha envolvimento fora, nunca ninguém da comunidade ou alguém do movimento tal, do grupo espírita, não, isso não. [...] O socialismo a gente estudava... o Deolindo Amorim, entende, tinha [...] *Socialismo e Espiritismo*, acho que do Léon Denis. [...] Era estudado sim, capitalismo, socialismo, era estudado, entende. [...] Era dentro do grupo de estudos que fazíamos. Não tinha uma repercussão, de levar assim "agora nós vamos fazer um movimento lá fora", nada disso. Politicamente, naquela época, nunca ninguém ouviu falar que algum espírita tivesse feito, participado de um movimento assim... porque os jovens da universidade participavam naquela época [...]. Pelo contrário, a gente

---

[31] Na mocidade de Araraquara o mais radicalizado era Tarso Mazzotti, com um perfil até certo ponto semelhante ao do Adalberto Paranhos: "O Tarso era bastante polêmico, bastante debatedor, todos os assuntos, qualquer assuntinho virava uma polêmica grande, porque ele dava esse... ele era muito carismático, muito retórico, muito argumentativo, era uma criatura com quem valia à pena conviver. [...] Ele era um pouco iconoclasta, ele era meio rebelde, meio... talvez nós todos fôssemos um pouco assim, uma juventude muito contestadora, nós contestávamos posicionamentos dos adultos, quer dizer, os homens engajados nos centros [...] (depoimento oral concedido por Ana Maria Fargoni dia 3/4/2010).

ó: [sinal de boca fechada]. Jamais... Do nosso grupo não me lembro de ninguém, né Marlene.[32] (depoimento oral concedido dia 3/4/2010).

Como contraponto, aparece o depoimento de Antônio Carlos Fargoni. Questionado se havia discussões sobre os sistemas sociais, Antônio Carlos diz que

> algumas vezes sim, quando o tema era muito, vamos dizer assim, abrangente e que de alguma forma atingisse, como é que eu diria, a expectativa do jovem, ou tornando-o até indignado com a situação, era colocado, "tah"; de uma maneira que não era a temática para a reunião. Mas de repente durante a reunião alguém dizia: "Poxa, viu, o parecer de determinada pessoa sobre esse assunto, isso contraria, vamos dizer assim, aquilo que a doutrina espírita nos ensina e tudo mais, e papapa". Então era esse tipo de discussão que era também passageira, "tah". (Depoimento oral concedido dia 3/4/2010).

Já conforme Ana Maria Fargoni, a ênfase recaia fundamentalmente na educação. Nas palavras de Ana Maria, "o que mais pegava era a educação. Era aquela idealização da educação que pode tudo. Pode mudar a sociedade, pode mudar os centros espíritas. Tudo pela educação". Apesar de afirmar que as "lideranças jovens, dentro da mocidade, tendiam para a esquerda, porque era até um modismo isso", os temas do socialismo e da política os tocavam apenas ligeiramente. Ana Maria ressalta ainda que "o Tarso era mais engajado politicamente" (depoimento oral concedido dia 3/4/2010).

Assim, quando lemos no ACAL Herculano Pires falando da temática do socialismo e da revolução social (ACAL, n° 6, set. 1968, p. 5-8), parece que o mais seguro é entendermos que esse tipo de publicação representava mais a manifestação da presença de Tarso Mazzotti como colaborador no jornal e como "incendiário politizador" das mocidades de Araraquara, do que uma expressão do pensamento médio dos jovens espíritas de Araraquara.

Cabe destaque também, como influenciador externo à mocidade, mas imensamente respeitado pelos jovens, a figura de Orlando Ayrton de Toledo, chamado professor ou doutor Orlando e muito atuante no movimento espírita da região de Araraquara. Seu posicionamento sobre as questões sociais eram portanto referência obrigatória para a mocidade que se reunira em torno do ACAL. Já vimos um de seus escritos publicados n'*A Fagulha*, do qual destacamos a crítica às limitações do materialismo histórico, a afirmação da perda de importância da luta de classes, o rechaço

---

32 Marlene Mazzotti tem a impressão de que Tarso Mazzotti (à época seu marido) só veio a se envolver em movimentos políticos depois de se afastarem do movimento espírita.

à violência revolucionária, a crítica às injustiças sociais como fruto do egoísmo e a insistência na aplicação sociológica da filosofia espírita, amparando-se em Humberto Mariotti (*A Fagulha*, n° 6, ago.-out. 1968, p. 1-7).

No pensamento jovem de Araraquara, em comum com o MUE figurava a crítica ao "igrejismo". É o que aparece na memória de Ana Maria, ao afirmar que "eu acho que a gente abominava o catolicismo", condenando o "ranço católico" quando manifesto em espíritas: "imagina fazer isso, parece atitude de padre", "transformar o centro quase que numa igreja, filinha pra passe", algumas atitudes de médiuns "que parecem padre dando comunhão" (depoimento oral concedido dia 3/4/2010). E também a busca de fundamentação filosófica e científica:

> a direção [da mocidade] era muito preocupada com a fundamentação científica do Espiritismo, filosófico-científica, então preocupava-se em pegar outros autores [...], de buscar os autores que entraram pela veia científica do Espiritismo, pra fundamentar... eu lembro que essa preocupação era muito clara: base científica do Espiritismo, filosófica, tal... (depoimento oral concedido por Marlene Mazzotti dia 3/4/2010).

Ana Maria Fargoni destaca outro traço dos jovens de Araraquara que encontramos também no MUE de um modo geral: "A gente era muito teórico, menos prático" (depoimento oral concedido dia 3/4/2010).

Marlene Mazzotti, que participara da MEAK, também afirma que eles percebiam na época que havia falta de democracia no movimento espírita (depoimento oral concedido dia 13/4/2010). Isto se confirma com diversos escritos publicados no *ACAL*, em que se fala da falta de liberdade nas mocidades (*ACAL*, n° 3, jul. 1968) e na necessidade do diálogo (*ACAL*, n° 5, ago. 1968, p. 6). Questionada quanto ao grau de autonomia do movimento jovem diante das instituições espíritas, Ana Maria Fargoni diz: "Olha, os que pensavam, eu acho que eles se sentiam meio sufocados, assim, achando que estavam cerceados" (depoimento oral concedido dia 3/4/2010).

Nilza Vicente afirma que "o *ACAL* tinha uma visão crítica, mas crítica no bom sentido – porque crítica não é só criticar – é crítica no sentido de análise. [...] Era uma visão crítica do que acontecia no movimento espírita, e nas casas espíritas, nas mocidades espíritas, em todos os setores, até no campo da evangelização infantil" (depoimento oral concedido dia 3/4/2010). Antônio Carlos Fargoni reforça as palavras de Nilza Vicente ao afirmar que a "mocidade ela era [...] bastante [...] participativa, tinha bastante discussão em torno dos temas, era muito crítica […] desprezava de alguma forma as formalidades" (depoimento oral concedido dia 3/4/2010).

Nilza conta ainda que aproximadamente entre 1963 e 1964 tentaram construir um MUE de Araraquara, a partir da participação de algumas jovens universitárias de Araraquara, Jônia Garcia Gomes da Silva, Lídia e mais duas moças das quais não se recorda do nome, em uma reunião do MUE em São Paulo. Pediram ajuda para Jonny Doin e Wallace Leal Rodrigues para fazer um estudo psicanalítico em torno do livro *Sexo e Destino* de André Luís, do que resultou um seminário. Jonny Doin ainda teria feito uma reunião com jovens universitários da região para tratar do tema "o jovem espírita e a sexualidade". A repercussão no meio espírita local foi, nas palavras de Marlene Mazzotti, "um escândalo", dado que o tema ainda era tabu na época. O grupo de jovens que participou dessa efêmera experiência não tinha, conforme Nilza, a concepção de construir um movimento mais avançado que o das mocidades espíritas, deixando claro que se entendia o Espiritismo como apolítico e que, embora se tratando de estudantes universitárias, não tinham muita maturidade, do que resultou o rápido findar da iniciativa de um novo MUE. Enfim, pensavam o MUE simplesmente como uma reunião de universitários espíritas.

Quanto à questão política, Nilza esclarece que

> sempre a gente aprendia "que o Espiritismo é apolítico". Embora você tenha que ter um comportamento espírita dentro na política. Mas a gente sempre era levado a pensar assim: que o importante no momento seria a divulgação da Doutrina mesmo, a reforma moral do ser humano. Por que a gente partia… das conclusões que a gente tirava, a gente sempre sabia que todo sistema, pra você mudar um sistema, parte muito do indivíduo, principalmente no caso de ter uma sociedade melhor, que a gente estuda né, n'*O Livro dos Espíritos*, sobre lei de sociedade. É sempre partindo da evolução moral do Espírito de cada um. Então não era, a gente chegava a conclusão, de que não adiantava você impor um sistema ou um regime, digamos assim, de cima pra baixo. A coisa vinha debaixo pra cima com a reforma interior de cada um. (Depoimento oral concedido dia 3/4/2010).

Nilza destaca a importância da via educacional para o Espiritismo:

> Se todos fossem evangelizados, se todos fossem responsáveis (hoje se fala muito em cidadania, na época não se falava em cidadania se falava que tem que se moralizar mesmo), entende. Partindo disso, você teria uma sociedade melhor, mais aperfeiçoada. Mas não de chegar a tentar assim "não, nós temos que depor determinado presidente, enfim, prefeito, pra que a sociedade melhore", não,

não era essa. A gente aprendia que tinha que partir, a revolução tinha, pra que se houvesse uma sociedade mais assim, com justiça, maior justiça e tudo mais, tinha que se partir do indivíduo. Porque é do particular para o geral, entende. Não adianta você impor um sistema ou uma ideia nova se a pessoa não está preparada para assimilar aquela ideia. Então, nada imposto. Então era a essas conclusões que a gente chegava, entende. Até as pessoas espíritas evitavam ter uma participação assim nas eleições. Era difícil né Marlene, ter espírita atuante, estar se candidatando a prefeito, vereador. Vereador até que... de uns tempos pra cá, né. Mas era difícil de você encontrar, justamente porque a gente aprendia que tem que trabalhar pra melhorar a humanidade. O centro espírita era uma escola que ensinava as pessoas a deixarem de ser o homem velho pra ser um homem novo, se espiritualizando.

Então discutia-se sim capitalismo, socialismo, o próprio *Livro dos Espíritos* traz. Mas era uma discussão assim, pra conhecimento, pra amadurecer, até na questão da nossa participação na sociedade. (Depoimento oral concedido dia 3/4/2010).

Marlene Mazzotti explica que, para eles, "a maneira de chegar nesse socialismo não era pela luta armada, era pela reforma íntima" (depoimento oral concedido dia 3/4/2010). E completa Nilza: "Pela moralização do indivíduo."

Martinho, que atuava na JEAC, recorda que

havia bastante estudo a respeito da postura política vigente, a nossa postura espírita, isso era discutido, e eu me lembro que a gente recebeu outros exemplares de mocidades, tinha *A Fagulha*. A gente lia e discutia. Então isso representava assim um direcionamento pra nós. (Depoimento oral concedido dia 3/4/2010).

Já do ponto de vista de Antônio Carlos Fargoni, à exceção de alguma conversa esporádica, "a gente não discutia a questão política-partidária, não fazia parte dos nossos enfoques, não" (depoimento oral concedido dia 3/4/2010).

Nilza indica ainda o olhar preocupado dos "mais velhos" sobre a reflexão juvenil acerca da política: "Havia mesmo um certo temor de que alguém abordasse com maior abrangência Espiritismo e política." Havia o "medo de que o jovem extrapolasse, entende, de começar a sair gritando, até porque estávamos vivendo um momento político perigoso" (depoimento oral concedido dia 3/4/2010).

Pelo que pudemos constatar com as entrevistas ao pessoal de Araraquara, os temas da política e do socialismo, ainda que tenham sido motivo de conversas, não chegaram a dominar suas reflexões, estudos, debates etc.

Do ponto de vista político, a diferença principal entre o MUE e a mocidade de Araraquara, a nosso ver, é que os jovens do ACAL tinham o mesmo tipo de pensamento de Herculano Pires – não pretendiam, como o MUE, uma revolução política.

Quanto ao contato com o MUE, Antônio Carlos conta que

> o Adalberto Paranhos e o Armando, eles mantinham assim um contato estreito com o Sérgio, que era o responsável na época pelo ACAL, com o Tarso, e a opinião deles ela sempre era trazida para os grupos. Mas eu acredito que de maneira geral, os jovens assim, o grosso das mocidades, tanto aqui quanto da Obreiros do Bem, não levavam muito adiante isso não, "tah". Nós chegamos a receber aqui a visita do Adalberto Paranhos, fez uma visita pra gente, na JEAC ainda antes da união [...], mas foi também uma passagem relâmpago, né. Chegou, passou, ficou aí um pouco, depois já foi embora. E a gente até acabou perdendo o contato com o Adalberto e mesmo com o Armando. (Depoimento oral concedido dia 13/4/2010).

A Fagulha chegava à mocidade de Araraquara, mas o relacionamento do MUE se dava muito mais com Sérgio Campani e com Tarso Mazzotti.

> Então eles recebiam, às vezes transmitiam pra gente alguns assuntos abordados em *A Fagulha*, mas não eram objetos de estudo não, era mera informação: "olha, o pessoal lá de Campinas, *A Fagulha*, apresentou esse artigo aqui, nós achamos interessante". Então, falava, transmitia, era meramente informativo. (Depoimento oral concedido por Antônio Carlos Fargoni dia 3/4/2010).

A recepção à revista *A Fagulha* era, conforme Antônio Carlos, em alguns casos simpática, outras vezes indiferente, dependendo do tema abordado. "Claro que o Sérgio e o Tarso como líderes, sempre a opinião deles tinha um certo peso, né" (depoimento oral concedido dia 3/4/2010).

Nas palavras de Armando Oliveira, referente à mocidade de Araraquara e ao Tarso Mazzotti: "eu acho, por exemplo, que aquele cara de Araraquara foi um ganho nosso. O movimento espírita de Araraquara foi um ganho nosso" (depoimento oral concedido dia 9 de julho de 2009). Conforme o próprio Armando, além do contato estabelecido nas concentrações de mocidades, havia o importante papel da "repercussão d'*A Fagulha*. Araraquara, por exemplo, eu tenho certeza que foi o resultado da revista que a gente mandava pra eles" (depoimento oral concedido dia 9 de julho de 2009).

A favor desta tese da boa receptividade da juventude espírita às propostas do MUE, é o dado fornecido pela *A Fagulha* de que 73 trabalhos escritos foram enviados ao Conselho Diretor da VI CENSUL-Esquema Novo (a concentração que foi proibida pela USE) (*A Fagulha*, n° 7, maio 1969, p. 12). Dentre eles, um foi publicado n'*A Fagulha* n° 7 – *O Espiritismo e as Doutrinas Sociais*, da Equipe da Mocidade Espírita de Americana. Segundo a revista, o trabalho "diz, com bastante fidelidade, dos anseios da juventude espírita do Centro-Sul do Estado de São Paulo" (*A Fagulha*, n° 7, maio 1969, p. 12).

Edson Raszl, participante do MUE de São Paulo, afirma que com as mocidades espíritas o MUE tinha "um excelente relacionamento, até porque os participantes do MUE eram ou tinham sido participantes das mocidades" (entrevista concedida por e-mail dia 27/8/2011). Para Armando Oliveira, "a nossa mensagem era [...] antipática aos velhos e simpática aos novos, mas eles não se juntavam a nós não" (depoimento oral concedido dia 9/7/2009). Já Adalberto Paranhos diz que "no meio da juventude espírita, houve as mais diferentes reações, mas também temos claro que o nosso movimento era um movimento de minorias" (depoimento oral concedido dia 29/8/2010). Justamente quando o público do MUE tornara-se maior, houve a ruptura institucional com a USE e aí o movimento passa a atuar de modo independente, sem participar da programação oficial do movimento espírita institucionalizado, fato que levou a um encolhimento do seu público:

> Quando nós tínhamos um público maior, houve a ruptura, a intervenção do espiritismo oficial, aí nós já passamos a promover eventos sob a chancela do MUE e nesse caso tínhamos um público menor, mas em compensação mais fiel, mais sintonizado conosco seria a melhor expressão. [...] Nós já passamos a atuar nessa faixa de público. Houve evidentemente um relativo, relativo, mas que se constata em números absolutos também, um relativo encolhimento do nosso público. Mas isso também era uma coisa encarada por nós como uma consequência natural do desenvolvimento do movimento. A gente estava fugindo a muitos daqueles temas tradicionais [...] (depoimento oral concedido por Adalberto Paranhos dia 29/8/2010).

Tal fato demonstra por outro lado que o MUE conseguiu granjear a simpatia de um setor dos espíritas, que lhe permaneceu ao lado mesmo após a sua expulsão da USE.

Há que se levar em consideração ainda que talvez a aproximação dos jovens espíritas com o MUE pudesse ter sido ainda maior, pois, conforme relata-nos Djalma Caselato, muitos pais não deixavam seus filhos irem aos eventos em que o MUE predominava por medo de qualquer aproximação com algo que pudesse chamar a atenção do olhar repressor da ditadura militar:

> Sempre se vende aquela ideia, principalmente, de militar, disso e daquilo, de comunismo. Era complicado nessa época aí. E as pessoas acreditavam muito nisso e tinham muito medo, tinham muito medo. A ponto de muitos pais não deixarem os filhos participar das reuniões. E no fundo havia essa vontade muito grande, de muita gente, de participarem, mas os pais não deixavam, como a moçada era mais nova, menos de 18 anos, né [...] O medo que os militares invadissem uma concentração, ou que prendessem as pessoas, até provar que não tinha nada a ver [...] Esse era um medo grande, né. (Depoimento oral concedido dia 28/10/2011).

Assim, é possível pensarmos que o MUE poderia ter tido melhor sorte se tivesse existido em outro contexto histórico. Porém, se alguns fatores desfavoráveis à sobrevivência do MUE eram mais específicos do seu tempo – como a ditadura militar e o anticomunismo –, outros fatores são mais perenes na história do Espiritismo, como as ideias pejorativas de política e sacralizantes de religião, a própria definição do Espiritismo como religião, o conformismo do pensamento social hegemônico entre os espíritas e a falta de ativismo político do pensamento social espírita de viés socialista.

O fim do movimento e sua herança

Mesmo encontrando tanta oposição, os universitários espíritas seguiam sonhando com a realização de sua "tarefa histórica". Acreditavam que, de algum modo, "pela força mesma das coisas", seus objetivos seriam alcançados – o movimento espírita haveria de mudar:

> O Movimento Universitário Espírita está, aliás, precisando mesmo de ser explicitado, a fim de evitar a exploração que se tem feito em torno do seu nome, seja pelos que ignoram seus objetivos, seja pelos que, compreendendo seus elevados ideais, e sabedores de que a concretização deles implicará na quebra de tabus, na supressão de privilégios, na subversão de uma "ordem" desordenada, tudo fazem, até mesmo com deslealdade, com o fito de obstruir-lhe o caminho.
>
> A caminhada ascensional dos MUEs, porém, é irreversível, com o é, aliás, tudo quanto se rege pela lei da evolução. Ela (a caminhada), pode ser atrasada, é verdade, por uma eventual equívoca atuação de seus integrantes, ou pela atuação maldosa dos seus adversários gratuitos. Mas, de qualquer forma, e isso é profundamente alentador, cedo ou tarde, pela "força mesma das coisas", ele haverá de ocupar o lugar que lhe está reservado. Queira Deus que, então, seus integrantes estejam à altura da importância histórica do Movimento. (Comunicação, n° 1, jul. 1971, p. 2).

Evidentemente, para manter-se em atividade, era necessário que o MUE alimentasse a esperança de fazer alguma diferença na determinação dos rumos do Espiritismo, embora sofresse com crescentes dúvidas quanto à viabilidade de seu projeto transformador:

> Isso teve a ver com [...] assim, parafraseando Geraldo Vandré, havia de alguma maneira a crença nas flores vencendo o canhão, parafraseando mas fazendo os devidos descontos. Quer dizer, traduzindo isso para o nosso contexto, houve em algum momento a crença de que era possível influir, ainda que de maneira um tanto quanto modesta, no redirecionamento de caminhos no interior do movimento espírita. Veja, não éramos suficientemente ingênuos a ponto de avaliarmos que sacudiríamos as estruturas do movimento espírita como um todo. Mas enfim, algumas janelas poderiam se abrir, não é, e percebemos, a partir de tudo que foi acontecendo numa sequência de problemas enfrentados aqui ou ali, que essa era uma alternativa que não se colocava pra valer. (Depoimento oral concedido por Adalberto Paranhos dia 29/8/2010).

Armando Oliveira também expressa a confiança, ou a esperança, de realizarem seus sonhos:

> nós acreditávamos no movimento, a gente se achava importante. Talvez com 68 lá na França, como a UNE aqui no Brasil nos tempos áureos da UNE. Quer dizer, a gente se sentia importante de ser um núcleo de reação do reacionarismo deles, do conservadorismo deles. (Depoimento oral concedido dia 9/7/2009).

Não obstante esta confiança na vitória, o fato é que o MUE não sobreviveu. Nas nossas entrevistas obtivemos algumas explicações para o término do movimento. Adalberto Paranhos nos traz a percepção dos integrantes do MUE à época da sua dissolução:

> A nossa avaliação era aquela: olha, o Espiritismo está carcomido como movimento social, envolto em práticas de caráter assistencialista, em concepções religiosas, há um embotamento da sua dimensão filosófica, científica. A pregação em nome da fé raciocinada é mais da boca pra fora, não é alguma coisa incorporada à prática do movimento espírita. Tudo isso foi mostrando pra nós que o movimento espírita não tinha por assim dizer, aspas, salvação. Então é isso mesmo, vamos ficar malhando em ferro frio assim? Enquanto movimento. Que, repito, uma coisa são as concepções individuais, particulares de cada um. Se continuou acreditando, alimentando ou não determinadas convicções, isso vai da história de

cada um, de cada pessoa que participou do MUE. Mas a aposta de uma perspectiva mais avançada do movimento espírita, no sentido de se tornar protagonista na luta pela transformação efetiva da sociedade, isso se esboroou né, como que evaporou. (Depoimento oral concedido dia 29/8/2010).

Teria sido a partir de um acúmulo de evidências negativas à viabilidade do projeto do MUE que a iniciativa revolucionária esmoreceu até o seu completo esgotamento.

> Todos esses fatos, acontecimentos que nós íamos recolhendo aqui ou ali acabaram num determinado momento gerando em muitos de nós a convicção de que o movimento e/ou a doutrina não tinham como responder satisfatoriamente a nossa ânsia de transformação, de mudanças etc. e tal. E numa dessas, aí, por volta de 74, mais ou menos, no caso do MUE de Campinas, (aí eu não poderia falar exatamente sobre o MUE de São Paulo, mas o que tinha ocupado em grande parte a cena do MUE era o de Campinas) aí acabou como que se extinguindo. Cada um partindo pra sua. (Depoimento oral concedido por Adalberto Paranhos dia 29/8/2010).

Concordando com Adalberto na avaliação de que foi a reação fortemente negativa do movimento espírita que acabou com as perspectivas de manutenção do MUE, Edson Silva Coelho destaca o caráter repressivo, asfixiante, da "contra-revolução" comandada pela USE:

> Literalmente por falta do que fazer. Explico. Qualquer embate pressupõe a existência de contendores. Se um lutador não apenas é alijado do ringue, mas impedido de voltar a ele, atado, vendado e manietado, deixa de ser propriamente um contendor. As teses politicamente engajadas dos MUES no congresso juvenil de 1968 despertaram uma reação furiosa por parte da USE, que, depois de quatro ou cinco encontros prévios realizados, todos sob o impacto destas posições, decidiu de modo unilateral e arbitrário, suspender a realização do evento principal. Exatamente para não permitir aos MUES amplificar sua pregação em defesa do engajamento dos espíritas nas questões de ordem política e social, na luta contra a desigualdade e a injustiça, a repressão, a tortura, a violação sistemática dos direitos humanos, contra a ditadura militar e em defesa das liberdades democráticas. E do caráter laico, não religioso, mas científico e filosófico do Espiritismo. Em um primeiro momento, esta reação furibunda, fez os MUES vicejarem em debates acalorados com seus algozes. Foi o que marcou os anos de 1969 e de 1970, exatamente os de maior ativismo e expansão dos MUES. Mas os algozes não queriam o debate. Almejavam a asfixia e sabiam que para extinguir a fagulha era necessário, antes, suprimir o oxigênio. Assim, em 1971, após a publicação de *Espiritismo Dialético*, os MUES foram excluídos da USE e viram todas as

portas das entidades oficiais do Espiritismo, bem como de seus periódicos, fechadas a eles. Como se não bastasse, muitas das lideranças do movimento foram denunciadas, por espíritas, aos órgãos de repressão política do regime e fichados no DOPS. A este quadro somou-se o forte refluxo dos movimentos sociais de massas que se seguiu ao Ato Institucional Número 5. Para uma parcela dos ativistas do MUE, mirar nos fariseus do movimento espírita institucional era algo menor. Importava, acima de tudo, lutar contra o regime militar; Eu fui um destes que migraram da militância no movimento espírita para a militância na esquerda clandestina. (Depoimento recebido por e-mail dia 19/10/2011).

O próprio Edson Coelho, ao refletir sobre a forma como a política era entendida pelos espíritas, acentua ainda o caráter ideológico de direita dos dirigentes "apolíticos", reforçando nossa tese de que o fator ideológico foi dos mais importantes para explicar a recusa ao MUE:

Embora não exista um ser humano que não seja um ser político, a política, por ironia, passa ao largo dos interesses conscientes da maioria das pessoas, a não ser em momentos de grandes rupturas, de revolução. [...] As posições políticas decorrem de condicionantes econômicas, históricas e sociais. Assim, à época dos MUEs, a maioria dos espíritas se considerava apolítica, embora não fosse, e a maioria dos dirigentes da USE, por exemplo, embora se dissesse apolítica e defendesse este pretenso "apoliticismo", era constituída por empresários de direita, que se sentiam resguardados pelo regime militar que combatíamos. (Depoimento recebido por e-mail dia 19/10/2011).

Sob o pseudônimo Olímpio Menezes, Herculano Pires, no seu texto *Porque não temos um Movimento Universitário Espírita?*, trata das razões que, a seu ver, inviabilizaram o sucesso do empreendimento universitário. Basicamente, aponta para a suposta fragilidade na formação espírita dos jovens que acabaram sendo levados pela influência do saber universitário absorvido de um modo dogmático, achando-se já amadurecidos, embora tivessem apenas o verniz da ilustração, sem a sabedoria. Após expor o fracasso da primeira experiência do MUE paulistano (da qual não tratamos nesse livro), desmantelado pelo ceticismo trazido por um "Quixote do Norte", conta que

Depois dele surgiram alguns bravos rapazes querendo recompor os moinhos destroçados. O Quixote desaparecera na linha do horizonte e convinha tentar de novo. Mas a rapaziada era também quixotesca e faltava, para cada um deles, a companhia barriguda de Sancho, contrapeso de bom-senso nas arrancadas furibundas do herói manchego. Tivemos de assistir a uma batalha da moderna quixotesca em termos de fogos de artifício. Muita gente ficou deslumbrada com os fogos, mas tudo se apagou no episódio tristonho que foi a expulsão do MUE do seio da USE. (*Educação Espírita, Revista de Educação e Pedagogia*, n° 5, jul.-dez. 1973, p. 59).

Para Herculano

> Os rapazes que pretenderam reagir e reorganizar o MUE perderam-se num delírio reformista. Queriam virar tudo pelo avesso. Até o teatro de palavrão devia substituir as peças ingenuamente moralizantes de Leopoldo Machado, os Centros Espíritas deviam submeter-se a uma nova filosofia que traziam na manga das *japonas* e a evangelização melodramática, tão ao gosto do religiosismo febiano, devia transformar-se numa espécie de demagogia política amparada no travesti dos *estudos sociais*. Era dose para elefante e até mesmo a turma do *deixa disso*, com alguns basbaques de queixo derrubado ante a genialidade dos garotos, acabou se amedrontando. (*Educação Espírita, Revista de Educação e Pedagogia*, n° 5, jul.-dez. 1973, p. 59-60; grifos no original).

Tendo partido "para uma pretensa revolução doutrinária que não teve nem podia ter a aceitação que esperavam", os jovens falharam por se imolarem "nas ilusões da cultura acadêmica" (*Educação Espírita, Revista de Educação e Pedagogia*, n° 5, jul.-dez. 1973, p. 64-67). Herculano Pires acreditava que com uma sólida, verdadeira e profunda formação espírita, os jovens poderiam libertar "essa cultura de suas deficiências, enriquecendo-a com a verdade espírita" (*Educação Espírita, Revista de Educação e Pedagogia*, n° 5, jul.-dez. 1973, p. 67).

Algumas coisas podem ser anotadas com relação às palavras de Herculano. Destacamos o seguinte conjunto de expressões: caráter "quixotesco" do MUE, a "dose de elefante" do seu "delírio reformista", a "pretensa revolução doutrinária que não teve nem podia ter a aceitação que esperavam". Todas estas expressões podem indicar, de um modo um tanto ambíguo, o "exagero" do MUE, o seu radicalismo, *e* a recepção necessariamente refratária do movimento espírita brasileiro às suas propostas, do que resulta, de modo relacional, o utopismo dos universitários espíritas. Quer dizer, nessa interpretação, a responsabilidade do insucesso do MUE caberia tanto aos próprios jovens quanto ao conservadorismo dos espíritas. Por outro lado, o texto pode ser lido como o indicar *exclusivo* de um erro de fundo doutrinário, interpretação reforçada pelo fato de Herculano explicar o fracasso do MUE pela falta de formação espírita dos seus jovens integrantes. Assim, a "demagogia política" do MUE representaria um dos aspectos do seu enorme equívoco doutrinário que seria decorrente da debilidade de sua formação espírita exposta à "luz forte do ensino universitário".

De nossa parte, queremos reter o entendimento do caráter inviável do MUE diante do que era o *movimento espírita*, sem fazer qualquer consideração quanto a uma suposta discrepância ou equívoco *doutrinário*. Isto é, não avaliamos o insucesso do MUE fazendo referência ao que Herculano apontava como "falta de formação espírita" e sim olhando unicamente para as suas propostas e o pensamento e o comportamento do movimento espírita da sua época. Vista desta forma, a curta duração do MUE é muito compreensível.

Por outro lado, mesmo com o relativamente rápido findar deste movimento, o impacto por ele gerado é bastante considerável. Embora possamos concordar com Adalberto Paranhos quando afirma que "perante a grande massa espírita o impacto foi quase nenhum", devemos perceber que o temor e a repressão das lideranças institucionais do movimento espírita brasileiro diante do MUE nos revelam que este movimento de jovens de fato chegou a ameaçar a estabilidade do *status quo* espírita. Não é a toa que "perante os dirigentes do movimento espírita, as lideranças estabelecidas, inclusive uns tantos diretores de centros espíritas, a reação se fez sentir e em geral foi de desaprovação, de indignação" (depoimento oral concedido por Adalberto Paranhos dia 29/8/2010). Nas palavras do próprio Adalberto Paranhos:

> Veja, não houve, isso é um detalhe interessante, não houve, grosso modo, nenhum grande nome do movimento espírita da época que não soubesse da atuação do MUE, não revelasse preocupações. Aí volta aquela questão da comparação que não pode ser levada muito a sério, é meramente didática, com o movimento anarquista, assim, de minorias etc., mas um pessoal muito estridente na prática, liderança aguerrida e que realmente causou problemas. (Depoimento oral concedido dia 29/8/2010).

De um lado, notamos como o MUE representa quase que uma "memória traumática" para aqueles que lutaram contra ele. Therezinha Oliveira afirma: "para nós o Movimento Universitário Espírita é uma triste lembrança", significando um momento "muito difícil" (depoimento oral concedido dia 6/7/2009).

Realmente, tratou-se de uma época de grande desgaste, por ser marcada por uma luta interna aos espíritas, que não apenas dividia opiniões, mas que encaminhou também o rompimento total de muitos espíritas com o movimento espírita (e até mesmo com a Doutrina Espírita).

Do lado do MUE, o entendimento é de que grandes "promessas" em termos de intelectualidade e liderança se afastaram permanentemente do movimento espírita em razão da decepção forjada na reação negativa do movimento espírita de uma forma geral. Assim, o talento e o engajamento de lideranças do MUE foram utilizados em outras lutas, fora do âmbito espírita:

> Enfim, houve como que o esgotamento dos sonhos em relação ao MUE e vários de nós passamos inclusive a ter outro tipo de inserção, algumas mais marcadamente política, no meu caso por exemplo, no movimento estudantil, no trabalho editorial, vinculação com atividades sindicais, na sequência eu fui um dos fundadores e o primeiro presidente eleito da Associação dos Professores da PUC, participei do movimento de oposição sindical, coisas do gênero, não é, muitas greves, aí mais do movimento docente, enfim, a luta continuou por outros caminhos. (Depoimento oral concedido por Adalberto Paranhos dia 29/8/2010).

Conforme a análise que fizemos do caso da juventude espírita de Araraquara, através do ACAL, é possível imaginarmos que alguns jovens carregaram consigo ao menos fragmentos da mensagem do MUE. Além disso, dentre os integrantes do MUE, houve aqueles que seguiram atuando no movimento espírita, como Pedro Francisco de Abreu Filho e Shizuo Yoshida em Campinas. Outros que seguiram seus caminhos fora do meio espírita, carregaram consigo diversos valores e uma significativa bagagem intelectual, como é o caso de Djalma Caselato e Edson Silva Coelho que, logo após o término do MUE engajaram-se em grupos da esquerda clandestina, sendo que o primeiro, tendo formação de engenheiro, ainda foi estudar na Escola de Sociologia e Política de São Paulo.

Outro aspecto a se destacar é que o MUE, tendo almejado uma inflexão radical do movimento espírita para o criticismo e a politização de esquerda, conseguiu fazer com que fosse aceito pelos dirigentes do movimento espírita paulista a discussão mais moderada em torno das questões sociais. Ainda que não fosse a sua intenção (seus objetivos iam mais além), o MUE de certo modo forçou uma abertura mínima para a reflexão crítica sobre o social. Do ponto de vista dos dirigentes paulistas era interessante atender em grau menor às expectativas mais candentes que "contaminavam" crescentemente a juventude espírita. Assim, uma boa saída era acolher lideranças jovens politicamente mais moderadas e ainda assim interessadas em discutir os problemas sociais.

Podemos dizer que o casal Maria Eny Rossetini e Aylton Paiva foram tais lideranças. Maria Rossetini chegou a ser "professora de Espiritismo" (evangelizadora, como se diz entre os espíritas) de Adalberto Paranhos durante sua infância em Lins. Adalberto conta que eles [Maria Rossetini e Aylton Paiva] também incursionavam na temática sobre doutrina social espírita. Mas, do nosso ponto de vista, numa perspectiva mais à direita, mais conservadora, mais bem comportada. Tanto que eles acabavam transitando muito melhor nas hostes espíritas oficiais, nos meios oficiais, muito melhor do que nós, né. (Depoimento oral concedido dia 29/8/2010).

Conforme Adalberto, era a falta de radicalidade "o que nos distanciava, na prática, da Maria Eny, do Aylton". E acrescenta que quando os diretores da USE "nos colocaram a margem do movimento espírita foram buscar outras pessoas, se não me engano, a Maria Eny, o Aylton, pra falarem sobre o assunto mas numa perspectiva mais bem comportada" (depoimento oral concedido dia 29/8/2010).

Já Maria Rossetini apresenta-se do seguinte modo: "Como sempre participei do Movimento como um todo, na ocasião eu era considerada um elemento moderado, que conhecia os assuntos sociais, mas não concordava com o modo e as colocações extremistas do grupo" (depoimento recebido por e-mail dia 5/4/2011).

O que Maria nos relata parece corroborar a indicação de Adalberto de que ela e Aylton Paiva foram "buscados" pela USE "pra falarem sobre o assunto mas numa perspectiva mais bem comportada":

> Talvez por isso, fui escolhida para organizar o Curso para Dirigentes de Mocidades Espíritas que se iniciou no ano de 1968, em Osasco, pelo Departamento de Mocidades Espírita da USE São Paulo, curso de uma semana, com 9 horas de aula por dia, e que durou até o ano de 1979, quando precisei me afastar por problemas de saúde. Então o curso terminou, por diversos motivos que não compete discutir aqui.
>
> No Curso, tratávamos de muitos assuntos, usando técnicas variadas, cerca de 15 ou 20 técnicas diversas, inclusive os assuntos relacionados a questão social. (Depoimento recebido por e-mail dia 5/4/2011).

É significativo que o explosivo MUE de Campinas, que havia iniciado informalmente em 1967 com a produção d'*A Fagulha* e agitado a juventude espírita principalmente a partir de 1968, não tenha sido chamado a participar desse curso referido por Maria Eny.[33] Entendemos que a USE não queria dar mais força ao MUE – era mais

---

33 Vale contar ainda mais uma história que realça a preocupação da USE em conter qualquer processo de politização à esquerda. Claudio Di Mauro, ex-prefeito de Rio Claro pelo PV que se considera um ecossocialista, foi um dos formadores no Curso para Dirigentes de Mocidades Espíritas coordenado por Maria Eny Rossetini. Di Mauro aponta que "tínhamos conceitos sociais e políticos

sensato buscar lideranças politicamente moderadas e ao mesmo tempo capazes (e interessadas) em tratar dos temas sociais que animavam muitos jovens na época.

No relato de Maria Rossetini, vale ainda destacar a enorme dificuldade em se modificar o pensamento médio dos espíritas com relação às questões sociais, mesmo que num sentido político mais moderado:

> O movimento espírita como um todo, estava muito alienado das questões sociais, e mesmo com todo nosso esforço, após alguns anos, fizemos uma avaliação com mais de 1000 questionários em todas as Confraternizações de Mocidades, e tabulando esses dados, constatamos que na parte das questões sociais quase nada havíamos conseguido passar [...]
>
> Bem, faça idéia então, como eram aceitas as idéias muito mais radicais e agressivas do pessoal do MUE [...] (depoimento recebido por e-mail dia 5/4/2011).

Walter Sanches, comentando a insistência em criar polêmica para não se limitar a jogar "palavras ao vento", enxerga um resultado positivo do MUE no movimento espírita que vivencia hoje:

> [A gente] tem que atuar e precisamos mudar essas ideias, que a gente tem que modificar essa sociedade. E isso era claro pra nós. Que a gente precisava modificar. Não dizer palavras ao vento e se quiserem aceitar, tudo bem; o que achávamos muito cômodo do Herculano Pires. Ele dizia, mas eram palavras ao vento. Se alguém quiser ler e entender, tudo bem. No nosso caso não, a gente queria que criasse realmente uma polêmica, porque criando uma polêmica ia despertar pra coisa, certo. E eles seriam a favor ou contra, não importa. Mas teria que despertar. E foi. Isso o Movimento

---

que não se coadunavam com os conceitos da USE. O Abel Glaser acompanhou alguns de nossos cursos, com objetivo de nos vigiar para a direção da USE. Isso talvez tenha levantado a suspeita, que não posso confirmar, do seu envolvimento com o DOPS. Me orgulho muito de ter colaborado nesse Curso. Por ele fomos perseguidos" (depoimento recebido por e-mail dia 6/11/2011). O ex-prefeito registra ter havido uma reunião na USE em que se discutiu a possibilidade de sua "expulsão" do movimento espírita: "Sei lá, expulsão do quê. Mas, eu ficaria como pessoa 'non grata' e seria considerado perigoso para os jovens. Essa preocupação da USE, parece-me que era consequência de nosso trato na formação de lideranças. [...] Pelo que 'ouvi dizer' houve denúncias (não sei de quem) de que eu seria explosivo. Que meus discursos e minhas aulas no Curso de Formação de Lideranças eram incendiárias. Eu sempre considerei que exercitar espiritismo significaria lutar pelas igualdades, sem discriminação, portanto atuar como espírita, na minha opinião sempre foi agir sem neutralidade, politicamente. Não precisa ser partidário, mas sempre com atuação política". Ao que parece, tal expulsão não se concretizou. Mas também Claudio Di Mauro já havia se afastado, pois fora trabalhar em Belém do Pará.

> Universitário Espírita foi graças a Deus aquele que arrancou pra isso, certo. Se hoje nós temos um movimento espírita melhorzinho do que aquele do meu tempo, certo, é porque então alguma coisa foi feita, certo. Hoje já se pode falar mais abertamente o que a gente não podia falar naquele tempo. [...] E hoje as minhas palestras são só [?] e eu fico até chateado, porque eu simplesmente falo aquelas coisas que naquele tempo se falava e que tão virando palavras ao vento, entende. E o que a gente queria era provocar que as pessoas realmente viessem a entender essa diferença de comportamento. (Depoimento oral concedido dia 16/11/2011).

Suas últimas palavras são muito significativas, pois apontam para um contexto em que falar em socialismo já não agride, mas ao mesmo tempo não mobiliza.

Todavia, o que nos parece mais relevante ressaltar, é o fato de que o MUE deixou como legado um importante reforço a uma tradição alternativa no movimento espírita brasileiro, confluindo especialmente com o pensamento social espírita de viés socialista.

O Espiritismo no Brasil é conhecido pelo grande público em primeiro lugar pelo seu maior ícone, o reverenciado médium Francisco Cândido Xavier. Em segundo lugar, através das grandes instituições federativas reunidas em torno da Federação Espírita Brasileira (FEB), alinhada ao pensamento do grande médium. A instituição e o "grande mediador" (para usar a expressão de Bernardo Lewgoy referente ao Chico Xavier) é que dão o alicerce e o impulso para a disseminação do Espiritismo não apenas em número de adeptos mas principalmente no universo do imaginário religioso. E, finalmente, a grande mídia, impressa e televisiva, termina por compor os elementos mais fundamentais da construção do Espiritismo brasileiro.

Porém, este panorama não é tudo. Uma série de "movimentos paralelos", de grupos mais ou menos distantes do cânone da FEB, de dissidências, de associações com relativa autonomia, de adeptos sem instituição, enfim, uma miríade de outros atores compõe também o que é o Espiritismo no Brasil. Ainda que não tenham grande força institucional e simbólica, esses atores representam a complexidade histórica e sociológica do Espiritismo, permanecendo como indicadores das virtualidades, das potencialidades do futuro dessa doutrina plurifacetada.

O Movimento Universitário Espírita (MUE) pode ser considerado um desses atores *outsiders*, ainda que tenha sempre tentado atuar no interior do campo hegemônico do Espiritismo brasileiro. Isto porque suas ideias representavam uma contraposição frontal não só a conceitos formais do *establishment* espírita como também ao *ethos* do Espiritismo construído com as marcas do catolicismo e dos valores preponderantes nas classes médias urbanas brasileiras.

Imaginar um MUE aceito no interior do movimento espírita brasileiro "febiano" é um exercício de enorme criatividade, pois as diferenças são tão grandes entre um e outro movimento que pareceria mais viável uma espécie de refundação do Espiritismo no Brasil do que uma absorção do ideário "subversivo" dos universitários espíritas dos anos 1960-1970. Assim, a herança do MUE como um reforço radicalizante a uma tradição de pensamento crítico ao "Espiritismo da FEB", com o combate ao "religiosismo" e a afirmação de um socialismo cristão, parece-nos o que há de mais fundamental a ser registrado com vistas ao entendimento de uma "heterodoxia" ou "ortoprática" sempre a espreita do que há de mais hegemônico no "Espiritismo à brasileira".

A tradição intelectual espírita de viés socialista jamais "vingou" no Brasil, jamais se tornou "oficialmente" reconhecida. Contudo, permanece, silenciosamente, a provocar os espíritas a uma reflexão em torno de seus posicionamentos políticos "neste mundo", mesmo que estes não queiram. O MUE, representando a radicalização dessa tradição, deixou de "provocar silenciosamente": resolvera gritar numa época em que o mundo assistia toda uma geração de jovens se levantando para ter voz política. O resultado, já o vimos, foi o seu silenciar, a negação completa do seu direito de dizer *um outro Espiritismo* para que os espíritas passassem à revolucionar o *status quo*, ao invés de adaptarem-se a ele.

Por tudo isso, este singular momento da história do movimento espírita brasileiro, perturbador para alguns, alentador para outros, deverá – já o advínhamos – ser visto também com certo espanto, com certa curiosidade, com certo estranhamento, por aqueles (a maioria) que jamais puderam imaginar (e com boa razão) algo tão destoante da plácida imagem do que é *de fato* o Espiritismo enquanto construção social, cultural e política.

Conclusão

Desde Allan Kardec, na Sociedade Parisiense de Estudos Espíritas, uma interdição à política no seio do movimento espírita foi erigida em nome da delimitação dos legítimos propósitos do Espiritismo. O que não obstou que o pedagogo lionês tratasse de questões políticas e econômicas nas suas obras espíritas. Vimos que algo muito semelhante se deu no Brasil, já que uma significativa parcela dos espíritas sustentou, por muito tempo, um discurso de isenção política, enquanto na prática pudemos verificar uma série de engajamentos políticos por determinadas causas ou então determinados posicionamentos a respeito de questões pertinentes ao campo da política. Uma das conclusões a que chegamos é que o discurso de desqualificação da política e valorização do Espiritismo enquanto religião se dá significativamente nos termos da separação entre o profano e o sagrado.

Além disso, sustentamos como hipótese (consideravelmente confirmada em nossa pesquisa) que, numa perspectiva geral, o discurso contra o envolvimento político mostrou-se hegemônico de acordo com três fatores: a seletividade ideológica, as ideias correntes de política e religião e o momento histórico mais ou menos propício (e de acordo com a posição do Espiritismo no campo religioso) ao embate político (ou à manifestação politizada da religião).

Ou seja, quanto à seletividade ideológica, sugerimos a seguinte correlação: quando o clamor por lutas políticas dirigiu-se a objetivos que não tinham o respaldo da maioria das lideranças espíritas – caso do socialismo defendido pelo Movimento Universitário Espírita (MUE) – o argumento do caráter apolítico do Espiritismo foi logo acionado; já quando a bandeira de luta é aceita hegemonicamente, nenhum óbice doutrinário é anteposto – a exemplo da atual Campanha Em Defesa Da Vida contra o aborto e a eutanásia. É preciso acrescentar ainda que o discurso em favor do socialismo cristão, defendido pela tradição intelectual espírita de viés socialista, não foi – necessariamente – entendido como *político* por parte dos dirigentes e líderes espíritas. Quando esse socialismo é manifesto sem a exigência de uma luta pela mudança *estrutural* da sociedade *aqui e agora*, ele é aceitável (sendo considerado apolítico). Assim, seria legítimo apontar somente para a sua realização num futuro mais ou menos distante, não exigindo nada do presente para além da "reforma íntima", tendo em vista que a sua viabilidade se daria somente num horizonte em que a maioria da humanidade já teria evoluído suficientemente para experienciá-lo. Entretanto, é exatamente contra esse tipo de concepção da transformação social que o MUE se bateu. Querendo uma revolução (não-violenta) para por fim à injustiça capitalista ainda no *tempo presente*, seu socialismo cristão era visto como *político* e, portanto, condenável.

No que se refere às ideias correntes de política e religião, perseguimos a hipótese de que os espíritas adotaram (e adotam) frequentemente a concepção de religião como ligada ao sagrado (com a influência, direta ou indireta, de teóricos como Mircea Eliade) e a verdade absoluta, de fonte divina. Já a política pertenceria ao profano, obedecendo a uma divisão de esferas cara a boa parcela dos pensadores da ciência política, como Norberto Bobbio.

Por fim, o momento histórico político responde pelas condições de possibilidade institucionais da manifestação politizada da religião e dos espíritas em particular. No período da Ditadura Militar, por exemplo, praticar uma política contestatória ao governo ou, de modo mais amplo, ao *status quo*, é evidentemente passível de riscos significativos para grupos religiosos minoritários. No presente momento da história brasileira, com a relativa liberdade de expressão política, contestar é prática comum. Assim, os religiosos declaram apoios e condenações a partidos e candidatos políticos sem temor (e sem maiores pudores).

Ainda, para somar a estas ponderações, arriscamos especular uma hipótese a respeito da atualidade do movimento espírita brasileiro com a reconfiguração do debate em torno da questão política. Partindo das premissas de que a política, circunscrita ao âmbito do profano, é também imediatamente identificada com os partidos políticos e com o Estado. E de que a caridade ou benemerência deve ser efetivada no âmbito da prática e do dever religioso (já que a caridade, quando politizada, entra necessariamente no domínio do Estado, corrompendo a sua essência religiosa). Então podemos compreender como o discurso do MUE por uma caridade engajada politicamente foi rechaçada por uma grade de representações da política e da religião presas às ideias de profano e sagrado. A Igreja Católica, funcionando como antimodelo para o Espiritismo, exemplificaria a promiscuidade com o profano ao imiscuir-se com o Estado.

Contudo, no presente, com a ideia de terceiro setor, abre-se uma alternativa aos religiosos que querem politizar-se sem misturarem-se ao Estado. Isto talvez ajude a explicar porque a questão da valorização da política e a ideia de uma ação social espírita que almeje a promoção social (e não apenas a assistência social), inclusive com possibilidade de parcerias com ONGs, sindicatos e movimentos sociais, pareçam estar ganhando algum terreno no movimento espírita atual. O terceiro setor seria assim um terreno neutro para a religião – nem o sagrado apartado das exigências sociais, nem o profano rigidamente preso à lógica do Estado.

De fato, o discurso de isenção política vem modificando-se, ainda que discretamente. Na década de 1980, acaloradas discussões sobre o chamado pensamento social espírita foram promovidas por jovens universitários de Santos-SP, concretizadas no I Encontro Nacional Sobre a Doutrina Social Espírita, em 1985, e no II Encontro Nacional Sobre o Aspecto Social da Doutrina Espírita, em 1987. Um livro-referência no contexto desse debate foi publicado pela Divulgação Cultural Espírita Editora (Dicesp), em 1982: *Espiritismo e Política* de autoria de Aylton Paiva, atual diretor do Departamento de Assistência e Promoção Social da USE. Na década de 1990 e no novo milênio, discutir política de um ponto de vista espírita, adentrando em temas tidos como polêmicos e "extra-doutrinários", como os sistemas sociais (capitalismo e socialismo), parece estar se tornando uma prática mais comum e menos estranha aos olhos de alguns; apesar de muitos ainda rechaçarem este tipo de iniciativa, temendo geralmente uma intromissão da política partidária na vida dos centros espíritas e um desvio da missão evangelizadora do Espiritismo.[1]

---

1 "Evangelizar", ao invés de "meter-se com política", é uma orientação comumente embasada na apresentação de Jesus como sendo o nosso mestre que já dera o exemplo: ficara com uma "missão maior", superior a "qualquer propósito de natureza política, econômica e social" (*Reformador*, nov. 1996, p. 33). Em artigo publicado em 1996 no *Reformador*, intitulado "Jesus de Nazaré: Cristo de Deus ou reformador social?" este raciocínio padrão dos "espíritas evangélicos" está exemplarmente desenvolvido. O articulista prossegue: "Embora nobres tais propósitos [os de natureza política, econômica e social], Jesus tinha como meta algo superior

Recuperando nosso argumento acerca da questão política no meio espírita, podemos considerar três fatores para explicar tanto a veemente condenação quanto a relativa aprovação da entrada do político no religioso ou da entrada dos espíritas no campo político. Assim, refletindo sobre o presente, podemos observar que a seletividade ideológica não precisaria, na atualidade, atuar reprimindo tendências socialistas ou revolucionárias, já que estas se encontram grandemente esmorecidas após a queda do chamado "socialismo real", com a consequente desarticulação das esquerdas na política. Em suma, a ausência de radicalização política no âmbito mais geral da sociedade parece refletir-se na relativa estabilidade ideológica no interior do movimento espírita brasileiro. Quanto ao momento histórico, já o afirmamos, há uma considerável margem de manifestação política na nossa democracia parlamentarista, o que facilita a abertura para a discussão de temas políticos. Soma-se a isso a emergência da concepção de terceiro setor, no qual, em tese, os religiosos poderiam atuar politicamente com maior autonomia do que em partidos políticos.[2] Finalmente, no que diz respeito aos conceitos correntes de política e religião, pode-se observar, conforme os artigos publicados no *Reformador* que analisamos, a circulação de ideias díspares. A ideia de política, voltada para o bem comum, numa acepção aristotélica, convive com a aversão à política amplamente disseminada na sociedade com o descrédito dos políticos profissionais. Já a religião continua sendo um conceito em litígio entre os espíritas: enquanto uns (poucos) entendem o Espiritismo de modo laico, tomando-o como filosofia (e/ou ciência), outros (a maioria) o querem sagrado, com a reiteração da sua condução em Plano Superior.

---

a tudo o mais, perene e transcendente por sua natureza: o aperfeiçoamento espiritual da Humanidade, considerada por Ele como Seu rebanho". O *Dai a César...* é – como de praxe – utilizado, extraindo-se as típicas lições: "Uma delas é a de que os cidadãos devem respeitar as leis e normas vigentes no Mundo, quaisquer que sejam os mandatários da época. A que representa, porém, o verdadeiro pensamento do Cristo e a mensagem que Ele pretendia deixar ao povo e à posteridade é que a Sua missão não era temporal e nem se prendia aos problemas do Mundo". No final das contas, chega-se a conclusão – também "clássica" – de que a "reforma íntima e a incorporação dos princípios evangélicos permitiriam a redenção da Humanidade" (*Reformador*, nov. 1996, p. 33). Note-se que essa "incorporação dos princípios evangélicos" é sempre posta de modo abstrato, quer dizer, não se indica que consequências práticas adviriam da sua incorporação nas nossas "instituições mundanas"; do que resulta o habitual silêncio dos espíritas ante as desafiadoras exigências "do mundo", permanecendo também a Doutrina Espírita "a salvo" deste mesmo "mundo", de modo a garantir a sua "missão superior", 'transcendente", "perene".

[2] Sobre a relação entre Espiritismo, política e terceiro setor ver a dissertação *Espiritismo Kardecista brasileiro e cultura política: história e novas trajetórias* (FERREIRA, 2008).

Finalmente, e para retomar a reflexão em torno do MUE, pensamos que este breve e singular evento histórico que agitou o Espiritismo no Brasil, a exemplo de outros grupos politizados no interior de religiões (como a JUC), serve-nos como um elemento provocador acerca das nossas concepções do que seja política e principalmente do que seja religião.[3] As injunções históricas constroem as instituições e os conceitos que lhes conferem estabilidade e coerência. Assim, quando a revolução parecia estar na iminência de eclodir em todos os cantos do planeta, nem mesmo as mais tenazes instituições puderam permanecer imunes à ebulição política, social e cultural que infundiu nas gerações de 1960 e 1970 um ânimo renovado para o sonho da construção de outro mundo. As religiões, convivendo em Estados oficialmente laicos, e diante deste panorama revolucionário, tiveram que defrontar-se com uma espécie de curto-circuito entre, por um lado, uma necessidade de manutenção da autonomia das esferas legítimas à atuação da Igreja (ou instituições religiosas em geral) e à atuação do Estado, e, por outro, à exigência de responder aos reclames sociais de um mundo fortemente polarizado ideologicamente que lhes empurravam naturalmente para a esfera do político. Nesse contexto, as fronteiras modernas historicamente estabelecidas entre religião e política sofreram um forte abalo, mais ou menos controlado a depender de cada caso.

Imediatamente, deparamo-nos com problemas que nos levam a refletir sobre a democracia, o republicanismo e o laicismo, sobre a política, a lei e a razão, sobre o público e o privado. A religião, lastreando-se em dogmas, poderia participar legitimamente de todas as esferas do campo político democrático institucionalizado, isto é, do âmbito representativo e administrativo do Estado democrático de direito? Se pensarmos no MUE, tendemos a responder negativamente. Isto porque este movimento não pretendia participar da política como portador de uma religião que deveria ocupar espaço na representação política com vistas à defesa do seu credo e sim como arauto de uma filosofia social aberta, crítica, racional, disposta ao diálogo com o conhecimento científico estabelecido, do qual colhia o marxismo como seu principal interlocutor político. Por outro lado, na prática, a política se faz sem o respeito a normas estritamente racionais e sem a delimitação precisa de todas as regras do jogo,

---

3   Sobre a flutuabilidade da relação entre religião e política e o contexto atual de deslocamentos nessa relação que expõem as fragilidades do aparato liberal (baseado na separação entre público e privado) no trato da questão, ver o excelente artigo *Religião e Política na Fronteira: desinstitucionalização e deslocamento numa relação historicamente polêmica* de Joanildo A. Burity (BURITY, 2001).

virtualmente passíveis de alterações. Assim, a religião é mais um agente de pressão na política, mais um ator na trama conflituosa dos dramas sociais do nosso tempo.

As próprias ideias religiosas podem ser lidas como pensamentos políticos, sociais e sobretudo éticos, que tem apenas um envoltório "propriamente religioso", isto é, são proposições pertinentes ao mundo concreto e à vida política travestidas de dogmas, teologias, rituais etc. Se "depuradas" deste envoltório sacralizante, o que resta das religiões é então plenamente assimilável pela campo político laicizado.

Com estas reflexões em mente, concluímos que entre a sacralização da política e a profanação da religião o MUE ficaria certamente com a segunda opção – claramente corrosiva para a maioria dos espíritas. Apesar de representar um evento singular na história do movimento espírita, o MUE mantém-se como o registro da potencialidade de uma alta tensão entre os pólos da política e da religião no âmbito do Espiritismo. Então, considerando que as possibilidades de novas configurações, de reacomodações, de manutenção ou renovação das práticas e representações em torno da religião e da política no movimento espírita brasileiro (e internacional, a partir da sua transnacionalização) estiveram e estarão sempre presentes em razão da inescapável dinâmica da história, concluímos que a "ameaça" de subversão da religião pela política que o MUE chegou a representar jamais poderá ser dada como um mero momento excêntrico do Espiritismo definitivamente enterrado pela memória.

Bibliografia

Fontes primárias

Revistas

• *A Fagulha – Jornal da Mocidade Espírita "Emmanuel"*
Ano 12, n° 2, jul. 1959
Ano 13, n° 2, out./nov. 1963
Ano 14, n° 1, jan. 1964
Ano 14, n° 2, fev. 1964
Ano 15, n° 1, abr. 1965

• *A Fagulha – Revista*
Ano I, n.° 1, out. 1967
Ano II, n° 2, nov./dez. 1967
Ano II, n° 3, jan./fev. 1968

Ano II, n° 4, mar./abr. 1968

Ano II, n° 5, maio/jun./jul. 1968

Ano II, n° 6, ago./set./out. 1968

Ano III, n° 7, maio 1969

Ano III, n° 8, jul. 1969

Ano III, n° 9, set. 1969

Ano IV, n° 10, jul./ago. 1970

Ano IV, n° 11, set./out. 1970

Ano IV, n° 12, nov./dez. 1970

- *Presença*

Ano I, n° 1, nov. 1969

Ano I, n° 2, nov. 1970

Ano IV, n° 4, jan. 1973

- ACAL – *A Caminho da Luz* (1968-1971)

- *Espírito Universitário*

N° 1, jun. 1971

N° 3, jun. 1972

- *Ultimatum*

Ano I, n° 1, jul. 1969

Ano I, n° 2, set. 1969

- *O Meakino*

Ano II, n° 11, nov. 1968

- *O Reformador* (1960-1973)

- *A Reencarnação* (1960-1973)

- *Estudos Psíquicos* (1971-1973)

- *Espiritismo e Unificação* (1972-1973)

- *Educação Espírita, Revista de Educação e Pedagogia*, n° 5, jul.-dez. 1973

- *Revista Espírita* (1860-1869)

Correspondências e comunicados

De Armando Oliveira Lima para Deolindo Amorim (10/02/1970);

Seção "Quando falam as cartas" da revista *A Fagulha*;

VI Concentração de Mocidades Espíritas do Centro-Sul do Estado de São Paulo. São Caetano do Sul, 15 de março de 1969;

De Adalberto Paranhos para "x" (publicado pela *A Fagulha* como "I Epístola aos 'Gentios'" em 1969);

Ofícios confidenciais trocados entre a União Espírita Bageense, o CFN da FEB e a FERGS em 1970.

Trabalhos, artigos e aulas

Filosofia e sociologia do centro espírita;

O espírita diante da lei (autor: Adalberto Paranhos). Suplemento n° 2 d'*A Fagulha*, maio de 1971;

As mocidades espíritas e a unificação nos planos municipais e regional (autor: Altivo Ferreira). IV Centro-Sul/Piracicaba, 19 a 22 de fevereiro de 1966;

O Espiritismo como Síntese (autor: Armando Oliveira Lima). Aula ministrada no Encontro Fraterno, de 5 a 7 de abril de 1969 em Sorocaba;

O Espiritismo e as doutrinas sociais – Ação social do espírita (autor: Orlando Ayrton de Toledo);

A gênese histórica do malthusianismo (autor: Adalberto Paranhos). Trabalho apresentado no VII Censul – De Amor e paz, em 12 de abril de 1971;

O neomalthusianismo no Brasil (autor: Walter Scarpin). Trabalho apresentado no VII Censul – De Amor e paz, em 12 de abril de 1971;

Vitrina D'Alma (poesia) (autores: diversos). Campinas: Edições A Fagulha, 1966.

Os jovens e a questão social (autor: José Herculano Pires). Crônica espírita publicada no Diário de São Paulo, no dia 9 de fevereiro de 1969.

Livros

AGUAROD, Angel. *Grandes e pequenos problemas*. Rio de Janeiro: FEB, 1976.

DENIS, Léon. *Socialismo e Espiritismo*. Matão: O Clarim, 1982.

FREIRE, Paulo. *Educação como prática da liberdade*. Rio de Janeiro: Paz e Terra, 1969.

FROMM, Erich. *Conceito marxista do homem*. Rio de Janeiro: Zahar, 1962.

KARDEC, Allan. *O Livro dos Espíritos*. São Paulo: Lake, 2006 [1860].

_____. *O Livro dos Médiuns*. Rio de Janeiro: FEB, 1996 [1861].

_____. *O Evangelho Segundo o Espiritismo*. Araras: IDE, 2000 [1864].

_____. *Obras póstumas*. Rio de Janeiro: FEB, 1984 [1890].

LAVIGNE, Eusínio e PRADO, Sousa do. *Os espíritas e as questões sociais*. Niterói: Editora Renovação Limitada, 1955.

LEX, Ary. *60 anos de Espiritismo no Estado de São Paulo (nossa vivência)*. São Paulo: Edições FEESP, 1996.

MARIÑO, Cosme. *Concepto Espiritista del Socialismo*. Buenos Aires: Editorial Victor Hugo, 1960.

MARIOTTI, Humberto. *Dialética e Metapsíquica*. São Paulo: Édipo, 1951.

_____. *O homem e a sociedade numa nova civilização*. São Paulo: Edicel, 1967.

NETTO, Jacob Holzmann. *Espiritismo e Marxismo*. Campinas: Edições A Fagulha, 1970.

PIRES, José Herculano. *O reino*. São Paulo: Lake, 1946.

_____. *O reino*. São Paulo: Edicel, 1967.

_____. *Espiritismo Dialético*. Campinas: Edições A Fagulha, 1971.

_____. *O centro espírita*. São Paulo: Lake, 1992.

PORTEIRO, Manuel S. *Espiritismo Dialético*. Brás: CE José Barroso, 2002.

RIZZINI, Jorge. J. *Herculano Pires – o apóstolo de Kardec*. São Paulo: Paidéia, 2001.

VIEIRA, Waldo. (Ditado pelo Espírito André Luiz) *Conduta Espírita*. Rio de Janeiro: FEB, 1979.

VINICIUS (Pedro de Camargo). *Nas pegadas do mestre*. Rio de Janeiro: FEB, 1944.

XAVIER, Francisco Cândido. (psicografado por Emmanuel). *Emmanuel*. Rio de Janeiro: FEB, 1938.

Filme

Pinga Fogo com Chico Xavier. Direção: Oceano Vieira de Melo, 1971. DVD Versátil Home Vídeo.

Entrevistados

Adalberto de Paula Paranhos: nascido dia 25/6/1948 em São Paulo-SP, graduou-se em Ciências Jurídicas e Sociais e em Ciências Sociais pela PUC de Campinas respectivamente em 1970 e 1974, concluiu mestrado em Ciência Política pela Unicamp em 1997 e doutorado em História pela PUC de São Paulo em 2005. Foi presidente da Mocidade Espírita Allan Kardec e a mais destacada liderança do MUE de Campinas, desligando-se do movimento espírita com o término do MUE. Atualmente é professor da Universidade Federal de Uberlândia, atuando nos cursos de graduação e pós-graduação em Ciências Sociais, no Programa de Pós-graduação em História e na graduação em Música.

Ana Maria Souza Lima Fargoni: nascida dia 18/05/1948 em Araraquara-SP, graduou-se em Pedagogia e Letras na Faculdade de Filosofia, Ciências e Letras de Araraquara (atual Unesp de Araraquara) respectivamente em 1971 e 1976. Atuou na Juventude Espírita Apóstolos da Caridade (JEAC) e junto à Mocidade Espírita Allan Kardec (MEAK) de Araraquara, colaborando com o jornal ACAL (A Caminho da Luz), além de fazer radialismo espírita. Permanece atuante no movimento espírita.

Angela Conceição Bellucci: nascida dia 08/12/1947 em São Paulo-SP, formou-se em Serviço Social pela Faculdade Paulista de Serviço Social de São Caetano do Sul em 1970. Atuou no MUE de São Paulo. Teve participação no movimento estudantil, foi filiada ao PT, apoiou o movimento sindical dos metalúrgicos de São Bernardo. Hoje está convertida à Igreja Messiânica e permanece atuando como assistente social, ligada à área comunitária.

Antônio Carlos Fargoni: nascido dia 16/11/1942 em São Paulo-SP, graduou-se em Administração na Uniara em 1972 e em Ciências Contábeis em São Carlos em 1976. Atuou na Juventude Espírita Apóstolos da Caridade (JEAC) e na Mocidade Espírita Allan Kardec (MEAK), dirigindo o jornal ACAL (A Caminho da Luz). Permanece atuante no movimento espírita.

Apolo Oliva Filho: nascido em Barretos-SP, formou-se em Ciências Econômicas pela Faculdade de Ciências Econômicas da Fundação Álvares Penteado, na qual lecionou. Trabalhou também como economista da Câmara Municipal de São Paulo e do Tribunal de Contas do Município. Atuou como secretário geral da USE de 1955 a 1975, foi da diretoria da FEESP e do Instituto Espírita de Educação. Foi um dos opositores do MUE. Hoje é funcionário público aposentado.

Armando Oliveira Lima: nascido dia 30/10/1934 em Sorocaba-SP, graduou-se em Filosofia pela Faculdade de Filosofia, Ciências e Letras de Sorocaba e lecionou na Faculdade de Comunicação Social de Itapetininga e na Faculdade de Filosofia, Ciências e Letras de Tatuí. Atuou no MUE de Sorocaba e no MUE de Campinas como um dos líderes mais incendiários, tendo já larga experiência como palestrante. Acabou desligando-se do movimento espírita, embora mantenha suas convicções filosóficas. É considerado um agitador cultural, atuando como literato, cronista e autor de peças teatrais. Hoje está aposentado como funcionário público da Justiça do Trabalho.

Cícero Marcos Teixeira: é figura destacada no movimento espírita gaúcho, tendo sido ligado à Federação Espírita do Rio Grande do Sul. Biólogo formado pela UFRGS em 1959, com mestrado e doutorado em Educação também pela UFRGS, atualmente é professor aposentado desta universidade.

Claro Gomes da Silva: nascido dia 12/08/1934 em Birigui-SP, participou da Mocidade Espírita Allan Kardec (MEAK) e do MUE de Campinas. Trabalhou no comércio e na indústria e hoje está aposentado.

Djalma Caselato: nascido 02/11/1944 em Salto-SP, formou-se em Engenharia Elétrica na Escola Politécnica da USP em 1968, fazendo também mestrado e doutorado em Engenharia Elétrica respectivamente em 1994 e 1999 pela USP. Atuou intensamente no MUE de São Paulo. Atualmente leciona na Escola de Engenharia Mauá em São Caetano do Sul e não está mais ligado ao movimento espírita.

Edson Raszl: nascido dia 19/10/1940 em Sorocaba-SP, atuou no MUE de São Paulo e no MUE de Sorocaba. Já concorreu a vice-prefeito pelo PT em Bebedouro-SP e continua ligado ao movimento espírita.

Edson Silva Coelho: nascido dia 18/07/1952 em São Paulo-SP, cursou Ciências Políticas e Sociais na Escola de Sociologia e Política de São Paulo entre os anos de 1972 e 1975 e o curso de Comunicação Social – Habilitação em Jornalismo na Escola de Comunicações e Artes da USP entre 1974 e 1978, exercendo, desde 1979, a profissão de jornalista. Atuou no MUE de São Paulo e depois no Movimento de Emancipação do Proletariado (MEP). Com o fim do MUE, deixou de ser espírita.

Izao Carneiro Soares: nascido dia 18/01/1944 em São Paulo-SP, formou-se em Medicina pela Faculdade de Ciências Médicas da Santa Casa de São Paulo, especializando-se em homeopatia. Atuou no MUE de São Paulo como liderança. Atualmente é diretor do Museu de Homeopatia.

Josilda Rampazzo: nascida dia 2/11/1945 em Americana-SP, fez a Faculdade de Serviço Social na Unisal, em Americana, de 1972 a 1975. Atuou na Mocidade Espírita de Americana através da qual presenciou a ação do MUE nas concentrações de mocidades. Após vinte anos trabalhando como assistente social na Prefeitura Municipal de Americana aposentou-se. Ainda hoje se dedica intensamente ao Espiritismo, participando das atividades do Centro Espírita "Paz e Amor", fundado por sua avó materna e seu pai em 1944.

Maria Eny Rossetini Paiva: nascida em Lins-SP, é pedagoga e oradora espírita. Aposentou-se como supervisora de ensino.

Marlene Adorni Mazzotti: nascida em Araraquara-SP dia 21/08/1945, formou-se em Pedagogia e Ciências Sociais pela Faculdade de Filosofia, Ciências e Letras de Araraquara (atual Unesp de Araraquara), fez mestrado em Educação na UFSCAR e lecionou na UFG. Atuou na Mocidade Espírita Allan Kardec (MEAK) de Araraquara, tendo casado com Tarso Mazzotti, de quem se divorciou. Atualmente está aposentada e atuante no movimento espírita.

Martinho Januario de Sant'Ana: nascido dia 26/03/1946 em Santa Lucia-SP, atuou na Juventude Espírita Apóstolos da Caridade (JEAC) e na Mocidade Espírita Allan Kardec (MEAK) de Araraquara, colaborando também com o jornal ACAL (A Caminho da Luz). Profissionalmente é marceneiro e continua participando do movimento espírita.

Nilza Aparecida Vicente de Mello: participou da Juventude Espírita Apóstolos da Caridade (JEAC) e da Mocidade Espírita Allan Kardec (MEAK) de Araraquara. Permanece atuante no movimento espírita.

Paulo de Tarso Ubinha: nascido dia 28/07/1945 em Campinas, foi próximo ao MUE. Trabalha como médico psiquiatra e já não é mais espírita.

Pedro Francisco de Abreu Filho: nascido dia 06/07/1946 em Uberaba-MG, formou-se em Ciências Econômicas pela Universidade Católica de Campinas (atual PUC-Campinas) em 1975, foi presidente da Mocidade Espírita Allan Kardec (MEAK) e atuou no MUE de Campinas. Continua trabalhando como economista, dando assistência técnica, e permanece também atuante no movimento espírita.

Shizuo Yoshida: nascido dia 15/11/1946 em Pompéia-SP, formou-se em Medicina pela Unicamp em 1972, fazendo residência em pediatria em 1973 e 1974. Atuou na Mocidade Espírita Allan Kardec (MEAK) e no MUE de Campinas. Hoje está aposentado e atuante no movimento espírita.

Therezinha Oliveira: nascida dia 2/10/1930 em Cravinhos-SP, formou-se professora primária mas não chegou a lecionar, pois concursou-se como funcionária da Prefeitura Municipal de Campinas, aposentando-se como Diretora do Expediente do Gabinete do Prefeito. Desde a adolescência destacou-se como liderança do movimento espírita campineiro, constituindo-se também como uma das opositoras ao MUE. Oradora e escritora de inúmeras obras espíritas, foi presidente do Centro Espírita Allan Kardec (CEAK) em Campinas e da USE Intermunicipal de Campinas, sendo atualmente Diretora de Estudos e Divulgação Doutrinária do CEAK.

Telmo Cardoso Lustosa: nascido no Rio de Janeiro, capital, foi próximo ao MUE, tendo sido presidente da Juventude Espírita Abel Gomes, do Grupo Espírita André Luiz, na Tijuca, Rio de Janeiro. Atualmente é engenheiro de telecomunicações e considera-se, além de espírita, um espiritualista universalista.

Valter Scarpin: nascido dia 13/9/1943 em São Paulo-SP, formou-se em Ciências Contábeis pelas Faculdades Metropolitanas Unidas (FMU) em 1975. Atuou intensamente no MUE de São Paulo. Atualmente está aposentado e vive em Portugal.

Walter Sanches: nascido dia 28/12/1945 em Birigui-SP, formou-se em Ciências Sociais pela Universidade Católica de Campinas (atual PUC-Campinas) em 1973. Foi ativo na Mocidade Espírita Allan Kardec (MEAK) de Campinas e participou do MUE de Campinas. Lecionou geografia e ciências sociais, além de ter trabalhado como bancário. Hoje está aposentado e reside em Indaiatuba, permanecendo ativo no movimento espírita, inclusive dando palestras.

Referências bibliográficas

AGUAROD, Angel. *Grandes e pequenos problemas.* Rio de Janeiro: FEB, 1976.

ALBERTI, Verena. Histórias dentro da história. In: PINSKY, Carla Bassanezi. *Fontes Históricas.* São Paulo: Ed. Contexto, 2005.

ALMEIDA, Angélica Aparecida Silva de. *"Uma fábrica de loucos": Psiquiatria X Espiritismo no Brasil (1900-1950).* Tese de Doutorado em História pela Unicamp, 2007.

ALMEIDA, Vasni de. Os metodistas e o golpe militar de 1964. *Estudos de Religião*, v. 23, n° 37, p. 54-68, jul./dez. 2009.

AQUINO, Maria Aparecida de. *Caminhos cruzados: imprensa e Estado autoritário no Brasil.* Tese de Doutorado em História pela USP, 1994.

ARENDT, Hannah. *Da revolução.* Brasília: Ed. UnB e São Paulo: Ática, 1988.

_____. *O que é política?* Rio de Janeiro: Bertrand Brasil, 1999.

ARRIBAS, Célia da Graça. *Afinal, espiritismo é religião? A doutrina espírita na formação da diversidade religiosa brasileira.* Dissertação de Mestrado em Sociologia pela USP, 2008.

AUBRÉE, Marion; LAPLANTINE, François. *La table, le livre et les esprits: naissance, évolution et atualité du mouvement social spirite entre France et Brésil.* Paris: J. C. Lattès, 1990.

BACZKO, Bronislaw. Imaginação social. In: *Enciclopédia Einaudi* (Anthropos-Homem). Trad. Manoel Villa Verde Cabral. Lisboa: Imprensa Nacional/Casa da Moeda, vol. 5, 1985.

BELLOTTI, Karina Kosicki. Mídia, Religião e História Cultural. REVER – *Revista de Estudos da Religião*, São Paulo, PUC-SP, n° 4, p. 96-115, 2004. Disponível em: www.pucsp.br/rever/rv4_2004/p_bellotti.pdf. Último acesso: 30 jun. 2006

BEOZZO, José Oscar. *Cristãos na universidade e na política: histórica da JUC e da AP*. Petrópolis: Vozes, 1984.

BERGER, Peter L. e LUCKMANN, Thomas. *A construção social da realidade: tratado de sociologia do conhecimento*. Petrópolis: Vozes, 1976.

BIRMAN, Patricia. Resenha de GIUMBELLI, Emerson. O cuidado dos mortos: uma história da condenação e legitimação do espiritismo. *MANA*, Rio de Janeiro, vol. 3, n° 2, p. 230-234, out. 1997. Disponível em: http://www.scielo.br/scielo.php?pid=S0104--93131997000200011&script=sci_arttext. Último acesso: 30 jun. 2006.

BOBBIO, Norberto. *Direita e esquerda: razões e significados de uma distinção política*. São Paulo: Ed. Unesp, 1995.

BOBBIO, Norberto; MATTEUCCI, Nicola e PASQUINO, Gianfranco. *Dicionário de Política*. Brasília: Ed. UnB, 2007.

BOFF, Angélica Bersch. *Espiritismo, alienismo e medicina: ciência ou fé? Os saberes publicados na imprensa gaúcha da década de 1920*. Dissertação de Mestrado em História pela UFRGS, 2001.

BOTAS, Paulo Cezar Loureiro. *A bênção de abril: "Brasil, urgente": memória e engajamento católico no Brasil, 1963-1964*. Petrópolis: Vozes, 1983.

BOURDIEU, Pierre. *O poder simbólico*. Rio de Janeiro: Bertrand Brasil, 2000.

_____. *Os usos sociais da ciência: por uma sociologia clínica do campo científico*. São Paulo: Ed. Unesp, 2004.

BRUNEAU, Thomas. *Religião e politização no Brasil. A Igreja e o regime autoritário*. São Paulo: Loyola, 1979.

BURITY, Joanildo A. Religião e Política na Fronteira: desinstitucionalização e deslocamento numa relação historicamente polêmica. REVER – *Revista de Estudos da Religião*, São Paulo, PUC-SP, n° 4, p. 27-45, 2001. Disponível em: http://www.anatividade.com.br/artigos/Texto_de_Juanildo.pdf. Último acesso: 4 nov. 2011.

CAMARGO, Cândido Procópio Ferreira de. *Kardecismo e umbanda: uma interpretação sociológica*. São Paulo: Pioneira, 1961.

_____ (org.). *Católicos, espíritas e protestantes*. Petrópolis: Vozes, 1973.

CAMPOS, Leonildo Silveira. Religião, prática política e discurso de evangélicos brasileiros no período republicano. In: SILVA, Eliane Moura da; BELLOTTI, Karina; CAMPOS, Leonildo. *Religião e Sociedade na América Latina*. São Bernardo do Campo: Umesp, 2010. p. 149-183

CAMURÇA, Marcelo. "O Espiritismo e os Poderes Públicos: da Ilegalidade para a Religião da 'Pátria do Evangelho'". Resenha de GIUMBELLI, Emerson. "O cuidado dos mortos: uma história da condenação e legitimação do espiritismo". *Religião e Sociedade*, Rio de Janeiro, 18/1, 1997, p. 129-134.

_____. Fora da Caridade não há Religião! Breve História da Competição Religiosa entre Catolicismo e Espiritismo Kardecista e de suas Obras Sociais na Cidade de Juiz de Fora: 1900-1960. *Locus Revista de História*, Juiz de Fora, vol. 7, n. 1, p. 131-154, 2001.

CARVALHO, José Murilo. *Forças armadas e política no Brasil*. Rio de Janeiro: Jorge Zahar Editor, 2005.

CASTRO, Celso; Vitor Izeckson e Hendrik Krav (orgs.). *Nova história militar brasileira*. Rio de Janeiro: Ed. Bom Texto, 2004.

CAVALCANTI, Maria Laura Viveiros de Castro. *O mundo invisível: cosmologia, sistema ritual e noção de pessoa no Espiritismo*. Rio de Janeiro: Zahar Editores, 1983.

CHARTIER, Roger. *À beira da falésia: a história entre incertezas e inquietude*. Porto Alegre: Ed. Universidade/UFRGS, 2002.

CHINEM, Rivaldo. *Imprensa alternativa. Jornalismo de oposição e inovação*. São Paulo: Ática, 1995.

COLLIER, David. *O novo autoritarismo na América Latina*. Rio de Janeiro: Paz e Terra, 1982.

COLOMBO, Cleusa Beraldi. *Idéias Sociais Espíritas*. São Paulo/Salvador: Ed. Comenius e IDEBA, 1998.

COSTA, Flamarion Laba da. *Demônios e anjos (o embate entre espíritas e católicos na República Brasileira até a década de 60 do século XX)*. Tese de Doutorado pela UFPR, 2001.

DAMAZIO, Sylvia F. *Da elite ao povo: advento e expansão do espiritismo no Rio de Janeiro*. Rio de Janeiro: Bertrand, 1994.

DARNTON, Robert. *O lado oculto da revolução: Mesmer e o final do iluminismo na França*. São Paulo: Companhia das Letras, 1988.

DE CERTEAU, Michel. *A escrita da história*. Rio de Janeiro: Forense, 2002.

DENIS, Léon. *Socialismo e Espiritismo*. Matão: O Clarim, 1982.

ELIADE, Mircea. *O sagrado e o profano: a essência das religiões*. Lisboa: Edição Livros do Brasil, s.d.

ELMIR, Cláudio Pereira. "As armadilhas do jornal: algumas considerações metodológicas de seu uso para a pesquisa histórica". *Cadernos do PPG em História (UFRGS)*, Porto Alegre, vol. 13, p. 19-29, 1995.

ESPIG, Márcia Janete. O uso da fonte jornalística no trabalho historiográfico: o caso do Contestado. *Estudos Ibero-Americanos*, Porto Alegre, PUC-RS, vol. XXIV, n° 2, dez. 1998.

FERREIRA, Fernanda Flávia Martins. *Espiritismo Kardecista brasileiro e cultura política: história e novas trajetórias*. Dissertação de mestrado em Ciência Política pela UFMG, 2008.

FREIRE, Paulo. *Educação como prática da liberdade*. Rio de Janeiro: Paz e Terra, 1969.

FROMM, Erich. *Conceito marxista do homem*. Rio de Janeiro: Zahar, 1962.

GASBARRO, Nicola. Missões: a civilização cristã em ação. In: MONTERO, Paula (org.). *Deus na aldeia: missionários, índios e mediação cultural*. São Paulo: Globo, 2006.

GEERTZ, Clifford. *Observando o Islã: o desenvolvimento religioso no Marrocos e Indonésia*. Rio de Janeiro: Jorge Zahar Editor, 2004.

GIUMBELLI, Emerson. *O cuidado dos mortos: uma história da condenação e legitimação do Espiritismo*. Rio de Janeiro: Arquivo Nacional, 1997a.

_____. Heresia, doença, crime ou religião: o Espiritismo no discurso de médicos e cientistas sociais. *Revista de Antropologia*, vol. 40, n° 2, p. 31-82, 1997b.

_____. Espiritismo e medicina: introjeção, subversão, complementaridade. In: *Orixás e Espíritos – o debate interdisciplinar na pesquisa contemporânea*. Uberlândia: Edufu, 2006.

HESS, David J. The many rooms of spiritism in Brazil. In: *Luso-Brazilian Review*, vol. XXIV, n° 2, 1987.

_____. O espiritismo e as ciências. *Religião e Sociedade*, n° 14/3, 1987.

_____. *Spirits and scientists: ideology, spiritism, and Brazilian culture*. Pennsylvania: Pennsylvania State University Press, 1991.

_____. *Samba in the night: spiritism in Brasil*. New York: Columbia University Press, 1994.

HILL, Christopher. *A Bíblia inglesa e as revoluções do século XVII*. Rio de Janeiro: Civilização Brasileira, 2003.

INCONTRI, Dora (Alice Colombo). Pedagogia Espírita: um Projeto Brasileiro e suas Raízes Histórico-Filosóficas. Tese de Doutorado em Educação pela USP, 2001.

INCONTRI, Dora (Alice Colombo) e BIGHETO, Alessandro Cesar. Socialismo e Espiritismo, aproximações dialéticas. *Revista HISTEDBR On-line*, Campinas, n. 16, p. 1-9, dez, 2004.

ISAIA, Artur Cesar. *Catolicismo e autoritarismo no Rio Grande do Sul*. Porto Alegre: EdiPUCRS, 1998.

_____. Catolicismo e religiões mediúnicas no Rio Grande do Sul. In: RECKZIGEL, Ana Luiza Setti; FELIX, Loiva Otero. (Org.). *RS: 200 Anos. Definindo espaços na história nacional*. Passo Fundo: Universidade de Passo Fundo, 2002, v. ?, p. 219-236.

_____. Espiritismo, conservadorismo e utopia. In: PINTO, Elisabete A; ALMEIDA, Ivan A. de (orgs.). *Religiões: tolerância e igualdade no espaço da diversidade*. São Paulo: Fala Preta, 2004.

_____. O Espiritismo diante da idéia republicana no Brasil. *Fragmentos de Cultura*, Goiânia, vol. 15, n° 10, p. 1541-1552, 2005.

_____. Brasilio Marcondes Machado e a defesa do espiritismo na Faculdade de Medicina do Rio de Janeiro nos anos 1920. *Textos de História*, v. 13, p. 175-190, 2006.

_____. O Espiritismo nas teses da Faculdade de Medicina do Rio de Janeiro. *História Revista (UFG)*, v. 12, p. 63-79, 2007.

_____. Religião, discurso médico-psiquiátrico e ordem republicana no Brasil: o espiritismo na produção acadêmica da Faculdade de Medicina do Rio de Janeiro. *Revista de História das Ideias* (Coimbra), v. 29, p. 501-523, 2008a.

_____. O discurso médico-psiquiátrico em defesa do espiritismo na Faculdade de Medicina do Rio de Janeiro dos anos 1920. *Revista Brasileira de História das Religiões*, v. 1, p. 206-212, 2008b.

_____. Loucura Coletiva?. *Revista de História* (Rio de Janeiro), v. 3, p. 20-25, 2008c.

KARDEC, Allan. *O que é o espiritismo*. São Paulo: Lake, 1998 [1859].

_____. *O Livro dos Espíritos*. São Paulo: Lake, 2006 [1860].

_____. *Le Livre des Esprits*. Paris: Edition de L'Union Spirite Française et Francophone, [1860]. Disponível em: http://www.spiritisme.net/livres.php?ID=1. Último acesso: 21 nov. 2007.

_____. *O Livro dos Médiuns*. Rio de Janeiro: FEB, 1996 [1861].

_____. *Voyage spirite en 1862*. Paris: Editions Vermet, 1988 [1862]. Disponível em: http://www.spiritisme.net/livres.php?ID=9. Último acesso: 9 dez. 2006.

_____. *O Evangelho Segundo o Espiritismo*. Araras: IDE, 2000 [1864].

_____. *Le Ciel et l'Enfer*. Paris: Editions Philman, 2001 [1865]. Disponível em: http://www.spiritisme.net/livres.php?ID=6. Último acesso: 9 dez. 2006.

_____. *A Gênese: Os Milagres e as Predições Segundo o Espiritismo*. São Paulo: Lake, 1999 [1868].

_____. *Obras póstumas*. Rio de Janeiro: FEB, 1984 [1890]

LANTERNARI, Vittorio. *As religiões dos oprimidos: um estudo dos modernos cultos messiânicos*. São Paulo: Perspectiva, 1974.

LAVIGNE, Eusínio e PRADO, Sousa do. *Os espíritas e as questões sociais*. Niterói: Editora Renovação Limitada, 1955.

LEWGOY, Bernardo. *Os espíritas e as letras: um estudo antropológico sobre cultura escrita e oralidade no espiritismo kardecista*. Tese de Doutorado em Antropologia Social pela USP, 2000.

_____. *O grande mediador: Chico Xavier e a cultura brasileira*. Bauru: Edusc, 2004.

_____. Sincretismo e anti-sincretismo no espiritismo kardecista brasileiro. *Colóquio Campo Religioso no Brasil*: Os aportes da Sócio-antropologia. Paris, 6 e 7 de dezembro de 2005.

_____. O sincretismo invisível: um olhar sobre as relações entre catolicismo e espiritismo no Brasil. In: ISAIA, Artur Cesar (org.). *Orixás e espíritos: o debate interdisciplinar na pesquisa contemporânea*. Uberlândia: Edufu, 2006a.

_____. Representações de ciência e religião no espiritismo kardecista. Antigas e novas configurações. *Civitas – Revista de Ciências Sociais*. V. 6, n. 2, jul.-dez. 2006b.

_____. A transnacionalização do espiritismo kardecista brasileiro: uma discussão inicial. *Religião e Sociedade*. 28(1), 2008.

LEX, Ary. *60 anos de Espiritismo no Estado de São Paulo (nossa vivência)*. São Paulo: Edições FEESP, 1996.

LLOYD, Christopher. *As estruturas da história*. Rio de Janeiro: Jorge Zahar, 1995.

LÖWY, Michael. *A guerra dos deuses: religião e política na América Latina*. Petrópolis: Vozes, 2000.

LUCA, Tania Regina de. História dos, nos e por meio dos periódicos. In: PINSKY, Carla Bassanezi. *Fontes Históricas*. São Paulo: Ed. Contexto, 2005.

MAGGIE, Yvonne. *Medo de feitiço: relações entre magia e poder no Brasil*. Rio de Janeiro: Arquivo Nacional, 1992.

MACHADO, Ubiratan Paulo. *Os intelectuais e o espiritismo: de Castro Alves a Machado de Assis*. Niterói: Publicações Lachâtre, 1996 [1983].

MAINWARING, Scott. *A Igreja Católica e a Política no Brasil (1916-1985)*. São Paulo: Brasiliense, 1989.

MAIOR, Marcelo Souto. *As vidas de Chico Xavier*. São Paulo: Ed. Planeta do Brasil, 2003.

MARIÑO, Cosme. *Concepto Espiritista del Socialismo*. Buenos Aires: Editorial Victor Hugo, 1960.

MARIOTTI, Humberto. *Dialética e Metapsíquica*. São Paulo: Édipo, 1951.

_____. *O homem e a sociedade numa nova civilização*. São Paulo: Edicel, 1967.

MAROCCO, Beatriz Alcaraz. O modo de objetivação jornalística. *Cadernos IHU Idéias*. São Leopoldo – RS, n° 27, p. 1-16, 2004.

MARTINS, MarisAngela. Problematizando o imaginário: limites e potencialidades de um conceito em construção – O imaginário da militância comunista em Porto Alegre (1945-47). *Labirinto*. Ano V, n°, jul.-dez. 2005. Disponível em: http://www.unir.br/~cei/artigo80.html Último acesso: 25 jun. 2006.

MARTINS FILHO, João Roberto. *Movimento estudantil e ditadura militar: 1964-1968*. Campinas: Papirus, 1987.

MARX, Karl. *O capital: crítica da economia política*. Livro 1. Tomo 1. São Paulo: Nova Cultural, 1988.

MASSENZIO, Marcello. *A história das religiões na cultura moderna*. São Paulo: Hedra, 2005.

MIGUEL, Sinuê Neckel. Espiritismo fin de siècle: a inserção do Espiritismo no Rio Grande do Sul. *Revista Brasileira de História das Religiões*, v. 4, p. 145-184, 2009a.

_____. Espiritismo e política: o compasso dos espíritas com a conjuntura dos anos 1930-1940. *Debates do NER (UFRGS)*, v. 15, p. 39-70, 2009b.

_____. O Espiritismo frente à Igreja Católica em disputa por espaço na Era Vargas. *Esboços – Revista do Programa de Pós-Graduação em História da UFSC*, v. 17, p. 203-226, 2010.

_____. Gandhi e a verdade: reflexões entre autobiografia e história. *Aedos – Revista do Corpo Discente do Programa de Pós-Graduação em História da UFRGS*, v. 3, p. 87-110, 2011a.

_____. A questão política no Espiritismo: o sagrado e o profano em tensão. In: Carlos André S. de Moura; Eliane Moura da Silva; Mário R. dos Santos; Paulo Julião da Silva. (Org.). *Religião, Cultura e Política no Brasil: Perspectivas Históricas*. 10 ed. Campinas: Coleção Idéias. IFCH-Unicamp, 2011b, v. 2.

_____. *Espiritismo Unificado: embates pela unificação institucional do movimento espírita brasileiro*. No prelo.

MOTTA, Rodrigo Patto Sá. *Em guarda contra o "perigo vermelho": o anticomunismo no Brasil, 1917-1964*. São Paulo: Perspectiva e Fapesp, 2002.

NETTO, Jacob Holzmann. *Espiritismo e Marxismo*. Campinas: Edições A Fagulha, 1970.

ORTIZ, Renato (org.). *Bourdieu*. Coleção Grandes Cientistas Sociais. nº 39. São Paulo: Ática, 1983.

PESAVENTO, Sandra Jatahy. Em Busca de uma Outra História: Imaginando o Imaginário. *Revista Brasileira de História*. São Paulo, vol. 15, nº 29, p. 9-27, 1995.

_____. *História e história cultural*. Belo Horizonte: Autêntica, 2004.

PIRES, José Herculano. *O reino*. São Paulo: Lake, 1946.

_____. *O reino*. São Paulo: Edicel, 1967.

_____. *Espiritismo Dialético*. Campinas: Edições A Fagulha, 1971.

_____. *O centro espírita*. São Paulo: Lake, 1992.

PORTEIRO, Manuel S. *Espiritismo Dialético*. Brás: CE José Barroso, 2002.

QUINTELLA, Mauro. *Breve História da Unificação (de Torteroli a Thiesen)*. Disponível em: http://www.universoespirita.org.br/catalogo_dos_espiritos/0_0_catalogo_artigos_inicial.htm. Último acesso: 29 mar. 2009

RAMALHO, José Rodorval. Igreja Católica, moral econômica e modernidade. *Revista Brasileira de História das Religiões (ANPUH)*, ano 2, n. 9, p. 199-210, 2011.

REZENDE, Darcilene Sena. *A história na mão: periódicos universitários discentes paulistas entre 1964 e 1979*. Tese de Doutorado em História pela USP, 2003.

RIZZINI, Jorge. J. *Herculano Pires – o apóstolo de Kardec*. São Paulo: Paidéia, 2001.

ROMANELLI, Otaíza de Oliveira. *História da educação no Brasil (1930-1973)*. Petrópolis: Vozes, 2005.

ROMANO, Roberto. *Igreja contra Estado*. São Paulo: Kairós Editora, 1979.

ROSANVALLON, Pierre. *Pour une histoire conceptuelle du politique*. Paris : Seuil, 2003.

SCHWEIG, Graziele Ramos. *Espiritismo e Medicina Psiquiátrica: estudo de caso no Hospital Espírita de Porto Alegre*. Monografia apresentada ao Departamento de Antropologia da UFRGS como requisito parcial para obtenção de grau de Bacharel em Ciências Sociais, 2006.

SCOTON, Roberta Müller Scafuto. A "loucura espírita" em Juiz de Fora-MG. *Anais Eletrônicos do XIV Encontro Regional de História ANPUH-MG*. Juiz de Fora, 2004.

_____. Idéias psiquiátricas sobre as religiões mediúnicas em Juiz de Fora-MG (1890-1940). *Mneme – Revista de Humanidades* [Dossiê Histórias da Saúde e da Doença, org. André Mota e Iranilson Buriti]. Caicó (RN), vol. 7, n° 17, p. 85-121, ago./set. 2005. Bimestral. Disponível em: http://www.seol.com.br/mneme/ed17/165.pdf. Último acesso: 30 jun. 2006

SILVA, Eliane Moura. *Vida e morte: o homem no labirinto da eternidade.* Tese de Doutorado em História pela Unicamp, 1993.

_____. Maçonaria, Anticlericalismo e Livre Pensamento no Brasil (1901-1909). Comunicação apresentada no XIX *Simpósio Nacional de História – ANPUH*, Belo Horizonte, 1997.

_____. Reflexões teóricas e históricas sobre correntes culturais e religiosidade. IFCH-Unicamp *Coleção Textos Didáticos*, Campinas, n° 27, 1999.

_____. Introdução: Da Fenomenologia à História In: SILVA, Eliane Moura da; BELLOTTI, Karina; CAMPOS, Leonildo. *Religião e Sociedade na América Latina.* São Bernardo do Campo: Umesp, 2010.

_____. *A fenomenologia de Mircea Eliade, a escola romana de história das religiões e a história cultural: questões teóricas e metodológicas.* No prelo.

SILVA, Fábio Luiz da. *Espiritismo: história e poder (1938-1949).* Londrina: Eduel, 2005.

SILVA, Paulo Julião da. "E Jesus foi vitorioso, aleluia... E a resposta a essa batalha do céu foi 31 de março de 1964" – O alinhamento protestante ao golpe militar. In: Carlos André S. de Moura; Eliane Moura da Silva; Mário R. dos Santos; Paulo Julião da Silva. (Org.). *Religião, Cultura e Política no Brasil: Perspectivas Históricas.* 10 ed. Campinas: Coleção Idéias. IFCH-Unicamp, 2011, v. 2.

SILVA, Raquel Marta da. *Chico Xavier: imaginário religioso e representações simbólicas no interior das Geras – Uberaba, 1959/2007.* Dissertação de Mestrado em História pela UFU, 2002.

SOARES, Claudete Gomes. *Teologia da libertação no Brasil: aspectos de uma crítica político-teológica à sociedade capitalista.* Dissertação de Mestrado em Sociologia pela Unicamp, 2000.

SOUZA, Luiz Alberto Gomez. *A JUC: os estudantes católicos e a política.* Petrópolis: Vozes, 1984.

STOLL, Sandra Jacqueline. *Espiritismo à brasileira*. São Paulo/Curitiba: Ed. USP e Ed. Orion, 2003.

TEIXEIRA, Faustino (org.). *Sociologia da religião: enfoques teóricos*. Petrópolis: Vozes, 2003.

VASCONCELOS, João. Homeless spirits: modern spiritualism, psychical research and the anthropology of religion in late 19th and early 20th centuries. *Paper presented at the conference "On the Margins of Religion"*, Halle (Germany), The Max Planck Institute for Social Anthropology, 15th-17th May 2003.

VIEIRA, Margarida Luiza de Matos. O Partido Socialista Brasileiro e o Marxismo (1947-1965). In: RIDENTI, Marcelo e REIS, Daniel Aarão (org.). *História do marxismo no Brasil*. Volume 5: Partidos e organizações dos anos 1920 aos 1960. Campinas: Ed. da Unicamp, 2007.

VIEIRA, Waldo. (Ditado pelo Espírito André Luiz) *Conduta Espírita*. Rio de Janeiro: FEB, 1979.

VINICIUS (Pedro de Camargo). *Nas pegadas do mestre*. Rio de Janeiro: FEB, 1944.

WALLERSTEIN, Immanuel. *Utopística, ou, As decisões históricas do século vinte e um*. Petrópolis: Vozes, 2003.

WANTUIL, Zêus. *Grandes espíritas do Brasil*. Rio de Janeiro: FEB, 1981.

WEBER, Max. *Ciência e política – duas vocações*. São Paulo: Martin Claret, 2004.

_____. *Economia e sociedade: fundamentos da sociologia compreensiva*. V. 1. Brasília: Ed. UnB, 2004b.

XAVIER, Francisco Cândido. (psicografado por Emmanuel). *Emmanuel*. Rio de Janeiro: FEB, 1938.

Anexo

Entrevistas realizadas com Therezinha Oliveira

Campinas, segunda-feira, 6 de julho de 2009.

Therezinha de Oliveira (TO)

Sinuê Neckel Miguel (S)

(TO) Eu não me recordo quando foi, que ano, mas foi na época da Revolução aqui no Brasil. E nós sempre tivemos a mocidade espírita aqui no Centro Allan Kardec bem de acordo com a Doutrina Espírita, trabalhando, colaborando na parte assistencial, convivendo com os mais velhos. A mocidade aqui no Allan Kardec sempre foi muito prestigiada, ela começou desde o início da casa. "Seu" Gustavo sempre colocou a evangelização da infância e mocidade, desde o comecinho da casa. Então quando eu vim para Campinas eu já encontrei esse movimento. Participei dele, foi nele que eu, vamos dizer assim, me descobri, pois eu era espírita mas não tinha trabalhado numa casa espírita. E através da mocidade eu encontrei meu campo. E a diretoria tinha tanta confiança nos moços, na mocidade, que eles nos permitiam fazer uma reunião mediúnica da mocidade. Não éramos jovenzinhos de quinze, dezesseis anos, já tínhamos vinte, vinte e um, vinte e três. Mas a casa confiava em nós, então havia esse passado de muita confiança da diretoria da casa no trabalho da mocidade. E posteriormente, eu não sei se a minha função era presidente ou secretária no Centro, eu não me recordo, nessa época, quando aconteceu de haver uma infiltração do movimento socialista na nossa mocidade. Mas nós não soubemos a princípio, porque nós não íamos nunca olhar os trabalhos da mocidade. Havia aquela confiança. E quando nós ficamos sabendo alguma coisa foi porque eles começaram a tomar algumas atitudes que não eram fraternas, que não eram de acordo com a conduta de um espírita. Eles por exemplo colocavam no painel da mocidade assim: "se morressem todos os idosos com mais de trinta anos e ficassem só os jovens aí o mundo resolveria seus problemas, aí o mundo andaria bem". Era uma ofensa, era antifraterno. A gente ia conversar com os companheiros, a gente dizia: "escute, mas vocês estão falando alguma coisa que ofende, que machuca, por que vocês estão fazendo isso?". Eles nunca se apontavam, eles diziam: "não sei, foi você, foi fulano, sei lá, foi alguém". Mas ele nunca... era um trato sub-reptício, mentiroso, falso, desrespeitoso. Nós não estávamos acostumados com isso. Era já uma infiltração de conduta, de fins e de meios. "Os fins justificam os meios", certo. E nós começamos a sofrer com isso na Casa. Tentáramos conversas. Dr. Zalmino conversou com o grupo, Dr. Zalmino tinha mais preparo.

(S) Zalmino Zilmmerman?

(TO) É, Zalmino. Eu não entendia nada de socialismo. Eu não teria condições de conversar. Eu só sabia falar do ponto de vista espírita, fraterno, convivência, colaboração. Eles inclusive expunham o nome da Mocidade Espírita Allan Kardec. Quer dizer, acarretava reflexos para a Casa. Poderia acarretar. Até que o Armando de Oliveira Lima, que era lá de Sorocaba, mas tinha ramificação com o pessoal aqui, anunciaram uma palestra dele no jornal da cidade. Uma palestra dele que eu não me recordo o tema, mas seria mais ou menos assim: "Marxismo e Espiritismo". Quando eles anunciaram isso eu fiquei muito preocupada. Eu telefonei pra companheiros de São Paulo. Falei com companheiros, senhores que podiam entender do assunto, dialogar, argumentar. Houve alguém de São Paulo que disse "a Terezinha você está muito preocupada, isso não é nada". Mas era sim. Era porque naquela noite da palestra eu cheguei mais cedo, não tinha quase ninguém aqui no salão e havia um senhor de branco, alto, claro, andando devagarzinho pra lá e pra cá, provavelmente alguém do DOPS, pra observar, tinha sido anunciado no jornal.

(S) Seria mais ou menos em que ano?

(TO) Naquele ano da Revolução de 60.

(S) Entre 64 e 70.

(TO) Isso. Então quando eu observei aquilo eu fiquei preocupada, porque levava a Casa de roldão, levava o movimento espírita de roldão. Nós não somos político-partidários. O Espiritismo não entra em parte político-partidária. Nós fazemos como Jesus. Eles acusavam a gente de não tomarmos atitude. E nós dizíamos "olha, Jesus podia tanta coisa, Jesus veio e falou às almas, para cada pessoa entender-se, melhorar-se, ser fraterno, trabalhar, defender sim o que achasse justo mas não guerrear. Jesus não foi um guerreiro, não pleiteou guerra pra ninguém". Bem, não adiantava, por mais que todo mundo conversasse eles eram assim fugidios, eu diria mentirosos, falsos, enganosos, não eram um pessoal espírita que olha assim de olho no olho e conversa, fala tudo o que é o que não é. Não era assim. Era uma conduta esquisita, diferente, não estávamos acostumados a isso. Quando eu vi aquele senhor que certamente seria do DOPS porque não era conhecido aqui, felizmente vieram uns senhores do movimento espírita que tinham gabarito, tinham nome, capacidade, e ficaram na primeira fileira. Aí abriu-se a reunião e o Armando Oliveira Lima tomou a palavra mas ele não conseguiu falar, ele falou uma meia hora, se tanto, tomou cinco, seis copos d'água. Ele estava visivelmente contrafeito, preocupado, não estava bem, ele não conseguiu falar nada. O que ele falou não atrapalhou em nada, ficou vago. mas não ficou uma pregação como eles costumavam fazer. Eu acredito...

(S) Eles haviam feito alguma palestra anteriormente?

(TO) Não, quando eu eles conversavam com a gente, o que eles punham no mural e o que eles comentavam... Então, eu acredito que foi a presença daqueles senhores que intimidou, por diz "aqui tem gente de gabarito pra te responder a altura para aquilo que você vai falar". Porque no meio dos jovenzinhos ele tinha mais idade, ele predominava, mas e diante de pessoas com conhecimento de doutrina e de socialismo. Aí eu queria ver né. Então realmente não aconteceu nada. A Casa não foi levada junto. Aí a Diretoria aprovou – a Deyse na ocasião não era presidente, eu não sei qual o cargo que ela tinha – ela e a Íris Elias, foi aprovado que se fizesse um regimento pra mocidade, limite de idade. Nós temos até hoje. O pessoal às vezes estranha "como limite de mocidade?", é, porque fica um adulto no meio dos jovens. E a mocidade é para o jovem ensaiar. Ensaiar dirigir, ensaiar programar, ensaiar liderar. É para o jovem ter um campo de trabalho, não é pra um adulto ficar lá dominando. Então nós fizemos esse regimento. Eles saíram, eles foram convidados ainda, a Casa convidou pra que se eles quisessem ficar, mas dentro das diretrizes. Eles não quiseram, saíram todos. Ficamos seis meses mais ou menos sem mocidade. No outro ano nós pegamos o pessoal do pré-mocidade e fizemos a mocidade nova. E a Casa tem hoje uma mocidade muito correta. Nós não estamos lá olhando a mocidade. São moços espíritas, sendo moços espíritas eles agem corretamente. Tem um objetivo, conhecem a Doutrina. Não há diferença. Muitos jovens colaboram conosco na parte assistencial, estão junto em movimentos, já se entrosam em trabalhos do Centro. É normal, natural. Naquela época não foi. Para nós Movimento Universitário Espírita é uma triste lembrança.

(S) Um momento traumático?

(TO) Muito difícil!

(S) Deixa eu perguntar, essa questão é ainda pra mim bastante confusa: sobre o que significava o pensamento de esquerda na época, como era visto pelos espíritas?

(TO) Nós não tínhamos interesse como sociedade, como Casa Espírita, em abordar assuntos políticos, partidários, sistemas de governo, não é a função da Doutrina Espírita. O espírita particularmente ele é livre para entrar num partido, ter sua opinião, batalhar pelo que acha direito, não tem problema nenhum. O que não pode é trazer para dentro da Casa Espírita.

(S) É nesse caminho que ia a minha questão, porque ontem lendo o livro do Ary Lex, tem um momento em que ele menciona uma série de espíritas que eram filiados ao PSB...

(TO) Não temos nada com isso. A pessoa particularmente é livre. A pessoa é livre por exemplo, que está dentro da Casa Espírita, ela pode até ter alguma discordância em algum ponto doutrinário. Tudo bem, numa conversa, num encontro de companheiros preparados, ela pode até dizer "esse ponto ta, ta, ti". Ela tem liberdade. O que não pode é fazer pregação. Porque uma pregação para um povo despreparado faz divisão de opiniões. Nós não temos esse interesse. Nós queremos passar as bases doutrinárias para o público geral. Nós não vamos querer usar o público geral pra fazer o nosso grupo. Isso é errado. Isso é errado.

(S) Foi esse o problema que você identificou na palestra do Armando?

(TO) É, ele queria que o movimento espírita servisse ao entendimento político deles. Queria usar a Casa Espírita e levar por esse caminho. E não pode. Não pode.

Os governos passam, podem se modificar, mas a ideia espírita ela diz respeito a quem somos, de onde viemos, porque estamos aqui, para onde iremos depois. E daí vem a conduta moral que é toda do Evangelho. Jesus não foi um revolucionário. Claro que muitas pessoas da época achavam que ele falava diferente da lei. Ele dizia "não vim revogar a lei, eu vim dar cumprimento". É que o pessoal tinha deturpado, entendido mal, e ele procurava pôr a informação correta. Poderia parecer a eles que ele era um revolucionário, porque ele feria algumas estruturas do mundo dele. Ele feria estruturas, interesses. E ele vinha com aquela verdade pura e limpa. Não é o caso de pessoas que estão servindo a uma ideia política, partidária. Não é o caso. Jesus tinha a verdade, só a verdade e o amor. Ele não queria ser dono de nada, ele queria apenas que as pessoas se tornassem melhores. Fossem mais fraternas, fossem mais corretas, fossem mais honestas. Ele trabalha na alma e não nos governos, nas estruturas políticas.

(S) Esse era um dos temas de polemização do grupo que queria discutir a ideia de reforma íntima e...

(TO) Queria mudar as estruturas políticas, levar o centro espírita para trabalhar politicamente. Não pode. Não é o nosso objetivo. É a mesma coisa que pessoas que vem aqui, que é bastante gente na Casa né, como domingo que tem bastante gente, então há pessoas que vem aqui com certas atividades ou tarefas ou coisas, e querem fazer aqui dentro. Não pode. É comércio. É divulgar ideias suas particulares. Eles querem usar a Casa para os seus fins. Não pode. A gente tem que fazer aqui uma Casa, quanto possível – nós não somos perfeitos – mas quanto possível, ideal. Ideal evangélico, ideal de Jesus, ideal da Codificação. A Casa foi fundada pra isso. Não é justo. É como certos Espíritos vêm e querem fazer atividades "há vocês vão ter bastante gente, virá gente de toda parte, porque nós vamos fazer cura". Nós não estamos interessados em gente. Nós estamos interessados em passar alguma coisa de bom. Mas os Espíritos vêm, se tiver um dirigente que não está muito amadurecido, ele vai ficar todo entusiasmado e abre campo para esses Espíritos trabalharem. Ah! Daqui a pouco você vai ver o escândalo que dá. Porque não são bons Espíritos. Os bons Espíritos não fazem isso. Eles ajudam sem aparecer. Agora vem e quer aparecer...

Então a gente analisa as criaturas pela conduta delas. Jesus dizia assim "que haveria falsos profetas, mas pelos seus frutos os conhecereis". É pelo o que eles agem, pelo que fazem. Conforme agem não é seareiro, não está de acordo com a verdade e o amor. Tem direito particularmente de ser como quiser. Claro, eu também quero esse direito de ser como eu sou. Eu tenho esse direito, não posso tirar do outro. Mas ele não pode fazer de uma instituição que tem estatutos, que tem objetivos, fundada por companheiros idealistas, deturpar e levar pra si.

(S) Então a senhora consideraria esses jovens do MUE como mal intencionados ou como ingênuos?

(TO) Nem propriamente uma coisa nem outra. Havia um movimento social muito envolvente. E os jovens quando entram na universidade eles não estão amadurecidos pra poderem avaliar todas as propostas que são colocadas ali. A gente vê, por exemplo, que muitas vezes entrando na universidade, no campo da ciência da medicina, muitos ainda não tem a maturidade suficiente e perdem a fé. Não pode perder a fé, mas eles perdem, porque eles não têm ainda estrutura para enfrentar aquelas argumentações, aquelas ideias, e cedem. Então eu acho que os jovens nossos poderiam ser despreparados, ingênuos, entusiastas, sonhando com um mundo melhor. Não tenho nada contra o jovem. O problema é o processo em que eles em entraram, as ideias que eles aceitaram e querendo colocar isso na Casa Espírita.

(S) E você acha que o MUE surgiu em razão do momento político?

(TO) Momento social, momento político, foi um fenômeno da época. Aí cada criatura reagiu segundo a sua possibilidade. Eu quero crer que muitos jovens não entraram para o MUE quando perceberam como era eles não foram. Mas os outros foram, certo. Ou envolvidos ou porque ficaram iludidos com um ideal de um mundo melhor. Eu penso assim, não penso mal dos jovens. Não penso. Não foi bom o modo como agiram porque estavam conduzidos por mentes mais idosas, de mais idade. Aí forma aquele espírito de grupo, sabe como é. É difícil.

(S) Uma figura que ainda para mim está bastante enigmática porque foi colocado para esses jovens como liderança é o Jacob Holzmann Netto e que era também um grande orador espírita.

(TO) Mas o Jacob não participava. De nenhuma... O Jacob fez muitas palestras aqui. As palestras do Jacob não tinham absolutamente nada de subversivo, de político-partidário, de estruturas sociais... não tinha. Eu assisti várias palestras. E se ele por acaso tinha alguma ideia, ele não deixou transparecer. Ele fez vários anos em concentrações de mocidades...

Agora depois eu soube que ele se casou com uma moça que parece que era de umbanda – não tem nada a ver, não há problema nenhum –, mas que depois ele não queria mais estar no movimento espírita. Até eu soube lá no Paraná, que os companheiros contaram que foram atrás dele, convidaram muito "volta, faça uma palestra para nós". Ele disse "olha, eu vou fazer uma palestra pra vocês, pra vocês verem que eu posso continuar fazendo palestra, mas depois nunca mais vocês me peçam". E diz que foi, fez uma bela palestra e depois não foi mais. Ele desencarnou, né. Eu não sei por que, desencarnou jovem. Eu não sei o que aconteceu.

(S) Teve um livro dele publicado por esse pessoal do MUE que se chamava *Marxismo e Espiritismo*. Não teve nada a ver com esse livro o rompimento com o movimento espírita?

(TO) Não, não. Porque as pessoas tinham o Humberto Mariotti também que eles queriam estudar, mas o Humberto Mariotti, argentino, ele estudava os assuntos socialistas. Não há mal nenhum. O problema é querer trazer um movimento político-partidário pra dentro da Casa Espírita. Conhecer, estudar, analisar, não há mal nenhum, certo. Então se acaso – eu não conheço o livro do Jacob Holzmann Neto –, se ele escreveu – você conhece, você viu como é que ele escreveu? – se ele faz um estudo do assunto, o que existe, se há alguns pontos de contato ou não. Há pontos de contato e há pontos divergentes, porque o materialismo do marxismo não pode jamais estar concorde com a Doutrina Espírita. Então é como a acupuntura. A acupuntura tem alguns pontos semelhantes ao que nós falamos do perispírito, tudo, né. Mas é só alguns pontos, os outros são divergentes. Então fazer um estudo a respeito do que existe, como é, como não é, não atrapalha em nada. Agora aderir a um movimento que não é inteiramente compatível com a Doutrina e querer fazer os espíritas tomarem posição nesse campo, aí está errado.

(S) A senhora se recorda se esses jovens chegaram a tentar publicar seus textos nas revistas e nos jornais espíritas da época?

(TO) Que eu saiba não muito. O Armando Oliveira Lima publicava um jornalzinho, *A Fagulha*. É o que eu sei. É o que eu sei. Pode ser que um jornal ou outro tenha publicado alguma coisa, né.

Intervalo sobre termo de concordância – uso da entrevista

(S) Onde você nasceu e morou até a época do MUE, na década de 60 e onde mora atualmente?

(TO) Eu mudei pra Campinas em 1956. Mas eu saí de lá criança. Eu nasci em Cravinhos, perto de Ribeirão Preto. Fui pra Santos, terra do meu pai. Mudamos pra Ribeirão Preto, terra da minha mãe. Aí fomos pra São Paulo porque já estávamos todos em idade de trabalhar. Fomos pra São Paulo. E de São Paulo eu vim pra cá. Nasci no interior, interior do Estado.

(S) Foi no ano de?

(TO) De que eu nasci? 1930.

(S) Mora atualmente em Campinas né.

(TO) Sim, desde 1956 estou aqui e conheci esta casa, entrei e fiquei aqui.

(S) Você tem formação acadêmica?

(TO) Não, o meu curso é de magistério primário.

(S) Trabalhou como professora?

(TO) Não, eu trabalhei na prefeitura e fui diretora de expediente do gabinete do prefeito. Mas nunca lidando com política. Eu não sabia quem era oposição, quem era situação. Nunca fez diferença.

(S) Então você nem define uma posição política?

(TO) Não. Eu entrei por concurso. Eu sempre tive uma independência. A minha opinião particular sobre política eu sempre tive. Mas não interferia absolutamente. Eu nunca entrei... até quiseram me convidar pra ser vereadora. Mas não, eu não entrei em política partidária.

(S) Desde quando você é espírita?

(TO) Ah, eu conheci em Ribeirão Preto, eu me tornei espírita em Ribeirão Preto. Lá fiz catecismo espírita, tudo né.

(S) Ainda muito jovem.

(TO) Jovem, menininha, meninoca. Mas que eu comecei a trabalhar mesmo no movimento espírita foi aqui.

(S) Então nessa época do MUE você atuava principalmente com as Mocidades?

(TO) Não, eu já tinha passado pela Mocidade. Em 70 eu devia estar com quarenta anos, 37 a 40 anos. Então eu já estava fora da Mocidade.

(S) Mas elas tinham bastante independência né. Não precisavam de pessoas mais velhas pra tutelar.

(TO) Independência. Não, não tinha ninguém fiscalizando. Nunca fiscalizamos. Porque no nosso tempo, é como eu disse a você, no meu tempo de jovem nós tínhamos a Mocidade e nos pedimos a Casa que nós queríamos fazer uma reunião mediúnica. A Casa disse "então faça". É plena confiança na conduta das pessoas. Nunca apresentamos desvios, mesmo na prática. Porque não é só questão política, é questão toda de conduta, de tudo que se faz. Então a nossa prática espírita era discreta, era correta. Nunca a Casa precisou chamar a atenção da gente. E no caso, quando houve infiltração de um modo de ser diferente, uma conduta diferente, aí que causou problemas. Fora isso nunca tivemos problemas com a Mocidade.

(S) E o que você acha, pensando no que você citou da pessoa do DOPS aqui acompanhando uma palestra, isso teria agravado ainda mais a situação?

(TO) Não. Quer dizer, já estava no auge da coisa. Depois disso é que acalmou. Depois disso acalmou porque não houve a manifestação que eles pretendiam né, que anunciaram nos jornais, sem falar nada pra Diretoria. Quer dizer, tomavam iniciativas assim sem consultar ninguém.

(S) Mas assim no seguinte sentido também: se o fato de manifestar um pensamento de esquerda na época e colocar isso como provindo do próprio espiritismo...

(TO) Não que é um problema de esquerda, é que era de estrutura político-partidária. Dentro da Casa Espírita consta no nosso estatuto: nós não entramos em política partidária. As nossas comemorações, festas, não devem ter jogo de azar, não devem ter álcool. Nós temos um estatuto que dirige a nossa conduta. Porque houve por exemplo um tempo de mocidade, as vezes o pessoal fazia um piquenique num encontro de mocidade, e marcava num lugar onde tinha rio pra nadar. Só que aconteceram algumas vezes, aconteceu dos jovens serem imprudentes e se afogar um jovem. Aí sai no jornal "num piquenique espírita morreu um jovem". Quer dizer, vai junto o movimento. É muito... é um patrimônio. Ah, como é que eu posso dizer assim, o apreço que nós temos diante da população em relação à conduta, honestidade nas campanhas assistenciais, o serviço, a moral dos seus companheiros – não precisa ser perfeito, mas uma boa moral. Esse é um patrimônio inestimável que nos permite trabalhar. Que nos permite continuar.

(S) Mas assim na época, não seria até mais perigoso... no sentido assim: se uma instituição espírita fosse colocada como subversiva poderia ser fechada inclusive as portas né?

(TO) Mas sem dúvida. E não seria justo, porque não era a sociedade, era um grupo dentro dela que tomou essa atitude a revelia da diretoria. Não era uma conduta correta. Isso é o que nos fez sofrer muito, porque a gente não queria brigar, a gente não queria perder os jovens. A gente bem que batalhou pra ver se conseguia uma conciliação. Mas não adiantava, já era um espírito de grupo. E aí você sabe que não entra né. Quando formou um espírito de grupo... mesmo que depois mais tarde alguns entendam, retornem... mas no momento você não consegue furar. Foi feito o trabalho.

(S) Eles continuaram, depois desse momento de rompimento, eles não tentaram mais participar de eventos, de Mocidade?

(TO) Não. Eu não acompanhei mais. Eu não acompanhei mais. Não sei se eles tentaram ainda, o que fizeram. Aqui em Campinas e na nossa Casa não, eles se afastaram.

(S) Você conseguiria dar algum tipo de explicação sobre o termino desse grupo?

(TO) Não, não tenho nenhuma ideia, não tenho, porque nós não íamos atrás, fazer campanha contra, não, não. Nós estávamos só cuidando da nossa Casa. Não. Teríamos gostado se eles pudessem ter perdurado. Mas não havia... quando nós soubemos, percebemos, já estava feita a cabeça dos jovens. Certo ou errado, mas já estava feita a cabeça.

(S) E isso, ainda dentro dessa época, décadas de 60 e 70, esses jovens universitários, os novos ingressantes da universidade que chegavam aqui, não teve mais qualquer tipo de situação semelhante.

(TO) Para nós que eu saiba não. Não tomei conhecimento. Não sei o que aconteceu, se houve não estou sabendo. Eu acho que também o tempo foi passando, foi modificando a situação no país, foram amadurecendo, porque eram jovens, de repente foram amadurecendo. Não sei, não sei. Pra nós diluiu-se a coisa. Eu encontrei um dos jovens que não era aqui de Campinas, mas era do movimento e eu fiz uma palestra em São Paulo há uns três anos e ele estava entre os espíritas lá. Quer dizer que pode ser que no tempo de jovem ele era, mas estava no movimento espírita, trabalhando.

(S) Então, de forma resumida, como é que você definiria o impacto que isso teve pro movimento espírita na época?

(TO) Não sei dizer para o movimento espírita de modo geral. Eu só sei dizer em relação a nossa Casa. Realmente eu não sei, porque a gente já estava enfronhada nos trabalhos aqui da Casa. Embora eu viajasse pra fazer palestra. Mas quando eu ia fazer palestra, eu chegava, era hospedada, fazia a palestra e retornava. Porque eu aproveitava fins de semana, feriados pra poder fazer as viagens, que eu trabalhava.

(S) E esse assunto não circulava em outros lugares?

(TO) Não. E nós também não íamos ficar fazendo campanha. Nós não queríamos fazer campanha contra ninguém. E foram alguns anos só. Foi coisa que eu não sei bem. Foi depois de 64. Não chegou a ser uma década. Não chegou a ser uma década. Pra nós aqui não foi. Quando nós percebemos eu acho que foi uns quatro anos. Uns quatro anos.

(S) Isso é importante registrar. Porque o movimento surge em 61 com o apoio da própria USE, mas com um outro objetivo né?

(TO) Como nós temos por exemplo atualmente a União dos Magistrados Espíritas, temos a União dos Divulgadores de Doutrina Espírita, tem muitas associações. Não há mal nenhum nisso. Agora que rumo eles vão tomar? Aí é outra coisa...

(S) Ahan. Bom, eu acho que em linhas gerais essas são as questões...

Campinas, quarta-feira, 9 de novembro de 2011.

(S) Como se pode definir a ação social espírita e quais os critérios que definem os limites de uma legítima ação social espírita, com relação à Doutrina Espírita?

(TO) Vai ser difícil colocar isso em palavras. Tudo que a Casa Espírita faz, o centro espírita faz, ou o espírita faz, é fundamentado num ideal de fraternidade, de progresso, não só pessoal mas coletivo. Tanto a pessoa espírita como uma Casa Espírita, ela visa o progresso, a evolução, intelectual e moral das criaturas. Então sempre nós estamos pensando em promover a criatura, em ajudar a criatura a viver. Tanto para a pessoa, quanto para a Casa Espírita. Isso porém tem os seus limites. A Casa Espírita não vive para determinada atividade assistencial. Ela não vive para determinada tarefa de congraçamento. Ela vive para a divulgação, o estudo, a divulgação e a prática dos princípios doutrinários. Então justamente se ela estuda, se ela procura praticar os princípios da doutrina espírita, forçosamente ela se interessa pelas pessoas, pelo progresso da sociedade. Mas ela não visa os objetivos comuns da sociedade. Então o centro espírita ou o espírita, ou a Casa Espírita, ele está livre para aderir a algum movimento social que haja, a alguma ação social que exista e que não contradiga os princípios da Doutrina Espírita. Mas não é uma obrigação, não é obrigação. A obrigação do espírita e da Casa Espírita é o estudo, a vivência, a prática dos princípios doutrinários, porque são eles que levam a pessoa a entender quem somos, de onde viemos, porque estamos aqui, como devemos agir, para onde iremos depois. Orienta então a vida das pessoas. É isso que é Doutrina Espírita. É orientadora, é esclarecedora, ela não é de comando. A pessoa é que vai gostar, querer, fazer. É um movimento muito livre. Então em relação à sociedade, à ação social, também. A Casa Espírita ou o espírita, por exemplo, um centro espírita não proíbe, não tem comando sobre os seus seguidores. Tem orientação, tem liderança fraterna, mas não tem comando. Então se o espírita quer participar de uma ação social que está sendo feita na cidade para isto ou para aquilo, ele é livre. O que ele não pode fazer é em nome do Espiritismo. Ele não pode assumir um compromisso dizendo "é o Espiritismo que está fazendo". Não. É ele. Ou uma Casa Espírita, a Casa Espírita aderiu a uma campanha, a um serviço, a algo que é bom para as criaturas, para a sociedade. Há plena liberdade e, vamos dizer até, é próprio da Doutrina que nós participemos. Existe em Doutrina Espírita a Lei de Sociedade. Está em *O Livro dos Espíritos*. Entre as dez Leis elencadas por Allan Kardec, uma delas é a Lei de Sociedade: o ser humano progride em conjunto. Então faz parte da Lei de Progresso que nós convivamos, que nós participemos do todo. Então o espírita não é um alienado, ele não vive à parte da sociedade. Mas também não é obrigação doutrinária que ele participe desta ou daquela ação social. Ele vai examinar, escolher, aderir ou não. Então nós, as casas espíritas ou os espíritas, podem participar da ação social na comunidade.

(S) Faria diferença, por exemplo, perguntar, dizer assim, digamos um educandário espírita (eu acabei de falar na verdade) ele deve ser considerado um educandário *espírita* ou um educandário *mantido por espíritas*, mas ele não tem a característica de ser, como você falou...

(TO) Religioso?

(S) Ou algo...

(TO) O ideal para um educandário espírita – porque o nosso educandário não é uma casa de estudos assim, não é uma escola. O nosso educandário espírita tem esse nome, mas é uma Casa Espírita. Era um lar de crianças, de meninos e com o tempo passou a ser como se fosse um centro espírita. Mas em relação a sua pergunta, o ideal é que houvesse um educandário espírita, dentro dele se seguiriam as programações comuns, normais de uma escola, porque a pessoa vai ser preparada para viver na comunidade, ela está sendo preparada se não ela fica esquisita no meio; e ao lado disso ela estaria recebendo também a formação moral espírita, formação doutrinária e moral espírita, além da escolaridade comum.

(S) Ahan, entendi. Então, só pra ver se eu também compreendi tudo. Com relação aos limites do que é legítimo e do que não é legítimo, que os espíritas, o centro espírita e seus participantes se envolvam...

(TO) Tem que ser moral e não pode ser contrário aos princípios doutrinários. Essas ações sociais. E de que o espírita livremente vai aderir, elas devem não contrariar princípios doutrinários, especialmente no campo moral.

(S) Ahan, certo. E isso é, como você falou, é uma... vamos dizer assim: Quem é que pode... digamos que um centro espírita comesse a se envolver com uma atividade e aí outros [TO: não é adequada] participantes digam assim, "olha essa atividade não é adequada".

(TO) Sim.

(S) Não existe poder de ingerência sobre o centro espírita, você falou.

(TO) Não, não existe. Mas há um consenso. Os próprios espíritas, já que conhecem a Doutrina, estão de acordo, quando alguém tomou um caminho errado, gostou, preferiu ou cedeu a qualquer interesse, os demais começam a falar. Há, como numa família, uma fraternidade. Há um chamamento. Não há proibição, não há domínio. Mas há um chamamento. Se aquela Casa quiser continuar, todo mundo está sabendo que aquela Casa está fazendo alguma coisa inadequadamente. Mas não há um organismo que diga "você está proibido". Vai-se claro, vai-se fazer artigos, esclarecimentos, vai-se conversar, "isto não está certo, isto não é bom". Mas proibir não pode.

(S) A outra questão vai ao cerne do que apareceu no Movimento Universitário Espírita, que é o tema do socialismo. Eu procurei investigar, ver...

(TO) O socialismo... Olha, as políticas que existam nós não temos nada com isso. Nós não podemos é que ela seja pregada dentro da Casa Espírita. Se o espírita quer ser socialista, tranquilo.

(S) Então, eu fiquei com uma dúvida particular quanto...

(TO) Agora, acontece justamente isso, porque que houve a reação? Eles não agiam como espíritas, eles agiam como pessoas agressivas, falsas, ardilosas; isso não é bom. Então, eles quereriam ser socialista, tudo [bem]. Mas por exemplo, fazer uma campanha no centro, por nos cartazes da Mocidade "ninguém acima de trinta anos, quando tem trinta anos já ta comprometido, nós os jovens...". Está contrário ao entendimento da Doutrina: nós somos Espíritos imortais. O jovem, às vezes é mais amadurecido que um homem idoso, mas muitas vezes um homem idoso pode realmente ser realmente mais amadurecido e ter mais experiência de vida. Então não tem a ver essa diferença entre idade, costumes, porque tem o Espírito vivendo no meio disso tudo. Então eles ridicularizavam, eles mentiam. Quando a gente perguntava "olha, mas o que vocês puseram aí?", "não sei, eu não sei quem foi, eu acho que... eu não sei, eu não vi". Mentira, desfaçatez, maldade. Não pode...

(S) Você acha que isso era da parte de todos?

(AP) Era das lideranças deles. Os outros talvez estivessem só acompanhando. Mas a liderança era. Eles tinham um propósito. Eles eram socialistas, mas não eram espíritas. Eles tinham a técnica do socialismo, o espírita não tem. O espírita não tem. O espírita respeita o semelhante. Ele diverge, mas ele respeita o semelhante. Ele não mente, ele não desfaz do opositor. Então era um grupo diferente dentro da Casa Espírita. Eles se empolgaram com aquilo e aceitaram as técnicas e programas e quiseram fazer dentro da Casa Espírita. Aí não deu certo. Não era o jovem que a gente tinha prevenção [riso], era aquele comportamento! Era isso que não podia. Porque eles gostarem de... pensarem em modificar para melhor o mundo, terem lá suas ideias, tudo bem. Mas não pode agir dentro da Casa Espírita maldosamente, acintosamente, desrespeitosamente. O nosso clima na Casa Espírita não é perfeito, nós somos seres humanos. Mas há um respeito, uma cordialidade. Nós temos divergências.

(S) Você poderia dizer de outros fatos que atestam esse comportamento?

(TO) Sim, sim. Por exemplo, nós tivemos divergência, houve aí a realização de um festival de livro espírita, e o pessoal que organizou, por ser mais fácil talvez, aceitou o que uma distribuidora espírita fez de colocar uns livros, quando olhamos no festival tinha até livro católico. Festival do livro espírita com livro católico. E com autores que a gente vive falando, nos cursos, nas aulas, que é tudo gratuito, e nós vivemos falando, "gente, pureza doutrinaria, o que é Espiritismo e o que não é". Agora chegou lá, era aquela enxurrada de obras. Foi um, foi um... Agora houve briga? [tsc, tsc] Houve rompimento? [tsc, tsc] Não. Houve desagrado. Suportamos, porque não dava tempo para mudar. A Deyse ficou chateadíssima. Porque ela não sabia. Confiamos em companheiros que achávamos... Mas eles só viram o lucro. Então, não houve briga, não houve dissensão. Houve desagrado. Agora, então, eles até disseram, "não, então se vocês acham, nós temos feito com sacrifício, aquela história romana, nós tínhamos feito já, então agora nós não fazemos mais". Tudo bem. Parecia que era um [?] eles não assumirem mais. Mas agora foi feito um nos moldes corretos. Não visando lucro, especialmente, mas acessando doutrinariamente com participação de todos. Foi uma beleza, foi uma beleza. Mas na hora nós tivemos que engolir. Porque você vai expulsar companheiros? São enganos, são ideias divergentes. Agora, não fizeram, ardilosamente, maldosamente, se enganaram, viram errado. É diferente o comportamento. Nós somos companheiros, nós somos uma família, você prefere isso daquele jeito aquele outro prefere de outro, você discute tudo.

(S) Você acha que no caso do MUE não havia possibilidade de diálogo mesmo?

(TO) Não, não havia. Eles estavam com propósitos, eles tinham os propósitos deles. Não eram mais espíritas, eram socialistas, partidários, eles tinham partido, político.

(S) Quando você fala partido político, porque assim, à época os partidos reconhecidos legalmente eram apenas MDB e ARENA.

(TO) Não precisa ser reconhecido legalmente. É atividade político-partidária, embora não reconhecida, não legal.

(S) Significa filiação a um programa político específico.

(TO) Isso, exato. É por isso que causou polêmica. Porque se fossem jovens que tivessem suas ideias, não é... Ele na casa espírita ele fala de Doutrina Espírita, ele fala de evangelho, ele fala de progresso, ele fala da necessidade de melhorarmos a sociedade. Não há mal nenhum. Agora quando ele fala das técnicas daquele... aí ficou diferente. Aí a Casa Espírita ta tomando um partido.

(S) As técnicas é o programa partidário?

(TO) Modos de agir, os objetivos... São diferentes. E não pode, sabe por que, a casa espírita, esse trabalho que a gente faz, requer um ambiente de concórdia, de tolerância, de fraternidade, de trabalho, de elevação, de objetivos, de pensamento. Não pode, não funciona. Porque nós fazemos o trabalho material, que sabemos que podemos, mas nós temos a certeza de um entrosamento de equipes espirituais. Se nós mudarmos aqui tudo não há mais sintonia.

(S) Seria impossível haver um programa político espírita, seria isso? Quer dizer, alguma pauta unificada, que todos espíritas concordassem, dissessem "é isso que nós queremos". Isso seria impossível?

(TO) Não, é impossível. A não ser quando na Terra – porque aí sim, aí nós pensamos, nós achamos que a evolução da humanidade, evolução intelectual, evolução moral, independentemente do Espiritismo, essa evolução está se fazendo. Nós também, estamos cooperando. Mas mesmo que não tivesse nós, a nossa atividade, o mundo está evoluindo. Porque é uma ordem divina, é uma Lei divina, o progresso está se fazendo. Então a humanidade vai chegar a um ponto em que a própria humanidade, as criaturas, as pessoas, chegarão a um consenso do que é bom, do que é justo, do que é fraterno. Então nós temos uma confiança no futuro.

(S) Confiança no progresso da humanidade.

(TO) É Lei divina o progresso. Agora nós não podemos, a pretexto de querer fazer o progresso, nós aderirmos. Porque esse progresso se faz não só neste grupo, como naquele, como naquele outro. Sabe, não é uma doutrina política que resolve o problema social. Não é *uma* doutrina política. Então, há muitas. Todos os povos estão contribuindo. Há povos que estão meio refratários, ainda estão agressivos, isso e aquilo outro, sim, sim. Mas a grande maioria, eles vão chegando... Os clamores são idênticos, nos países, nos povos. E as lideranças que são avançadas elas surgem em todos os países. Não surgem só num país. Então, quer dizer, o progresso é da humanidade. Então a gente tem confiança que vai o mundo melhorar. Não tem prazo certo. Aí a gente vai pra Jesus. Jesus quando ele fala no sermão profético, ele fala dos problemas, das dores e das realizações. E ele diz assim "daquele dia e hora ninguém sabe, nem o filho do homem, nem os anjos, mas somente Deus, sabe por quê? Depende do livre-arbítrio das criaturas".

(S) Não tem como ter hora marcada.

(TO) Não pode mandar. Porque se mandar é uma coisa obrigada, não é natural, não é vívida. A hora que você deixar de mandar [sinal de fuga] vai de novo pro erro. Tem que vir quando as criaturas entenderem e decidirem, aí se instala. Antes não. Olha, não há, não há domínio. Naquele "onde está o Espírito do Senhor está a liberdade" a gente nota isso. O pessoal pergunta "porque é que Deus permite que um homem mate uma criancinha?". Se não for a liberdade de ação, nós não geramos os defeitos, não aprendemos com as consequências, não nos conscientizamos. Se Deus quiser ele para tudo. Mas não há o progresso de cada ser. Agora veja bem, Deus não deixou o ser na dependência de outro pra viver. "Não temais os que matam o corpo mas não podem matar a alma". O eu imortal Deus não deixou ao sabor de qualquer pessoa. Não, você pode matar o corpo, mas o ser você não mata, você não destrói, você não aniquila. E é por isso que depois diz "Ah, morreu, tadinho, perdeu a vida". Perdeu não, perdeu o corpo. Agora, como está, com todo o amparo divino, e tudo e a continuidade da vida, das experiências. Sim, só que nós podíamos organizar melhor, porque precisa alguém tirar a vida de uma criancinha. Então vamos organizar melhor. Porque que essa pessoa é assim? Faltou educação pra ela. Aliás, a nossa sociedade atualmente descambou um pouco, não é, perdeu o equilíbrio da educação. Ta numa liberdade, mas numa liberdade excessiva, ta na libertinagem. Então daí a pouco vai ter um retorno. Aliás, não se fala nisso no comunismo, na doutrina comunista, que existe a tese e a antítese? E nós não sabemos? Só que nós vemos de um modo diferente. Então, vai até um excesso, e se nós soubermos agir não deixamos chegar ao excesso. Pra quê? Né? Quando começam os desequilíbrios a gente já corrige. Mas vamos dizer que não corrigiu, foi até o máximo. Então daí depois vem a reação, porque a criatura é inteligente. Os déspotas, eles não vivem pra sempre. E os que têm melhor condição de organizar acabam organizando. Então nós temos confiança no futuro da humanidade. É trabalhoso, é doloroso, mas nós temos plena confiança, porque isso é uma lei divina. Enquanto isso, depende de nós conseguirmos mais rápido, mais harmoniosamente ou não. E temos que fazer alguma coisa pra isso. Agora, achavam que a gente era... que a gente não fazia nada. Mas é mentira. Jesus veio à Terra. Aquela inteligência, aquela capacidade que entendia todas as criaturas, as leis da vida e podia acioná-las de modo maravilhoso. Ele vem e faz a tarefa de educador, de esclarecedor. Porque não adianta você querer... Ele podia vir como um dominador. Ele podia vir. [Pow, sinal de bomba] Dominava... Estabelecia. A hora que ele saísse... [sinal de retorno] Porque não tem compreensão, não tem vivência, não tem qualidade. Então você nota por exemplo o Egito: que civilização admirável... E o que é que ficou? Porque aquela leva de Espíritos é que era superior. Eles indo, ficou o povo, só com a sua pobreza, com o seu intelecto pouco desenvolvido, com pouco conhecimento de coisas espirituais. Então não construíram a mesma civilização. É como párias dentro de um castelo, um rico dum castelo. Porque eles não tem conhecimento, não tem conduta. Então o que se pode fazer pelo mundo é trabalhar na criatura, quando possível, sem pressa. Não adianta pressa, certo. Então, quando possível é o que nós fazemos. O centro espírita, com esses cursos, com as preleções, com as entrevistas, com a literatura, ele prepara cidadãos, recheio para os programas de vida. Porque não adianta uma política no papel maravilhosa se não tem a criatura que viva. Nós preparamos cidadãos descentes, trabalhadores, fraternos, respeitadores das leis. É o que nós fazemos. É uma contribuição importantíssima. E não pode ter a política no meio, porque aí divide. Aí nós ficamos servindo a ideias particulares.

(S) Deixa eu te perguntar, há um conjunto de expressões que apareceram em algumas leituras que eu fiz e que eu tenho um pouco de dificuldade de preencher elas de conteúdo, com relação a esse tema do socialismo que eu coloquei. Apareceu no livro do Emmanuel, a expressão "socialismo de Jesus", "socialismo cristão do porvir", ele utiliza essa expressão, outro autor, Vinicius, o Pedro de Camargo, também utiliza a expressão "socialismo cristão", o Herculano Pires também em algumas oportunidades ele escreve essa expressão, "socialismo cristão"...

(TO) É o entendimento da necessidade da organização social, política, social, mas de acordo com os preceitos cristãos. Que são esses preceitos, que não é de domínio, que é de esclarecimento, que é de socorro. É isso. Sem a mensagem cristã não adianta, a criatura não vai melhorar. Ela fica contida pelo poder. Mas ela não entende, não sente e não vai fazer. À hora em que tirar o poder de cima dela ela não faz. Agora, se nós conseguirmos passar a ideia socialista cristã, quer dizer, a lei de progresso, a lei de sociedade, por que, para quê, se nós conseguirmos passar, mesmo sem lei que mande, a pessoa faz. Porque ela entende da vida.

(S) Então o socialismo cristão é o socialismo baseado não nas leis instituídas pelas autoridades mas pela lei do evangelho que os indivíduos seguiriam sem precisar de...

(TO) Isso. É o comportamento, é o entendimento que vem do evangelho. Que tem a ver com o nosso bem estar, com a felicidade, com a ajuda ao próximo, com a oportunidade para todos. Tem tudo lá.

(S) Então esse socialismo, essa expressão que esses autores em particular que eu citei, ele...

(TO) Não é como política partidária.

(S) Ele jamais poderia enfeixar um programa político para os espíritas?

(TO) Não, não, isso não há. Na hora em que quiser misturar o próprio movimento espírita reage. Graças a Deus. Não é perfeito o movimento espírita, mas é idealista, é sincero e é idealista. Nem sempre os espíritas entendem direito, mas eles sentem. É uma sinceridade, é um idealismo sincero. Então ele consegue perceber quando a coisa...

Imposição, né. É claro que há espíritas... porque as pessoas entram no Espiritismo, mas ainda às vezes não assimilaram bem a Doutrina. Então você vai encontrar espírita que vai dizer "mata, acaba com todos os criminosos". [pena de morte] Opinião particular. Nenhum espírita realmente entendido, que trabalha, nenhum deles vai falar isso. Sabe por que, você mata o corpo, mas aquela pessoa ficou mais revoltada ainda. Ela vai reencarnar e vai continuar agressiva, mais ainda, revoltada. Certo? Tem que conter. A gente sabe que precisa o poder de política. Mas não pode pensar que vai destruir as criaturas. As guerras... Tem um conto do Humberto de Campos, através do Chico Xavier, que é muito interessante porque fala-se lá das guerras, alguém tava falando, né, e o Espírito então mais pra [?], fala "meu filho, deixa o homem guerrear em paz". Por quê? Enquanto houver egoísmo, interesses materiais, vai haver sempre um querendo predominar sobre o outro, no nosso estado evolutivo. E as guerras são isso: uns que estão tentando dominar e outros que estão querendo não deixar, ou os dois querendo um ser mais poderoso que o outro. Então as guerras vão existir. Isso a gente aprende lá n'*O Livro dos Espíritos*. A guerra é resultante da pouca evolução intelectual e moral da criatura humana. Ela é ambiciosa, ela é egoísta, ela é materialista. Então o quê que você espera? Vai fazer o mundo ideal? Não vai. Vai haver guerra? Vai. E Deus não impede? Não. E no meio da guerra todos estão evoluindo. Sofrendo, fazendo. Como será que está Hitler agora, espiritualmente? Não sei. Será que ele foi o único responsável? Porque todo mundo focaliza nele. Mas será que ele foi o único responsável? O próprio povo alemão diz que gostaram quando ele surgiu porque ele parecia que ia fazer o povo alemão ter a primazia sobre todos os povos. E gostaram da ideia e não viram os outros aspectos e apoiaram, não é. Agora Hitler espiritualmente estaria sozinho ou ele foi também insuflado espiritualmente pelas ideias dele, ele gostou, ele aderiu, ele foi um excelente instrumento para uma coletividade violenta, dominadora. Não foi só ele. Aquele poder que ele possuía sobre as massas, não era um homem só. Certo. Jesus trabalhava, mas ele mesmo falou "Acaso pensas que eu não poderia rogar ao meu Pai, e ele me mandaria mais de doze legiões de anjos?". Ele não estava sozinho. Quando ele agia, curava a distância. Não era ele que ia lá curar. Aquele centurião romano entendeu. É uma linda passagem de evangelho; quando a gente entende de Doutrina a gente fica encantado de ver a coisa. Porque quando Jesus recebeu um pedido em favor de um centurião romano, veja, do povo dominador. Mas o pessoal lá disse "ele é digno de que o ajudes Jesus porque ele ajudou a nossa sinagoga". Um romano ajudando a religião do outro! E tava preocupado com o quê? Com um servo que tava doente. Um servo se comprava por uma ninharia, matava. Mas aquele homem era especial. Ele era um centurião romano, comandava soldados, mas era um homem de sentimentos, de compreensão. E quando Jesus vai caminhando pra lá, pra casa dele, pra ajudar o servo, ele manda um recado "senhor, não é preciso que venhas a minha casa, nem eu sou digno, mas diz uma só palavra e meu servo ficará bom. Porque eu também tenho homens sob as minhas ordens, eu digo a um vai, ele vai, digo a outro vêm, ele vem, digo a um terceiro faz isso, ele faz". Aí Jesus se voltou para o povo e disse "em verdade eu vos digo que não vi tamanha fé em Israel". No povo israelita Jesus não encontrara tanta compreensão espiritual, tanto conhecimento, entendimento espiritual, como naquele centurião romano. Ele sabia que Jesus não precisava ir lá. Jesus comandava uma equipe. Mas como é que ele sabia e os outros não. Não entendiam. Então você vê que a fé é uma questão de entendimento. Você saber, entender, conhecer. E varia muito, porque depende do que você já viu, já experimentou, já seguiu, já fez. Tanto nas vidas anteriores, quanto agora. Então não é igual em todo mundo. Até varia. Tem coisas que você vai ainda ficar convicto, tem coisas que você já sabe. A gente usa, por exemplo, a imagem de Pedro. Pedro amava Jesus, confiava em Jesus. Jesus chegou andando sobre as águas. Um fenômeno, né. Era de noite, eles estavam num barquinho, pensava que era um fantasma. Jesus disse "não temais, sou eu". Aí Pedro "Senhor, se és tu, manda que eu vá ter contigo por sobre as águas". "Vêm". Ah, Pedro foi. Fixado em Jesus. Mas daí a pouco o vento soprou, balançou as ondas. Pedro crê muito em Jesus, mas é a primeira vez que ele ta andando sobre as águas. É uma experiência nova, certo. E ele se desconcentrou e tava afundando... E Jesus "porque duvidaste homem de pouca fé". Então a gente que conhece Doutrina Espírita, que fala de como se processam esses fenômenos, uma série de coisas, a gente entende o que aconteceu, não é estória da carochinha, são fatos reais, e você vê o que Jesus sabia, o que Jesus era capaz de fazer. Esse grande mestre, esse grande poder, ele vem à Terra com a maior simplicidade, pobreza, no meio do povo, e prega as ideias. Ele não forma partido. Quando Pilatos pergunta "então tu és rei?", ele diz "meu reino ainda não é daqui". Um dia vai ser, quando todo mundo entender como Jesus pensa e fizer... aí Jesus reina. Ta reinando no pensamento de todos. Mas por agora não é. Por agora não é. As pessoas pensam diferente. Então por isso que na política o espírita que conhece essas coisas, que tem o evangelho não como milagre, milagre, mas como fenômenos, realizações, capacidades, leis, o espírita que entende isso e vê a verdade do ensinamento de cristo, ele não vai pra organizações violentas. Jamais ele vai endossar. Ele particularmente se ele for ainda pouco esclarecido, ou ele sofre um choque, um filho que é maltratado, irrompe nele, mas conscientemente ele não vai pra violência, pra sociedade, apoiar... Não vai...

(S) O pessoal do Movimento Universitário, vocês na época identificavam uma proposição de ideias violentas pra sociedade, não?

(TO) Não. Não chegamos a ver. Mas eles diziam assim "se morrerem todas as pessoas com mais de trinta anos e ficarem os jovens o mundo se salva". Isso é violento. Isso é violento. Não precisa ser violência física. Mas há... o pensamento, o entendimento, é horrível.

(S) Entendi, do ponto de vista do comportamento entre...

(TO) Do comportamento, que é a base do entendimento. Então o desrespeito humano: a pretexto de fazer bem pra sociedade, você desrespeita as criaturas. Não é por causa da idade. É que você ta como jovem por isso então você ta falando dos velhos. Mas se você fosse um poderoso tava falando dos humildes. O problema é sempre o mesmo, é poder. Eu não respeito você. É o que eu penso que é bom. Vamos dizer que o governo conseguisse dominar inteiramente um país – vamos pegar um país pequeno – e veio lá um poder e dividiu igualmente os valores, as riquezas, dividiu igualmente entre todos. *O Livro dos Espíritos* examina isso: em primeiro lugar, não haveria o suficiente para todos, primeiro lugar; segundo, uns são mais industriosos do que outros, mais previdentes, mais laboriosos do que outros, daí a pouco ta tudo diferente. Então é uma utopia dizer que vamos fazer igual para todos. Eu até aceito que pode haver por exemplo que o governo tem feito, como atualmente já é, se ajudasse as pessoas a terem o mínimo pra viver. Saúde, tratamento quando precisa. Sim, isso já poderia. A estrutura já é, mas não funciona, porque as criaturas minam. Então o problema não é de estrutura política, é de gente. Pessoas de valor, que vivam o ideal. Eu vi, por exemplo, um dia aqui, aqui nessa calçada, uma senhora, pobre, carregando um menino talvez de uns seis, sete anos, com o pezinho torto. Ela precisava carregar ele. Daí a pouco ela não ia conseguir carregar mais. Por que que não concerta o pezinho do menino e ele fica um cidadão útil. Mas nós não temos essa mentalidade, em geral. O governo não vê isso. Que se ele fizer os esgotos, se ele fizer a saúde, se ele fizer tudo, ele tem gente boa. Porque o governo está sendo feito por homens egoístas, materialistas, imediatistas.

(S) Você considera que com bons governantes na estrutura que nós já temos...

(TO) Seria muito boa! Seria muito boa. Todo o regime seria bom se as pessoas fossem boas. Não é um problema do regime. Porque veja o comunismo. O quê que deu lá na Rússia. Como é que ta a população. Não tem gente pra viver o ideal. Poderia dar certo, poderia. Não é problema. Mas não tem gente qualificada. Então por isso é que nós trabalhamos na qualificação das pessoas. Qualificação espiritual e moral. E não temos tempo pra isso, porque isso ta dentro dos programas divinos de condução da humanidade.

(S) Posso te fazer perguntas bem pontuais sobre duas pessoas do MUE, o Adalberto Paranhos e o Armando Oliveira?

(TO) Sim.

(S) Sobre o Adalberto Paranhos eu queria perguntar o seguinte, que você falasse um pouquinho assim da atuação dele na MEAK, na Mocidade Espírita Allan Kardec, antes da chegada do MUE e depois dele ter entrado pro MUE. Quer dizer, se dá pra perceber alguma diferença com relação a pessoa...

(TO) Olha, eu não convivi muito de perto com ele. Porque ele não foi do meu tempo que eu dirigia a Mocidade. Ele já foi depois, uma leva depois, eu não sei quanto tempo. A gente ouvia falar do Adalberto. Tudo bem. De repente o Armando de Oliveira Lima que era de Sorocaba, mas ele estava aqui, ligou-se através de um Movimento Universitário Espírita, ligou-se com ele. Daí a pouco eles estão daquele jeito. Porque nós não policiamos a mocidade. Há centros que tem o que eles chamam mentor da mocidade – é uma pessoa de mais idade que fica junto com os jovens. E nós na nossa Casa nós somos mais liberais, nós não temos. Porque nós estávamos mal acostumados. Porque no tempo meu de mocidade e dos outros nunca causamos problemas. E somos todos trabalhadores até hoje. Assumimos tarefas e responsabilidades. Então nós achávamos que todo mundo era assim, certo. Ainda agora, nós não estamos lá policiando a mocidade. Ela se reúne todo domingo, participa de eventos, vai pra cá, pra lá. Claro que se eles vão fazer alguma coisa aí. Por exemplo, a mocidade fez aí um evento e queria uma parte meio lúdica, de brincadeira. E era o halloween. Queriam fazer. Só perguntamos, a Deyse orientou. É a Deyse que conversou. Disse assim "olha, em primeiro lugar, não pode incomodar a vizinhança, respeito ao próximo, segundo, vocês não vão fazer alguma coisa que desmereça a Casa Espírita". Agora vai vestir uma roupa, pode. É um momento recreativo da mocidade. Eles já estudaram, já fizeram tarefas, tudo, agora querem brincar um pouco. E escolheram aquele modo. E pode? Pode. Certo. Não há um policiamento. A gente só... Eu fiquei contente, fui lá outro dia falar sobre mediunidade, foi a única vez que eu me aproximei da mocidade agora. Precisa ver como eles estudam. É isso que é uma mocidade espírita!

(S) São eles mesmos que coordenam o próprio estudo?

(TO) São eles mesmos. Eles mesmos. Tem os livros. Mas eles vão lá no livro, gostam, estudam, debatem, leem outras coisas, certo. Tudo bem. "Onde há o Espírito do Senhor aí há a liberdade". Então há uma supervisão pra evitar justamente aquilo que nós não fizemos na ocasião porque nós tínhamos plena confiança. Nós só fomos perceber quando as atitudes foram contundentes demais, anti-espíritas, fora do Espiritismo demais. Aí a gente percebeu, "o quê que ta acontecendo, por que, o quê que é isso?"

(S) Com relação a essa conduta havia alguma coisa de notável nas concentrações de mocidades?

(TO) Nós não conhecíamos, porque os de mais idade não vão às concentrações de mocidades.

(S) Você não chegou a ir como palestrante de alguma concentração?

(TO) Não, eu já tava, nessa ocasião já não estava mais indo muito a movimento de mocidade. Eu fui em outra época. E como eu disse a você, houve um, acho que de duas gerações, talvez aí. Então a gente não tinha esse conhecimento não. A gente começou a ouvir falar, na mesma época, do Movimento Universitário Espírita, a gente começou a ouvir algumas coisas, assim, se podia falar, lia em algum jornal espírita, sabe, mas, como eu digo a você, não há aquela intenção de policiamento, há uma compreensão, há uma certa tolerância para as ideias. Só quando a coisa ficou... aí tem uma outra parábola de Jesus – é maravilhoso o evangelho, a sabedoria de Jesus para ensinar – ele diz assim "que um homem semeou o trigo em seu campo, mas os servos dormiam e um homem adversário semeou joio, e quando começou a crescer, aí os servidores 'senhor, a gente não semeou trigo, como é que tem joio', 'foi o homem adversário que fez isso', aí eles dizem assim 'você quer que a gente vá lá arrancar', "não, pra não acontecer que vocês tentando arrancar o joio arranquem o trigo também, deixa crescer junto, até a ceifa, e então a gente vai recolher o trigo no celeiro e o joio vocês atam em molhos e queimam'". Não é inferno coisa nenhuma não, são ideias. No campo da vida, a Lei divina, a ordenação, é pura e boa, é trigo, alimenta, faz bem, sustenta. Mas quem pensa contrariamente é o homem adversário. Semeia ideias diferentes. E essas ideias estão nas pessoas. Aí então a gente fica [?]. Antigamente como é que o pessoal fazia? Matava. Só que junto às vezes com pessoas com as ideias ruins, levavam pessoas boas. Não, deixa crescer, deixa produzir os frutos, não é. Tem processos de seleção. Aí recolhe o trigo. As ideias más vai pra destruição. Pra transformação no mundo. É o que nós esperamos. As transformações egoístas, materialistas, imediatistas, elas vão acabar com esse mundo. Você repara que as pessoas assim um pouco mais desenvolvidas, não só intelectualmente, mas moralmente, elas mesmo se policiam, elas tem um entendimento, elas tem um respeito pelo ser, não precisa ser religiosa, não. Tem gente que se diz materialista, mas ele tem esse desenvolvimento, ele respeita as pessoas, ele tem uma certa tolerância, ele é correto no seu proceder. Então o mundo vai ter pessoas assim em grande quantidade. Vale a pena, agora, não tem prazo fixo pra isso. Vamos trabalhar né, vamos trabalhar, contribuir com ideias boas.

(S) Bem pontualmente também, aí sobre o Armando Oliveira: ele chegou a participar de alguma atividade regular no Centro Espírita Allan Kardec?

(TO) No centro não. Não, não. Ele escolheu ficar junto da mocidade, porque ele tinha mais idade. Ele incluiu na mocidade.

(S) Certo, até aí, mas assim, grupo de estudos [mediúnico, não, nada, nada] grupo mediúnico, nenhum grupo ele participou?

(TO) Não. Se ele participava talvez lá em Sorocaba. Não sei. Mas aqui não, ele não foi um participante do Centro Espírita Allan Kardec. Não, não foi.

(S) É, eu queria esclarecer porque eu tive umas informações que não batiam.

(TO) Por que disseram que ele era trabalhador? De jeito nenhum.

(S) Algumas informações vagas...

(TO) Agora, ele estava junto a USE, na ocasião se chamava UME – União Municipal Espírita –, junto a UME, no Departamento de Mocidade, ele provavelmente estaria, estaria no movimento jovem. Mas participando assim na Casa Espírita...

(S) No caso a UME de Campinas, que hoje é USE Campinas, né.

(TO) Isso, isso. Seria um departamento que estava ligado a União das Sociedades Espíritas de um modo geral, tinha um departamento, então ele poderia estar ligado. Porque é muito livre, como eu lhe digo. Quer dizer, se uma pessoa chega lá, conversa com os jovens, quer estar junto. Nós não temos policiamento. Nós não temos polícia. São as próprias pessoas... Porque não aconteceu com o grupo do Adalberto. Encontrou o campo propício, ele e mais alguns. Agora eles passaram pros outros, os outros eram sugestionáveis. Esse foi o problema, não é. Ainda não tinham o embasamento doutrinário pra reagir. Pelo contrário, foram doutrinados. Foram... Encontrou... Talvez o Adalberto tivesse uma tendência, uma visão do mundo assim. Talvez o Adalberto pensasse assim: "ah, precisa mudar isso!". Certo, então encontrou nele. Mas alguém, então a liderança seria o Adalberto, passou pros outros. Não tem dúvida, esse é o grande problema. Foi uma pena, foi uma pena porque nem todos os jovens depois se ausentaram. Muitos deles retornaram à casa e continuaram como espíritas.

(S) No próprio Centro Espírita Allan Kardec?

(TO) É... Porque muitos não tinham um comprometimento maior. Acompanhou, ficou um espírito de grupo, né. Espírito de grupo. Era muito forte.

(S) Você recorda de alguém, de algum jovem específico? [não] nominalmente não?

(TO) Não. A gente não era assim muito... Olha, houve um grupo, um pessoal da Federação de São Paulo se infiltrou na nossa Casa. A nossa Casa ainda não tinha tantos trabalhadores e eles conseguiram – até a Deyse ficou empolgada com eles – nossa, faziam sentido de grupo e não sei o quê. E de repente a gente percebeu que eles queriam implantar o sistema da Federação.

(S) Da FEESP ou da USE?

(TO) Da USE não, da FEESP. Queriam implantar as técnicas, os tipos de trabalhos. E não dá, e não dá. Aí que a Deyse percebeu. E nós ainda conversamos, era um grupo grande. Nós não tínhamos tanta gente assim...

(S) Foi em que época?

(TO) Eu não lembro. Uns vinte anos atrás?

(S) uns vinte anos, tah. Pra me situar um pouquinho.

(TO) Foi depois da mocidade. Depois da mocidade nós tivemos... aquela época foi 65, mais ou menos, né, 64...?

(S) 67, 68.

(TO) Então vamos dizer que foi lá pra oitenta, oitenta, noventa. Menos que noventa. É, por aí. E... aí nós tentamos conversar com o grupo tudo. Explicar, "olha, por que a nossa técnica assim não, porque [?]" conversamos... "olha, a diretriz da Casa, por que não sei o quê". Não houve jeito. Porque tinha já espírito de grupo.

(S) Eles já estavam em posições de direção da Casa?

(TO) Eles estavam comandando um trabalho na Casa. Uma reunião, um grupo. E eram muito ruidosos. Comemoravam os aniversários, faziam não sei o quê. E nós, coitados, nós tamos aí no puro trabalho, sabe... a coisa... é meio seca, "vamos trabalhar". E conseguiram arregimentar. E a gente nota que esses movimentos são inspirados por adversários espirituais. Por quê? Pelo modo de conduta. Claro que não foi como no tempo da mocidade, que aquilo foi muito feio. Mas o modo de proceder é desleal. Eles estão trabalhando dentro da Casa mas com o propósito de fazer o que eles querem. Isso não pode. Você tem o direito de fazer o centro, de fazer do modo que você quiser. Você não precisa vir na Casa do outro pra minar a Casa do outro. Isso aí é desleal. Não é uma coisa que uma pessoa de bem faça, certo.

(S) A deslealdade estaria assim no modo não democrático ou não...

(TO) Porque não é verdadeiro. É mentira. É mentira o tempo inteiro. Fingindo ser amigo, ser tudo. E não é. "Seja o vosso falar sim, sim, não, não". Porque a pessoa tem todo o direito de dizer "eu prefiro o trabalho feito dessa forma". O que ela não pode é pegar uma Casa e querer que a Casa mude porque ela pensa que assim é melhor. Agora se ela chega ali, se faz de amigo, e tatati e tatata, pra depois ela lançar o bote. Isso não ta bem inspirado. Isso não ta inspirado pelo Alto. É uma atitude desleal. Sempre que há intenção desleal, egoísta, pessoal, você já sintonizou algo errado. Certo. Agora, cada um tem... nós temos pessoas aí que pensam diferente em certos pontos doutrinários. Tem todo o direito. Trabalha conosco, tudo bem. Faz ali direitinho, não temos nada com isso, é modo dela pensar. O espírita quer batizar o filho, batiza. Nós não estamos atrás dele. A gente fala, esclarece. Agora, não podemos fazer batizado aqui. Porque não tem significado, a gente faz um estudo sobre o batismo, a gente vê, é uma prática exterior, simbólica, Jesus nunca batizou ninguém, a gente segue Jesus.

(S) Ahan. E as principais balizas das atividades do que pode e não pode ser feito na Casa elas já estão, já estão em... são registradas nas normas da...

(TO) Estão. Porque nós falamos de acordo com o que a Casa exige. No estatuto diz: para o estudo... Tem três coisas... o estudo e a prática do Espiritismo segundo a codificação de Allan Kardec. Está no estatuto. Quer fazer diferente, forma seu grupo, faz diferente. Não temos nada com isso. Mas aqui é o estatuto da Casa. Por quê? Agora, porque que a gente quer que seja de acordo com a codificação kardequiana? Porque a codificação kardequiana ela é uma inspiração superior dos Espíritos admiráveis e com o bom senso e a capacidade didática de Allan Kardec. Então o que está ali é claro, é estável e é bom. Produz bons efeitos, bons frutos. Então a gente adota isso. Por exemplo, não tem exterioridades, não tem símbolos, não tem vestes especiais. Uma veste especial diz que você é melhor. "Os outros? Não, não". A nossa reunião mediúnica, tem um que é médium, tem outro que dirige, tem um que é elemento de sustentação, tem alguém que aplica passes, mas é tudo igual. Um que está como dirigente, a gente tem uma equipe, hoje dirige esse, amanhã dirige outro, não tem um chefe. "Só ele pode, só ele sabe". Agora, entre os que estão à frente dos companheiros, respeitam, porque tem anos de demonstração, de vivência, respeitam o conhecimento. Então esses formam uma espécie de cúpula da Casa pra examinar os assuntos que surgem. Mas sempre sem aquela imposição terrível. Nós não queremos repetir Igreja Católica. Não desmerecendo a Igreja Católica. Porque nós provavelmente, muitos de nós já estiveram em direções, em encarnações anteriores.

(S) Mas não repetir naquilo que já se identifica como equívocos.

(TO) Exato, nós somos gato escaldado. Nós não queremos cair nas mesmas coisas. Daí essa fidelidade ao livre-arbítrio, a isso, aquilo outro. Porque nós já experimentamos as coisas e espiritualmente não foi muito bom não, né. Agora, claro que a gente tem que comparar. Porque o nosso povo vem do povo brasileiro. O povo brasileiro é de formação, cultura judaico-cristã. Ora, eles vêm cheios daqueles costumes, se você não explicar, não orientar, não abordar, eles vão repetir as mesmas coisas ali. Daqui a pouco a gente ta entrando no centro, o pessoal ta fazendo sinal da cruz, ta se ajoelhando lá. Não pode. Por que que não pode? Porque é um condicionamento. É uma representação, "em nome do Pai, do Filho, do Espírito Santo, Amém", não é. Os mexicanos [sinal de beijo na cruz] beijam. Agora o pessoal brasileiro [sinal de beijo na cruz] ta pegando o jeito também. Isso aí é tradição do mexicano. Certo. Então, se a gente deixar, as pessoas… Moisés subiu ao monte, veio com os dez mandamentos e encontra o povo adorando o bezerro de ouro. De novo! De novo! Ele estava se esforçando pra tirar o povo da idolatria. O pouquinho que ele ficou lá pra cima [risos] e o pessoal já ta com o bezerro de ouro! Então se a gente não cuidar das ideias, daí a pouco voltou tudo atrás. Agora, fica quem quer. Quem não gosta, quem prefere de outro jeito… liberdade.

Agradecimentos

Este livro é fruto de um processo de trabalho, rico em aprendizados e desafios, para o qual muitas pessoas contribuíram, de um modo mais ou menos direto. Gostaria então de registrar alguns agradecimentos àquelas pessoas que estiveram mais próximas dessa trajetória de pesquisa.

À Prof.ª Dr.ª Eliane Moura da Silva, muito obrigado pela confiança depositada em mim. Sua orientação competente e amiga foi decisiva para o sucesso dessa empreitada.

Aos professores Silvio Seno Chibeni e Izabel Andrade Marson agradeço pelas excelentes sugestões dadas na ocasião de minha qualificação. Já constituindo a banca examinadora em minha defesa da dissertação, a Prof.ª Izabel Marson e o Prof. Artur Cesar Isaia certamente contribuíram muito com retificações e críticas construtivas que foram, na medida das minhas possibilidades, incorporadas a este trabalho.

Ao Prof. Bernardo Lewgoy, muito obrigado pelos ricos diálogos e pelo forte incentivo que recebi ainda na minha graduação na UFRGS.

A todos aqueles que aceitaram ser entrevistados para esta pesquisa agradeço imensamente, pois suas falas, suas memórias, suas experiências, deram vida a esta obra. São todos, de certo modo, "co-autores", já que nossos diálogos constituem boa parte do texto. Obrigado, então, Paulo de Tarso Ubinha, Therezinha Oliveira, Armando Oliveira Lima, Shizuo Yoshida, Pedro Francisco de Abreu Filho, Claro

Gomes da Silva, Adalberto Paranhos, Cícero Marcos Teixeira, Ana Maria Fargoni, Antônio Carlos Fargoni, Marlene Adorni Mazzotti, Martinho Januario de Sant'Ana, Nilza Aparecida Vicente de Mello, Djalma Caselato, Valter Scarpin, Walter Sanches, Edson Silva Coelho, Izao Carneiro Soares, Angela Conceição Bellucci, Edson Raszl, Telmo Cardoso Lustosa, Nicolau Archilla Messas, Josilda Rampazzo, Apolo Oliva Filho, Maria Eny Rossetini Paiva e Claudio Di Mauro.

Ao Armando Oliveira e ao Edson Raszl agradeço com grande alegria por terem disponibilizado praticamente todo o material escrito relativo ao Movimento Universitário Espírita (MUE). Aliás, sem a organização e preocupação com a memória do MUE revelada por esses dois "ex-mueanos" esta pesquisa seria simplesmente inviável. Ao Pedro Francisco, obrigado por fornecer documentos importantes, mostrando-se sempre solícito. Ao Adalberto Paranhos agradeço pelo esforço em solucionar as minhas dúvidas mesmo com uma agenda tão cheia. Ao Djalma Caselato e ao Walter Sanches meu muito obrigado por terem viabilizado o aprofundamento dessa pesquisa já na sua "reta final", passando-me contatos e esclarecendo pontos obscuros que não teriam encontrado solução sem a sua enorme diligência.

Ao pessoal de Araraquara, em especial ao casal Antônio Carlos e Ana Maria Fargoni, agradeço pela ótima acolhida.

À Dora Incontri, ao Alysson Mascaro e à Maria Eny Rossetini Paiva agradeço pelos diálogos sobre pensamento social espírita. Ao Jáder Sampaio e aos interlocutores do ENLIHPE, obrigado pela oportunidade de trocar ideias sobre a história do Espiritismo. E ao Silvio Chibeni muito obrigado por tantas reflexões filosóficas acerca da Doutrina Espírita que pude sorver em diversas ocasiões.

Ao pessoal do Núcleo Espírita Universitário da Unicamp e do Grupo de Estudos Espíritas da Unicamp agradeço pela oportunidade de refletir e dialogar em profundidade sobre Espiritismo.

Ao Eugenio Lara, pesquisador e militante espírita, um especial abraço pelas diversas informações e materiais de fundamental importância que me foram passados com solicitude para a realização dessa pesquisa.

Ao Marcius Igor Bigheto obrigado pela troca de ideias sobre o MUE. Ainda que tenha ocorrido de um modo rápido, foi ótimo encontrar um interlocutor bem familiarizado com o tema.

Aos amigos que generosamente me ajudaram com a revisão do texto e com a troca de ideias, Saulo, Igor e Raphael, meu fraterno abraço. Obrigado também ao meu amigo Davi, pelas interessantes conversas sobre política.

Pelo trabalho coletivo de pesquisa que iniciamos na Federação Espírita do Rio Grande do Sul, que manteve as portas abertas, agradeço aos meus colegas e amigos pesquisadores Alexandre Fontoura dos Santos, Marcelo Melnitzki, José Roberto Dias, João Alessandro Muller e Graziele Schweig. E à Federação Espírita Brasileira agradeço por disponibilizarem seu acervo do *Reformador* através da internet com um sistema de busca muito útil para todos os pesquisadores do Espiritismo. Ao Centro Espírita Allan Kardec de Campinas agradeço pelo empréstimo de livros utilizados nesse trabalho e pela acessibilidade à pesquisa.

À CAPES e ao Programa de Moradia Estudantil da Unicamp, agradeço pelo fundamental suporte financeiro e material. Desejo que estes recursos – assim como a própria universidade brasileira como um todo – estejam cada vez mais largamente disponíveis para que o fazer da pesquisa universitária possa um dia deixar de ser privilégio de poucos.

Finalmente, não posso deixar de agradecer aos meus familiares, pela compreensão e enorme apoio que sempre me deram, especialmente aos meus queridos pais Alexandre e Clarice. De certo modo, as experiências com religião e com política que me foram por eles proporcionadas conduziram-me até a produção desse livro.

E, para encerrar, quero dizer do meu profundo amor pela família que constituí, com a qual aprendo muito dia após dia. Obrigado José Antônio, por me aceitar como um pai e pela compreensão diante das dificuldades. À minha amada esposa Ana Paula, querida amiga, companheira de tantas lutas, minha profunda gratidão por ter me apoiado ao longo destes anos difíceis de muita pesquisa, reflexão e escrita, cheios de desafios que só fizeram fortalecer nossa união.

Esta obra foi impressa em São Paulo pela Gráfica Vida e Consciência no outono de 2015. No texto, foi utilizada a fonte Minion Pro em corpo 10,5 e entrelinha de 15 pontos.